中学教科書ワーク　学習カード

ポケットスタディ

Pocket Study

47都道府県

社会地理

音声つき

どの都道府県？　北海道地方

ヒント
❶面積日本一！
❷大規模な農業が
❸古くからアイヌ
人々が住んでいた

1

どの都道府県？　東北地方

ヒント
❶りんごの生産量
日本一！
❷「ねぶた祭」が有名
❸有名な伝統産業は
漆器の津軽塗

2

どの都道府県？　東北地方

ヒント
❶リアス海岸が続く
三陸海岸
❷沖合に潮目（潮境）
があってよい漁場
❸南部鉄器が有名

3

どの都道府県？　東北地方

ヒント
❶冷害に強い品種，「ひとめぼれ」を開発
❷仙台七夕まつりは
夏の風物詩
❸東北で唯一の政令指
定都市がある

4

どの都道府県？　東北地方

ヒント
❶銘柄米の
「あきたこまち」
❷夏は「竿燈まつり」
❸青森県との県境に世
界遺産の「白神山地」

5

どの都道府県？　東北地方

ヒント
❶さくらんぼの生産量
日本一
❷「はえぬき」，「つや
姫」などの銘柄米
❸天童将棋駒が有名

6

どの都道府県？　東北地方

ヒント
❶ももの生産が盛ん
❷郡山市内の高速道路
沿いに工業団地
❸有名な伝統産業は
漆器の会津塗

常磐炭鉱が閉山してから温
泉を活用してテーマパークに

7

どの都道府県？　関東地方

ヒント
❶白菜やねぎなどの
近郊農業が盛ん
❷筑波研究学園都市
❸霞ヶ浦がある

8

どの都道府県？　関東地方

ヒント
❶いちごの生産量
日本一
❷かんぴょうの生産が
盛ん
❸群馬などとともに北
関東工業地域の一部

9

どの都道府県？　関東地方

ヒント
❶嬬恋村などで
高原野菜を栽培
❷こんにゃくいもの生
産が盛ん
❸ここを含む北関東は
冬にからっ風が吹く

10

どの都道府県？　関東地方

ヒント
❶さいたま新都心
❷首都圏の水害を防ぐ
地下の放水路がある
❸小松菜の生産が盛ん

11

北海道 ◎札幌市

❶面積の特徴は？
❷○○な農業が盛ん
❸古くから住む先住民族の人々は？

\ズバッ/と答えて！

使い方

- 切り取ってリングなどでとじましょう。
- カードは表からも裏からも使えます。
- それぞれの地図の縮尺は異なります。

https://www.kyokashowork.jp/so11.html

岩手県 ◎盛岡市

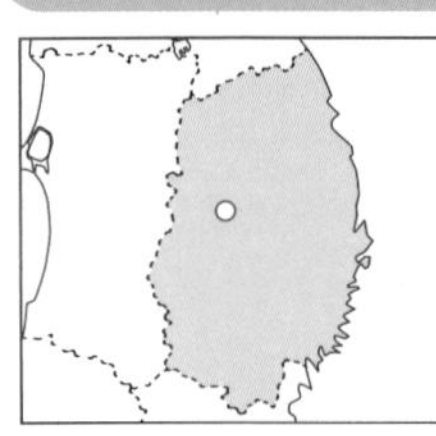

❶リアス海岸で有名
❷暖流と寒流が出会う場所は何？
❸鉄瓶や茶釜で有名な伝統的工芸品は？

\ズバッ/と答えて！

青森県 ◎青森市

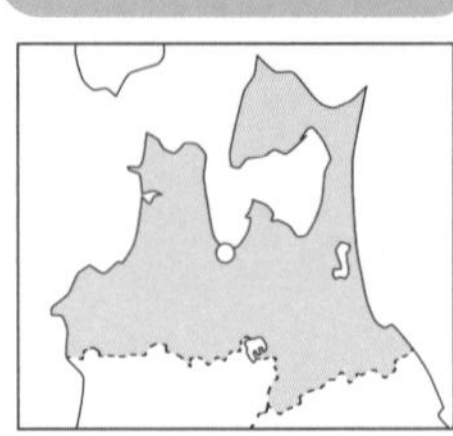

❶生産量１位の果物
❷東北三大祭りの１つ，青森○○祭
❸この県で有名な伝統的工芸品は？

\ズバッ/と答えて！

秋田県 ◎秋田市

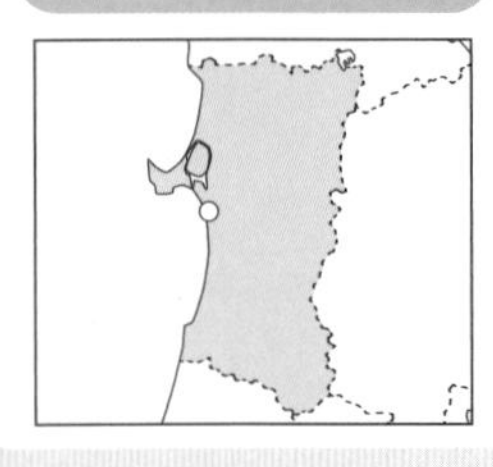

❶産地や品種が登録された米は？
❷東北三大祭りの１つ
❸隣の県との県境にある世界自然遺産

\ズバッ/と答えて！

宮城県 ◎仙台市

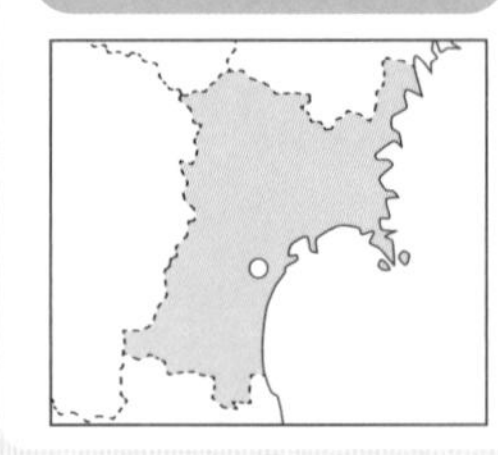

❶やませが原因で起こる農業への被害は？
❷仙台市の夏祭り
❸人口が多く特別な権限をもつ大都市

\ズバッ/と答えて！

福島県 ◎福島市

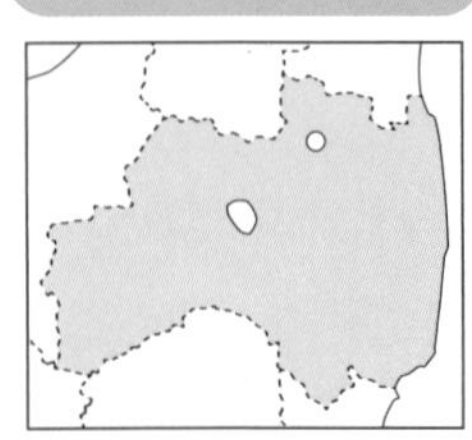

❶県を代表する果物
❷高速道路のそばに工場を集めたのは？
❸会津地方の有名な伝統的工芸品は？

\ズバッ/と答えて！

山形県 ◎山形市

❶佐藤錦などが有名で生産が盛んな果物
❷銘柄米の○○や○○
❸天童市で作られる伝統的工芸品は？

\ズバッ/と答えて！

栃木県 ◎宇都宮市

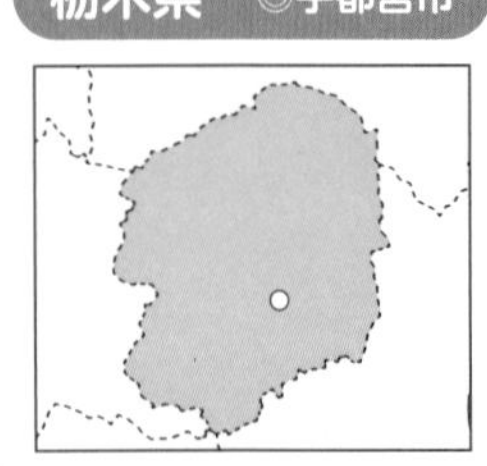

❶とちおとめで有名な農産物
❷盛んにつくられる工芸作物
❸関東内陸の工業地域

\ズバッ/と答えて！

茨城県 ◎水戸市

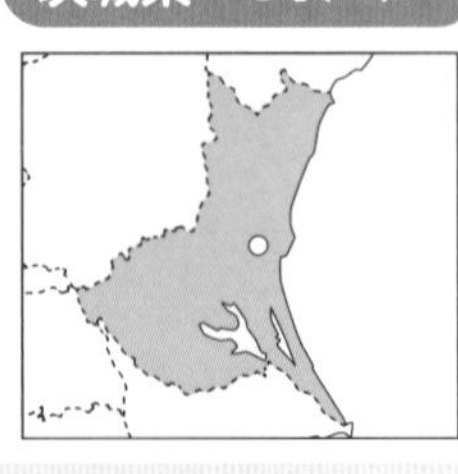

❶大消費地に近い農業
❷大学や研究機関が移転した都市
❸日本で２番目に大きい湖

\ズバッ/と答えて！

埼玉県 ◎さいたま市

❶さいたま○○○に東京の一部機能を分散
❷春日部市の地下にある放水路が防ぐ災害
❸生産が盛んな野菜

\ズバッ/と答えて！

群馬県 ◎前橋市

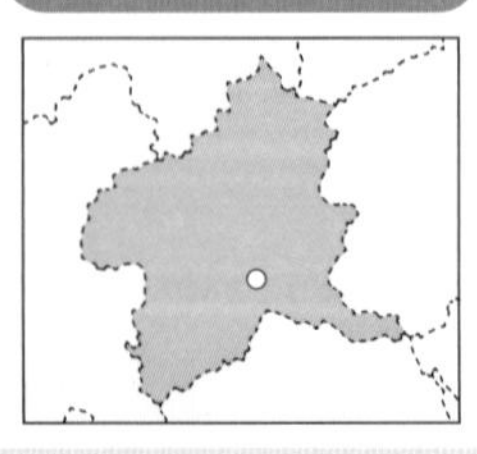

❶キャベツなど冷涼な気候を生かす野菜
❷盛んにつくられる工芸作物
❸内陸の冬の乾いた風

\ズバッ/と答えて！

どの都道府県？　関東地方

ヒント
❶成田国際空港がある
❷石油化学工業が盛んな京葉工業地域
❸落花生の生産量日本一

近郊農業による野菜の生産も盛ん！

12

どの都道府県？　関東地方

ヒント
❶首都。政治や経済の中枢で，世界都市
❷過密が深刻化
❸伊豆諸島，小笠原諸島も含む

13

どの都道府県？　関東地方

ヒント
❶横浜市で「みなとみらい21」を再開発
❷京浜工業地帯の中心
❸三浦半島で１年中生花を栽培

14

どの都道府県？　中部地方

ヒント
❶米の生産が特に盛ん
❷信濃川・阿賀野川の下流に越後平野
❸燕市などで地場産業の金属加工が盛ん

おせんべいなどの米菓，おもちの生産量も日本一

15

どの都道府県？　中部地方

ヒント
❶チューリップの球根栽培が盛ん
❷アルミニウム加工や製薬が盛ん
❸黒部川で水力発電

16

どの都道府県？　中部地方

ヒント
❶金沢市はもと城下町
❷輪島塗・加賀友禅などの伝統的工芸品
❸北陸新幹線で関東と結び付く

17

どの都道府県？　中部地方

ヒント
❶鯖江市の眼鏡枠
❷越前和紙などの伝統的工芸品が有名
❸恐竜の化石が発掘された

杉田玄白の出身地

18

どの都道府県？　中部地方

ヒント
❶甲府盆地に扇状地が広がる
❷もも・ぶどうの生産が盛ん
❸ワインをつくるワイナリーが多い

19

どの都道府県？　中部地方

ヒント
❶高原野菜のレタスの生産量が日本一
❷諏訪盆地で精密機械工業が発達
❸旧中山道の宿場町の町並みが人気

20

どの都道府県？　中部地方

ヒント
❶濃尾平野に輪中地帯
❷白川郷の合掌造りは世界遺産
❸多治見市でファインセラミックスを生産

白川村の合掌造り集落は世界遺産！

21

どの都道府県？　中部地方

ヒント
❶焼津港は遠洋漁業基地の代表
❷茶の生産量日本一
❸製紙や楽器の生産が盛んな東海工業地域

22

どの都道府県？　中部地方

ヒント
❶自動車工業が盛ん
❷中京工業地帯の中心
❸東海の中心で名古屋大都市圏を形成

23

東京都 ◎東京

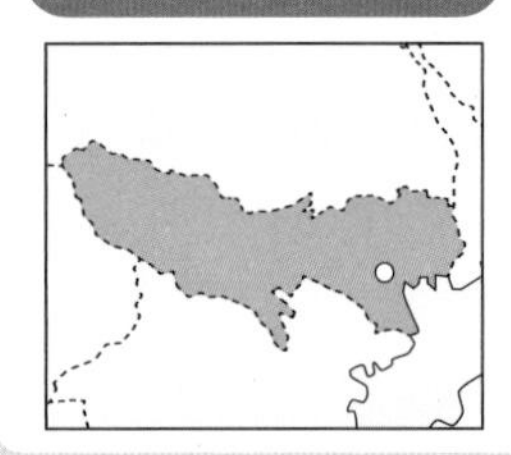

❶政治・経済・文化で世界と結び付く都市
❷人口が集中して起こる問題
❸世界遺産の島

\ズバッ/と答えて！

千葉県 ◎千葉市

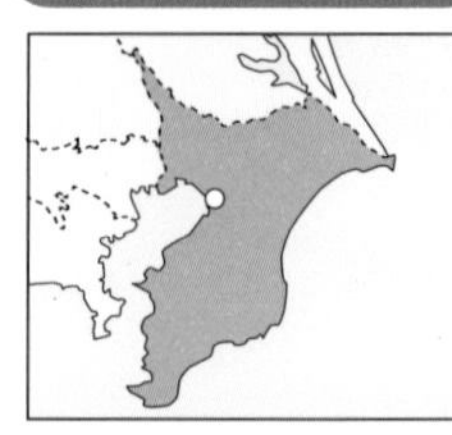

❶日本最大の貿易額の空港
❷東京湾沿いの工業地域
❸生産量日本一の豆

\ズバッ/と答えて！

新潟県 ◎新潟市

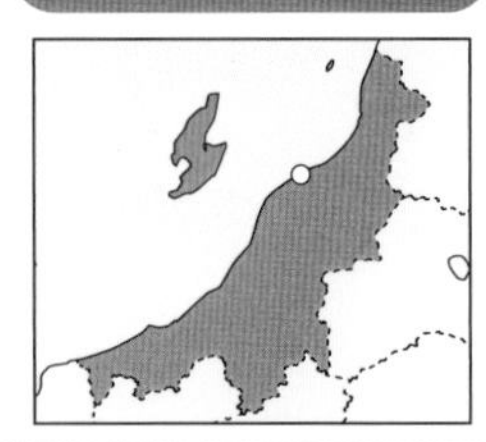

❶生産量１位の穀物
❷日本で一番長い河川
❸北陸などで盛んな冬の副業から生まれた産業

\ズバッ/と答えて！

神奈川県 ◎横浜市

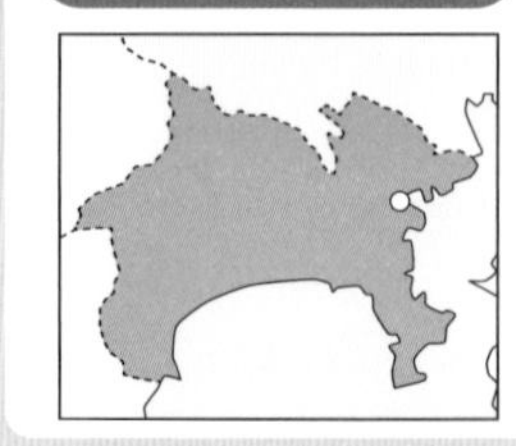

❶町を新しい目的のためにつくり直すこと
❷湾岸部の工業地帯
❸南部の冬でも温暖な半島

\ズバッ/と答えて！

石川県 ◎金沢市

❶城の周りにできた町
❷有名な○○塗
❸東京 - 金沢間を結ぶ新幹線

\ズバッ/と答えて！

富山県 ◎富山市

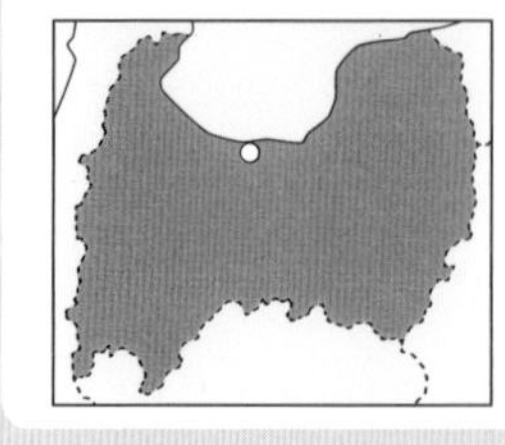

❶県内で球根の栽培が盛んな花
❷雪解け水の利用で何の金属加工が盛ん？
❸水を使った発電

\ズバッ/と答えて！

山梨県 ◎甲府市

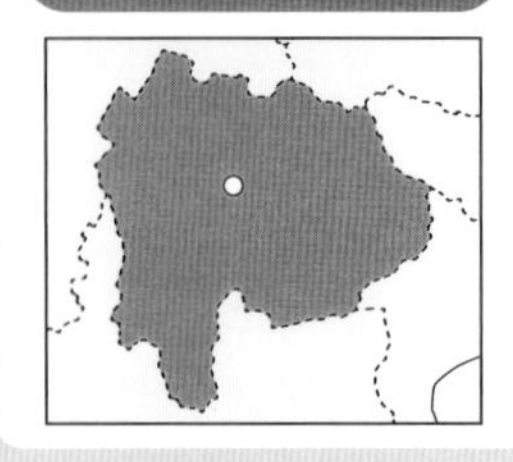

❶山地から川が出るところに広がる傾斜地
❷生産が盛んな果樹
❸生産が盛んなぶどうからつくる酒

\ズバッ/と答えて！

福井県 ◎福井市

❶鯖江市で盛んに生産
❷古くから伝わる技術でつくる工芸品
❸勝山市で盛んに発掘された○○の化石

\ズバッ/と答えて！

岐阜県 ◎岐阜市

❶南部の濃尾平野で堤防に囲まれた低地
❷白川郷の伝統的な家
❸古くから陶磁器の生産で知られる市

\ズバッ/と答えて！

長野県 ◎長野市

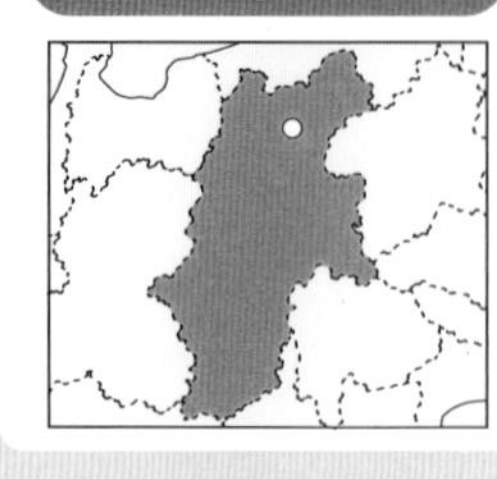

❶標高の高い高原で盛んに栽培される野菜
❷精密機械工業が盛んな○○盆地
❸昔の街道沿いの町

\ズバッ/と答えて！

愛知県 ◎名古屋市

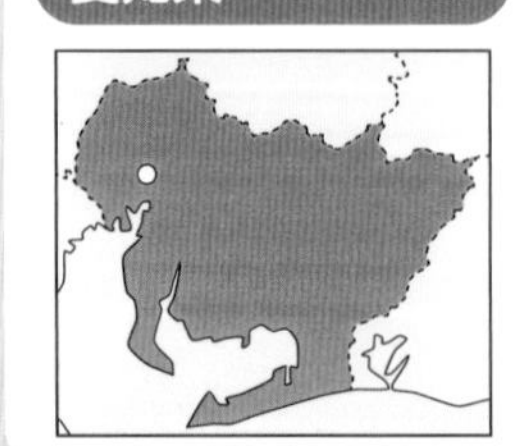

❶最も盛んな工業
❷○○工業地帯の中心
❸三大都市圏のうち名古屋市を中心とした地域

\ズバッ/と答えて！

静岡県 ◎静岡市

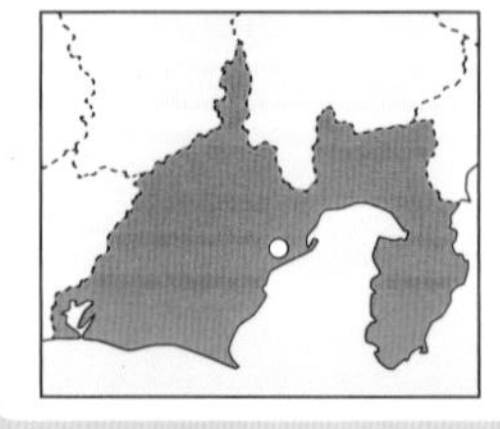

❶世界各地の海でまぐろなどをとる漁業
❷生産量日本一の工芸作物
❸沿岸部の工業地域

\ズバッ/と答えて！

どの都道府県？　近畿地方

ヒント
❶四日市市に石油化学コンビナート
❷リアス海岸が見られる志摩半島
❸東海に含めることもある

「松阪牛」も特産のひとつ！

24

どの都道府県？　近畿地方

ヒント
❶日本最大の湖，琵琶湖がある
❷琵琶湖から大阪湾に淀川が流れる
❸タヌキの置物で有名な信楽焼がある

25

どの都道府県？　近畿地方

ヒント
❶平安京が置かれた
❷西陣織・清水焼などの伝統的工芸品
❸景勝地として知られる天橋立

26

どの都道府県？　近畿地方

ヒント
❶阪神工業地帯の中心
❷高い技術をもつ中小企業の町工場が多い
❸堺市にある大仙古墳は世界遺産に登録

江戸時代は「天下の台所」

27

どの都道府県？　近畿地方

ヒント
❶姫路城
❷郊外の丘陵地を削りニュータウンを建設
❸阪神・淡路大震災の教訓を生かしている

28

どの都道府県？　近畿地方

ヒント
❶平城京が置かれた
❷東大寺の大仏などの文化財が多い
❸紀伊山地ですぎやひのきの林業が盛ん

29

どの都道府県？　近畿地方

ヒント
❶みかんの生産量日本一
❷梅の生産量も日本一
❸黒潮の影響で冬も気候が温暖

30

どの都道府県？　中国・四国地方

ヒント
❶日本最大級の砂丘
❷らっきょう，なしの生産が盛ん
❸境港市は妖怪で町おこし

31

どの都道府県？　中国・四国地方

ヒント
❶「神話の里」といわれ，出雲大社が有名
❷石見銀山は世界遺産に登録
❸宍道湖でしじみの養殖が盛ん

32

どの都道府県？　中国・四国地方

ヒント
❶倉敷市水島地区に石油化学コンビナート
❷白桃・マスカットの生産が盛ん
❸学生服の生産日本一

33

どの都道府県？　中国・四国地方

ヒント
❶かきの養殖が盛ん
❷瀬戸内工業地域の一部
❸呉市や福山市には製鉄所が建設された

34

どの都道府県？　中国・四国地方

ヒント
❶周南市には石油化学コンビナートが形成
❷萩市が観光で人気
❸下関市ではふぐの漁が盛ん

県西部の秋芳洞はラムサール条約に登録！

35

滋賀県　◎大津市

❶日本最大の湖
❷大阪湾に向かって❶から流れる川
❸甲賀市を中心につくられる陶器

＼ズバッ／と答えて！

三重県　◎津市

❶伊勢湾岸に石油コンビナートが広がる市
❷入り組んだ海岸
❸三重県と中部地方の太平洋側の地域

＼ズバッ／と答えて！

大阪府　◎大阪市

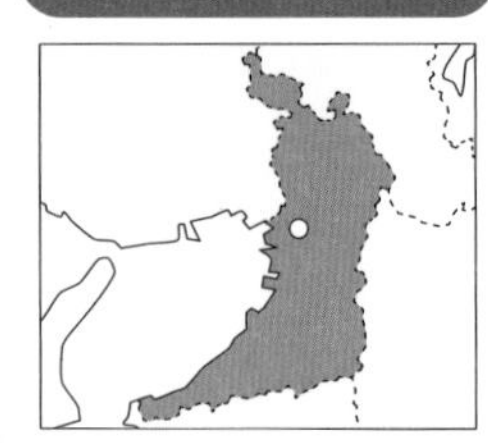

❶○○工業地帯の中心
❷東大阪市の町工場など規模の小さい企業
❸大阪市と○○市は政令指定都市

＼ズバッ／と答えて！

京都府　◎京都市

❶ 794 年から置かれた都
❷京都市で生まれた伝統的な織物
❸日本海側の景勝地

＼ズバッ／と答えて！

奈良県　◎奈良市

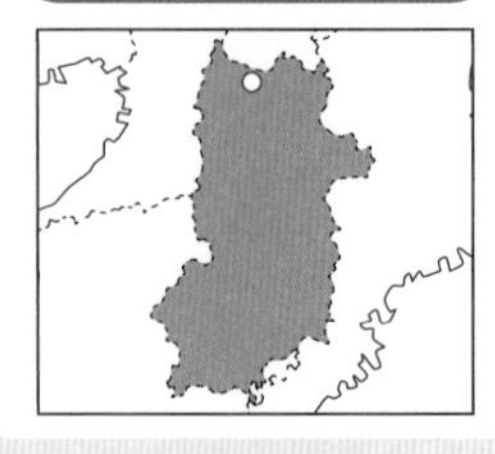

❶奈良時代に置かれていた都
❷奈良の大仏がある寺
❸「吉野すぎ」などの林業が盛んな山地

＼ズバッ／と答えて！

兵庫県　◎神戸市

❶世界遺産の城
❷住宅地を広げるために郊外につくった町
❸ 1995 年に起こった震災

＼ズバッ／と答えて！

鳥取県　◎鳥取市

❶日本最大級の砂浜海岸，鳥取○○
❷生産が盛んな果物
❸地域活性化を目指す取り組み

＼ズバッ／と答えて！

和歌山県　◎和歌山市

❶愛媛県，静岡県でも生産が盛んな果物
❷生産量日本一の果物
❸日本の太平洋沖を北上する暖流

＼ズバッ／と答えて！

岡山県　◎岡山市

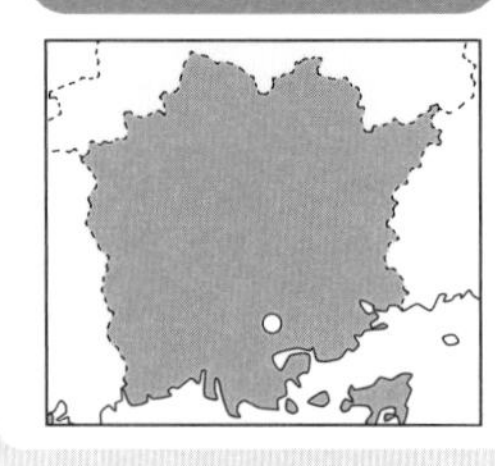

❶石油化学工業や鉄鋼業が盛んな○○市
❷丘陵地で栽培され，海外でも人気の果物
❸生産量日本一の服

＼ズバッ／と答えて！

島根県　◎松江市

❶神話にも出てくる古い神社
❷世界遺産の史跡
❸宍道湖で養殖しているのは？

＼ズバッ／と答えて！

山口県　◎山口市

❶石油製品を製造する工場が集まるのは？
❷武家屋敷が人気の市
❸ふぐ漁が盛んな市

＼ズバッ／と答えて！

広島県　◎広島市

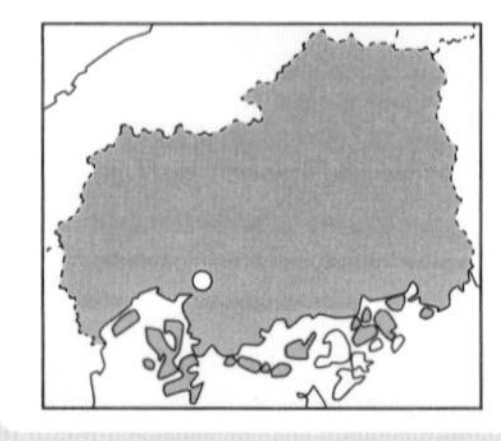

❶養殖が盛んな水産物
❷瀬戸内海沿岸に広がる工業地域
❸呉市や福山市で発達した重化学工業

＼ズバッ／と答えて！

どの都道府県？　中国・四国地方

ヒント
❶大鳴門橋で兵庫県の淡路島とつながる
❷阿波踊りにたくさんの観光客
❸すだちの生産日本一

36

どの都道府県？　中国・四国地方

ヒント
❶瀬戸大橋で岡山県とつながる
❷水不足に備えるためのため池がある
❸オリーブの生産量日本一

37

どの都道府県？　中国・四国地方

ヒント
❶いよかん，まだいの生産量日本一
❷しまなみ海道で広島県とつながる
❸今治市のタオルは地域ブランド

38

どの都道府県？　中国・四国地方

ヒント
❶高知平野でなすやピーマンの促成栽培
❷なすの生産量日本一
❸過疎が進んだ馬路村はゆずで町おこし

39

どの都道府県？　九州地方

ヒント
❶筑紫平野に九州の人口が集中
❷北九州工業地帯（地域）の中心
❸公害の反省から北九州市はエコタウンに

40

どの都道府県？　九州地方

ヒント
❶のりの生産量日本一
❷有田焼などの伝統的工芸品が有名
❸日本最大の干潟のある有明海

41

どの都道府県？　九州地方

ヒント
❶対馬，五島列島など，971 の島々
❷西部は大陸棚が広がり漁業が盛ん
❸島原半島に雲仙岳

42

どの都道府県？　九州地方

ヒント
❶大きなカルデラを形成した阿蘇山がある
❷水俣市で公害病の経験を生かす取り組み
❸トマトの生産量日本一

43

どの都道府県？　九州地方

ヒント
❶温泉のわき出す量が日本一
❷別府温泉や湯布院温泉が有名
❸日本最大級の地熱発電所

44

どの都道府県？　九州地方

ヒント
❶きゅうり・ピーマンの促成栽培
❷ブランド化したマンゴーが人気
❸鶏肉（ブロイラー）の生産量が日本一

45

どの都道府県？　九州地方

ヒント
❶活発に活動する桜島
❷豚の飼育頭数が日本一
❸水はけのよいシラス台地が広がる

世界遺産「屋久島」

46

どの都道府県？　九州地方

ヒント
❶かつての琉球王国
❷サンゴ礁の美しい海を観光に生かす
❸アメリカ軍の軍用地が多く置かれている

47

香川県　◎高松市

❶岡山県と香川県をつなぐ橋
❷讃岐平野で水不足を防ぐ池
❸小豆島で生産が盛ん

＼ズバッ／と答えて！

徳島県　◎徳島市

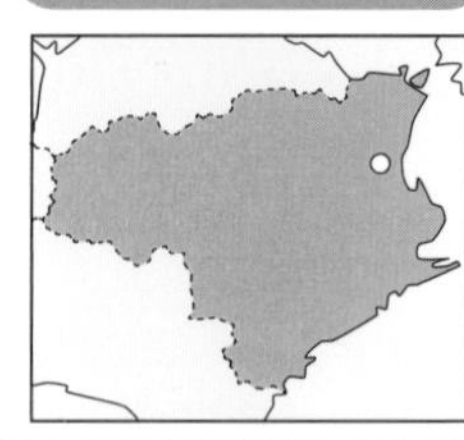

❶明石海峡大橋と○○橋で本州とつながる
❷８月に行われる人気の祭り
❸生産量日本一の果物

＼ズバッ／と答えて！

高知県　◎高知市

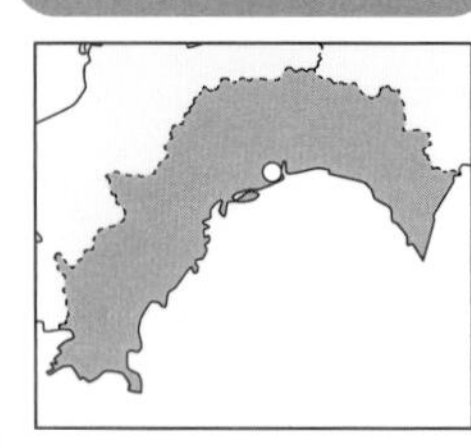

❶温暖な気候を生かして野菜や果物を生産
❷生産量日本一の野菜
❸地域の人口が減ること

＼ズバッ／と答えて！

愛媛県　◎松山市

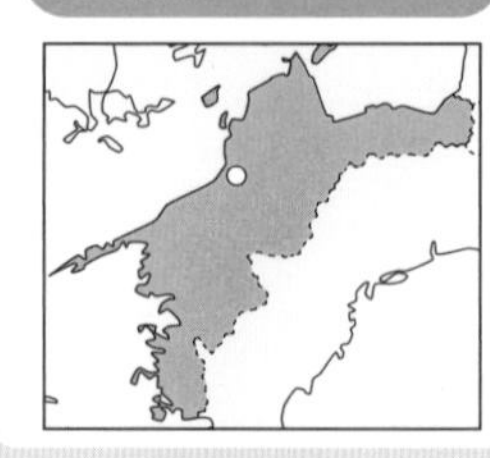

❶養殖が盛んな魚
❷本州四国連絡橋の尾道 - 今治ルート
❸高品質なタオルの生産が盛んな市

＼ズバッ／と答えて！

佐賀県　◎佐賀市

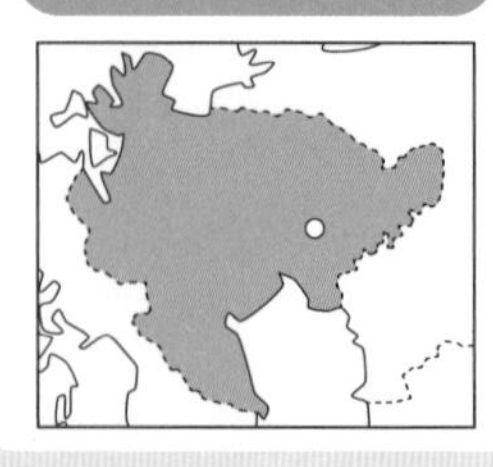

❶養殖で生産量日本一の水産物
❷○○焼で有名な磁器
❸❶の養殖が盛んな海

＼ズバッ／と答えて！

福岡県　◎福岡市

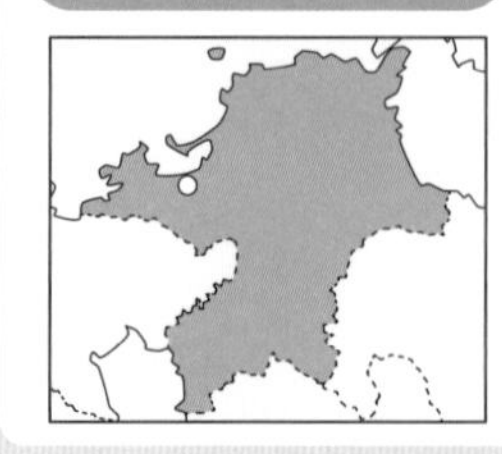

❶福岡県と佐賀県にかけて広がる平野
❷日本の重工業が発祥した工業地帯
❸かつて製鉄業で発展

＼ズバッ／と答えて！

熊本県　◎熊本市

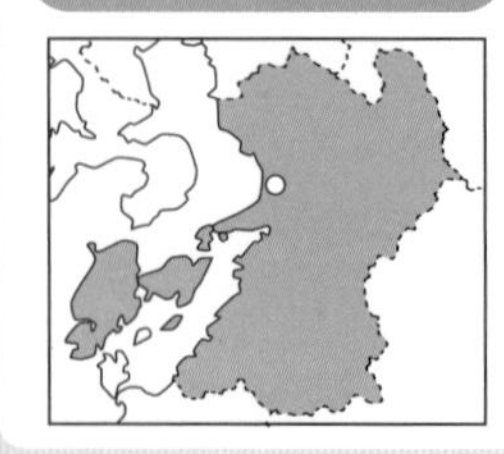

❶火山の噴火でできた大きなくぼ地
❷環境モデル都市になった市
❸生産量日本一の野菜

＼ズバッ／と答えて！

長崎県　◎長崎市

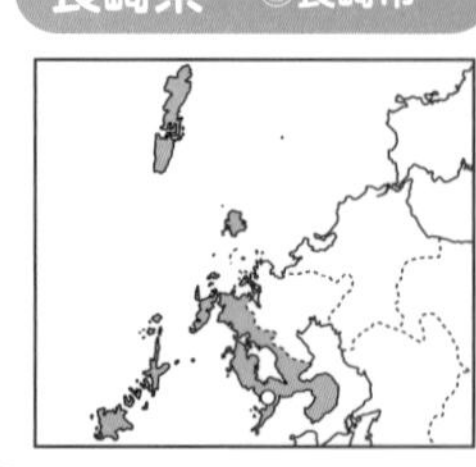

❶○○や五島列島など多くの島からなる
❷大陸の周辺の水深200mまでの海底
❸島原半島に○○岳

＼ズバッ／と答えて！

宮崎県　◎宮崎市

❶促成栽培される，生産量日本一の野菜
❷ブランド化した果物
❸生産量日本一の畜産物

＼ズバッ／と答えて！

大分県　◎大分市

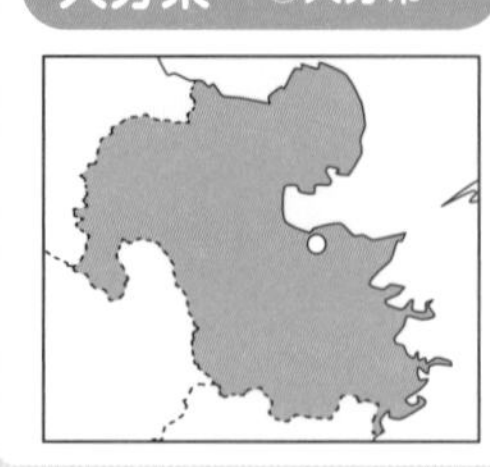

❶火山で温められた地下水がわき出す
❷○○温泉や湯布院温泉が有名
❸火山の熱を使う発電

＼ズバッ／と答えて！

沖縄県　◎那覇市

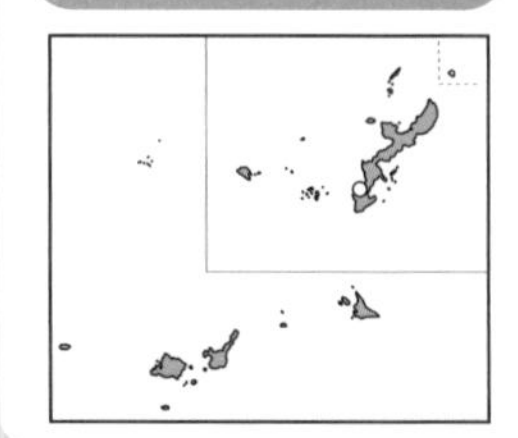

❶かつて栄えた国は？
❷○○の海を観光に生かす
❸置かれているのはどこの国の軍用地？

＼ズバッ／と答えて！

鹿児島県　◎鹿児島市

❶薩摩半島と大隅半島の間にある火山
❷飼育頭数が日本一
❸火山の噴出物でできた台地

＼ズバッ／と答えて！

教育出版版
社会地理 もくじ

カード音声

写真提供：アフロ，毎日新聞社，読売新聞，AP（敬称略・五十音順）
ポケットスタディ音声：那波一寿

予習・復習 こつこつ 解答 p.1

確認のワーク ステージ1 第1章 世界の地域構成①

教科書の要点 （　）にあてはまる語句を答えよう。

1 身近なものから見える世界 教 p.10～11

●地球儀をながめて

◆世界の陸地▶（①　　　　　），アフリカ大陸，北アメリカ大陸，南アメリカ大陸，南極大陸，オーストラリア大陸の六大陸のほか，多くの島々がある。

◆陸地と海の面積の割合▶およそ（②　　　：　　　）。

◆海▶太平洋，（③　　　　　），インド洋の三大洋（三海洋）のほか，日本海，地中海などの小さな海。

2 地球を表す模型 教 p.12～13

●地球儀の特徴

◆（④　　　　　）▶赤道と平行に引かれた線。

◆（⑤　　　　　）▶北極点と南極点を結んだ線。

◆（⑥　　　　　）▶赤道面と地球の中心からの角度。北緯90度が北極点，南緯90度が南極点。

◆（⑦　　　　　）▶イギリスの旧グリニッジ天文台を通り，南極点までを結ぶ線本初子午線（0度の経線）を基準とし，それより東は東経，西は西経で表される。

●傾く地球儀

◆自転・公転▶地球は傾いた状態で，1日に1回転(自転)しながら，太陽の周りを1年間で1周（公転）する。

◆日本の春夏秋冬▶地球の軸の傾きにより，明確である。

■昼の長さは，夏至に最も長く，冬至に最も短くなる。

◆（⑧　　　　　）▶高緯度地域で見られる，夏に一日中太陽が沈まない現象。

3 地球儀から世界地図へ 教 p.14～15

●地球儀と世界地図の違い

◆（⑨　　　　　）▶地球を小さくした模型。

◆（⑩　　　　　）▶世界全体を見わたすことができ，持ち運びしやすい。

◆目的に合わせた地図▶面積・形・方位などを正しく表すため，さまざまな地図がつくられた。

■面積が正しい地図（モルワイデ図法），角度が正しい地図（メルカトル図法），図の中心からの距離と方位が正しい地図（正距方位図法）など。

↓陸地と海の割合

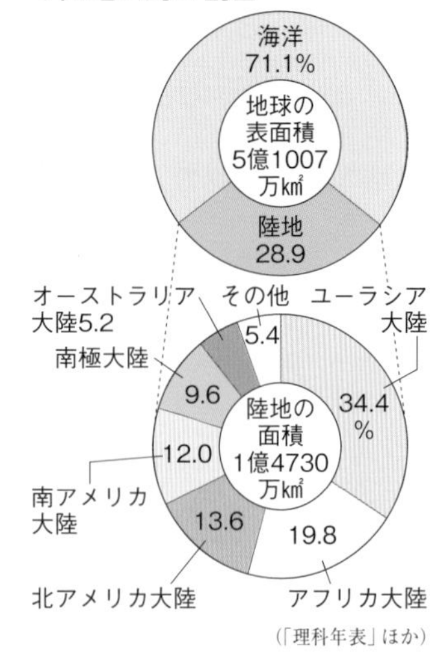

（「理科年表」ほか）

↓緯線と緯度，経線と経度

本初子午線 北極点 北極圏 北回帰線 90° 135° 60° 180° 60° 40° 45° 40° ロンドン 半径約6400km 20° 緯線 135° 20° 緯度 経線 0° 経度 赤道面 20° 20° 0° 40° 赤道 40° 90° 45° 南極点 南回帰線

↓図の中心からの距離と方位が正しい地図

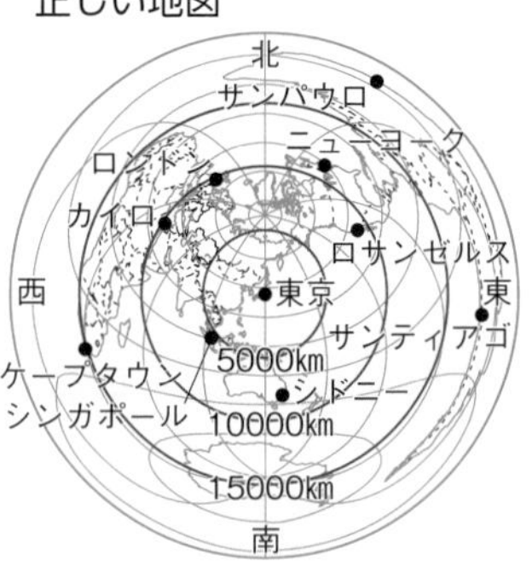

まるごと暗記　三大洋(三海洋) 太平洋，大西洋，インド洋　赤道 緯度0度を通る緯線

教科書の資料　次の問いに答えよう。

(1) X～Zの海洋名を，□からそれぞれ選びなさい。

X（　　　）
Y（　　　）
Z（　　　）

大西洋（たいせいよう）　太平洋（たいへいよう）　インド洋

(2) A～Cの大陸名を，□からそれぞれ選びなさい。

A（　　　）　B（　　　）　C（　　　）

北アメリカ大陸　ユーラシア大陸　アフリカ大陸
南アメリカ大陸　オーストラリア大陸　南極大陸

チェック 教科書一問一答　次の問いに答えよう。

/10問中

★は教科書の太字の語句

1 身近なものから見える世界

①六大陸のうち，ユーラシア大陸に次いで大きい大陸を何大陸といいますか。　□★①

②日本から見て，地球の反対側に位置する大陸は何大陸ですか。　□★②

③陸地と海とでは，どちらが広いですか。　□③

④三大洋のうち，最も面積が大きい海洋を何といいますか。　□★④

2 地球を表す模型

⑤緯度0度の緯線（いせん）を何といいますか。　□★⑤

⑥北緯90度の地点を何といいますか。　□⑥

⑦経度0度の基準となっているイギリスの天文台を何といいますか。　□⑦

⑧経度0度の経線（けいせん）を何といいますか。　□★⑧

⑨地球が太陽の周りを1年間で1周することを何といいますか。　□⑨

3

⑩国際連合（こくさいれんごう）（国連）の旗に描（えが）かれているのはオリーブの葉と何ですか。　□⑩

タピオカの原料キャッサバは，現在アフリカ大陸の国やユーラシア大陸にある東南アジアの国でも生産が盛んですが，原産国は南アメリカ大陸です。

予習・復習　こつこつ　解答 p.1

確認のワーク ステージ1　第1章　世界の地域構成②

教科書の要点　(　)にあてはまる語句を答えよう。

1 200近くの国々からなる世界　教 p.16~17

●**51か国からの出発**

◆世界の地域(ちいき)▶(①　　　　　)，ヨーロッパ，アフリカ，北アメリカ，南アメリカ，オセアニアの六つの州に区分。それぞれの州はさまざまな**独立国**や地域で構成。

◆(②　　　　　)▶世界平和を守るための機関。かつては独立していない地域である(③　　　　　)が多く，発足当時の加盟国は51か国→現在は193か国。(2019年末)

（③ アフリカ州やアジア州など／発足当時 1945年10月／現在は193か国 約70年間で4倍近くに増加）

●**面積が大きな国と小さな国/人口の多い国と少ない国**

◆面積が大きな国▶(④　　　　　)は世界の陸地面積の８分の１近くを占(し)める**世界最大の国**。カナダやアメリカ合衆(がっしゅう)国(こく)，中国(ちゅうごく)，ブラジルは日本の20倍以上の面積。

◆面積が小さな国▶(⑤　　　　　)は0.44km²で，イタリアの首都ローマ市内にある**世界最小の国**。

（0.44km² 東京ディズニーランドほどの広さ）

◆世界の人口▶77億1000万人以上。(⑥　　　　　)は約14億3000万人，**インド**は約13億7000万人で，アジア州は世界の人口の約60%を占める。(2019年)

◆ミニ国家▶人口が数万人程度の国家。**バチカン市国**の人口は約800人で，世界で最も少ない。(2019年)

2 「ユニオンジャック」はどこにある？

●**国旗は語る**▶各国の文化や歴史が織り込まれる。

◆(⑦　　　　　)の国旗▶「ユニオンジャック」とよばれ，イングランド，スコットランド，かつてのアイルランドの旗を組み合わせたもの。

（「ユニオンジャック」 オーストラリアやニュージーランドの国旗にも見られる）

◆イスラム教徒の多い国▶緑色を使い，三日月と星のある国旗。

（イスラム教徒の多い国 パキスタンなど）

●**国境は語る**

◆(⑧　　　　　)▶国と国との境界。**自然**をもとにした(山や川など)と，**緯線(いせん)・経線(けいせん)**などを利用したものがある。戦争や国どうしの関係によって歴史的に変化してきた。

●**国名の成り立ち**

◆(⑨　　　　　)▶スペイン語で「赤道(せきどう)」の意味。

（⑨ 南アメリカ州の国）

◆コロンビア▶「コロンブスの国」の意味。

◆(⑩　　　　　)▶「小さなベネチア」の意味。

↓面積の小さな国々の例

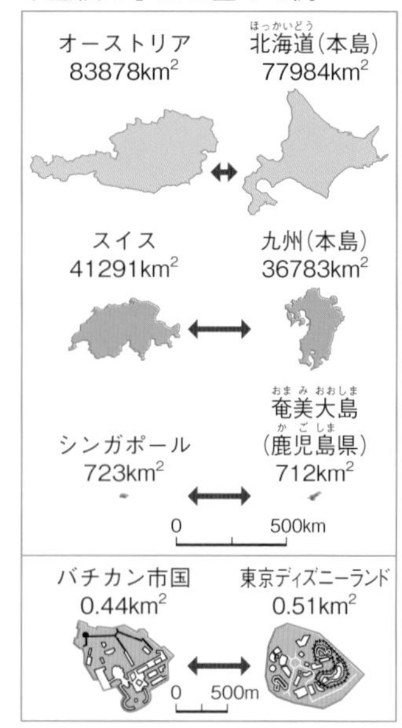

↓世界の州別の人口割合

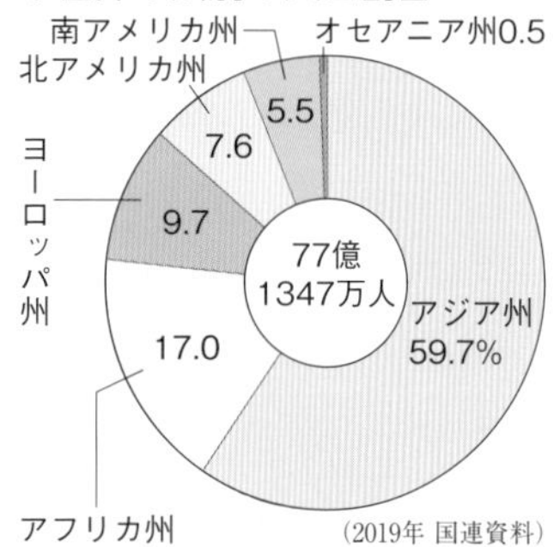

(2019年 国連資料)

↓世界のさまざまな国旗

日本

オーストラリア

フランス

パキスタン

日本から外国に行くには，パスポートが必要だよ。

まるごと暗記　六つの州 アジア，ヨーロッパ，アフリカ，北アメリカ，南アメリカ，オセアニア

教科書の資料　次の問いに答えよう。

(1)　A～Cの州名を，［　　］からそれぞれ選びなさい。

A（　　　　　　）州
B（　　　　　　）州
C（　　　　　　）州

ヨーロッパ　アジア
南アメリカ　北アメリカ
オセアニア　アフリカ

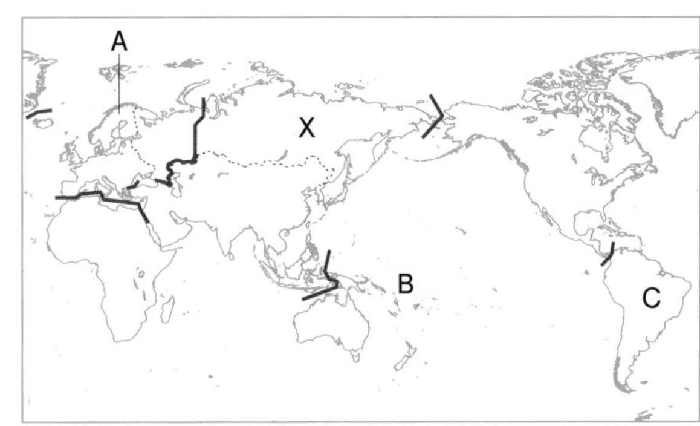

(2)　Xは，世界で最も面積が大きな国です。この国の名前を書きなさい。

（　　　　　　）

チェック 教科書一問一答　次の問いに答えよう。

/10問中

★は教科書の太字の語句

1 200近くの国々からなる世界

①カナダやアメリカ合衆国の属する州はどこですか。　★①

②オーストラリアやニュージーランドの属する州はどこですか。　★②

③国際連合（こくさいれんごう）が発足した当初の加盟国は何か国でしたか。　③

④世界で面積が一番小さなバチカン市国がある，イタリアの首都はどこですか。　④

⑤中国とともに，世界で最も人口が多い国の一つである国はどこですか。　⑤

⑥世界の人口の約60％を占める州はどこですか。　★⑥

⑦人口が数万人程度の国家を何といいますか。　⑦

2 「ユニオンジャック」はどこにある？

⑧イギリスの「ユニオンジャック」など，国を表す旗を何といいますか。　★⑧

⑨国旗に緑色や三日月や月が描（えが）かれている国々で，多くの人々が信仰している宗教を何といいますか。　⑨

⑩エクアドルの国名は，スペイン語で何という意味ですか。　⑩

国旗の形にもいろいろあり，スイスとバチカン市国の国旗は四角形，ネパールの国旗は三角形を２つ重ねて，山に見たてた形です。

こつこつ テスト直前 解答 p.1

定着のワーク ステージ2 第1章 世界の地域構成

1 身近なものから見える世界 右の地図を見て，次の問いに答えなさい。

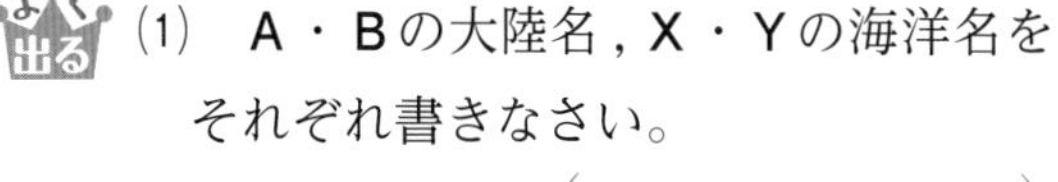

よく出る (1) A・Bの大陸名，X・Yの海洋名をそれぞれ書きなさい。

A（　　　　）
B（　　　　）
X（　　　　）
Y（　　　　）

(2) 世界で最も面積が小さい大陸の名前を書きなさい。

（　　　　）

(3) 地球の表面積全体を10としたときの陸地と海の面積の割合(陸地：海) を，次から選びなさい。（　　）

ア 2：8　イ 3：7　ウ 7：3　エ 8：2

ヒントの森
(3)海の方が面積が広くなっています。

2 地球を表す模型 右の図を見て，次の問いに答えなさい。

よく出る (1) 緯度(いど)0度を示すAの線を何といいますか。（　　　　）

(2) 経度(けいど)0度を示すBの線を何といいますか。（　　　　）

(3) Cの地点を何といいますか。

（　　　　）

(4) Dの線の経度は何度ですか。　東経（　　　　）

ヒントの森
(3)この地点と南極点を結ぶ線を経線といいます。
(4)この図の経線は45度ごとに引かれています。

3 地球儀から世界地図へ 次の地図を見て，あとの問いに答えなさい。

地図1

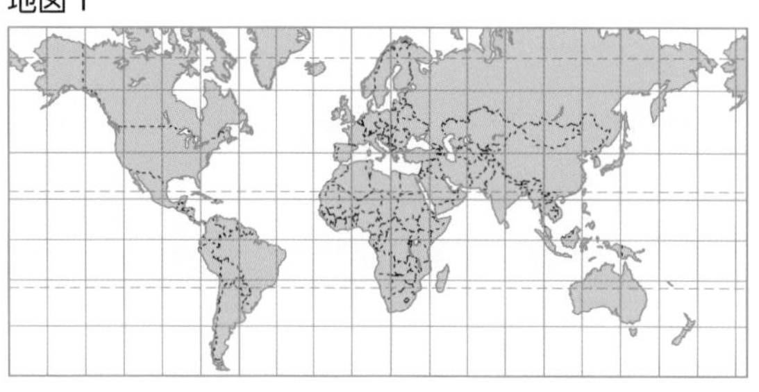

地図2

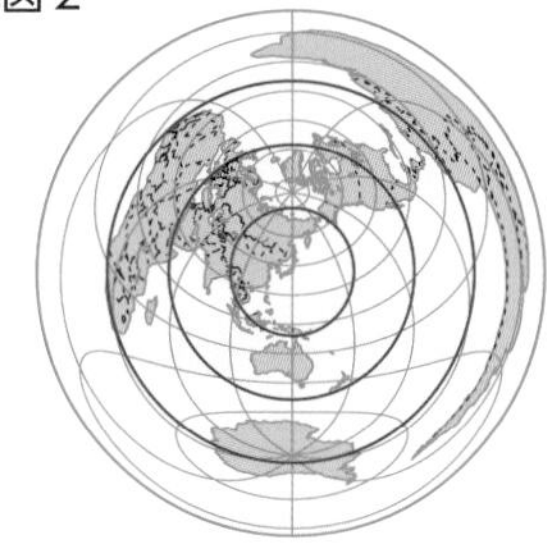

(1) **地図1**は，何と何が直角に交わった世界地図ですか。

（　　　　）（　　　　）

(2) **地図2**は，中心からの何と何が正しく表された世界地図ですか。

（　　　　）（　　　　）

ヒントの森
(2)航空図として使われる世界地図です。

4 世界の国々　右の地図を見て，次の問いに答えなさい。

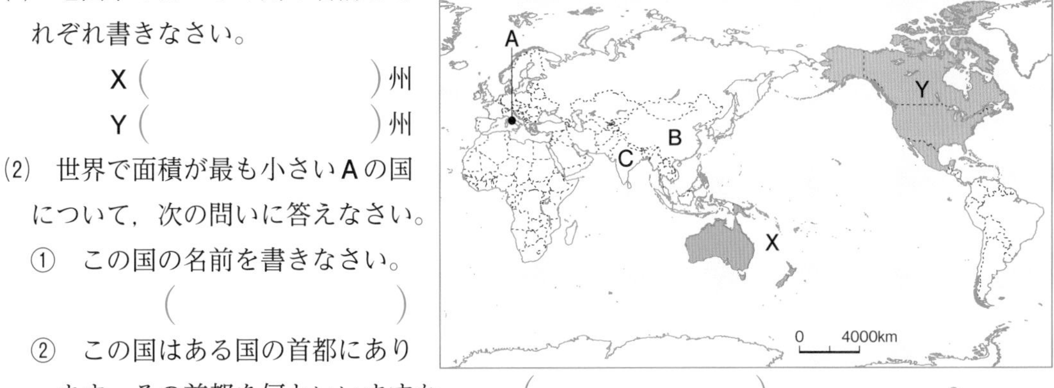

(1) 地図中のX・Yの州の名前をそれぞれ書きなさい。

X（　　　　　）州
Y（　　　　　）州

よく出る (2) 世界で面積が最も小さいAの国について，次の問いに答えなさい。

① この国の名前を書きなさい。（　　　　　）

② この国はある国の首都にあります。その首都を何といいますか。（　　　　　）

(3) 人口の多い国と州について，次の問いに答えなさい。

① 世界でも特に人口が多い，B・Cの国の名前を書きなさい。

B（　　　　　）　C（　　　　　）

② B・Cが属する州はどこですか。（　　　　　）州

ヒントの森
(2)②ある国とは，イタリアのことです。
(3)②ユーラシア大陸にあります。

5 国旗と国名　次の地図と資料を見て，あとの問いに答えなさい。

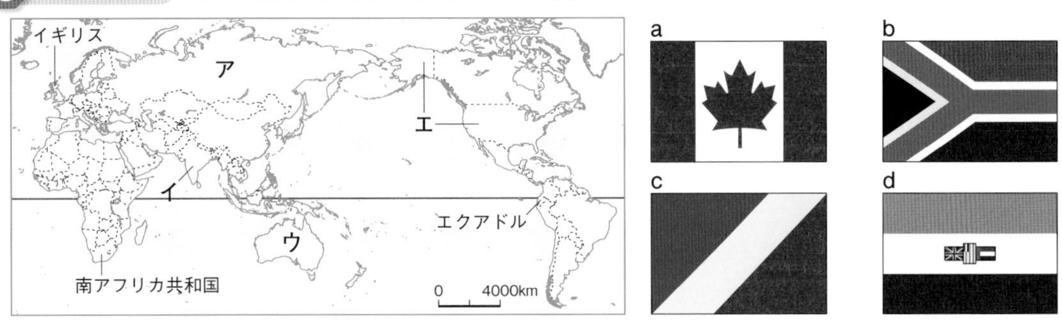

(1) イギリスの正式な国名について，次の□にあてはまる語句を書きなさい。

グレートブリテン及び北部アイルランド□（　　　　　）

レベルUP (2) イギリスの国旗のユニオンジャックについて，次の問いに答えなさい。

① これが国旗に使われている国を，地図中のア～エから選びなさい。（　　　）

② ①の国はかつてイギリスにとってどのような国でしたか。□から選びなさい。

同盟国　植民地　敵対国　観光地

（　　　　　）

③ 南アフリカ共和国は1994年に国旗が新しくなりました。1994年までと現在の国旗を，a～dからそれぞれ選びなさい。

1994年まで（　　　）　現在（　　　）

(3) 地図中の------の線は，何を表していますか。

（　　　　　）

(4) エクアドルの国名の語源になった━━の線を何といいますか。

（　　　　　）

ヒントの森
(2)イギリスはかつて世界中の多くの地域を支配していました。

予習・復習 こつこつ 解答 p.2

確認のワーク ステージ1 第2章 日本の地域構成①

教科書の要点 （　）にあてはまる語句を答えよう。

1 世界の中の日本の位置 教 p.20～21

●地球上の日本の位置

◆ユーラシア大陸の東に位置する島国。

◆国土はおよそ北緯20度から46度の間にある。

■日本の標準時▶（①　　　　）135度の線。兵庫県明石市を通る

◆「極東」▶ヨーロッパからみた東アジア。「東の果て」。

●本初子午線と時差

◆（②　　　　）▶各地の時刻の基準。

■イギリスの旧グリニッジ天文台を通る。

◆（③　　　　）▶場所によって異なる時刻の差。

■経度が15度ずれると1時間の時差が生じる。2地点の経度差÷15＝2地点の時差

◆（④　　　　）▶ほぼ180度の経線に沿って引かれた線。西→東…1日遅らせる。東→西…1日進める。

↓ロンドンと東京・ニューヨークの時刻と位置の関係

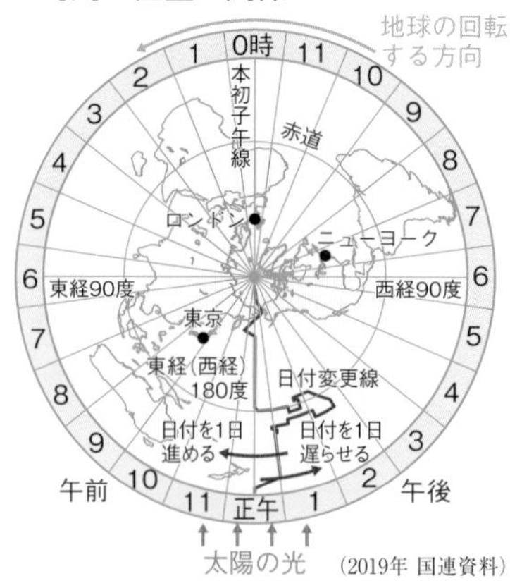

（2019年 国連資料）

↓領土・領海・領空の区分

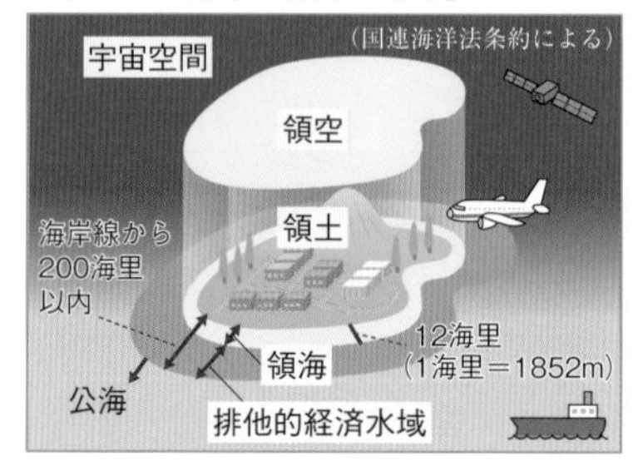

2 日本の国土の広がり 教 p.22～23

●島国日本

◆日本の国土▶北海道，（⑤　　　　），四国，九州の大きな島々と，周辺の6800あまりの小さな島々。ユーラシア大陸と太平洋の間

■北海道から沖縄県までの距離▶およそ3000km。南北に細長くのびる

■国土面積▶約38万km²。

◆日本の国土の特徴▶山が多く，平野が少ない。

■中央部に標高3000m級の高い山々が連なる。

●日本の領域の移り変わり

◆国の領域▶陸地の部分である（⑥　　　　），海岸線より12海里までの（⑦　　　　），それらの上空にある（⑧　　　　）からなる。国の範囲のこと

■（⑨　　　　）▶海岸線から200海里以内。水産資源や鉱産資源は自国のものにできる範囲。

◆日本の端の島

■北の端…択捉島　■西の端…与那国島

■東の端…南鳥島　■南の端…沖ノ鳥島

◆日本の領域の変化▶明治時代以降，周辺の国・地域を（⑩　　　　）として支配し，領土を拡大→第二次世界大戦を経て，1972年にほぼ現在の領域に。

↓日本の領域と経済水域

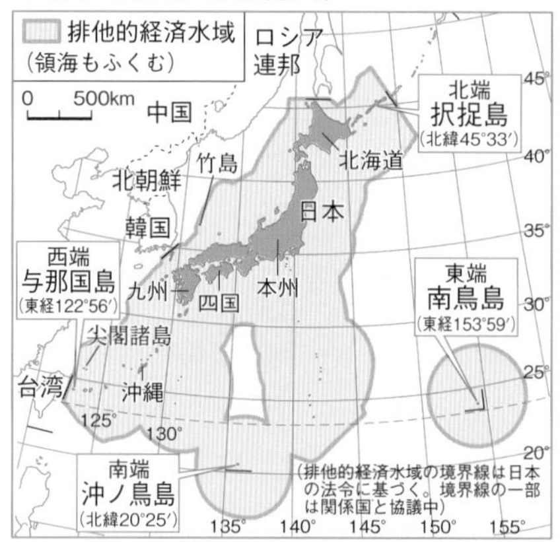

海に面する範囲が大きいと，排他的経済水域も大きくなるよ。

時差 経度15度ごとに１時間　国の領域 領土・領海・領空

教科書の資料 次の問いに答えよう。

(1) Ａ・Ｂの線の名前を，[　]からそれぞれ選びなさい。

Ａ（　　　　）
Ｂ（　　　　）

本初子午線
日本標準時子午線
日付変更線　赤道

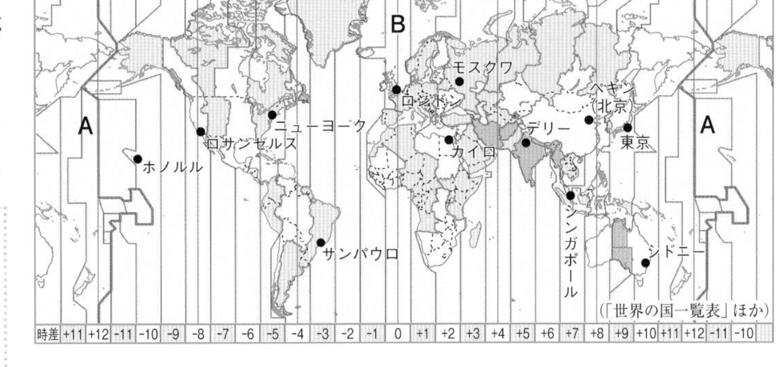

(2) 東京が１月10日午前10時のときのカイロの日時を，午前午後を明らかにして書きなさい。

１月（　　　　）日（　　　　）時

チェック 教科書一問一答 次の問いに答えよう。

/10問中

★は教科書の太字の語句

1 世界の中の日本の位置

①日本は，何という大陸の東に位置していますか。　□①

②日本の標準時の基準となっているのは，東経何度の経線ですか。　□②

③②の経線が通る，兵庫県の都市はどこですか。　□③

④ヨーロッパからみた東アジアは，「東の果て」にあることから何とよばれていますか。　□④

⑤経度の基準となる０度の経線を何といいますか。　□★⑤

⑥経度が15度ずれるごとに何時間の時差が生じますか。　□⑥

2 日本の国土の広がり

⑦日本の国土を形成する４つの大きな島は，北海道，本州，四国ともう一つは何ですか。　□⑦

⑧北海道から沖縄県までの距離はおよそ何千kmですか。　□⑧

⑨日本の国土面積は約何万km^2ですか。　□⑨

⑩水産資源や鉱産資源を自国のものとすることができる排他的経済水域は海岸線から何海里の範囲ですか。　□⑩

沖ノ鳥島は水没するおそれがあったため，政府は大規模な護岸工事を行いました。これにより，沖の鳥島周辺の約40万km^2が日本の排他的経済水域として維持されています。

予習・復習 こつこつ 解答 p.2

確認のワーク ステージ1

第2章 日本の地域構成②

教科書の要点

( )にあてはまる語句を答えよう。

1 日本の領土をめぐって

教 p.24~25

北方領土をめぐる問題

◆(①　　　　)▶北海道の東に位置する**歯舞群島**，**色丹島**，**国後島**，**択捉島**の総称。

◆第二次世界大戦後にソ連に占領され，ソ連解体後は**ロシア連邦**が不法に占拠。

◆日本は返還を求めているが，実現していない。

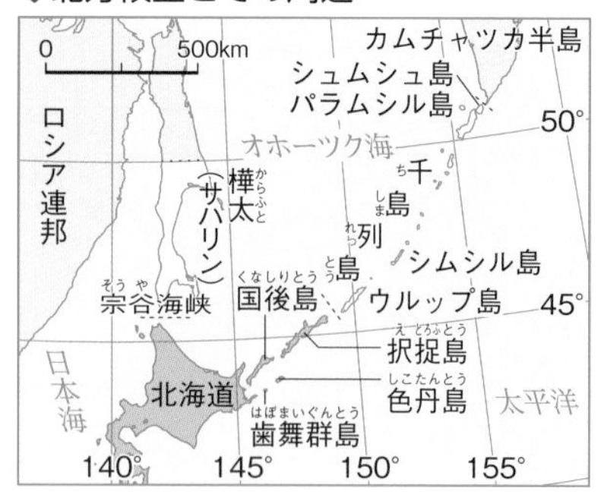

↓北方領土とその周辺

竹島と尖閣諸島

◆(②　　　　)▶1905年に閣議決定に基づいて**島根県**に編入→1952年以降，**韓国**が不法に占拠。

◆(③　　　　)▶1895年に**沖縄県**に編入→第二次世界大戦後のアメリカ合衆国施政下の時期を除いて日本が領有→1970年代から**中国**が領有を主張→2012年に日本が島々の大半を国有化→近年，中国船の侵入が続く。

2 47の都道府県

教 p.26~27

都道府県と地域区分

◆日本は47の(④　　　　)に分かれており，各地の(⑤　　　　)(**地方自治体**)が住民のための仕事を行う。

■1871年に廃藩置県(すべての藩を廃止し県をおく)が行われ，やがて都道府県が整備されていった→1972年に沖縄県がアメリカ合衆国から返還されて現在の形になった。

◆七つの地方に区分される。

■北から**北海道**地方，**東北**地方，**関東**地方，**中部**地方，(⑥　　　　)地方，**中国・四国**地方，(⑦　　　　)地方。

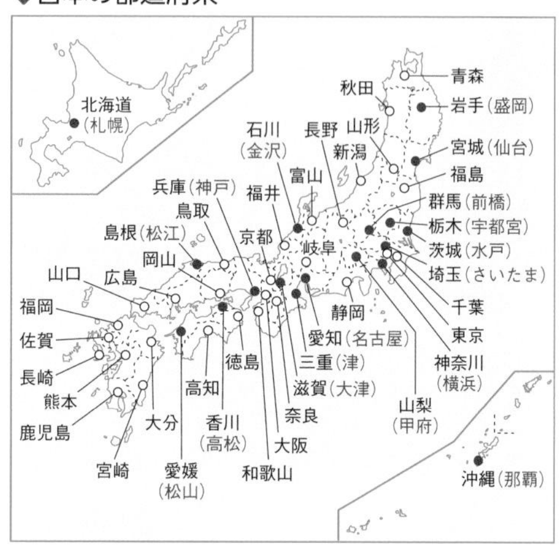

↓日本の都道府県
●道県庁所在地名は道県名と異なるもののみ表示（道県庁所在地名）

都道府県庁所在地の成り立ち

◆(⑧　　　　)▶かつてその地域を治めていた大名などが住む城を中心に形成。都道府県庁所在地の多くがあてはまる。

◆(⑨　　　　)▶港を中心に形成。

◆(⑩　　　　)▶寺院・神社を中心に発達。

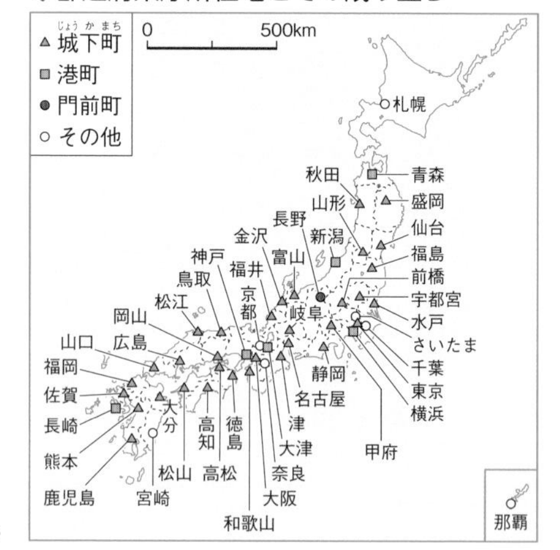

↓都道府県庁所在地とその成り立ち

北方領土 歯舞群島，色丹島，国後島，択捉島　都道府県 47ある

教科書の資料　次の問いに答えよう。

(1) 右の地図中のＡ～Ｆにあてはまる地方名を，□からそれぞれ選びなさい。

A (　　　　) 地方
B (　　　　) 地方
C (　　　　) 地方
D (　　　　) 地方
E (　　　　) 地方
F (　　　　) 地方

関東　近畿（きんき）　中部
東北　九州（きゅうしゅう）　北海道

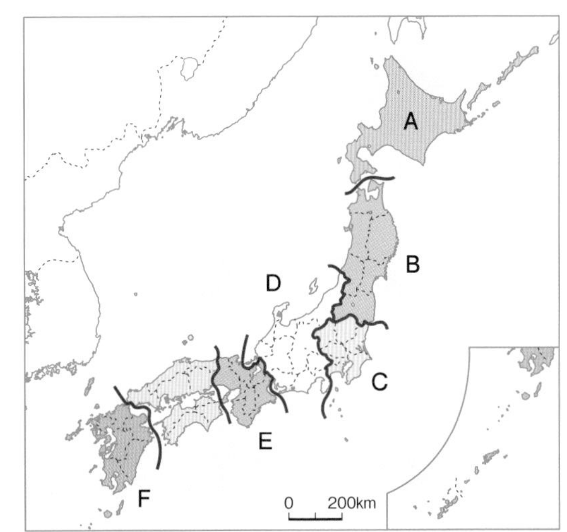

教科書チェック 一問一答　次の問いに答えよう。

/10問中

★は教科書の太字の語句

1 日本の領土をめぐって

①北方領土の島々のうち，面積が最も大きく，最も北に位置する島を何といいますか。　□①

②ソ連の解体後，北方領土を占拠している国はどこですか。　□②

③1970年代から尖閣諸島の領有を主張し始めた国はどこですか。　□③

④アメリカ合衆国から返還され，1972年に日本に復帰したのは何県ですか。　□④

2 47の都道府県

⑤日本の都道府県の数はいくつですか。　□⑤

⑥日本を七つの地方に区分したとき，最も北に位置する地方を何といいますか。　□⑥

⑦日本を七つの地方に区分したとき，広島（ひろしま）県などが含（ふく）まれる地方を何といいますか。　□⑦

⑧日本を七つの地方に区分したとき，埼玉（さいたま）県などが含まれる地方を何といいますか。　□⑧

⑨都道府県庁所在地の多くがあてはまり，大名などの住む城を中心に形成された町を何といいますか。　□⑨

⑩長野（ながの）県長野市のように，寺社を中心に発達した町を何といいますか。　□⑩

北海道の北に位置する樺太の南半分と，択捉島より先の千島列島は，現在，ロシア連邦が統治していますが，帰属がどこか正式には決まっていません。

こつこつ テスト直前 解答 p.2

定着のワーク ステージ2

第2章 日本の地域構成

1 世界の中の日本の位置　右の地図を見て，次の問いに答えなさい。

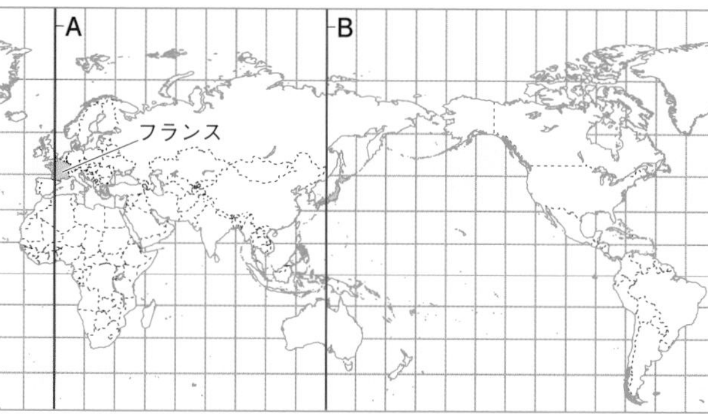

(1) 日本の国土の位置として正しいものを，次から選びなさい。

北緯(ほくい)（　　　）

ア　20～36度　イ　20～46度
ウ　30～46度　エ　30～56度

よく出る (2) 地図中のAの線を何といいますか。（　　　）

よく出る (3) 地図中のBは，日本の標準時を示す経線(けいせん)です。これは東経(とうけい)何度ですか。　東経（　　　）度

(4) 経度何度につき，1時間の時差が生じますか。

（　　　）度

(5) 東経15度線を標準時とするフランスと，日本との時差は何時間ありますか。（　　　）時間

レベルUP (6) 日本が1月2日午後2時のとき，フランスは何日の何時ですか。午前または午後を明らかにして書きなさい。

（　　　）

ヒントの森
(2)Aはイギリスのロンドンを通ります。
(6)東側にある日本の方が，早い時刻になります。

2 日本の国土の広がり　次の文と図を見て，あとの問いに答えなさい。

日本は（ A ）大陸の東側に位置し，周りを太平洋，（ B ），オホーツク海，東シナ海の4つの海に囲まれている。国土は，弓状に並ぶ北海道(ほっかいどう)，本州(ほんしゅう)，四国(しこく)，九州(きゅうしゅう)の4つの大きな島と，その周辺にある（ C ）あまりの小さな島々から成り立つ。

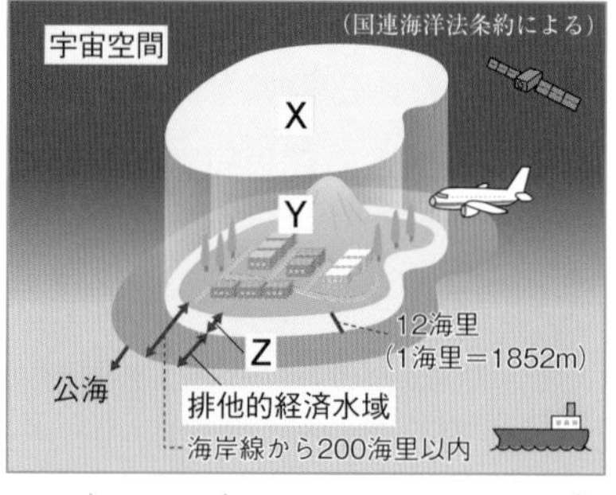

(1) 文中のA・Bにあてはまる語句を書きなさい。

A（　　　）　B（　　　）

(2) 文中のCにあてはまる数字を，次から選びなさい。（　　　）

ア　4800　イ　5800　ウ　6800　エ　7800

(3) 下線部のうち，最も大きな島を選びなさい。

（　　　）

(4) 右の図は，国の領域(りょういき)を示しています。X～Zにあてはまる語句を書きなさい。

X（　　　）　Y（　　　）
Z（　　　）

(3)4つのうち，最も小さいのは四国です。
(4)領域は陸地だけでなく，3つの範囲から成り立っています。

3 日本の領土　右の地図を見て，次の問いに答えなさい。

よく出る

(1)　地図中のAの地域は，日本固有の領土ですが，現在はある国に占拠されています。この地域を何といいますか。また占拠している国を，地図中のア～エから選びなさい。

地域（　　　　　　）

国（　　　）

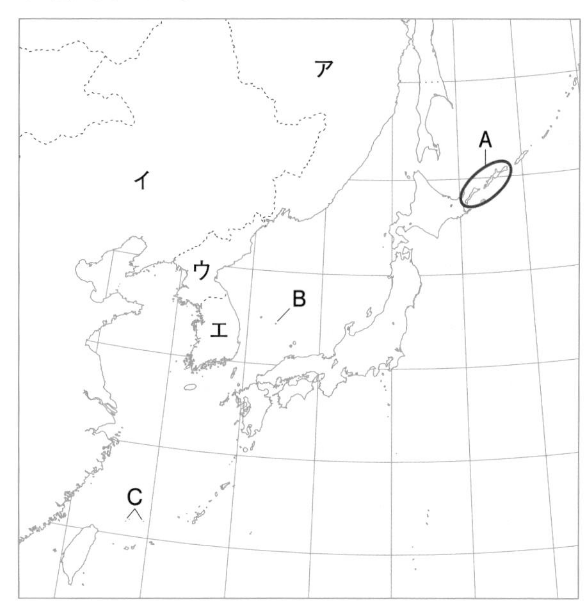

(2)　地図中のBは，1952年以降，韓国が不法に占拠し続けています。この島を何といいますか。また，この島が属している県はどこですか。

島（　　　　　　）

県（　　　　　　）

(3)　地図中のCは，1970年代から中国が領有を主張し始め，2012年に日本が大半を国有化した島々です。この島々を何といいますか。また，この島々が属している県はどこですか。

島々（　　　　　　）

県（　　　　　　）

(1)Aを占拠している国は，ソ連が解体されて成立した国です。

4 47の都道府県　右の地図を見て，次の問いに答えなさい。

(1)　日本を七つの地方に分けたとき，A～Cの地方をそれぞれ何といいますか。

A（　　　　　　）地方

B（　　　　　　）地方

C（　　　　　　）地方

(2)　地図中のa～cの道県の道県庁所在地名を，［　　］からそれぞれ選びなさい。

a（　　　　　　）

b（　　　　　　）

c（　　　　　　）

仙台市	名古屋市	神戸市
那覇市	札幌市	松山市

0　500km
a
A
b　B
長崎市
さいたま市
横浜市
岐阜市
奈良市
c
C

(3)　港町から発達した県庁所在地を，地図中に示された５つの都市から２つ選びなさい。

（　　　　　　）（　　　　　　）

ヒントの森

(1)A～C以外は北海道地方，関東地方，近畿地方，中国・四国地方。

こつこつ テスト直前 解答 p.3

実力判定テスト ステージ3 総合問題編

第1編　世界と日本の地域構成

/100

1 右の地図を見て，次の問いに答えなさい。

5点×6（30点）

(1)　Aの大陸名・Bの海洋名を書きなさい。

よく出る (2)　赤道（せきどう）を，地図中のア～エから選びなさい。

(3)　Cの都市は東京（とうきょう）から見て，どの方位に位置しますか。八方位で書きなさい。

(4)　地図中に示した東京以外の4つの都市で，東京からの距離（きょり）が最も遠い都市はどこですか。

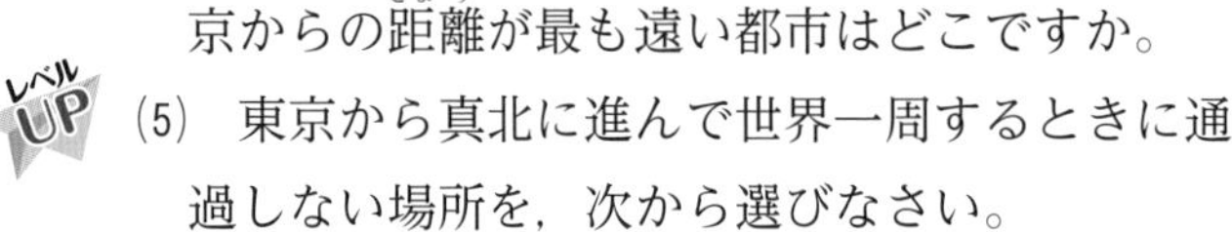

レベルUP (5)　東京から真北に進んで世界一周するときに通過しない場所を，次から選びなさい。

ア　ユーラシア大陸　　イ　北極点（ほっきょく）

ウ　グリーンランド　　エ　インド洋

(1)	A	B	(2)
(3)		(4)	(5)

2 次の地図を見て，あとの問いに答えなさい。

4点×5（20点）

人口を面積に置き換えて示した世界地図

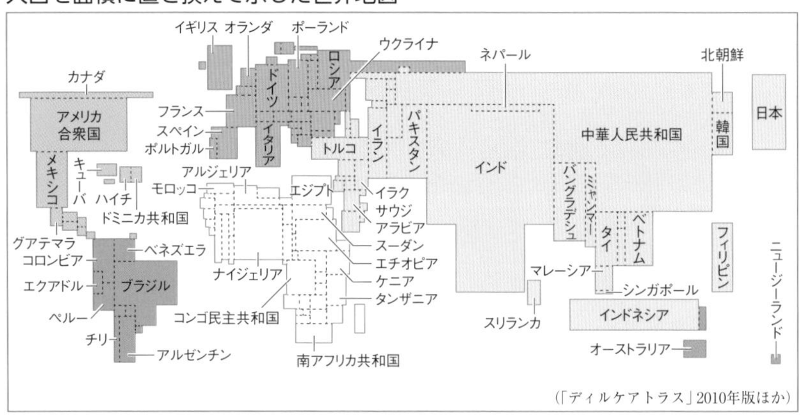

（「ディルケアトラス」2010年版ほか）

A

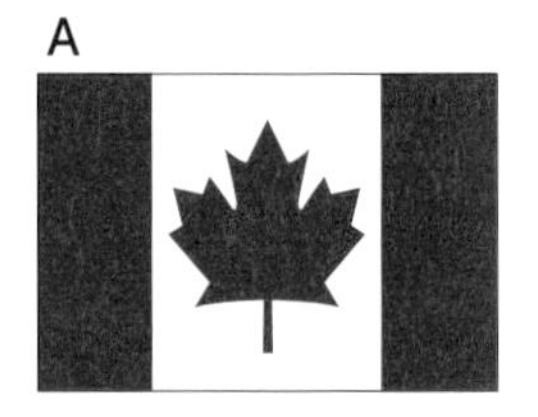

B

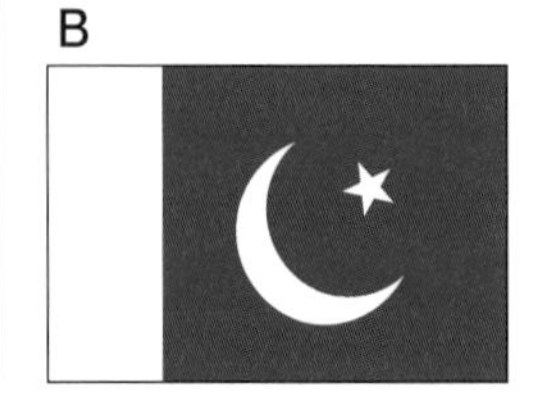

(1)　最も人口が多い州の名前を書きなさい。

(2)　地図に書かれた国のうち，最も面積が広いのはどの国ですか。

(3)　A・Bの国旗はどこの国のものですか。地図中からそれぞれ選びなさい。

(4)　日本の面積に最も近い数値を，次から選びなさい。

ア　約25.1万km^2　　イ　約37.8万km^2　　ウ　約58.7万km^2　　エ　約75.0万km^2

(1)		(2)		
(3)	A	B	(4)	

目標
- □世界地図の読み取りをおさえる
- □時差の求め方をおさえる
- □日本の領域をおさえる

自分の得点まで色をぬろう!

がんばろう! | もう一歩 | 合格!
0　60　80　100点

3 右の地図を見て，次の問いに答えなさい。

5点×4（20点）

(1)　日本は周りを海に囲まれた国です。地図中のAにあてはまる海の名前を書きなさい。

(2)　地図中に　　で示された排他的経済水域では，どのようなことが認められていますか。「水産資源」「鉱産資源」という語句を使って簡単に書きなさい。

(3)　地図中の北方領土にふくまれる島を，次から選びなさい。

ア　与那国島　　イ　択捉島
ウ　南鳥島　　エ　竹島

(4)　東京が2月6日午前3時のとき，西経120度線を標準時とするロサンゼルスは，何月何日の何時ですか。午前または午後を明らかにして書きなさい。

(1)		(2)	
(3)		(4)	

4 次の問いに答えなさい。

5点×6（30点）

(1)　次の県の県庁所在地名を書きなさい。

①　山梨県　　②　島根県

(2)　次の県庁所在地をもつ県はどこですか。

①　水戸市　　②　金沢市

(3)　近畿地方に属する県を，右の地図に色をぬって示しなさい。

(4)　地方区分や都道府県の説明として誤っているものを，次から選びなさい。

ア　日本には，43の県がある。
イ　都道府県は，明治時代に作られた。
ウ　隣接している県が最も多いのは，長野県である。
エ　九州地方は9つの県からなる。

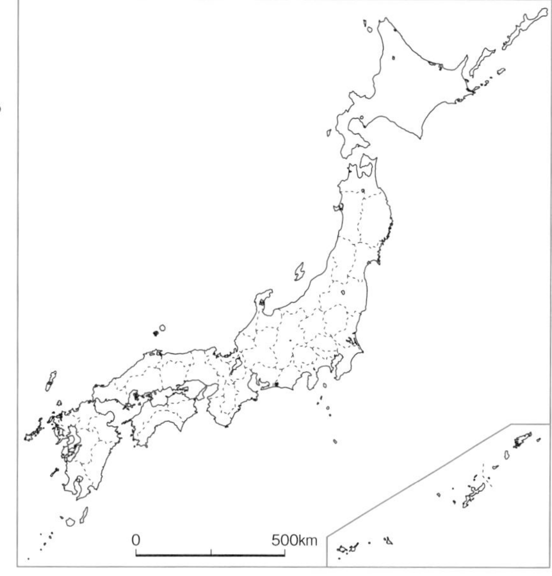

(1)	①	②	(2)	①	②
(3)	図中に記入	(4)			

こつこつ 解答 p.3

資料活用・思考力問題編

実力判定テスト ステージ3 第1編 世界と日本の地域構成

30分 /100

1 次の地図を見て，あとの問いに答えなさい。

8点×2（16点）

地図1

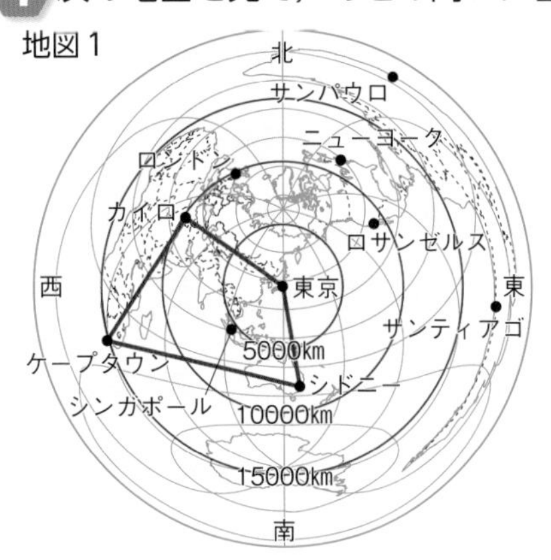

地図2

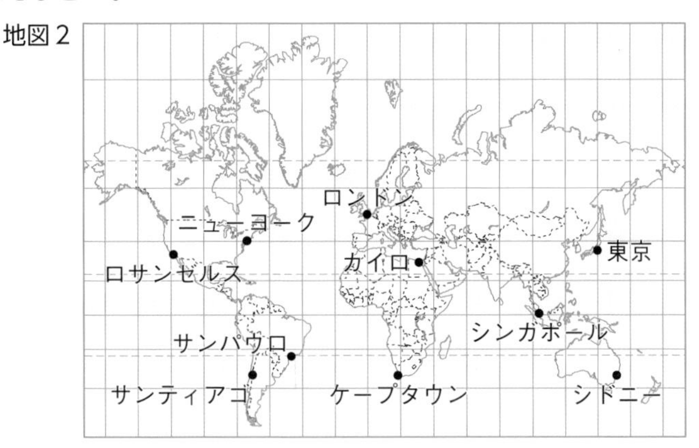

(1) 世界地図の種類が1つではなく複数ある理由を簡単に書きなさい。

作図 (2) **地図1**にで示した範囲を，**地図2**に書き入れなさい。

(1)		(2)	図中に記入

2 次の資料を見て，あとの問いに答えなさい。

6点×4（24点）

資料1 国連発足時の加盟国

資料2 国連加盟国数の変化

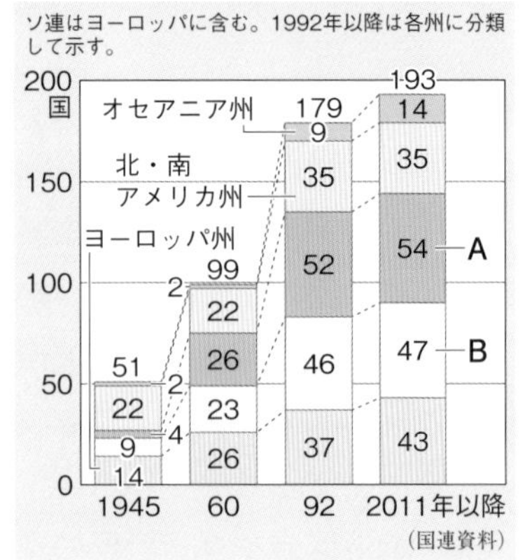

(1) **資料2**中の**A**・**B**の州名を，それぞれ書きなさい。

レベルUP (2) **A**と**B**の州で1945年から1960年にかけて国連の加盟国数が大きく増えた理由を，**資料1・2**を参考にして，簡単に書きなさい。

(3) **B**の州やヨーロッパ州で，1960年から1992年にかけても国連の加盟国数が大きく増えたのは，これらの州にまたがって成立していたある国が1991年に解体したためです。解体した国を**資料1**から選びなさい。

(1)	A	B	
(2)		(3)	

地球儀の特徴や，世界の国々，日本の領域や都道府県などの地域構成についておさえよう。

自分の得点まで色をぬろう!
がんばろう! もう一歩 合格!
0 60 80 100点

3 次の資料を見て，あとの問いに答えなさい。

6点×3（18点）

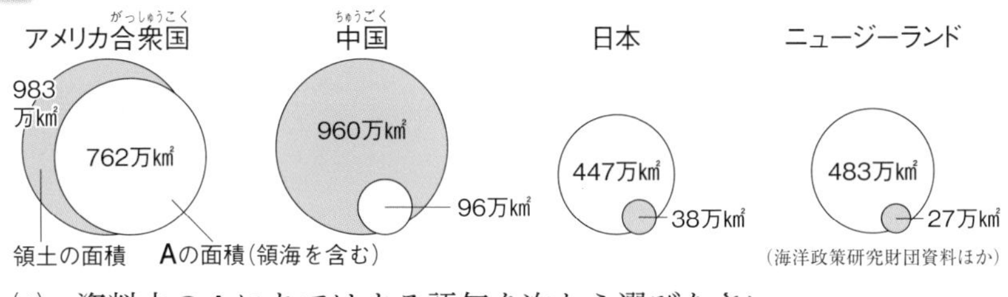

写真１

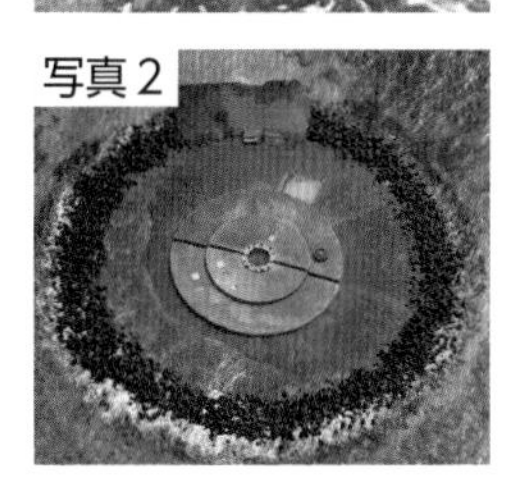
写真２

(1) 資料中のAにあてはまる語句を次から選びなさい。

ア 領空　イ 領海　ウ 排他的経済水域　エ 公海

(2) Aが広い国に共通して見られる特徴を，簡単に書きなさい。

(3) **写真１**と**写真２**は，同じ沖ノ鳥島の昔と現在の様子です。**写真２**は**写真１**と比べて何が変わったかを書き，**写真２**のようになった理由を，Aに関連づけて簡単に書きなさい。

(1)		(2)	
(3)	変わったところ		
	理由		

4 次の資料を見て，あとの問いに答えなさい。

6点×7（42点）

都道府県庁所在地と成り立ち

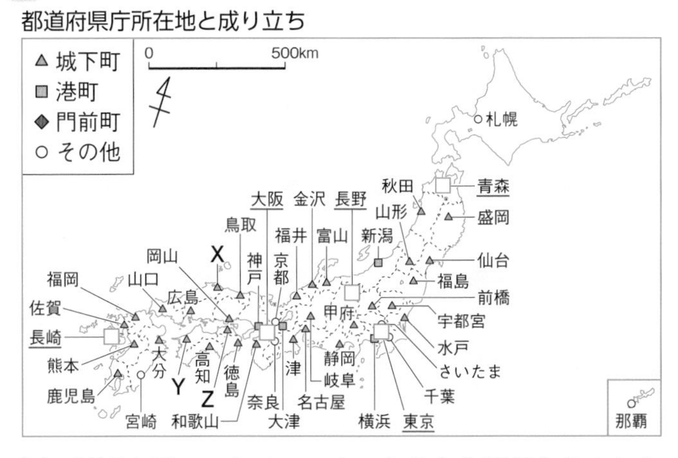

はやと：（ A ）は，江戸時代に外国との窓口になっていました。
りの：（ B ）は，善光寺を中心に発展しました。8つの県と接する県の県庁所在地です。
あやめ：（ C ）は，徳川氏の政治の拠点でした。

(1) 地図を見て，クラスで右のような会話がありました。A～Cには，地図中の下線の都市のいずれかがあてはまります。それぞれにあてはまる都市名を書きなさい。また，それぞれの□に入る記号を，凡例を見て書きなさい。色をぬる必要はありません。

(2) 地図中のX～Zの県庁所在地名に共通する漢字1字を書きなさい。

(1)	A	記号	B	記号	C	記号	(2)	

予習・復習 こつこつ 解答 p.4

第1章　世界の人々の生活と環境①

教科書の要点　(　　)にあてはまる語句を答えよう。

1 地域によって気候が変わる　教 p.30~31

●世界の気候

◆気温▶赤道周辺で高く，赤道近くの低緯度地域から高緯度地域に向かうにつれて低くなる。

◆世界の気候▶(①　　　　　　)は植生の広がりをもとに区分される→植物がみられる(②　　　　　　)，温帯，冷帯（亜寒帯）の三つと，植物が育ちにくい乾燥帯，(③　　　　　　)の二つ。

↓気温と降水量のグラフ

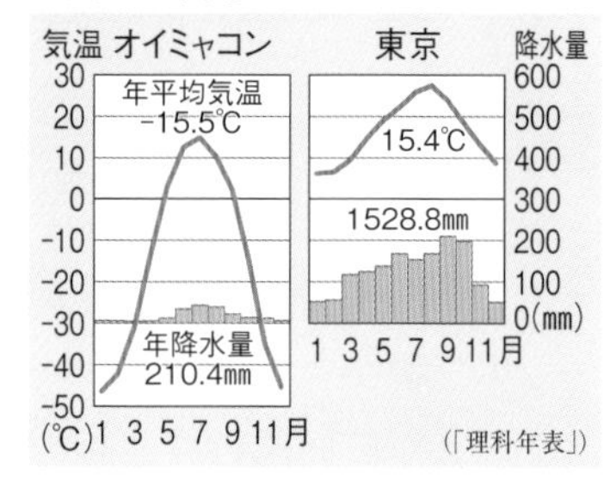

●気候帯の分布

◆面積の広さ▶乾燥帯が最も広く，次いで冷帯，熱帯，寒帯，温帯の順。

↓熱帯の気候

気温 クアラルンプール　リオデジャネイロ　バンコク　降水量
年平均気温 27.3℃　23.9℃　28.9℃
年降水量 2672.3mm　1222.6mm　1653.1mm
40 30 20 10 0 -10 -20 -30 (℃)
700 600 500 400 300 200 100 0(mm)
1 3 5 7 9 11月
（「理科年表」）

2 赤道に沿った暑い地域の暮らし　教 p.32~33

●暑さや湿気を避けるために

◆マレーシア▶(④　　　　　　)が先住民族によって行われ，イギリス植民地時代に天然ゴムの大農園や鉱山の開発。独立後は油やしの栽培など。
（④：植物などを燃やし，その灰を肥料に）

↓熱帯の家

●熱帯の自然環境

◆熱帯▶一年を通じて気温が高く雨が多い。スコールが降る。（短時間降る，激しい雨）赤道から離れるにつれて降水量が減り，雨の多い雨季と雨の少ない(⑤　　　　　　)がある。

■(⑥　　　　　　)▶密林が広がる。

■(⑦　　　　　　)▶低木の草原。

↓乾燥帯の気候

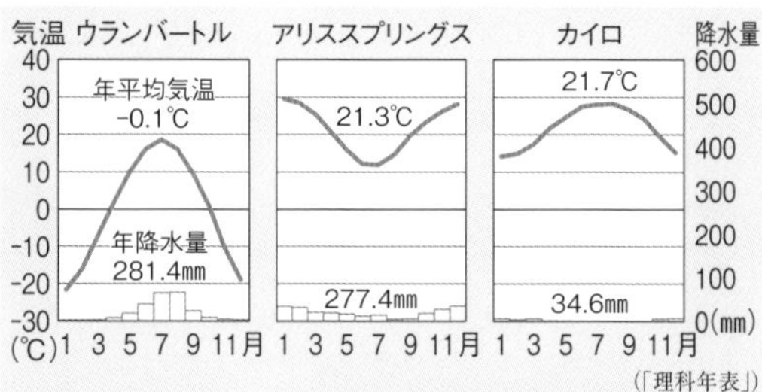

3 植物の少ない乾いた地域の暮らし　教 p.34~35

●草や水を求めて

◆モンゴル▶ゲルという住居に住み，家畜とともに広い地域を移動する遊牧が伝統的な暮らし。現在は定住化が進む。

●乾燥帯の自然環境

◆乾燥帯▶一年を通じて雨はほとんど降らない。植物が育つ。

■(⑧　　　　　　)▶水を得られる場所。（植物が育ち，農業が行われる）

■(⑨　　　　　　)▶乾燥が著しい地域で，ほとんど植物がみられない。（アラビア半島や北アフリカなど）

■(⑩　　　　　　)▶少量の雨が降る地域で育つ草原。
（⑩：短い草が生える）

↓ゲル

まるごと暗記　世界の気候 熱帯，温帯，冷帯（亜寒帯），乾燥帯，寒帯　熱帯雨林 背の高い樹木の密林

教科書の資料　次の問いに答えよう。

(1)　A～Dの気候帯を，□から選びなさい。

A（　　）
B（　　）
C（　　）
D（　　）

(2)　□のうち，植物が育ちにくい気候帯を2つ書きなさい。

（　　）
（　　）

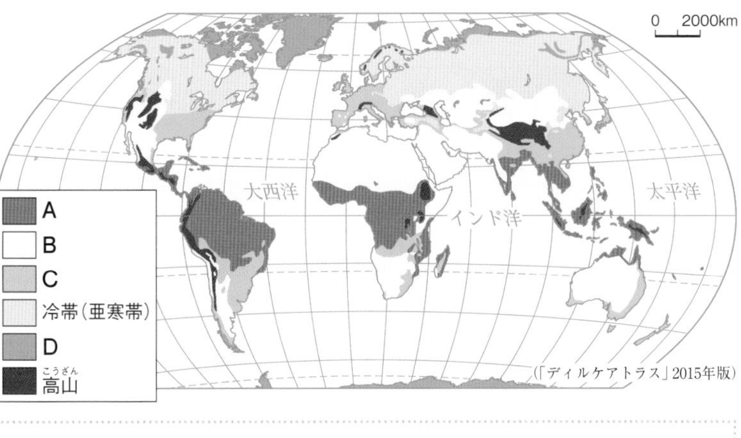

寒帯　熱帯　温帯　乾燥帯

チェック 教科書一問一答　次の問いに答えよう。

/10問中

★は教科書の太字の語句

1 気候が変わる

①気候帯の区分のもととなっているのは，何の広がりですか。　★□①

②世界の気候帯のうち，面積が最も広い気候帯を何といいますか。　★□②

③世界の気候帯のうち，日本の大部分が含まれる気候帯を何といいますか。　★□③

2 暑い地域の暮らし

④マレーシアがイギリスの植民地だった時代に，大農園で主に栽培されていた作物を何といいますか。　★□④

⑤赤道を挟んで北回帰線と南回帰線の間に広がる，一年を通じて気温が高い気候帯を何といいますか。　★□⑤

⑥⑤の地域で午後にみられる，短時間で降る激しい雨を何といいますか。　□⑥

⑦⑤における，雨が多い季節を何といいますか。　★□⑦

3 乾いた地域

⑧モンゴルなどで行われていた，草と水を求めて家畜とともに移動する暮らしを何といいますか。　★□⑧

⑨モンゴルの遊牧民が住む，移動式の住居を何といいますか。　□⑨

⑩乾燥帯のうち，少量の雨が降る地域でみられる，短い草の生える草原を何といいますか。　★□⑩

知識の泉

熱帯は一年を通じて雨が多い熱帯雨林気候と雨季と乾季のあるサバナ気候，乾燥帯は植物が全く育たない砂漠気候と少量の雨が降るステップ気候に分けられます。

予習・復習 こつこつ 解答 p.5

第1章　世界の人々の生活と環境②

教科書の要点　（　　）にあてはまる語句を答えよう。

1 温暖な地域の暮らし　教 p.36～37

●同じ温帯でも異なる暮らし

◆イタリアの住居▶石（熱を通しにくい）で造られ，日ざしを家に入れないようにするため，窓が小さい。

◆ヨーロッパの緯度が高い地域▶日光が不足するため，公園などで日光浴。

●温帯の自然環境 緯度30度以上が中心

◆（①　　　　　　）気候▶偏西風（一年中吹く西向きの風）と暖流の影響で，気温も降水量も季節の変化が小さい。

◆（②　　　　　　）気候▶夏に気温が高く乾燥。冬に雨。

◆（③　　　　　　）気候▶（④　　　　　　）（モンスーン）の影響で夏は高温で蒸し暑く，冬は低温。

↓温帯の気候

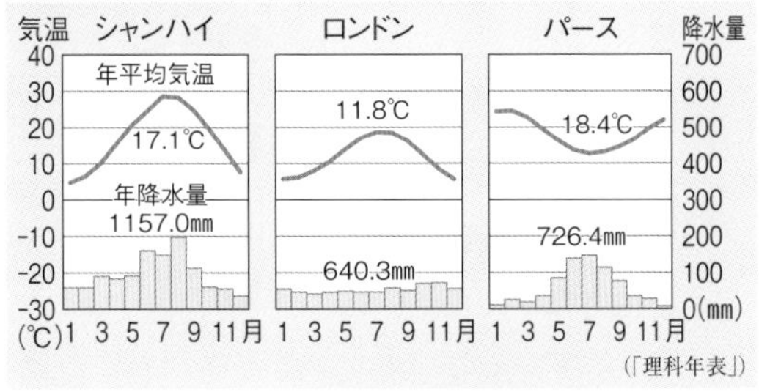

↓イタリアの住居

2 雪と氷に囲まれた地域の暮らし　教 p.38～39

●冬の寒さから身を守るために

◆カナダの先住民▶動物の毛皮の衣服を着，農業や林業，さけやアザラシの狩猟など。

●冷帯・寒帯の自然環境

◆冷帯（（⑤　　　　　　））▶気温が低く，夏と冬で気温の差が大きい。

■（⑥　　　　　　）▶マツやモミなどの針葉樹林。

◆寒帯▶冷帯より緯度が高く，次の２つの気候に分けられる。

■（⑦　　　　　　）▶夏にこけ類や草などが生える。（凍った地面が短い夏の間だけとける）

■（⑧　　　　　　）▶一年中，雪と氷でおおわれる。

◆緯度の高い地域▶夏に一日中太陽の沈まない白夜となる。夜にはオーロラが見られることがある。永久凍土が広がる。

↓冷帯・寒帯の気候

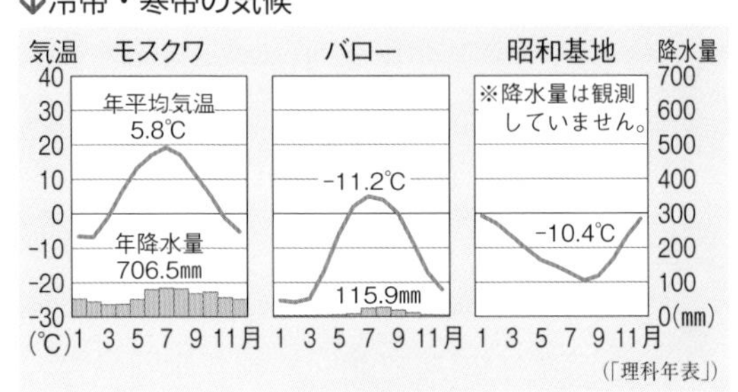

↓イグルー

3 標高が高い地域の暮らし　教 p.40～41

●酸素が薄い高地の暮らし

◆アンデス山脈での暮らし▶寒さに強い家畜であるリャマや（⑨　　　　　　）などを（⑩　　　　　　）。

●高地の自然環境

◆（⑪　　　　　　）▶標高が高い地域の気候。赤道付近でも一年中気温の変化が小さく涼しい。高山都市が発達。

↓高山の気候

気温　ラサ　ラパス　降水量
年平均気温 8.5℃　8.5℃
年降水量 430.6mm　816.5mm
（「理科年表」）

まるごと暗記　偏西風 西岸海洋性気候に影響　季節風（モンスーン）温暖湿潤気候に影響

教科書の資料　次の問いに答えよう。

(1) 温帯に属するA～Cの気候名を，□からそれぞれ選びなさい。

A（　　　　）
B（　　　　）
C（　　　　）

(2) 寒帯に属するD・Eの気候名を，□からそれぞれ選びなさい。

D（　　　　）
E（　　　　）

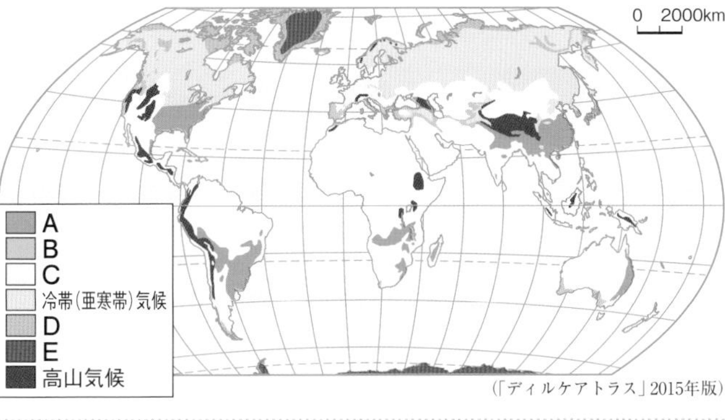

（「ディルケアトラス」2015年版）

地中海性気候　氷雪気候　ツンドラ気候
温暖湿潤気候　西岸海洋性気候

チェック 教科書一問一答　次の問いに答えよう。

/10問中

★は教科書の太字の語句

1 温暖な地域の暮らし

①イタリアの伝統的な住居は何を使って造られていますか。　□①＿＿＿＿

②西岸海洋性気候に影響を与える，西から東に向かって一年中吹く風を何といいますか。　□★②＿＿＿＿

③温帯のうち，季節風（モンスーン）の影響を受ける気候を何といいますか。　□★③＿＿＿＿

2 雪と氷に囲まれた地域の暮らし

④温帯より高緯度側や内陸部の地域の気候帯を何といいますか。　□★④＿＿＿＿

⑤④でみられる，タイガといわれているモミやマツの林を何といいますか。　□★⑤＿＿＿＿

⑥④より緯度が高い地域の気候帯を何といいますか。　□★⑥＿＿＿＿

⑦高緯度の地域で空が暗くなる夜に見られることがある現象を何といいますか。　□⑦＿＿＿＿

⑧地中深くまで一年中温度が0℃以下となる凍った土を何といいますか。　□⑧＿＿＿＿

3 標高が高い地域の暮らし

⑨低緯度に位置する高地に古くから発達した都市を何といいますか。　□★⑨＿＿＿＿

⑩アンデス山脈の高地で，主に放牧されている家畜はアルパカのほかに何がいますか。　□★⑩＿＿＿＿

冷帯（亜寒帯）や寒帯に属する地域では床を高くした住居が多くみられます。夏の高温時や，冬に暖房を使った場合に，凍った土がとけて建物が傾くのを防ぐためです。

予習・復習 こつこつ 解答 p.5

確認のワーク ステージ1 第1章 世界の人々の生活と環境③

教科書の要点 （　）にあてはまる語句を答えよう。

1 さまざまな言語と人々の暮らし

教 p.42~43

●言葉と人間/世界の言語

◆（①　　　　）▶生まれて最初に覚えた言語のこと。

■中国語である人が，最も多い。

■第二の言語として（②　　　　）が大きな地位。

◆共通語（日本では日本語）▶その国の中でほとんど全員に使われている言語。

■一つの国でも多くの言語が使われていることもある。

◆（③　　　　）▶国の政府が公の言葉に定めた言語。

●国家と言語・民族

◆（④　　　　）▶言語や宗教，慣習などを共有し，同一集団に属しているという意識をもつ人々の集まり。

■シンガポール（多民族からなる国家）▶マレー語が国語。マレー語，中国語，英語，タミル語が公用語→多民族国家をまとめるため。

■日本▶先住民族の（⑤　　　　）も暮らす。

2 さまざまな宗教と人々の暮らし

教 p.44~45

●世界の宗教

◆（⑥　　　　）▶世界で広く信仰されているキリスト教，イスラム教，仏教。

◆民族宗教▶始まりの地の民族に信者が限られる宗教。ヒンドゥー教やユダヤ教（聖地はキリスト教やイスラム教と同じエルサレム）など。

●宗教と人々の慣習

◆キリスト教▶（⑦　　　　）という行事でキリストの誕生を祝う。西暦はキリスト誕生を紀元1(元)年とする暦。

◆仏教▶（⑧　　　　）では国民の9割が信仰。男性は若いうちに一度は出家すること（仏門に入ること）が慣習となっている。

◆ヒンドゥー教▶南アジアで信仰されている多神教の宗教。（⑨　　　　）は神聖な動物で，牛肉は食べない。

●イスラム教の教えと生活

◆イスラム▶（⑩　　　　）（「唯一の神」を意味する）への信仰を意味する。

◆コーラン▶神の教えが書かれた聖典。1日5回の礼拝（メッカの方角に向かって祈る）や一定期間の断食など。

◆イスラム教徒▶アラブ人の暮らす地域や東南アジアなどに多い。

●宗教について考えよう▶日常の行動や価値観をつくり出す。

↓世界の主な言語別の人口

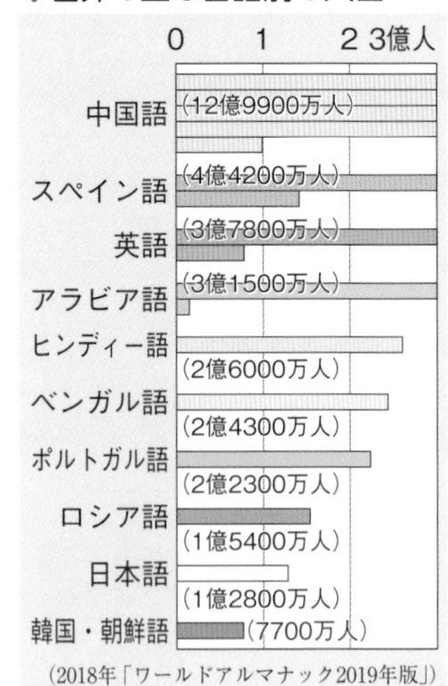

(2018年「ワールドアルマナック2019年版」)

↓世界にみる宗教別の人口

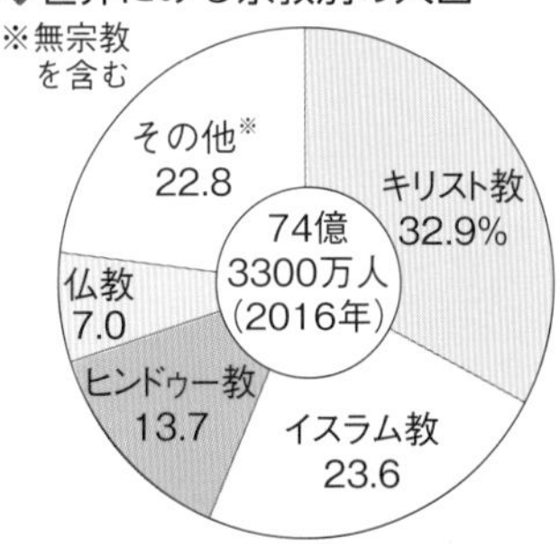

(「ワールドアルマナック」2019年版)

↓イスラム教の礼拝堂

イスラム教の礼拝堂には，祭壇や神の像はないんだよ。

公用語 国の公の言語　**世界宗教** キリスト教，イスラム教，仏教

教科書の資料　次の問いに答えよう。

(1) 右の地図は，主な宗教の分布を示しています。A～Dの宗教を，次からそれぞれ選びなさい。

A（　　　）　B（　　　）
C（　　　）　D（　　　）

ア　イスラム教
イ　仏教
ウ　キリスト教
エ　ヒンドゥー教

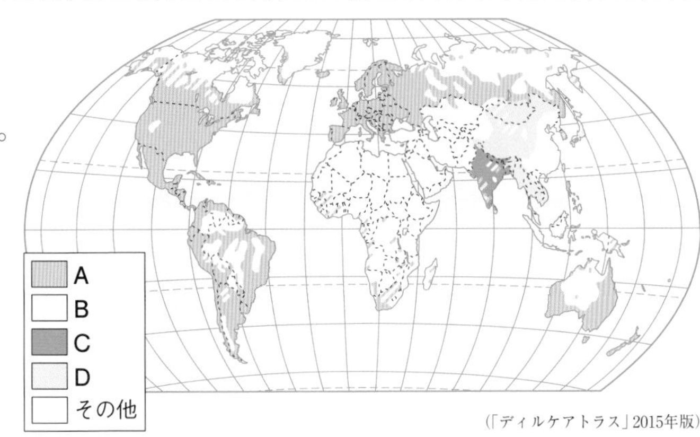

（「ディルケアトラス」2015年版）

(2) キリスト教，イスラム教，仏教のように，始まりの地や民族をこえて広く信仰されている宗教のことを何といいますか。（　　　　　）

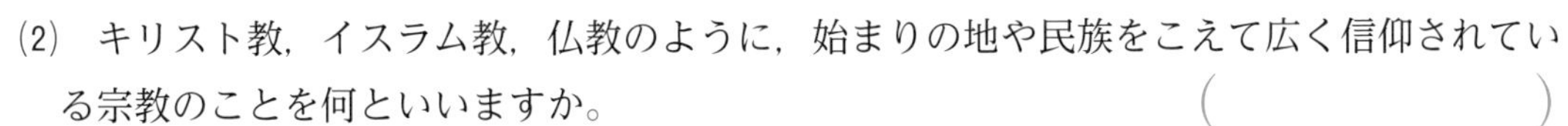

教科書一問一答　次の問いに答えよう。

/10問中

★は教科書の太字の語句

1 さまざまな言語と人々の暮らし

①世界で最も多くの人々が母語としている言葉は何語ですか。　□①

②日本語のように，国内のほとんど全員が使用している言語を何といいますか。　□②

③マレー語を国語とし，マレー語，中国語，タミル語を公用語とする東南アジアの国はどこですか。　□③

2 さまざまな宗教と人々の暮らし

④世界宗教のうち，信仰する人が世界で最も多い宗教を何といいますか。　□④★

⑤世界宗教に対し，信者が始まりの地の民族にほぼ限られている宗教のことを何といいますか。　□⑤

⑥⑤のうち，エルサレムを聖地にしている宗教を何といいますか。　□⑥

⑦キリストが生まれた年を紀元１年とする暦を何といいますか。　□⑦

⑧東南アジアのタイで，国民の９割が信仰している宗教を何といいますか。　□⑧★

⑨南アジアの多くの人々が信仰している多神教の宗教を何といいますか。　□⑨

⑩神（アッラー）の教えが書かれたイスラム教の聖典を何といいますか。　□⑩

イスラム教では，女性は外出時に顔や体をおおい隠す衣服を着ることとされていますが，国や地域によって体を隠す程度は異なり，さまざまなスタイルがみられます。

こつこつ　テスト直前　解答 p.5

定着のワーク　ステージ2

第1章　世界の人々の生活と環境

1 世界の気候　次の文を読んで，あとの問いに答えなさい。

地域(ちいき)の気温の差は，太陽から受ける熱の量の違いによって生まれる。太陽の熱の量は（ A ）の近くで最も多く，北極(ほっきょく)や南極(なんきょく)に近づくにつれ少なくなる。したがって，気温は（ B ）緯度(いど)地域で（ C ）く，（ D ）緯度地域で（ E ）くなる。

(1) 文中の（　）にあてはまる語句を右から選んで書きなさい。同じ語句を2回使ってもかまいません。

高　低　赤道

A（　　　）　B（　　　）　C（　　　）
D（　　　）　E（　　　）

(2) 次の五つの気候帯(きこうたい)を，植物がみられる気候と植物が育ちにくい気候に分けなさい。

植物がみられる（　　　）　植物が育ちにくい（　　　）

ア 寒帯(かんたい)　イ 熱帯(ねったい)　ウ 乾燥帯(かんそうたい)
エ 冷帯(れいたい)　オ 温帯(おんたい)

レベルUP (3) 乾燥帯の特徴(とくちょう)は，何が少ないことですか。

（　　　）

ヒントの森
(1)Aは緯度0度の緯線のことです。

2 熱帯・温帯・乾燥帯の気候　右の地図を見て，次の問いに答えなさい。

(1) 地図中のA～Cにあてはまる気候名を，□からそれぞれ選びなさい。

A（　　　）
B（　　　）
C（　　　）

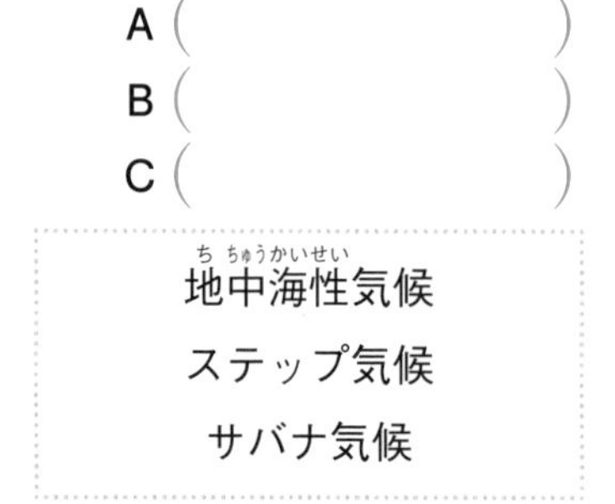

地中海性気候(ちちゅうかいせいきこう)
ステップ気候
サバナ気候

熱帯雨林気候
A
B
砂漠気候
温暖湿潤気候
西岸海洋性気候
C

0　2000km　ア　イ　ウ

（「ディルケアトラス」2015年版）

よく出る (2) 右のX～Zのグラフが示す都市の位置としてあてはまるものを，地図中のア～ウから選びなさい。

X（　　）
Y（　　）
Z（　　）

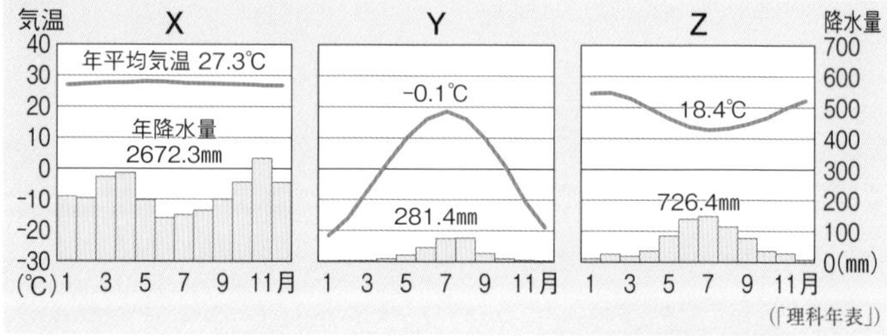

（「理科年表」）

(3) 次の風をそれぞれ何といいますか。

①温暖湿潤(おんだんしつじゅん)気候に影響(えいきょう)する風。（　　　）
②西岸海洋性(せいがんかいようせい)気候に影響する風。（　　　）

ヒントの森
(1)B短い草の生える草原が広がります。

3 冷帯・寒帯・高山の気候　右の地図を見て，次の問いに答えなさい。

(1)　地図中のA～Cにあてはまる気候名を，[　　]からそれぞれ選びなさい。

A（　　　　　）
B（　　　　　）
C（　　　　　）

冷帯　高山気候（こうざん）
氷雪気候

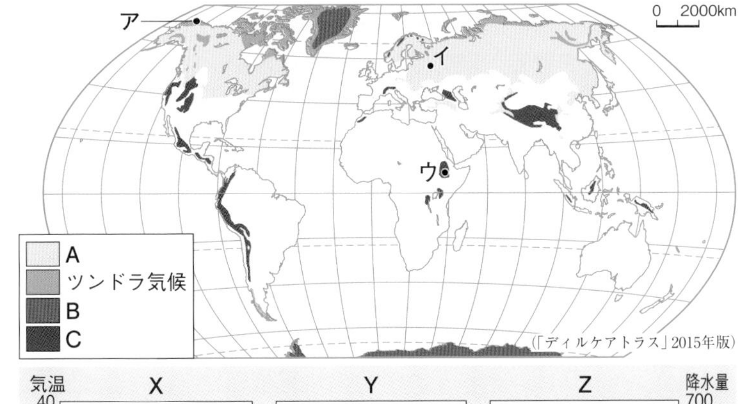

（「ディルケアトラス」2015年版）

よく出る　(2)　右のX～Zのグラフが示す都市の位置としてあてはまるものを，地図中のア～ウから選びなさい。

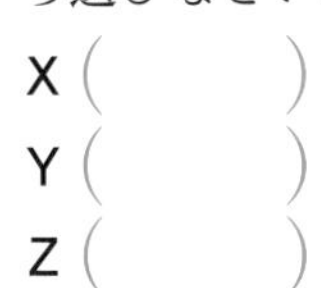

X（　　　）
Y（　　　）
Z（　　　）

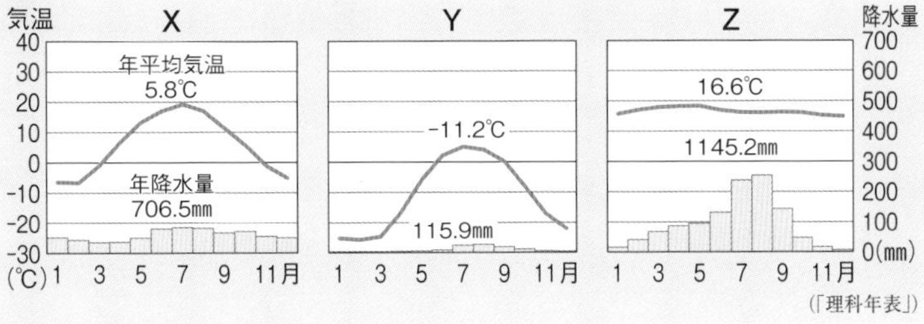

（「理科年表」）

(3)　Aの地域に広がる針葉樹林（しんようじゅりん）をカタカナで何といいますか。（　　　　　）

(4)　次の文の[　　]にあてはまる語句を書きなさい。

①（　　　　　）　②（　　　　　）

ラパスは標高が4000mを超え気温が低いため，[①]やアルパカのような寒さに強い家畜（かちく）を[②]する生活をしている。

(2) Xは一年の気温の差が大きく，Zは少ないのが特徴です。

4 言語と宗教　次の資料を見て，あとの問いに答えなさい。

資料1　世界の共通語・公用語の分布

（「世界の国情報 2018」ほか）

資料2

(1)　資料1中のA～Cにあてはまる言語を，次からそれぞれ選びなさい。

A（　　　）　B（　　　）　C（　　　）

ア　英語　　イ　アラビア語　　ウ　スペイン語

よく出る　(2)　写真は，ヒンディー語地域で信仰されている宗教（しゅうきょう）の祭りの様子です。この宗教の名前と，神聖（しんせい）とされている動物を書きなさい。

宗教（　　　　　）
動物（　　　　　）

ヒントの森
(2) Aは，母語以外の第二の言語として世界中で大きな地位を占める言語です。

総合問題編 こつこつ テスト直前 解答 p.6

第1章 世界の人々の生活と環境

30分 /100

1 右の地図を見て，次の問いに答えなさい。

4点×7（28点）

(1) 地球の気温は，何の熱の量によって決まりますか。

(2) 地図中に，赤道を示す線を引きなさい。

(3) 地図中のA・Bの地域について，次の問いに答えなさい。

① A・Bは，それぞれ，どの気候帯に属していますか。

② X・Yの海流は暖流と寒流のどちらですか。

③ ヨーロッパ北西部が高緯度のわりに冬の寒さが厳しくない理由を，海流と，この地域に吹く風の名前を明らかにして書きなさい。

(1)		(2)	図中に記入	(3) ① A	B
(3) ② X		Y		③	

2 次の問いに答えなさい。

4点×7（28点）

(1) 熱帯でみられる，短い時間に降る激しい雨を何といいますか。

(2) 乾燥帯で遊牧が行われている家畜として誤っているものを，次から選びなさい。

ア らくだ　イ トナカイ　ウ 羊　エ 山羊

(3) 国土の大部分が乾燥帯に位置する国として誤っているものを，次から選びなさい。

ア オーストラリア　イ モンゴル　ウ サウジアラビア　エ ガーナ

(4) 国土の大部分が温帯に位置する国として誤っているものを，次から選びなさい。

ア フランス　イ ギリシャ　ウ フィンランド　エ イタリア

(5) 右の写真は，イタリアにある家です。これについて，次の問いに答えなさい。

① この家は何で造られていますか。

② 強い夏の日ざしを家の中に入れないための工夫を，写真から探して簡単に書きなさい。

よく出る ③ 乾燥に強く，この地域で生産が盛んな農産物を，次から選びなさい。

ア オリーブ　イ コーヒー豆　ウ じゃがいも　エ 油やし

(1)		(2)		(3)		(4)	
(5) ①		②				③	

目標

- □気候帯の分布をおさえる
- □植生や気候に合った暮らしをおさえる
- □言語の人口や地域，各宗教の特徴をおさえる

自分の得点まで色をぬろう!

がんばろう! もう一歩 合格!

0 60 80 100点

3 次の問いに答えなさい。

4点×3（12点）

(1)　こけ類や草などの植物が生え，ツンドラで狩猟（しゅりょう）などができる地域のグラフを，右から選びなさい。

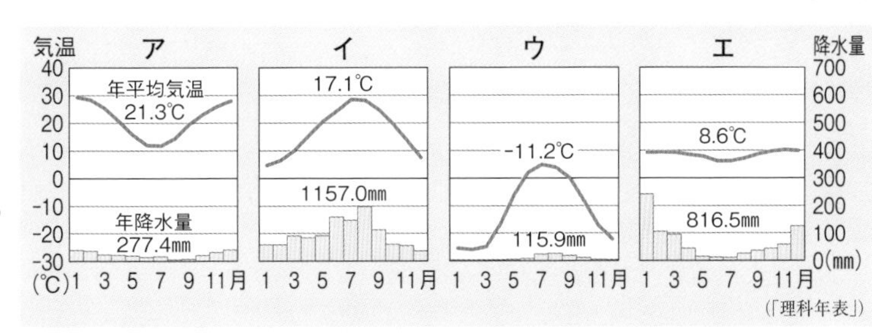

（「理科年表」）

(2)　カナダ北部の先住民族の人々が食べてきた動物を次から選びなさい。　**ア**　アザラシ　**イ**　羊　**ウ**　リャマ　**エ**　馬

(3)　アンデス山脈の高地の暮（く）らしの説明として誤っているものを，次から選びなさい。

ア　アルパカの毛を衣類としてきた。　**イ**　昼夜の気温の寒暖差が少ない。

ウ　酸素が薄いため物が燃えにくい。　**エ**　同緯度の低地より気温が低い。

(1)		(2)		(3)	

4 次の問いに答えなさい。

4点×8（32点）

(1)　次の地域で主に使用されている言語を，**グラフ1**中からそれぞれ選びなさい。

①　ブラジルなど一部を除く南アメリカの国々

②　アフリカ大陸北部やアラビア半島

③　アメリカ合衆国（がっしゅうこく）やオーストラリア，ニュージーランド

グラフ1

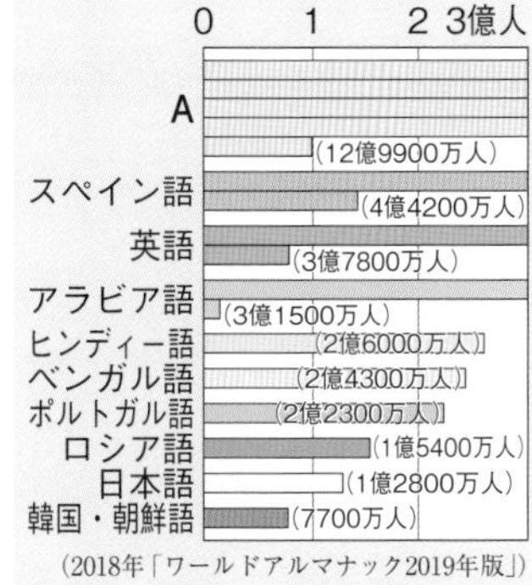

（2018年「ワールドアルマナック2019年版」）

(2)　**グラフ1**中の**A**にあてはまる言語を書きなさい。

よく出る

(3)　**グラフ2**中の**X**にあてはまる宗教（しゅうきょう）を書きなさい。

(4)　イスラム教を信仰する人々が祈る方角にある都市の名前を書きなさい。

(5)　仏教（ぶっきょう）の信者の割合が最も高い国を，次から選びなさい。

ア　エジプト　**イ**　ベトナム

ウ　ブラジル　**エ**　フランス

グラフ2

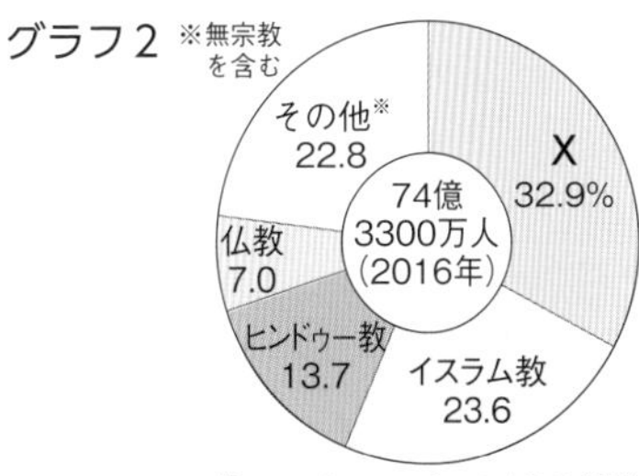

（「ワールドアルマナック」2019年版）

記述

(6)　**グラフ2**中の**X**やイスラム教，仏教は世界宗教とよばれていますが，世界宗教とはどのような宗教のことか，「始まりの地」「民族」の語句を使って簡単に書きなさい。

(1)	①	②	③
(2)		(3)	(4)
(5)		(6)	

ステージ3　資料活用・思考力問題編

第1章　世界の人々の生活と環境

こつこつ　解答 p.6

/100

1 次の資料を見て，あとの問いに答えなさい。

5点×4（20点）

A　マレーシアの伝統的な家

B　ロシアの家

(1)　A・Bに共通してみられる特徴(とくちょう)を書きなさい。

レベルUP (2)　右のグラフを見て，次の文の□にあてはまる文を考えて書きなさい。

Aの地域(ちいき)は ① という特徴があり，(1)のような家に住むのは， ② ためであると考えられる。また，気候(きこう)の特徴が異なるBでも(1)のような家が見られるのは， ③ ためである。

Aの気温と降水量

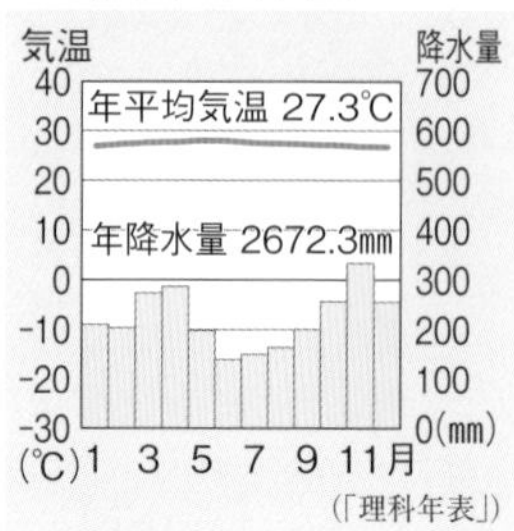

Bの気温と降水量

気温　降水量
5.8℃
706.5mm
40 30 20 10 0 -10 -20 -30 (℃)
700 600 500 400 300 200 100 0(mm)
1 3 5 7 9 11月
(「理科年表」)

(1)		(2) ①	
(2) ②			
(2) ③			

2 次の文と資料を見て，あとの問いに答えなさい。

10点×3（30点）

（ A ）ため，作物が育ちにくいモンゴルでは，Xのように，（ B ）暮らしである遊牧(ゆうぼく)が行われる。

X

Y

(1)　文中のA・Bにあてはまる言葉を考えて書きなさい。

レベルUP (2)　Yは，ゲルというモンゴルの伝統(でんとう)的な住居(じゅうきょ)です。ゲルがもつ，この地域に適した特徴を簡単に書きなさい。

(1)	A	B
(2)		

写真を見るときは，建物の形や人々の服装の特徴を探そう。２枚を比較するときは共通点を意識しよう。

自分の得点まで色をぬろう!
がんばろう! もう一歩 合格!
0 60 80 100点

3 次の資料を見て，あとの問いに答えなさい。

10点×３（30点）

A　インドの紙幣

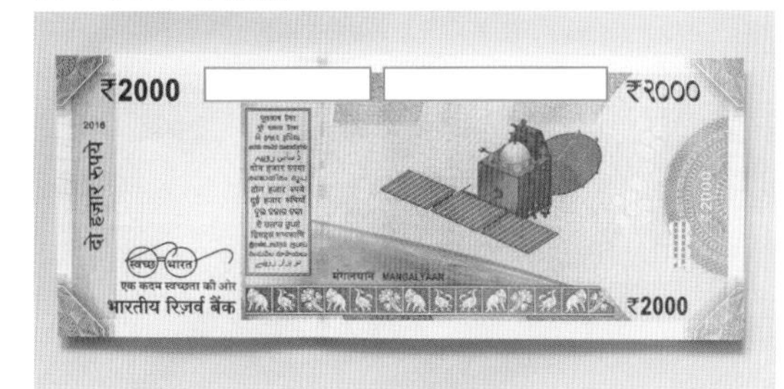

B　新潟県の「新潟国際友好会館」の看板

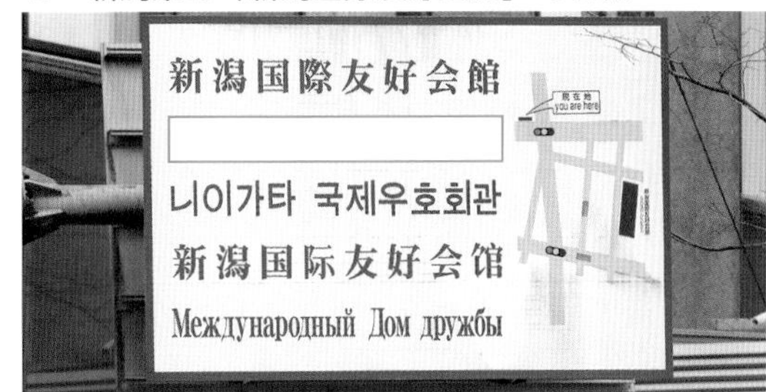

(1)　A・Bのには，ある言語で書かれた文字が入っています。この言語名を書きなさい。

レベルUP (2)　A・Bはどちらも１つのものに複数の言語が表示されていますが，その目的はそれぞれ異なっています。それぞれの目的を簡単に書きなさい。

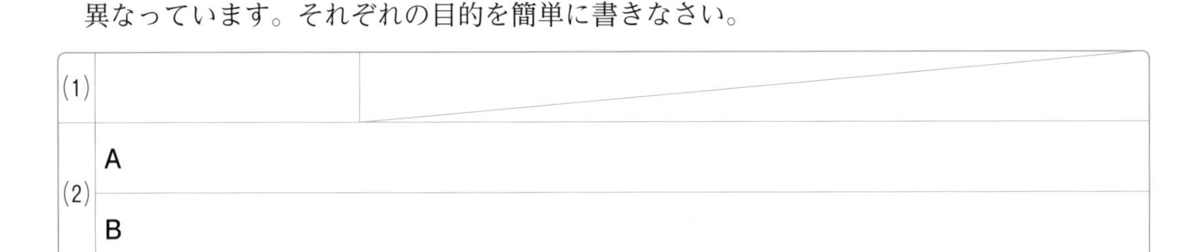

(1)		
(2)	A	
	B	

4 次の資料を見て，あとの問いに答えなさい。

10点×２（20点）

資料１　世界の主な宗教の分布

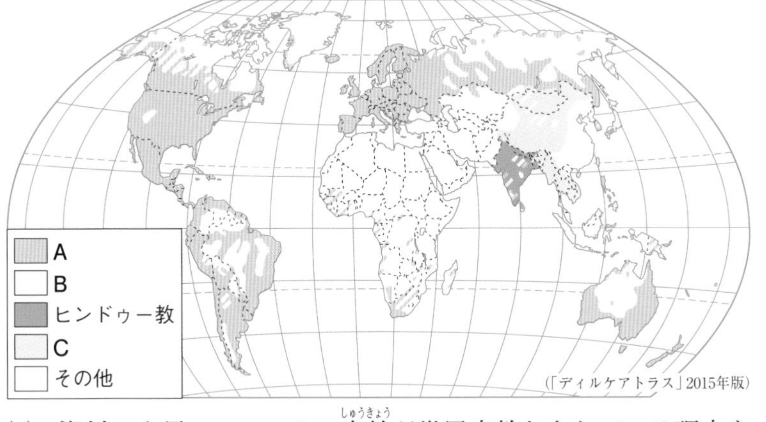

（「ディルケアトラス」2015年版）

資料２

(1)　**資料１**を見て，A～Cの宗教（しゅうきょう）が世界宗教とされている理由を，簡単に書きなさい。

レベルUP (2)　**資料２**のフィギュアスケートの選手が信仰している宗教を，A～Cから選びなさい。また，そう考えた理由も簡単に書きなさい。

(1)		
(2)	記号	理由

予習・復習　こつこつ　解答 p.7

第2章 世界の諸地域
1 アジア州①

教科書の要点　（　）にあてはまる語句を答えよう。

1 アジアをながめて　教 p.50~51

●アジアの歩み

◆古代▶文明・宗教の始まりの地。

◆近代▶多くの国々が（①　　　　　）化。独立後も発展途上国→近年，経済が成長。

●熱帯から寒帯まで広がる自然

◆湿潤な地域▶季節風（モンスーン）の影響。

◆乾燥した地域▶砂漠や高原。古くから遊牧。

◆冷帯や寒帯▶厳しい環境。人口密度が低い。

↓アジアの地形

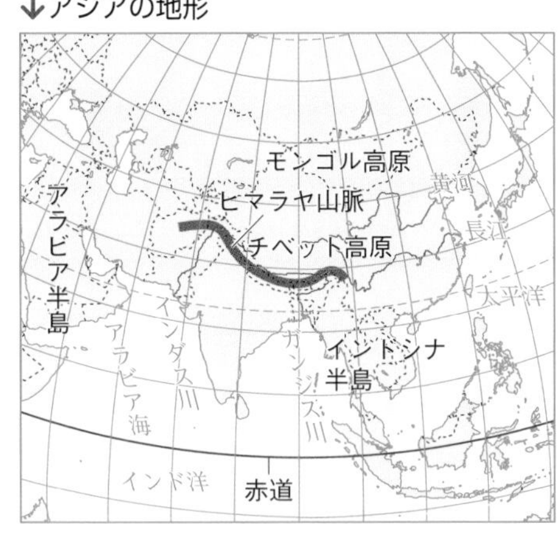

2 工業化と大都市の成長　教 p.52~53

●工業化の二つの道

◆韓国（大韓民国）▶1960年代から急速に（②　　　　　）が進む。

■アジアNIES（新興工業経済地域）の一員。他に台湾・ホンコン・シンガポール

■輸出品の変化▶繊維製品→自動車・船舶・電子部品など。

◆北朝鮮（朝鮮民主主義人民共和国）▶社会主義国。工業化が進まず，食料不足。

●韓国における都市の成長/韓国と日本の交流

◆首都（ソウル）への（③　　　　　）⇔農村の過疎化・高齢化

◆日本との観光客の行き来がさかん。日本で韓流ブームも。

↓韓国の輸出品の変化

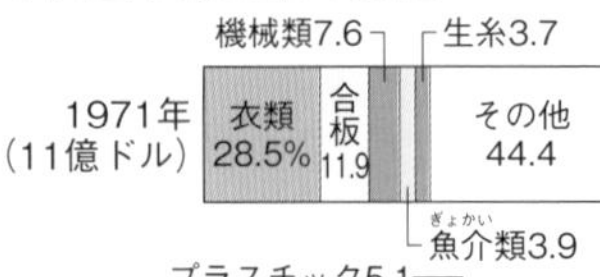

3 巨大な人口を支える農業と多様な民族　教 p.54~55

●巨大な人口を抱えて/さまざまな民族

◆中国（中華人民共和国）▶日本の約25倍の国土面積。人口約14億3000万人。（世界人口の約5分の1）

■（④　　　　　）▶人口増加をおさえる政策。（現在は二人まで）

◆民族▶約9割の（⑤　　　　　）と少数民族。（チベット族・ウイグル族など）

●地域によって異なる農業

◆東部▶（⑥　　　　　）や黄河流域の平野で耕作。

◆西部▶乾燥した山脈や高原→（⑦　　　　　）。

オアシス（地下水がわき出る）を中心にした農業もみられる。

↓中国の農業

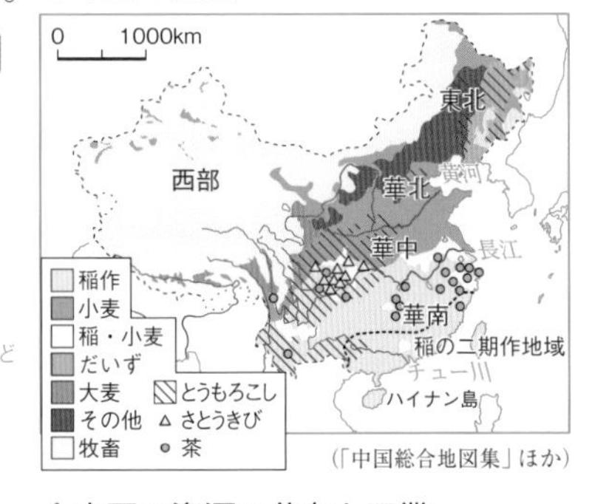

（「中国総合地図集」ほか）

4 「世界の工場」から「世界の市場」へ　教 p.56~57

●経済の改革と開放政策～都市の生活の変化

◆農村▶経済制度改革で郷鎮企業が成長→農民の収入増加。

◆経済特区（南部沿岸部）▶外国企業を誘致→「（⑧　　　　　）」に。（世界中に輸出）

◆製品を国内でも購入→「（⑨　　　　　）」に。

◆ペキン（北京）や（⑩　　　　　）に大企業のビル。

↓中国の資源の分布と工業

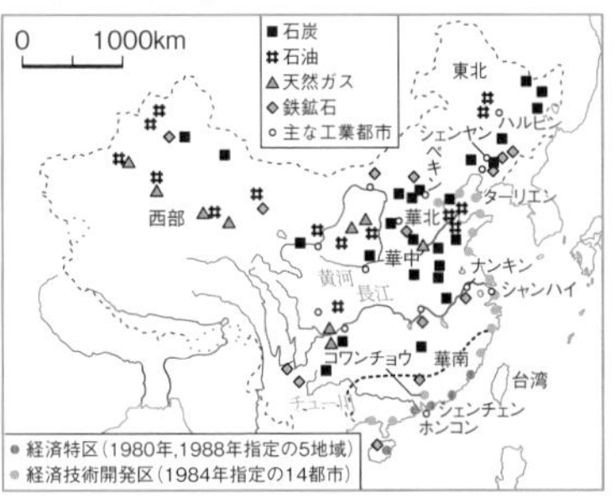

（「ディルケアトラス」2015年版ほか）

まるごと暗記　漢族 中国の人口の約9割　経済特区 外国から高度な技術や資金を導入

教科書の資料　次の問いに答えよう。

(1) 右の図はアジアの地域区分を示しています。A～Dにあてはまる地域を，[　]から選びなさい。

A（　　　）
B（　　　）
C（　　　）
D（　　　）

東アジア　西アジア
南アジア　東南アジア

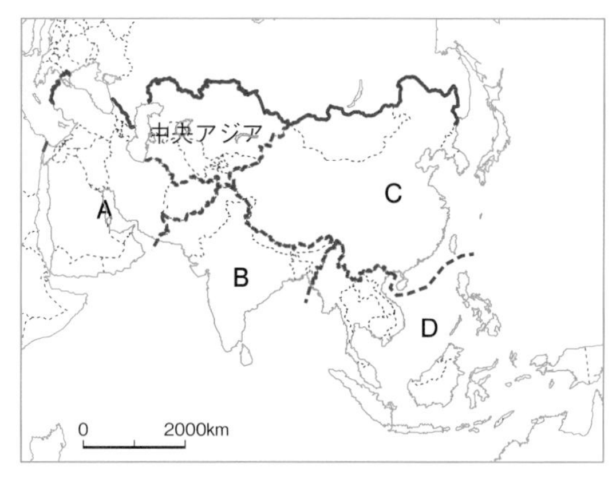

(2) 東アジアの一部，東南アジア，南アジアの地域に多くの雨をもたらす風を何といいますか。（　　　）

チェック 教科書 一問一答　次の問いに答えよう。

/10問中

★は教科書の太字の語句

1 アジアをながめて

①アジアの多くの国々は独立した後も経済的には何という国にとどまっていましたか。　□①★＿＿＿＿

②アジアの乾燥した地域の砂漠や高原で古くから行われてきた牧畜(ぼくちく)の形式を何といいますか。　□②＿＿＿＿

2 工業化と大都市の成長

③急速に工業化が進んだ韓国，台湾(たいわん)，ホンコン，シンガポールはまとめて何とよばれてきましたか。　□③＿＿＿＿

④朝鮮(ちょうせん)半島の北側に位置する社会主義国を何といいますか。　□④＿＿＿＿

⑤韓国の首都はどこですか。　□⑤＿＿＿＿

⑥韓国の農村では，過疎化と何が進み，問題となっていますか。　□⑥＿＿＿＿

3 巨大な人口を支える農業と多様な民族

⑦中国で，漢族(かんぞく)以外の民族は何とよばれていますか。　□⑦★＿＿＿＿

⑧中国の農業で牧畜(ぼくちく)が盛んなのは東部と西部のどちらですか。　□⑧＿＿＿＿

4 「世界の工場」から「世界の市場」へ

⑨ 農民や企業の自主的な活動で，生産力が向上したことによってつくられた農村の工場を何といいますか。　□⑨＿＿＿＿

⑩中国において，外国から高度な技術や資金を導入するために設けられた地域を，何といいますか。　□⑩★＿＿＿＿

同じ漢字でも，日本語と中国語では意味が異なることがあります。中国語で「汽車」は自動車，「手紙」はトイレットペーパーのことを指します。

予習・復習 こつこつ 解答 p.7

確認のワーク ステージ1

第2章　世界の諸地域
1　アジア州②

教科書の要点

（　）にあてはまる語句を答えよう。

1 変わる産業と貿易

教 p.58～59

●農水産物と鉱産資源

◆東南アジアの農業（温暖で降水量が多い）▶水田やプランテーションでの栽培。

■マレーシア・インドネシア▶天然ゴムから油やしへ転換。食用の（①　　　　）を採集。

■フィリピン▶バナナ　■ベトナム▶コーヒー

◆木材の輸出を制限（環境を守るため）　◆鉱産資源（石油や天然ガスなど）は生産・輸出減少。

●進む工業化と貿易の変化/地域内の経済協力

◆1980年代から外国企業（衣類や電気製品などを製造）が進出→現地の人を低賃金で雇う。

■（②　　　　）が進み，工業製品の貿易増加。

◆（③　　　　）▶東南アジア10か国が経済協力。

2 発展する産業と社会

教 p.60～61

●南アジアの農業

◆ヒンドスタン平原（ガンジス川中流～下流）・インド東部▶稲作が盛ん。（季節風で降水量が多い）

◆パンジャブ地方（インダス川中流部）▶かんがい施設が整備された穀倉地帯（小麦などを大量に生産）。

◆スリランカやダージリンなど▶茶の産地。

◆デカン高原▶（④　　　　）産業に必要な綿花を栽培。（ジュート(黄麻)も主要な原材料）

●南アジアの工業/インドのICT産業

◆伝統▶繊維産業　◆イギリス植民地時代▶近代的な工業

◆外国企業の工場進出（大都市郊外の工業団地に）▶電気製品や自動車の生産急増。

◆近年のインドの産業▶（⑤　　　　）（ICT）産業。

■（⑥　　　　）や首都デリーにICT企業（世界の企業の開発業務などを請け負う）が集まる。

3 豊かな天然資源に支えられて

教 p.62～63

●豊富な石油資源と人々の暮らし

◆ペルシア湾岸地域の油田▶（⑦　　　　）を採掘。

■サウジアラビア▶世界有数の産油国（原油の埋蔵量は世界全体の約6分の1）。

■（⑧　　　　）▶原油価格の設定などを行う組織。

◆石油収入→近代的都市の建設や社会福祉の充実。

◆経済発展により労働者が不足→出かせぎ労働者が増加。

●中央アジアの資源と文化

◆資源▶原油・天然ガス・ウラン・金・レアメタルなど。

◆文化▶（⑨　　　　）の東西交易による歴史的遺産。

◆宗教▶（⑩　　　　）を信仰する人が多い。

↓インドネシアの輸出品の変化

1980年（219億ドル）	原油53.3%、石油13.1、木材8.3、石油製品5.4、天然ゴム5.4、その他14.5
2018年（1802億ドル）	石炭13.3%、パーム油9.2、機械類8.2、衣類5.0、自動車4.2、その他60.1

（国連資料）

↓南アジアの農業分布

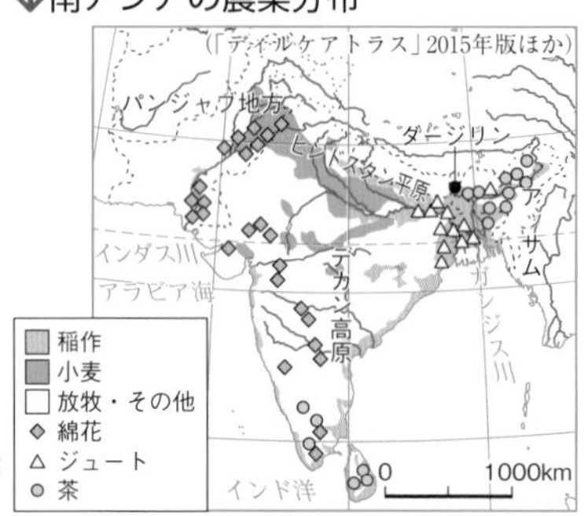

↓原油の生産量と確認埋蔵量の国別割合

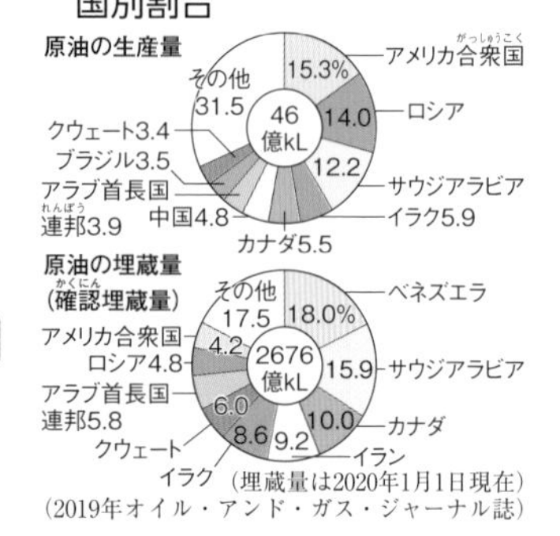

↓西アジアの主な油田

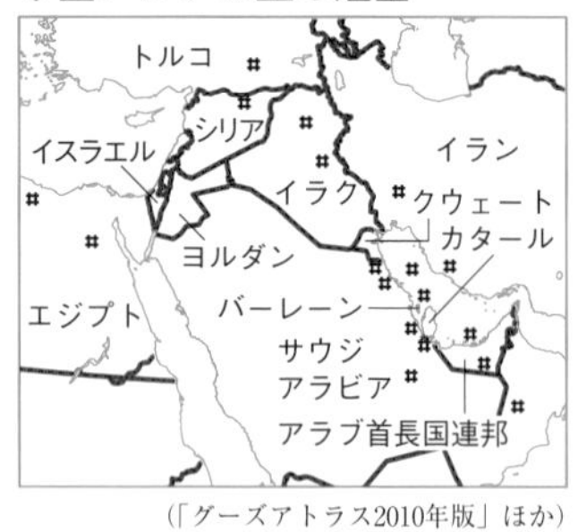

（「グーズアトラス2010年版」ほか）

ASEAN 東南アジア諸国連合の略称　OPEC 石油輸出国機構の略称

教科書の資料　次の問いに答えよう。

(1)　右の地図中のA～Cにあてはまる作物を，［　］からそれぞれ選びなさい。

A（　　　　　）
B（　　　　　）
C（　　　　　）

バナナ　　コーヒー　　油やし

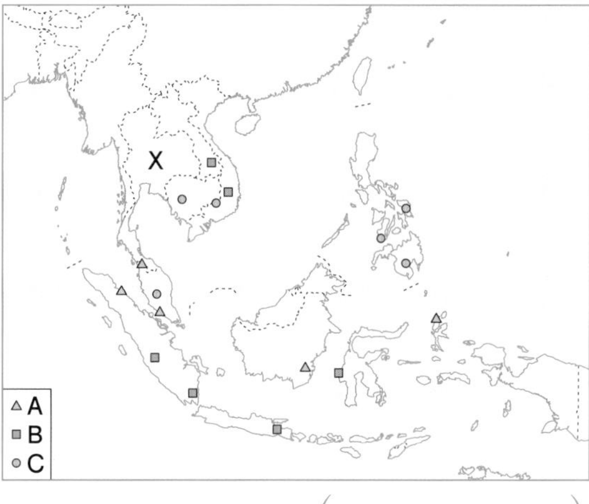

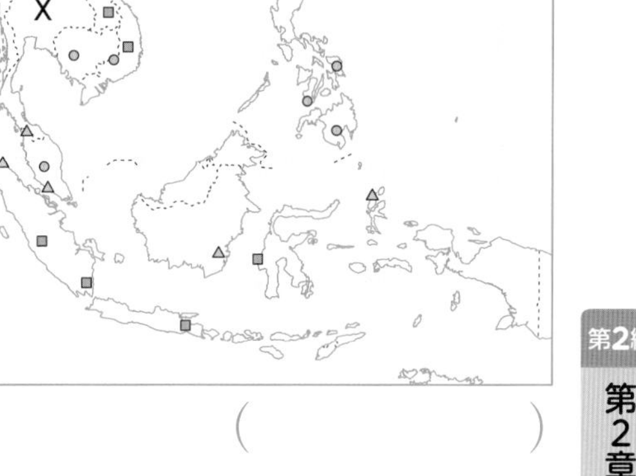

(2)　［　］の作物を栽培している農場のことを，カタカナで何といいますか。

（　　　　　）

(3)　Xにあてはまる国名を書きなさい。　（　　　　　）

チェック 教科書一問一答　次の問いに答えよう。

/10問中

★は教科書の太字の語句

1 変わる産業と貿易

①マレーシアやインドネシアにおいて，かつて盛んに栽培されていた作物は何ですか。　□①

②経済協力のために東南アジアの10か国が加盟している組織の略称を書きなさい。　□②★

2 発展する産業と社会

③稲作が盛んなインドのヒンドスタン平原を流れる河川を何といいますか。　□③

④スリランカや，インドのアッサム州などで栽培され，商品として売られているものは何ですか。　□④

⑤インドの繊維産業を支える重要な原材料は，ジュート（黄麻（こうま））のほかに何がありますか。　□⑤

⑥情報通信技術はアルファベット３字で何と表されますか。　□⑥★

⑦⑥に関連した企業が多く集まる，インドの南部にある都市を何といいますか。　□⑦

3 豊かな天然資源に支えられて

⑧西アジアで大きな油田が分布している湾を何といいますか。　□⑧

⑨原油の埋蔵量（まいぞうりょう）が世界全体の約６分の１を占（し）める，世界有数の産油国はどこですか。　□⑨

⑩中央アジアなどで産出される，自然界に存在する量が少なく，採掘（さいくつ）することが困難な金属を何といいますか。　□⑩★

インドの人口は中国に次いで世界第２位ですが，中国は一人っ子政策により人口増加が抑制されたため，将来的にはインドが世界一になると予測されています。

こつこつ テスト直前 解答 p.8

定着のワーク ステージ2
第2章 世界の諸地域
1 アジア州

1 東アジア　右の地図を見て，次の問いに答えなさい。

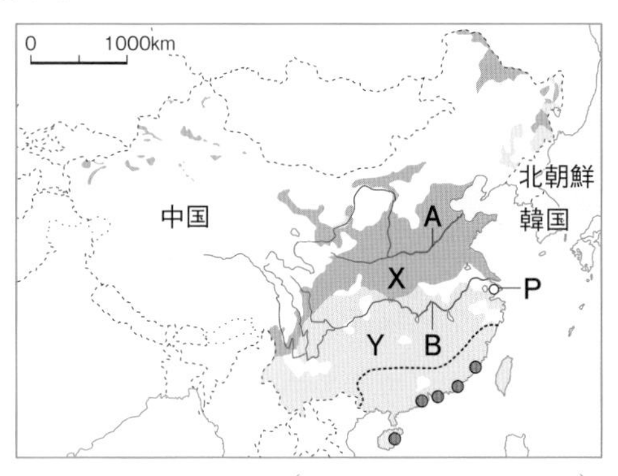

(1) A・Bの河川をそれぞれ何といいますか。

A（　　　　　　）
B（　　　　　　）

(2) X・Yの地域で生産が盛（さか）んな作物を，次からそれぞれ選びなさい。

X（　　　）　Y（　　　）

ア 小麦　イ とうもろこし
ウ 稲作（いなさく）　エ だいず

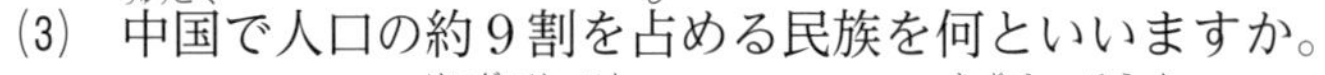

(3) 中国（ちゅうごく）で人口の約９割を占（し）める民族を何といいますか。（　　　　　　）

(4) ●で示した，経済発展（けいざいはってん）を目的に外国企業（きぎょう）を誘致（ゆうち）した地域を何といいますか。（　　　　　　）

よく出る (5) 生産した製品が輸出されるだけでなく，国内でも購入（こうにゅう）されるようになったことから，中国は何とよばれるようになりましたか。

（　　　　　　）

(6) 大企業の重要な部門がおかれ，高層ビルが建つなど発展しているPの都市を何といいますか。（　　　　　　）

ヒントの森
(2) YはXに比べて降水量が多く，温暖な地域です。
(4) 外国企業を招くために，税金などを軽くしています。

2 東南アジア　右のグラフを見て，次の問いに答えなさい。

(1) 近年，マレーシアにおいて生産や輸出が減っていることが読み取れる鉱産資源を，グラフ中から１つ書きなさい。（　　　　　　）

(2) グラフ中のA～Dにあてはまる品目を，［　］からそれぞれ選びなさい。

A（　　　　　　）
B（　　　　　　）
C（　　　　　　）
D（　　　　　　）

天然ゴム　米　自動車　機械類

タイとマレーシアの輸出品の変化

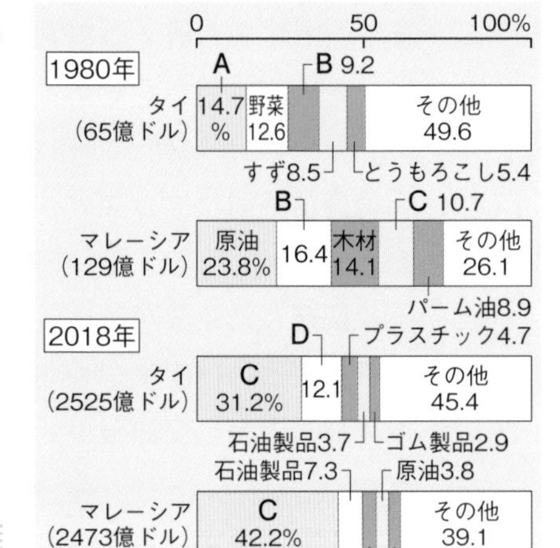

レベルUP (3) 次の文の［　］にあてはまる作物をそれぞれ書きなさい。

①（　　　　　　）　②（　　　　　　）

マレーシアのプランテーションは，［①］から［②］への転換（てんかん）が進んでいる。

ヒントの森
(3)①2018年のグラフには入っていません。

3 南アジア　右の地図を見て，次の問いに答えなさい。

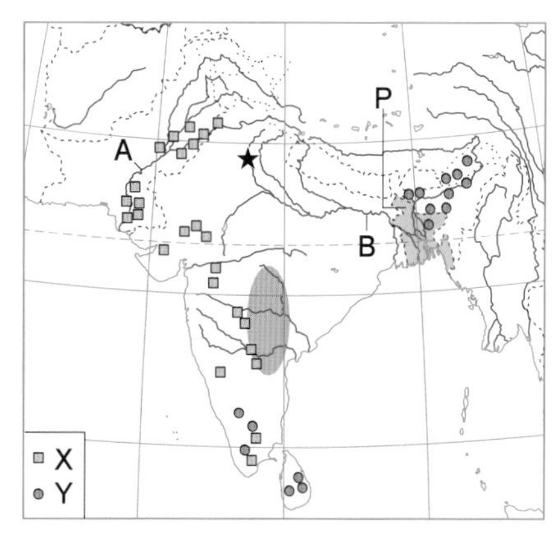

(1)　A・Bの河川をそれぞれ何といいますか。

A（　　　　　　）
B（　　　　　　）

(2)　X・Yで示した地域で栽培（さいばい）されている作物を，次からそれぞれ選びなさい。

X（　　　　）　Y（　　　　）

ア　絹　　イ　茶　　ウ　綿花　　エ　だいず

(3)　▒▒の高原を何といいますか。

（　　　　　　）

(4)　インドと並んでジュート（黄麻（こうま））を多く栽培しているPの国名を書きなさい。（　　　　　　）

(5)　地図中の★はインドの首都を示しています。この都市名を，▢から選びなさい。（　　　　　　）

ベンガルール　　デリー　　ムンバイ　　コルカタ

ヒントの森
(2)Yはスリランカやインド北東部のアッサム州やダージリンに分布しています。

4 西アジア・中央アジア　右の地図を見て，次の問いに答えなさい。

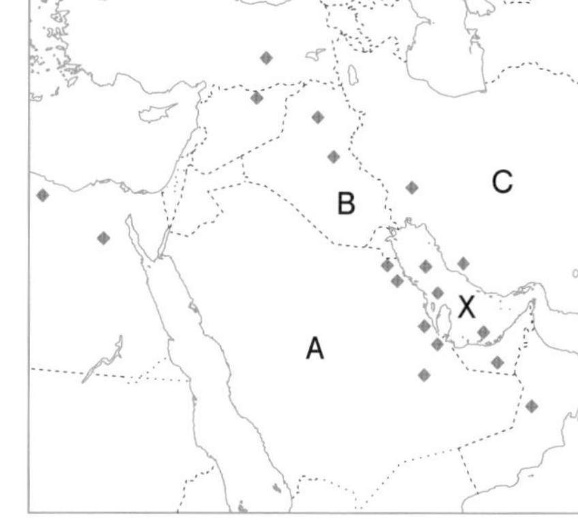

よく出る

(1)　◆で産出される資源を，▢から選びなさい。

（　　　　　　）

石炭　　原油　　鉄鉱石　　すず

(2)　Xの湾（わん）を何といいますか。

（　　　　　　）

(3)　A〜Cの国名を，次からそれぞれ選びなさい。

A（　　　）　B（　　　）　C（　　　）

ア　イラク　　イ　イラン　　ウ　サウジアラビア

(4)　◆の資源が産出される国々が結成した組織の略称を，アルファベットで書きなさい。

（　　　　　　）

(5)　次の文中の①〜③にあてはまる語句を，それぞれ選びなさい。

①（　　　　　　）　②（　　　　　　）　③（　　　　　　）

中央アジアには，①｛ダイヤモンド　レアメタル｝のような貴金属を主要な輸出品にしている国がある。シルクロードの中継地であったこと，20世紀には②｛中国　ソ連｝の一部であったことから，さまざまな地域の文化の影響がみられる。また西アジアと同様③｛イスラム教　仏教｝を信仰している人が多く暮らしている。

ヒントの森
(4)石油輸出国機構のことです。
(5)②建築様式や文字などにロシアの影響がみられます。

総合問題編

第2章 世界の諸地域
1 アジア州

1 右の資料を見て，次の問いに答えなさい。

5点×6（30点）

(1) 資料1を見て，次の文中の□にあてはまる語句を書きなさい。

韓国（かんこく）では以前は ① が主な輸出品だったが，工業化に成功し，現在は ② が中心である。工場は輸出入に便利な港の近くにあり，工場の周りにできた大都市と，首都 ③ への人口集中が著（いちじる）しい。

資料1 韓国の輸出品の変化

1971年（11億ドル）：衣類28.5%，合板11.9，機械類7.6，魚介類（ぎょかい）3.9，生糸3.7，その他44.4

2018年（6048億ドル）：機械類43.3%，自動車10.0，石油製品7.8，プラスチック5.1，鉄鋼（てっこう）4.6，その他29.2

（国連統計）

(2) 資料2を見て，次の問いに答えなさい。

① 資料2中の⟶は，アジアの気候に影響（えいきょう）を与える，夏と冬で向きが変わる風です。この風の名前を，カタカナで書きなさい。

② ①の風の影響を受け，降水量（こうすいりょう）が多いAの地域で盛んな農業を何といいますか。

③ 外国の企業が中国（ちゅうごく）に集中した理由を，「経済特区」という語句を使って簡単に書きなさい。

資料2

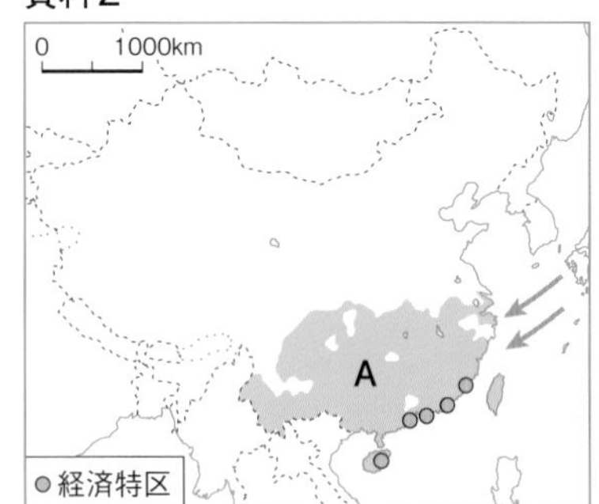

(1) ①	②	③	(2) ①
(2) ②	③		

2 右の地図を見て，次の問いに答えなさい。

6点×5（30点）

(1) Aにあてはまる農作物を，次から選びなさい。

ア 天然ゴム　イ バナナ
ウ 小麦　エ コーヒー

(2) 油やしからは，何が採集されていますか。

(3) 地図中のタイの首都を書きなさい。また，この国で多くの人が信仰（しんこう）している宗教（しゅうきょう）は何ですか。

記述 (4) 東南アジアでは，かつて木材が主な輸出品となっていましたが，現在では輸出が制限されています。その理由を簡単に書きなさい。

タイ
● 油やし
■ A

(1)	(2)	(3) 首都	宗教
(4)			

目標
- □アジア州各地の農業をおさえる
- □中国やインドの工業の特徴をおさえる
- □西アジア・中央アジアの資源の特徴をおさえる

自分の得点まで色をぬろう！
がんばろう！ もう一歩 合格！
0 60 80 100点

3 右の資料を見て，次の問いに答えなさい。
5点×5（25点）

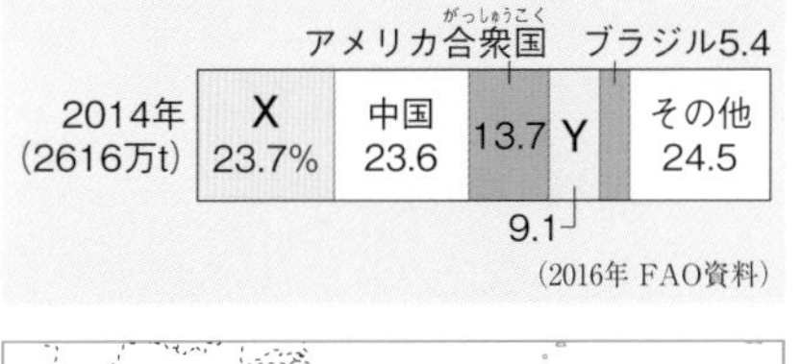

(1) 右のグラフはある作物の国別の生産量割合を示しています。グラフ中のX・Yは地図中のX・Yの国です。この作物を，次から選びなさい。

ア　とうもろこし　　イ　じゃがいも

ウ　さとうきび　　エ　綿花

(2) 茶の生産が盛んなスリランカの場所を，地図中に色をぬって示しなさい。

(3) 地図中の大半の地域をかつて植民地としていた国の名前を書きなさい。

(4) Xの国では，近年情報通信技術（ICT）産業が発展しました。その理由を賃金（ちんぎん）の水準が低いこと以外で，労働者の能力に着目して２つ書きなさい。

(1)		(2)	図中に記入	(3)		
(4)						

4 右の資料を見て，次の問いに答えなさい。
5点×3（15点）

(1) 右のグラフは，原油の生産量の国別割合を示しています。グラフ中と地図中のXに共通してあてはまる国名を書きなさい。

(2) 右の地図を参考に，ペルシア湾（わん）に面していない国を次から選びなさい。

ア　シリア　　イ　アラブ首長国連邦

ウ　イラン　　エ　クウェート

よく出る
(3) 地図中の地域で信者が多い宗教の説明として，誤っているものを次から選びなさい。

ア　メッカが聖地（せいち）の一つである。

イ　酒を飲むことが禁じられている。

ウ　牛肉を食べることが禁じられている。

エ　女性の服装に制限がある。

(1)		(2)		(3)		

予習・復習 こつこつ 解答 p.9

第2章 世界の諸地域 2 ヨーロッパ州①

教科書の要点 （ ）にあてはまる語句を答えよう。

1 ヨーロッパをながめて 教 p.68~69

●**自然環境の特色**

◆気候▶暖流の北大西洋海流や（① ）の影響で比較的温暖。

■大西洋や北海に面した地域▶西岸海洋性気候（冬は内陸部ほど寒くない）

■南部▶（② ）（夏の降水量が少ない）

◆地形▶中央部にアルプス山脈，水上交通路の**ライン川**，スカンディナビア半島の（③ ）（半島西側の海岸線にみられる氷河地形）

●**多様な民族と言語**

◆北西部▶英語・ドイツ語などの**ゲルマン系**言語

◆南部▶フランス語・イタリア語などの**ラテン系**言語

◆東部▶ロシア語などの（④ ）系言語

2 ヨーロッパの統合とその課題 教 p.70~71

●**国境を越えた結びつき/人々の生活の変化/移動する人々と地域格差**

◆大国への対抗▶ヨーロッパ共同体（**EC**） 1967年
→（⑤ ）（**EU**） 1993年。

■国境間の移動▶（⑥ ）が不要。

■EUの共通通貨（⑦ ）を導入。

◆西ヨーロッパ（高所得）と東ヨーロッパ（低所得）の間の経済格差が問題。

■東ヨーロッパからの流入により，西ヨーロッパで失業者が増加→EUの統合に反対する声も。

3 ヨーロッパの農業のいま 教 p.72~73

●**地域により異なる農業/農業大国フランス**

◆（⑧ ）▶アルプス山脈以南で，夏に乾燥に強いオリーブやぶどう，冬に小麦や牧草などを栽培。

◆（⑨ ）（アルプス山脈以北）▶小麦などの畑作と家畜の飼育。

◆**酪農**▶夏の気温の低い地域（北海沿岸やスイスなど）で，チーズやバターを生産。

◆（⑩ ）▶大都市の周辺で花や野菜を栽培。

◆フランスはEUの農業生産額の２割以上を占める。

■特に小麦の生産がさかん▶「**EUの穀倉**」

●**EUの目ざす農業**

◆**食料自給率**を上げるため，主な農作物の価格を統一（補助金がEUの財政を圧迫）。

◆EU以外の国から輸入される農作物に税金をかける。

↓ヨーロッパの地形

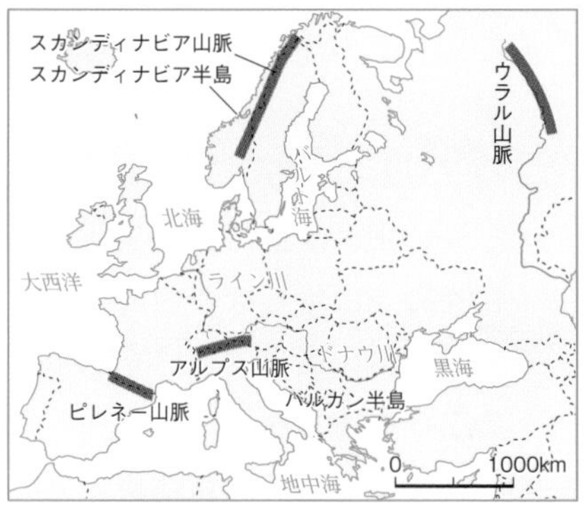

↓ヨーロッパの気候

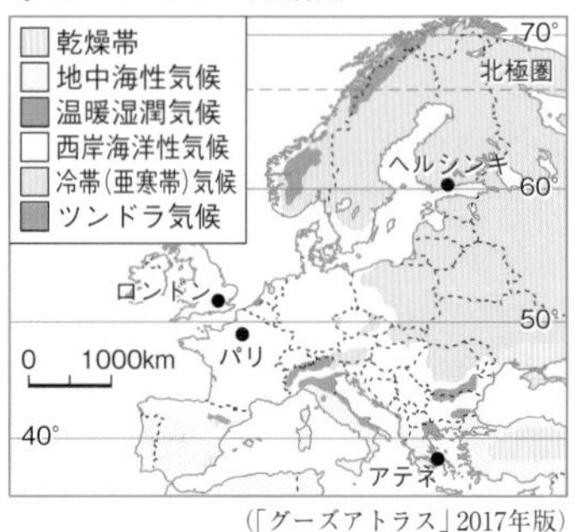

（「グーズアトラス」2017年版）

↓ヨーロッパの統合の進展

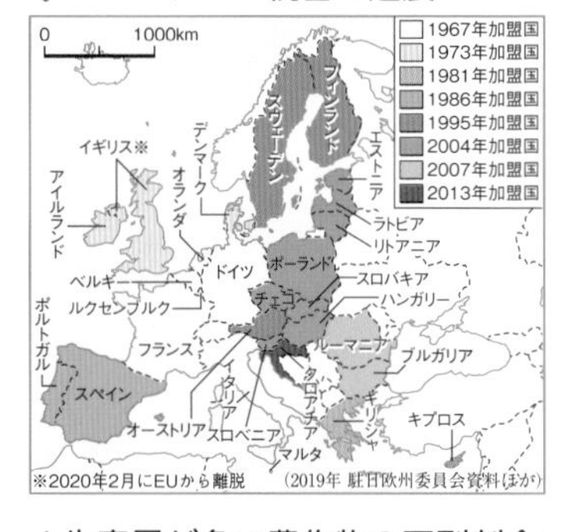

（2019年 駐日欧州委員会資料ほか）

↓生産量が多い農作物の国別割合

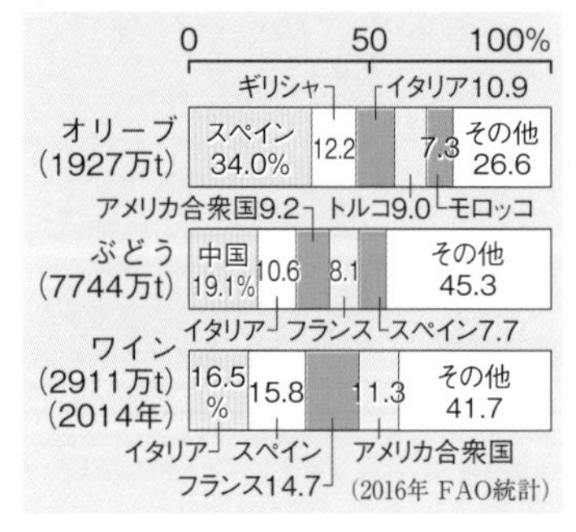

（2016年 FAO統計）

偏西風 北大西洋海流の上空を吹く風　EU ヨーロッパ連合の略称

教科書の資料　次の問いに答えよう。

(1) A～Cにあてはまる言語の系統を，［　］からそれぞれ選びなさい。

A（　　　　　）言語
B（　　　　　）言語
C（　　　　　）言語

ゲルマン系　スラブ系　ラテン系

(2) Xの国名を書きなさい。
（　　　　　）

(3) ヨーロッパで主に信仰（しんこう）されている宗教（しゅうきょう）を書きなさい。（　　　　　）

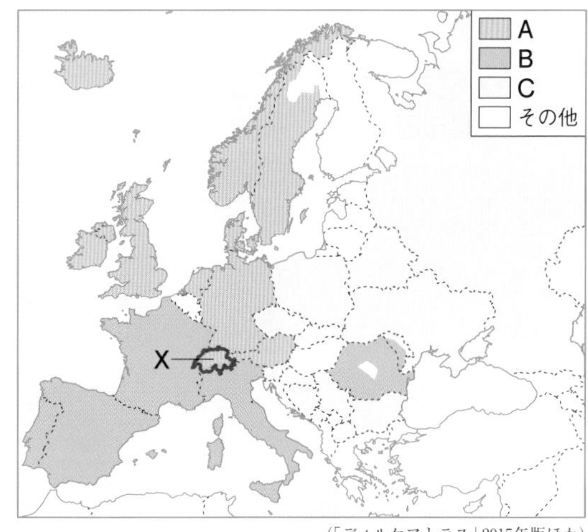

（「ディルケアトラス」2015年版ほか）

教科書一問一答　次の問いに答えよう。

/10問中

★は教科書の太字の語句

1 ヨーロッパをながめて

①ヨーロッパ西部の気候に影響を与える，大西洋を流れる暖流を何といいますか。　□①

②ヨーロッパで大西洋や北海に面した地域に分布する気候を何といいますか。　□②★

③水上交通路として利用されてきた河川のうちオランダ，ドイツ，フランスなどを流れる河川を何といいますか。　□③

④フィヨルドが西海岸線にみられるヨーロッパ北部の半島を何といいますか。　□④

2 ヨーロッパの統合とその課題

⑤ヨーロッパの政治・経済的統合の強化のため，1993年に発足した組織をアルファベットで何といいますか。　□⑤

⑥⑤の加盟（かめい）国のうち，西ヨーロッパと東ヨーロッパでは，どちらの方が所得が低い傾向にありますか。　□⑥

3 ヨーロッパの農業のいま

⑦ヨーロッパの地中海沿岸で，夏に多く栽培されているオリーブやぶどうは，何に強い農作物ですか。　□⑦

⑧夏の気温が低い地域で行われる，乳製品（にゅうせいひん）を生産する農業を何といいますか。　□⑧★

⑨ヨーロッパの国のうち，特に小麦の栽培が盛んで「EUの穀倉」ともよばれる国はどこですか。　□⑨

⑩EUで引上げを図ってきた，国内で消費する食料のうち，国内生産でまかなう割合を何といいますか。　□⑩

イギリスとフランスの間はドーバー海峡で隔てられていますが，現在は海底にユーロトンネルが走っています。トンネルの工事では日本企業の協力もありました。

予習・復習 こつこつ 解答 p.9

確認のワーク ステージ1

第2章　世界の諸地域
2　ヨーロッパ州②

教科書の要点　(　)にあてはまる語句を答えよう。

1 国境を越える工業生産　教 p.74~75

●工業地域(ちいき)の変化

◆近代▶ライン川を使って(①　　　　)や鉄鉱石を内陸のルール地方へ運び，鉄鋼(てっこう)業が発達。

◆現在▶オランダのロッテルダムなど沿岸(えんがん)部が中心。
（エネルギーの中心が石炭から石油に）

●工業先進国ドイツ

◆第二次世界大戦前▶(②　　　　)が発達。
（鉄鋼業など）

◆戦後▶**自動車**など機械工業や化学製品，**航空機**など先端(せんたん)技術産業も成長。
（ミュンヘンやシュツットガルト）

◆1960年代~▶(③　　　　)を受け入れる。

●工業地域の拡大

◆エアバス社▶EU各国の分業による航空機生産。
（フランス南部トゥールーズに組み立て工場）

◆東ヨーロッパに先進国の企業の工場が進出。

2 持続可能な社会づくり　教 p.76~77

●環境(かんきょう)問題への関心の高まり

◆(④　　　　)▶森林が枯(か)れるなどの被害(ひがい)。
（工場や自動車から排出される有害物質が原因）

◆(⑤　　　　)▶温室効果ガスが原因。
（二酸化炭素など）

●発電方式の見直し/再生可能エネルギーへの期待

◆火力発電▶多くのCO_2を出す→原子力発電推進(すいしん)。

◆**原子力発電**▶発電所爆発(ばくはつ)事故により安全性の見直しが進む。
（1986年 チョルノービリ（チェルノブイリ）原子力発電所）

◆(⑥　　　　)▶**風力・太陽光・バイオマスなど。**

3 広い国土をもつロシア連邦　教 p.78~79

●広大な国土と寒冷な気候

◆西部▶穀物栽培(こくもつさいばい)が盛(さか)ん。首都モスクワを中心に人口が集中。
（小麦やライ麦）

◆東部▶針葉樹林帯(しんようじゅりんたい)((⑦　　　　))が広がるシベリアや，寒冷な(⑧　　　　)の地域。

◆文化▶東ヨーロッパとの共通性。主にロシア正教を信仰(しんこう)。

●ソ連からロシアへ/EUや日本とのつながり

◆ソビエト社会主義共和国連邦(しゃかいしゅぎきょうわこくれんぽう)▶解体後，大半がロシアに。
（1991年）

◆(⑨　　　　)を通じて(⑩　　　　)や**天然ガス**をEU諸国(しょこく)へ輸出。EUの企業(きぎょう)がロシアへ進出。

◆鉱産資源(しげん)や魚介類(ぎょかいるい)，木材を日本に輸出し，日本からは自動車などを輸入。北方領土(ほっぽうりょうど)問題が未解決。
（さけ，かになど）

↓ヨーロッパの資源と工業

（「ディルケアトラス」2015年版ほか）

↓西ヨーロッパに集まる外国人労働者

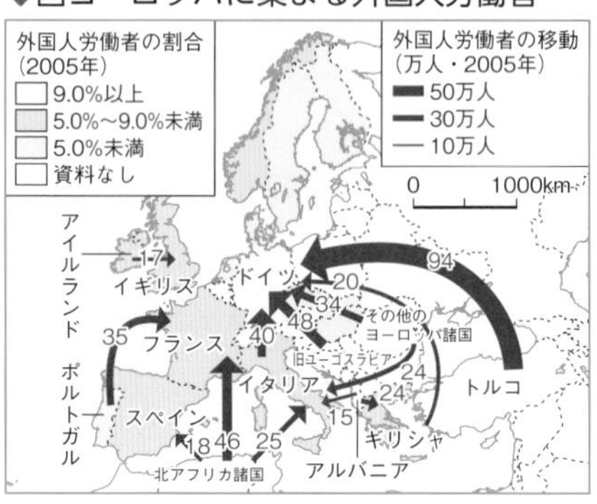

（「ディルケアトラス」2010年版ほか）

↓風力発電の様子

↓ロシア連邦の貿易

	EU	中国	ベラルーシ	アメリカ合衆国	その他
輸出先(4492億ドル)	45.6%	12.5	4.8		37.1
輸入先(2375億ドル)	37.5%	22.0		5.3	35.2

（2018年 国連資料）

まるごと暗記　**再生可能エネルギー** 風力，太陽光，バイオマスなど　**タイガ** シベリアの針葉樹林帯

教科書の資料　次の問いに答えよう。

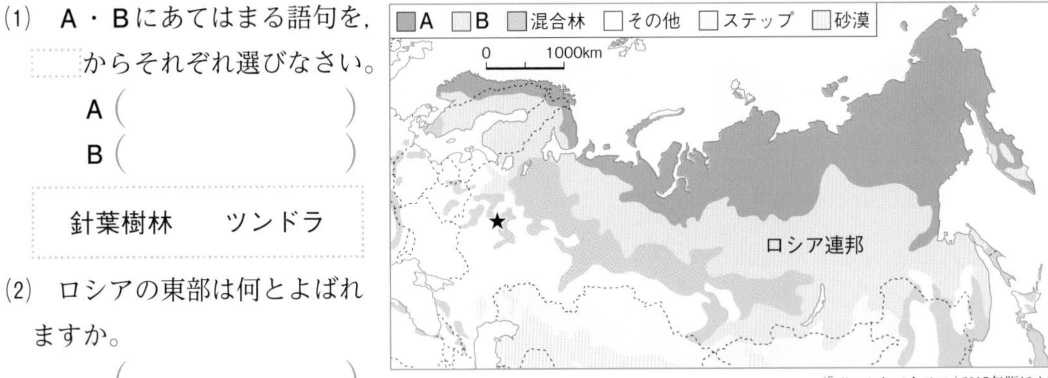

（「ディルケアトラス」2015年版ほか）

(1)　A・Bにあてはまる語句を，[　　]からそれぞれ選びなさい。

A（　　　　　　）

B（　　　　　　）

針葉樹林　　ツンドラ

(2)　ロシアの東部は何とよばれますか。

（　　　　　　）

(3)　★で示したロシア連邦の首都の名前を書きなさい。　（　　　　　　）

チェック 教科書 一問一答　次の問いに答えよう。

/10問中

★は教科書の太字の語句

1 国境を越える工業生産

①石炭や鉄鉱石を利用し，鉄鋼業が発達したドイツの地方を何といいますか。　□①＿＿＿＿

②第二次世界大戦後，エネルギーの中心は石炭などから何に変わりましたか。　□②＿＿＿＿

③第二次世界大戦後，工業が発達したオランダの都市を何といいますか。　□③＿＿＿＿

④第二次世界大戦後に発展した機械工業のうち，ドイツの主な輸出品になっているものを何といいますか。　□④＿＿＿＿

2 持続可能な社会づくり

⑤二酸化炭素など，地球温暖化(おんだんか)の原因となる気体をまとめて何といいますか。　□⑤＿＿＿＿

⑥1986年に爆発事故が起こった，ウクライナのチョルノービリ(チェルノブイリ)にあった発電所は何による発電所ですか。　□⑥＿＿＿＿

⑦再生可能エネルギーのうち，家畜(かちく)の糞尿(ふんにょう)を利用したものを何といいますか。　□⑦＿＿＿＿

3 広い国土をもつロシア連邦

⑧かつてロシアを中心に構成され，1991年に解体された社会主義国を何といいますか。　□⑧＿＿＿＿

⑨ロシアがEU諸国にパイプラインを使って輸出している資源は，石油の他に何がありますか。　□⑨＿＿＿＿

⑩ロシアと日本は，日本のどこの場所をめぐって，問題を抱えていますか。　□⑩＿＿＿＿

知識の泉　オランダには1000基をこえる風車があります。一部は現在でも干拓などに使われていますが，大半は観光用で，運河から船で見学するツアーなどがあります。

予習・復習　こつこつ　解答 p.10

確認のワーク　ステージ1

第2章　世界の諸地域
3　アフリカ州

教科書の要点　(　　)にあてはまる語句を答えよう。

1 アフリカをながめて　教 p.84~85

●高原・台地が広がる大陸

◆北部▶(①　　　　　　)砂漠・ナイル川
世界最大　地中海に注ぐ

◆東部▶ビクトリア湖・キリマンジャロ山
アフリカで最も高い山

●熱帯から温帯まで

◆気候▶赤道に近い方から，熱帯雨林→サバナ→ステップ→砂漠気候。北西部や南部に地中海性気候も。
コンゴ盆地，ギニア湾岸　モロッコなど　温帯

●サヘルの砂漠化

◆サハラ砂漠の南側▶(②　　　　　　)とよばれ，降水量や降水期間の変化が激しい。砂漠化が問題に。
アラビア語で「岸辺」　耕地の拡大や木の採取量の増加

2 アフリカの農業からみえる課題　教 p.86~87

●カカオとチョコレート

◆熱帯地域▶かつては狩猟・採集・焼畑農業→ヨーロッパによる植民地化で，(③　　　　　　)農業を開始。
いも類，雑穀など

■(④　　　　　　)▶コートジボワール・ガーナ

◆農家の収入を増やす(⑤　　　　　　)の動き。
公正な価格での買い取り

●乾燥地域の生活

◆砂漠周辺▶家畜と移動する(⑥　　　　　　)。川の流域や(⑦　　　　　　)では小麦などを栽培。
らくだや羊，山羊など

●農業の発展と海外からの支援

◆先進各国▶農地の拡大など，自立のための援助。

■日本の青年海外協力隊▶ネリカの普及を支援。
稲の品種

3 アフリカの資源からみえる課題　教 p.88~89

●恵まれた資源

◆南アフリカ共和国▶石炭・鉄鉱石・金などレアメタル
希少金属

◆アルジェリア・ナイジェリア▶石油

◆ボツワナ・コンゴ民主共和国▶ダイヤモンド

◆ザンビア▶(⑧　　　　　　)

●モノカルチャー経済と課題/課題の解決と成長に向けて

◆(⑨　　　　　　)経済▶特定の鉱産資源や農作物の生産・輸出に頼る。収入が不安定になりやすい。

◆(⑩　　　　　　)(AU)▶各国に共通する課題解決を目ざす。

↓アフリカの地形

↓カカオの生産量・輸入量の国別割合

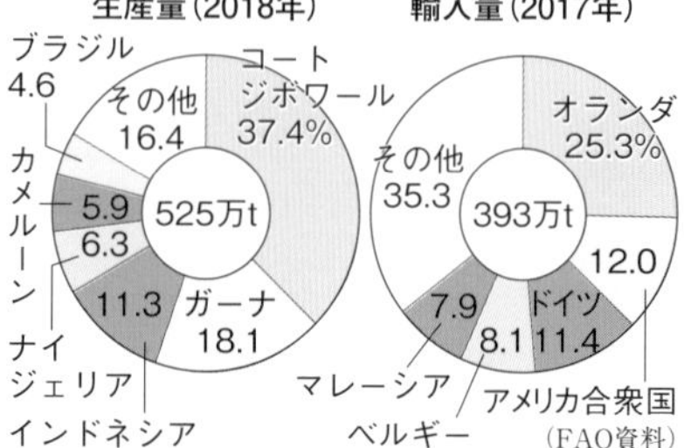

↓アフリカの農業(上)・主な鉱産資源(下)

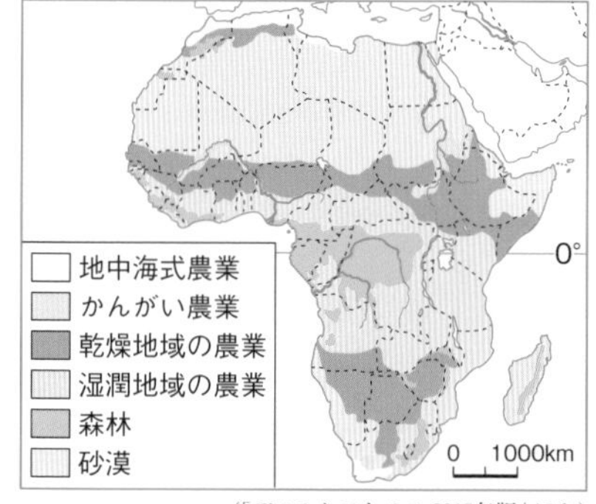

(「ディルケアトラス 2015年版」ほか)

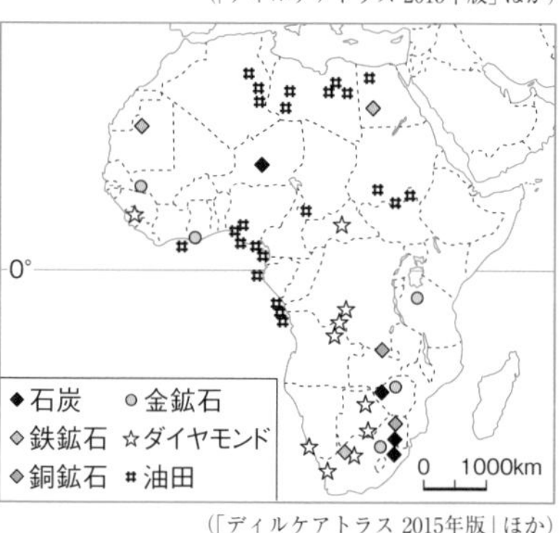

(「ディルケアトラス 2015年版」ほか)

まるごと暗記　サハラ砂漠 世界最大の砂漠　モノカルチャー経済 特定の資源・農作物に頼る経済

教科書の資料　次の問いに答えよう。

(1) A～Dにあてはまる気候区名を，□から それぞれ選びなさい。

A（　　　　）
B（　　　　）
C（　　　　）
D（　　　　）

ステップ気候　砂漠気候
サバナ気候　熱帯雨林気候

(2) 温帯のうち，◯の地域の気候を何といいますか。（　　　　）

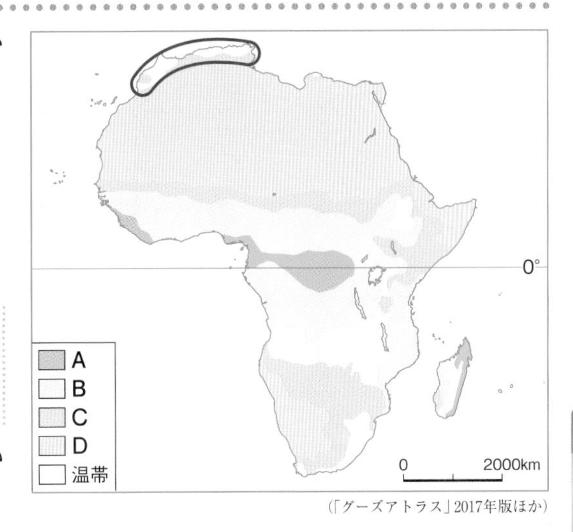

（「グーズアトラス」2017年版ほか）

チェック 教科書一問一答　次の問いに答えよう。

/10問中

★は教科書の太字の語句

1 アフリカをながめて

①サハラ砂漠の東部を南から北に向かって流れる河川を何といいますか。　□①＿＿＿＿

②アフリカで最も高い山を何といいますか。　□②＿＿＿＿

③コンゴ盆地(ぼんち)やギニア湾岸(わんがん)に広がる，樹木(じゅもく)が密生(みっせい)する林を何といいますか。　□③＿＿＿＿

④サハラ砂漠の南側にあるサヘルでは，何という問題がおこっていますか。　□★④＿＿＿＿

2 アフリカの農業から見える課題

⑤アフリカの熱帯地域では，いも類や雑穀(ざっこく)はどのような農業で栽培されていましたか。　□⑤＿＿＿＿

⑥19世紀末，アフリカのほとんどの地域はヨーロッパの国々によってどのような状態におかれましたか。　□★⑥＿＿＿＿

⑦日本の青年海外協力隊がその普及を支援している稲の品種を何といいますか。　□⑦＿＿＿＿

3 アフリカの資源から見える課題

⑧アルジェリアやナイジェリアで産出量が多い鉱産資源を何といいますか。　□⑧＿＿＿＿

⑨ボツワナやコンゴ民主共和国で産出量が多い鉱産資源を何といいますか。　□⑨＿＿＿＿

⑩アフリカの国々で結成されたアフリカ連合は，アルファベット2字で何といいますか。　□⑩＿＿＿＿

知識の泉　南アフリカ共和国で，反アパルトヘイト（人種隔離政策）運動を指導したネルソン・マンデラは，27年間もの獄中生活ののち，1994年に同国初の黒人大統領となりました。

こつこつ テスト直前 解答 p.10

定着のワーク ステージ2
第2章 世界の諸地域
2 ヨーロッパ州／3 アフリカ州

1 ヨーロッパの自然と国々　右の地図を見て，次の問いに答えなさい。

(1) Aにみられる氷河地形を何といいますか。
（　　　　　　）

(2) Bの山脈を何といいますか。
（　　　　　　）

よく出る (3) あ・いの地域は，温帯(おんたい)のうちのどの気候にあたりますか。
あ（　　　　　　）
い（　　　　　　）

(4) あの気候に影響(えいきょう)を与える，西向きの風を何といいますか。
（　　　　　　）

(5) Cの海洋を，□から選びなさい。（　　　　　　）

北海(ほっかい)　バルト海　黒海(こっかい)　地中海(ちちゅうかい)

(6) X・Yの国で，使われている言語を，次から選びなさい。
X（　　　　）　Y（　　　　）

ア　ラテン系言語　　イ　ゲルマン系言語
ウ　スラブ系言語

ヒントの森
(3)緯度が高いわりに温暖な気候と，夏の降水量は少ない気候です。

2 ヨーロッパの農業　右の地図を見て，次の問いに答えなさい。

(1) A～Cにあてはまる農業を□からそれぞれ選びなさい。
A（　　　　　　）
B（　　　　　　）
C（　　　　　　）

地中海式農業　酪農(らくのう)・放牧　混合農業

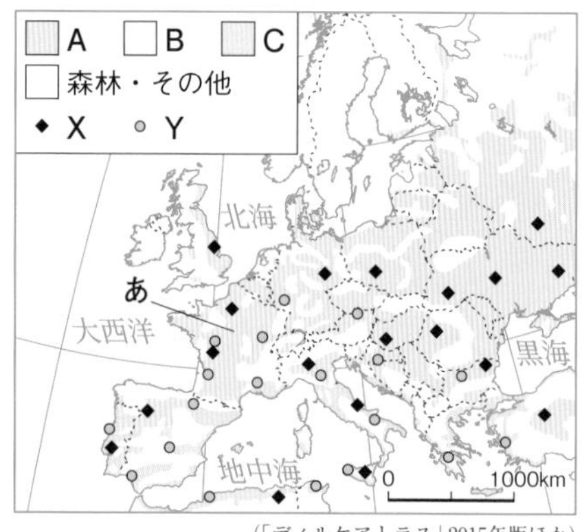

（「ディルケアトラス」2015年版ほか）

よく出る (2) X・Yの地域で生産が盛んな農作物を，次からそれぞれ選びなさい。

X（　　　　）　Y（　　　　）

ア　小麦　　イ　コーヒー　　ウ　米　　エ　ぶどう

(3) 次の文中の□にあてはまる語句を，それぞれ書きなさい。
①（　　　　　　）　②（　　　　　　）

地図中のあの国名は ① である。この国はヨーロッパを代表する農業国であり，「EUの ② 」とよばれている。

(4) ヨーロッパの大都市周辺で行われている，花や野菜を栽培(さいばい)する農業を何といいますか。（　　　　　　）

ヒントの森
(1)Aはヨーロッパ各地で，Bは地中海沿岸で盛んです。
(3)①首都はパリです。

3 ヨーロッパの鉱工業・環境・ロシア　右の地図を見て，次の問いに答えなさい。

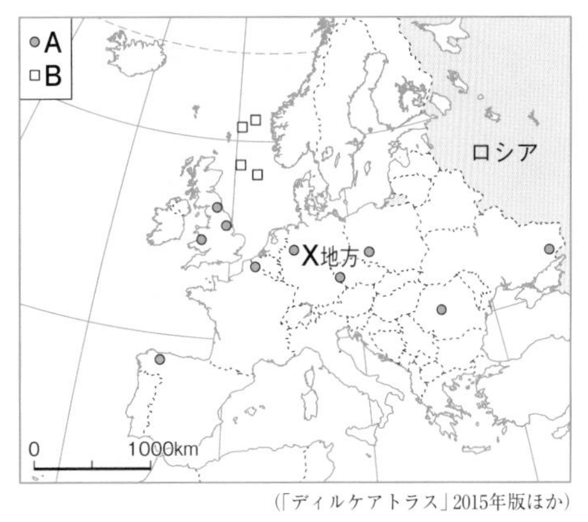

（「ディルケアトラス」2015年版ほか）

よく出る
(1)　地図中のA・Bにあてはまる鉱産資源を[　　]からそれぞれ選びなさい。

A（　　　　）
B（　　　　）

鉄鉱石	石油	石炭	天然ガス

(2)　Aの資源などを利用して工業が発展した，地図中のXの地方を何といいますか。

（　　　　）

(3)　ヨーロッパで被害が多い，森林の樹木を枯(か)れさせたり，湖や河川の水質を悪化させたりする雨が降(ふ)る環境(かんきょう)問題を何といいますか。

（　　　　）

(4)　風力など，自然界に存在したり生物資源に由来したりするもので，環境への負担が少ないエネルギーを何といいますか。

（　　　　）

(5)　ロシアは，何という国が解体されてできた国の一つですか。

（　　　　）社会主義共和国連邦(しゃかいしゅぎきょうわこくれんぽう)

ヒントの森
(3)工場や自動車から排出される物質が主な原因です。

4 アフリカ　右の地図を見て，次の問いに答えなさい。

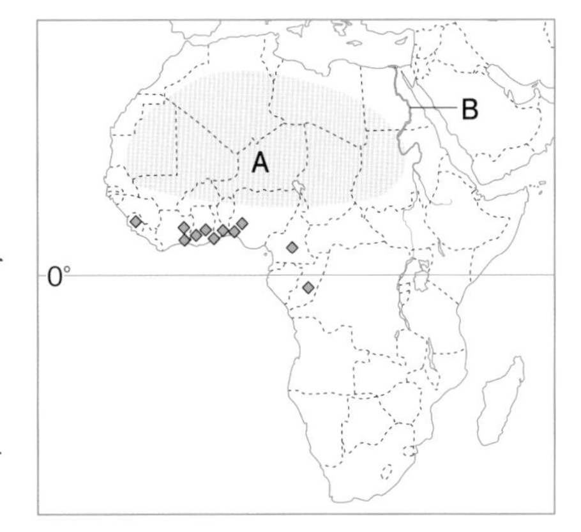

(1)　世界最大の砂漠(さばく)であるAを何といいますか。

（　　　　）

(2)　南から北に向かい，海に注ぐBの川を何といいますか。（　　　　）

(3)　Xの地域で主に栽培されているチョコレートの材料になる農産物を書きなさい。

（　　　　）

(4)　アフリカの資源や経済について，次の問いに答えなさい。

①　コバルトのような，特定の地域でしか掘り出すことのできない金属をまとめて何といいますか。（　　　　）

レベルUP
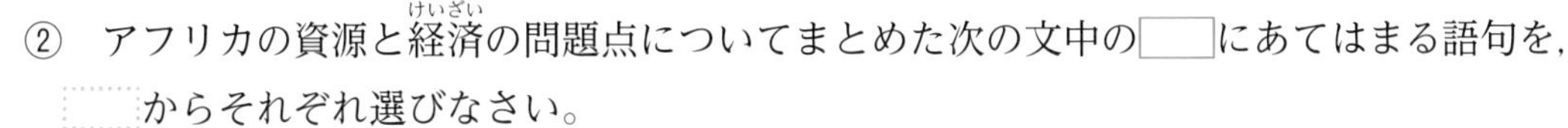
②　アフリカの資源と経済(けいざい)の問題点についてまとめた次の文中の[　　]にあてはまる語句を，[　　]からそれぞれ選びなさい。

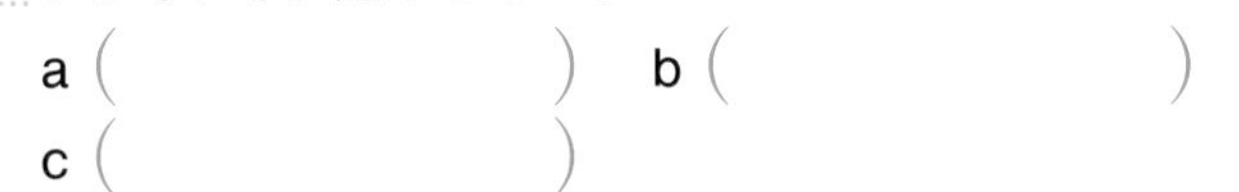
a（　　　　）　b（　　　　）
c（　　　　）

国内	植民地	外国

鉱産資源の開発が，ヨーロッパの[a]だった時代に行われ，現在も[b]の企業に経営などを頼ってきたため，得られる利益の多くが[c]に入らず，経済的に豊かになることができない。

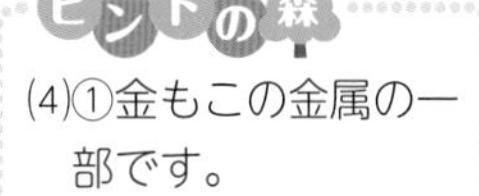
ヒントの森
(4)①金もこの金属の一部です。

こつこつ テスト直前 解答 p.10

実力判定テスト ステージ3 総合問題編

第2章 世界の諸地域
2 ヨーロッパ州／3 アフリカ州

30分 /100

1 右の資料を見て，次の問いに答えなさい。

5点×4（20点）

(1) グラフは，ヘルシンキ・パリ・アテネのうち，どの都市のものですか。また，その気候区名を書きなさい。

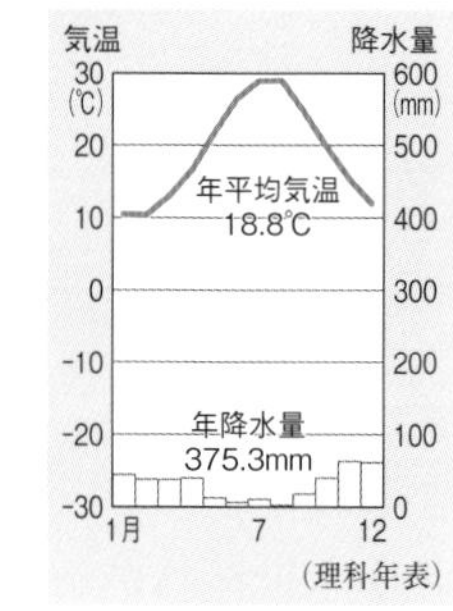

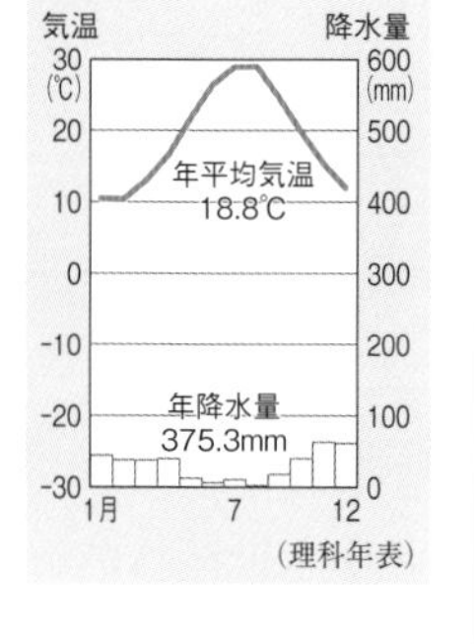

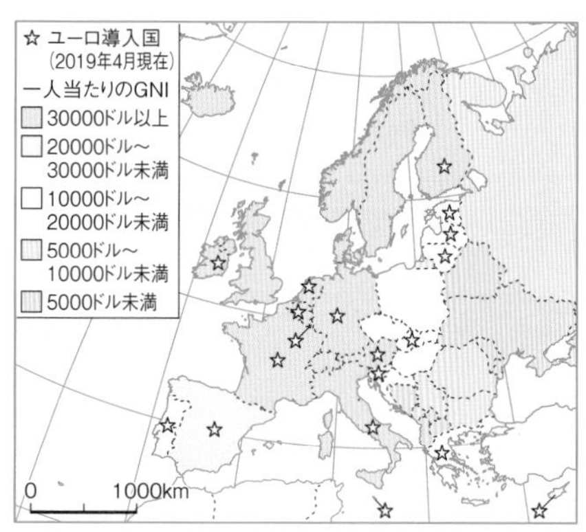

(2016年 世界銀行資料)

レベルUP (2) EUについて誤っているものを，次から選びなさい。

ア 加盟国間では，パスポートなしで国境を行き来できる。

イ EU 加盟国間では貿易の際に関税がかからない。

ウ EU では，すべての加盟国がユーロを使用している。

エ EU 全体の人口は，アメリカ合衆国の人口を上回っている。

記述 (3) EUにおいて加盟国が増加したことによって問題となっていることを，地図を参考にして簡単に書きなさい。

(1)	都市	気候区名	(2)		
(3)					

2 次の問いに答えなさい。

6点×5（30点）

(1) 次の①・②の農業をそれぞれ何といいますか。

① 乳牛を飼育して乳製品をつくる農業

② 畑作と家畜の飼育を組み合わせた農業

作図 (2) 次の文にあてはまる国を地図中に塗って示し，その国名を書きなさい。

- 西岸海洋性気候に属する。
- ゲルマン系言語が話されている。
- ヨーロッパ経済共同体発足時の加盟国である。
- 現在は自動車が主な輸出品である。

記述 (3) 第二次世界大戦後，世界のエネルギーの中心が石油になったことで，ヨーロッパの工業の中心が内陸部から沿岸部へと移りました。その理由を簡単に書きなさい。

(1)	①	②	(2)	図中に記入	国名
(3)					

目標
- □ヨーロッパ州各地の農業や工業の特色をおさえる
- □ヨーロッパ連合の影響力や課題をおさえる
- □アフリカ州の農業や課題をおさえる

自分の得点まで色をぬろう!
がんばろう! もう一歩 合格!
0 60 80 100点

3 次の資料を見て，あとの問いに答えなさい。

6点×5(30点)

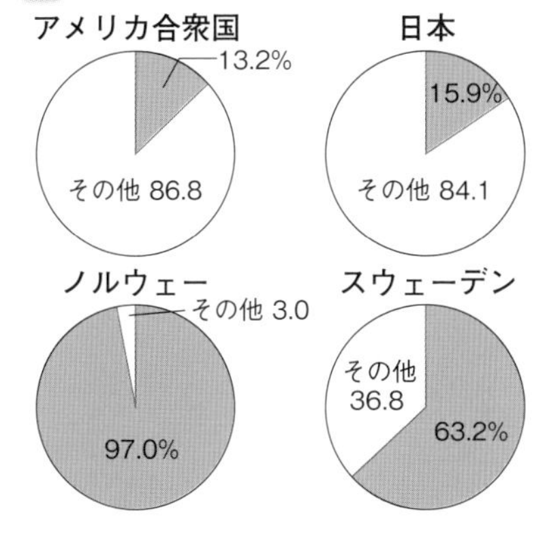

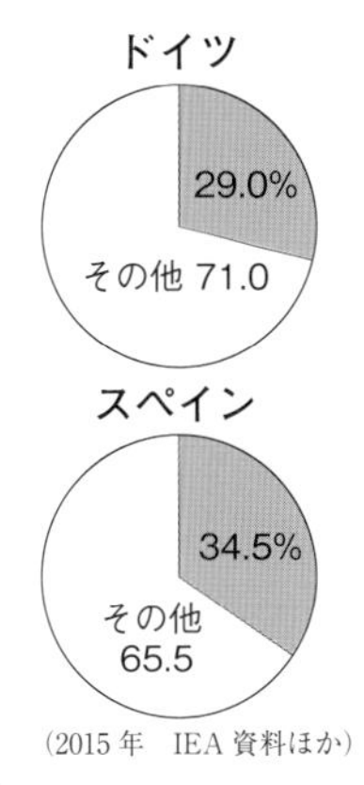

ドイツ 29.0% その他 71.0
スペイン 34.5% その他 65.5

(2015年 IEA資料ほか)

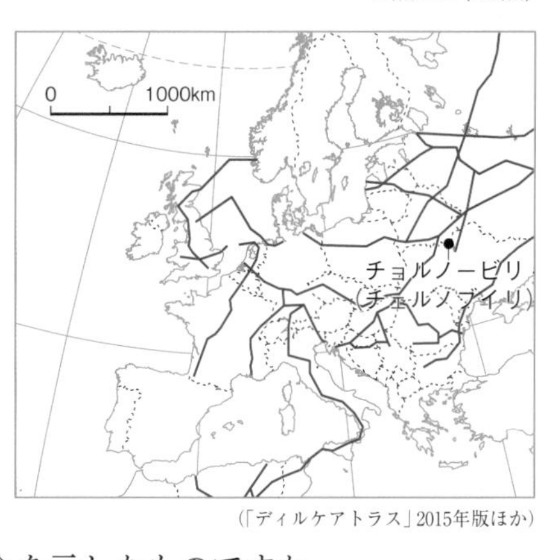

(「ディルケアトラス」2015年版ほか)

(1) グラフは，各国の総発電量に占める何の発電の割合を示したものですか。

(2) (1)の発電の導入は，何の排出をおさえるために取り入れられていますか。

(3) 原子力発電について次の問いに答えなさい。

① チョルノービリ(チェルノブイリ)にあった発電所は，現在のどこの国にありましたか。

記述 ② ヨーロッパで原子力発電の利用が見直されている理由を，チョルノービリ（チェルノブイリ）で起きたできごとについて触れながら，簡単に書きなさい。

よく出る (4) 地図中の━━は，何の資源を運ぶための施設ですか。1つ書きなさい。

(1)	(2)	(3)①
②		(4)

4 次の問いに答えなさい。

5点×4(20点)

レベルUP (1) アフリカの気候について，次の文中の｛ ｝にあてはまるものを，それぞれ選びなさい。

①｛ 赤道　本初子午線 ｝を軸として対称に分布し，①付近は②｛ 熱帯雨林　砂漠 ｝気候，①から最も離れた地域は③｛ ツンドラ　地中海性 ｝気候に属している。

記述 (2) アフリカ州の国に多くみられるモノカルチャー経済とは，どのような経済のことをいいますか。右のグラフを参考にして，「特定」という語句を使って簡単に書きなさい。

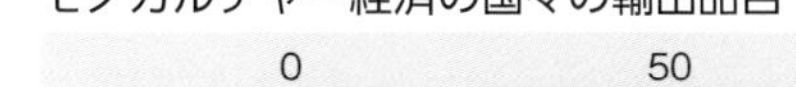

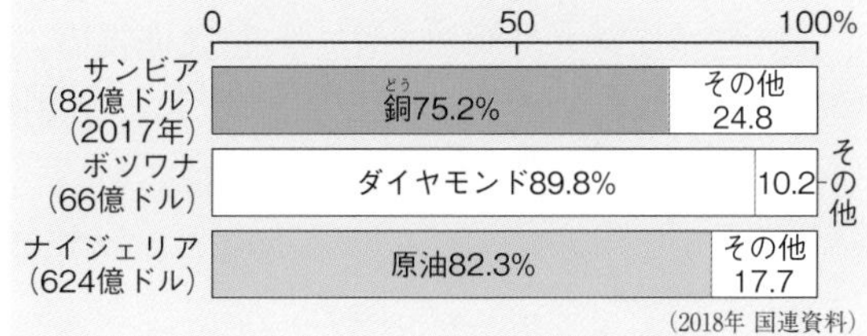

(2018年 国連資料)

(1)①	②	③
(2)		

予習・復習 こつこつ 解答 p.11

確認のワーク ステージ1 第2章 世界の諸地域 4 北アメリカ州①

教科書の要点 （　）にあてはまる語句を答えよう。

1 北アメリカをながめて

教 p.94~95

●北極海から赤道近くまで/多様な自然環境

◆北アメリカの国々▶（①　　　　）やカナダ，メキシコやパナマ，キューバやジャマイカ。
（日本の25倍以上の面積）（中央アメリカ）（カリブ海の島国）

◆気候

■北緯40度以北▶（②　　　　）が広がる冷帯。

■北緯40度以南▶西経100度付近を境に東側は温帯，西側は（③　　　　）。
（東西で降水量が異なる）

■中央アメリカやカリブ海付近▶熱帯。強風や豪雨による被害をもたらすハリケーンが発生。
（西インド諸島やメキシコ湾岸で発生）

◆地形

■大陸西部▶南北に走る（④　　　　）。

■中央部▶（⑤　　　　）やプレーリーなどの平原。ミシシッピ川はメキシコ湾に流れ込み，平原の北に（⑥　　　　）。
（アメリカとカナダの国境付近）

■大陸東部▶アパラチア山脈。大西洋岸に広がる平野にニューヨークなどの大都市が連なる。
（なだらか）

↓北アメリカの地形

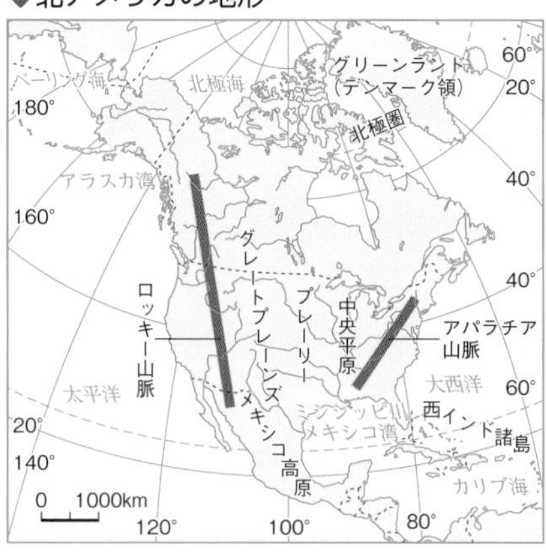

↓北アメリカの気温と降水量の分布

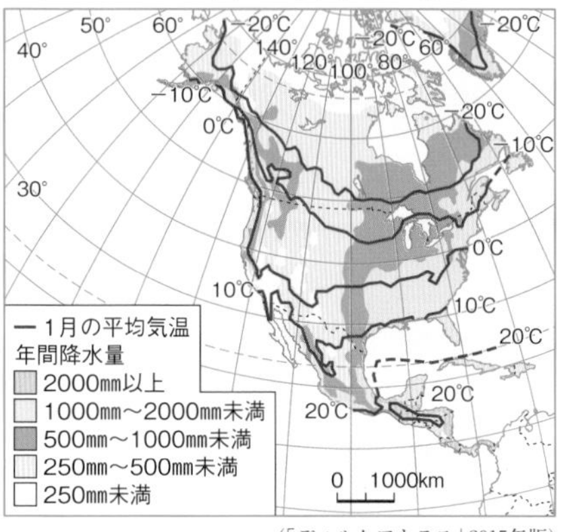

（「ディルケアトラス」2015年版）

2 世界の食料庫

教 p.96~97

●世界に影響力のある農業大国

◆アメリカ合衆国▶世界有数の農産物の輸出国→輸出の動向が世界に影響。
（小麦・とうもろこし・だいずなど カナダは小麦）

●大規模な農業とアグリビジネス/地域の条件に適応した農業

◆（⑦　　　　）や穀物メジャーとよばれる大企業が農業の大規模化・技術開発を進める。
（農業に関連するさまざまな産業）

■機械化▶大型機械を使い，特定作物の大量生産。

■技術開発▶（⑧　　　　）による遺伝子組み換え作物。

◆（⑨　　　　）▶アメリカ合衆国で行われている，自然環境・大都市への距離・労働力などの条件に対応した農業。
（気候や降水量，土地など）

■北東部▶大都市周辺では酪農や園芸農業が盛んで，その南側は（⑩　　　　）地帯。

■南部▶綿花地帯が広がり，だいずや果実も栽培。

■中西部▶小麦地帯。南西側では放牧。
（カンザス州からカナダにかけて）

■西海岸のカリフォルニア州▶大規模なかんがい施設。
（果物や野菜，米を栽培）

↓主な農畜産物の国別輸出割合

小麦輸出量（1億8365万t）：ロシア13.8%，アメリカ合衆国13.1，カナダ10.7，フランス10.0，オーストラリア8.8，その他43.6

とうもろこし輸出量（1億4736万t）：アメリカ合衆国38.0%，ブラジル14.8，アルゼンチン16.6，ウクライナ7.5，フランス3.7，その他19.4

だいず輸出量（1億3489万t）：アメリカ合衆国42.8%，ブラジル38.2，アルゼンチン6.6，パラグアイ4.0，カナダ3.3，その他5.1

牛肉輸出量（765万t）：ブラジル14.1，オーストラリア14.1%，アメリカ合衆国10.6，ニュージーランド5.5，オランダ5.7，その他50.0

（2016年 FAO統計）

まるごと暗記 ロッキー山脈 北アメリカ大陸西部を南北に走る 適地適作 地域の条件に合った農業

教科書の資料 次の問いに答えよう。

(1) 右の地図は，北アメリカの農業について示しています。A～Cにあてはまる語句を，次から選びなさい。 A（　　） B（　　） C（　　）

ア 小麦　イ とうもろこし
ウ 放牧　エ じゃがいも

(2) 次の文中の□にあてはまる語句を答えなさい。
（　　　　）

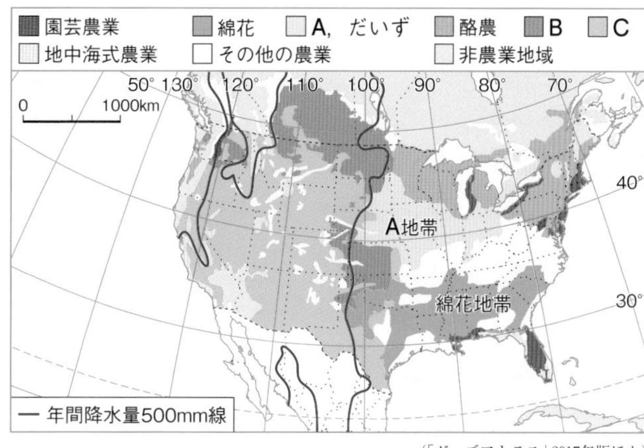

（「グーズアトラス」2017年版ほか）

アメリカ合衆国では，自然環境と社会的な条件に適した□の農業が行われている。

チェック 教科書一問一答 次の問いに答えよう。

/10問中

★は教科書の太字の語句

1 北アメリカをながめて

①北アメリカ大陸の北緯40度より北は，針葉樹林（しんようじゅりん）などが広がる何という気候帯になっていますか。 □①

②北アメリカ大陸の北緯40度より南は，西経何度付近を境として温帯と乾燥帯に区分されますか。 □②

③西インド諸島やメキシコ湾岸で発生し，強風や豪雨による被害をもたらす熱帯低気圧を何といいますか。 □③

④北アメリカ大陸の中央部にある平原を流れ，メキシコに流れ込んでいる河川を何といいますか。 □④

⑤北アメリカ大陸の東部に位置する，なだらかな山脈を何といいますか。 □⑤

2 世界の食料庫

⑥アメリカ合衆国では，バイオテクノロジーによってどのような作物が増えていますか。 □⑥

⑦アグリビジネスとよばれる産業を支配している，アメリカ合衆国にある大企業を何といいますか。 □⑦

⑧アメリカ北東部の大都市周辺で盛んな農業は，園芸農業の他に何がありますか。 □⑧

⑨アメリカ南部の広い地域で栽培されている農産物を何といいますか。 □⑨

⑩大規模なかんがい施設で果物や野菜，米などをつくっているアメリカ合衆国の西海岸の州は何州ですか。 □⑩

日本でアメリカを「米国」と表記するのは，かつてアメリカを「亜米利加」と表したことに由来します。なお，「亜国」はアルゼンチンを表します。

予習・復習 こつこつ 解答 p.11

確認のワーク ステージ1

第2章 世界の諸地域
4 北アメリカ州②

教科書の要点 (　　)にあてはまる語句を答えよう。

1 世界の最先端をゆく工業 教 p.98~99

●豊かな資源(しげん)と盛(さか)んな工業~世界を動かす多国籍(たこくせき)企業

◆アメリカ合衆国(がっしゅうこく)の工業▶大西洋岸から五大湖(ごだいこ)周辺の北東部(ピッツバーグで鉄鋼業，デトロイトで自動車産業)で発展→重化学工業の発展により，世界最大の工業国に。

■(①　　　　)方式▶自動車産業で開発。(流れ作業で行う。低価格を実現)

◆新しい工業分野の発達→工業地域が南に移動。

■(②　　　　)▶北緯(ほくい)37度より南の地域。

■シリコンバレー▶世界の(③　　　　)が集まる。

■製品の研究・開発・企画(きかく)▶世界中から集まる移民の力。

◆(④　　　　)▶世界中に生産や販売(はんばい)の拠点(きょてん)をもつ。

2 世界に広がる生活様式 教 p.100~101

●先住民と移民の歴史~資源を消費する生活様式

◆北アメリカ▶(⑤　　　　)が暮らす→移民の流入。(初めはヨーロッパから)

◆多様な人々による文化▶**ジャズ**や**ロック**，**野球**など。

◆大都市圏(けん)▶自動車で移動し，(⑥　　　　)のインターチェンジ付近の広大なショッピングセンターで買い物。(高速道路)

◆アメリカ生まれの文化▶**ハンバーガー**，スマートフォンなど。

◆生活様式▶**大量生産**と(⑦　　　　)が基本。

◆シェールガス(地下深い岩の層から採取)▶天然ガスの一種。新技術で開発が進む。

3 多民族の共存と課題 教 p.102~103

●多民族の共存の課題

◆ヨーロッパからの移民の文化が根づく。

■英語や(⑧　　　　)(カナダの一部)，スペイン語などが話される。

◆課題▶アフリカ系（黒人）への差別など。

●増えるヒスパニック/国の結びつきと格差の問題

◆(⑨　　　　)▶メキシコなどからの移民とその子孫。スペイン語を話す。

◆アメリカ合衆国・カナダ・メキシコで貿易自由化→メキシコからアメリカ合衆国への不法入国が問題。

●カナダの多文化主義▶ケベック州はフランス系住民が多い(国全体ではイギリス系住民が多い)→(⑩　　　　)の政策(せいさく)。

↓主な国の研究費

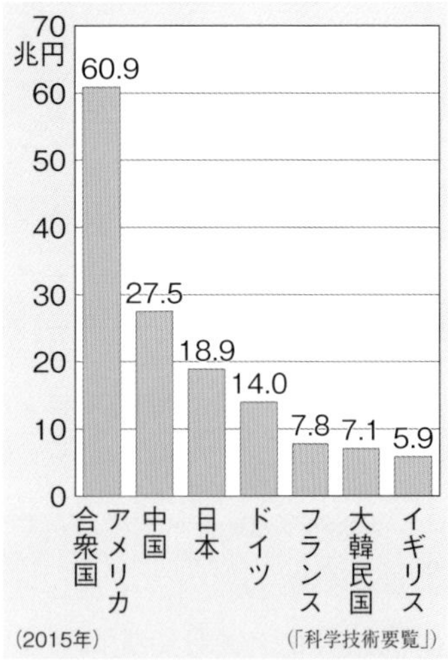

↓人口100人当たりの自動車保有台数

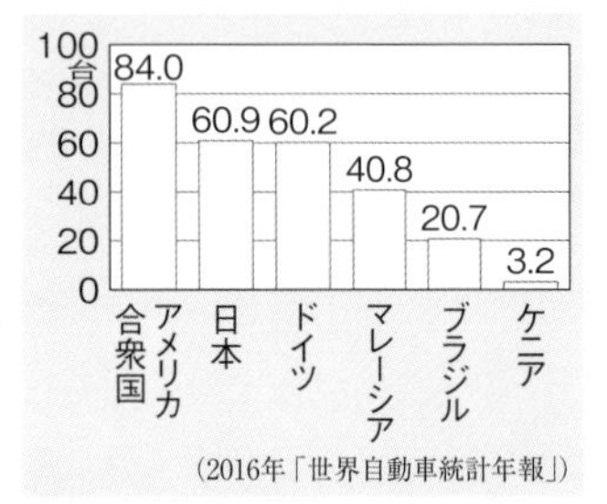

↓アメリカ合衆国の人口構成

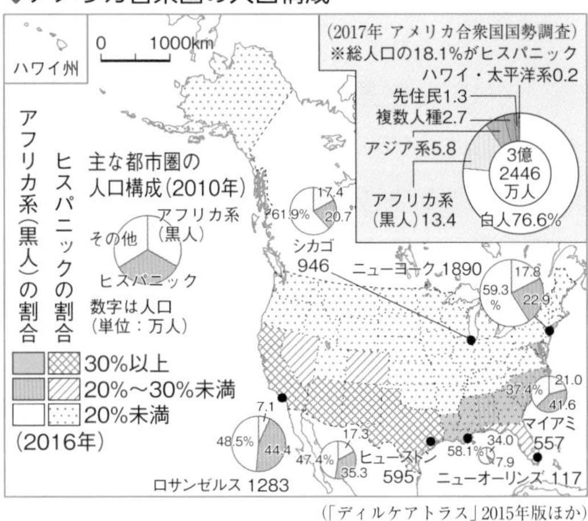

(「ディルケアトラス」2015年版ほか)

シリコンバレー 太平洋岸の工業地域　シェールガス 天然ガスの一種

教科書の資料　次の問いに答えよう。

(1) A・Bにあてはまる鉱産資源をそれぞれ書きなさい。

A（　　　　　）

B（　　　　　）

(2) 情報通信技術（ICT）産業や航空宇宙産業が集まるサンベルトは，北緯何度以南にありますか。

北緯（　　　　　）度

(3) Xの都市の名前を，次から選びなさい。（　　）

アメリカ合衆国とカナダの鉱産資源と工業都市

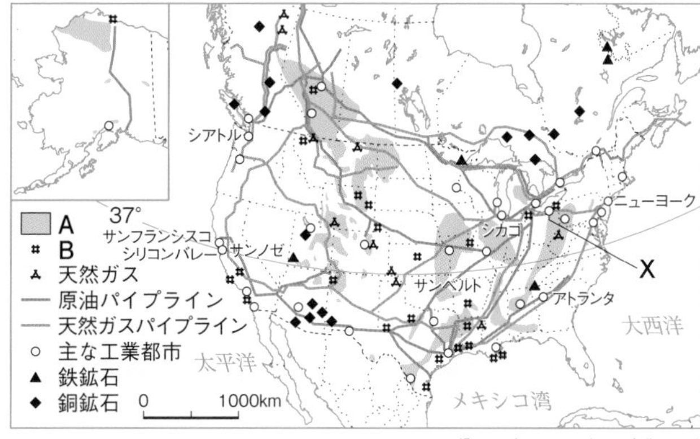

（「グーズアトラス」2017年版ほか）

ア ピッツバーグ　イ ロサンゼルス　ウ ヒューストン　エ ワシントンD.C.

チェック 教科書一問一答　次の問いに答えよう。

/10問中

★は教科書の太字の語句

1 世界の最先端をゆく工業

①アメリカ合衆国で工業が始まった地域である，カナダとの国境にある湖をまとめて何といいますか。　□①

②①周辺にある，自動車産業で発展した都市を何といいますか。　□②

③サンフランシスコ郊外の，世界有数の先端（せんたん）技術産業が集まった地域を何といいますか。　□③★

④製品の研究や企画，開発はアメリカ合衆国に集まる，どのような人々の力を取り入れて行われていますか。　□④★

2 世界に広がる生活様式

⑤アメリカ合衆国で生まれた主な音楽は，ロックと何ですか。　□⑤

⑥フリーウェイのインターチェンジなどにみられる，広大な駐車場のある商業施設を何といいますか。　□⑥

⑦アメリカ合衆国で開発が進んでいる，地下深い岩の層から採掘（さいくつ）される天然ガスを何といいますか。　□⑦★

3 多民族の共存と課題

⑧中央アメリカやカリブ海の国々において話されている言語を何といいますか。　□⑧

⑨アメリカ合衆国で近年増えている，メキシコなどからやってきたスペイン語を話す人々を何といいますか。　□⑨★

⑩カナダでフランス系住民が特に多いのは何州ですか。　□⑩

日常生活に欠かせないものとなっているインターネットは，1960年代のアメリカ合衆国で，軍事的な目的で開発されました。一般に普及したのは1990年代です。

こつこつ テスト直前 解答 p.12

定着のワーク ステージ2

第2章　世界の諸地域
4　北アメリカ州

1 北アメリカの自然と国々　右の地図を見て，次の問いに答えなさい。

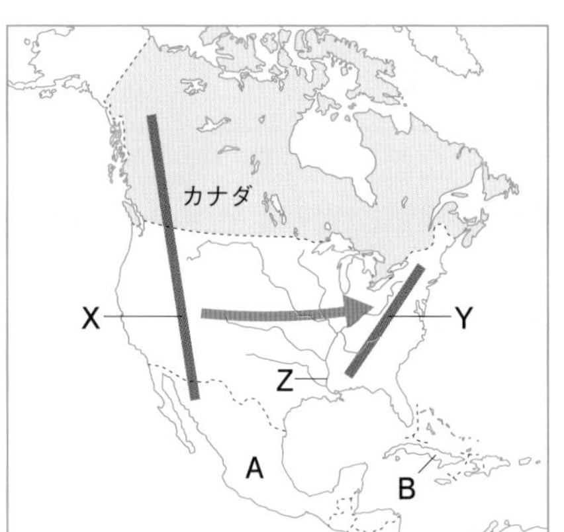

(1)　カナダの国土面積は日本の約何倍ですか。次から選びなさい。（　　）

ア　5倍　　イ　15倍　　ウ　25倍　　エ　45倍

(2)　A・Bの国名を□からそれぞれ選びなさい。

A（　　　　）　B（　　　　）

キューバ　　パナマ　　メキシコ

(3)　北アメリカ大陸の北緯(ほくい)40度以北に広がる森林を何といいますか。（　　　　）

(4)　X・Yの山脈の名前をそれぞれ書きなさい。

X（　　　　）　Y（　　　　）

(5)　Zの河川の名前を書きなさい。（　　　　）

(6)　地図中の➡に沿って進んだときにみられる地形や自然物の順番として正しいものを，次から選びなさい。（　　）

ア　グレートプレーンズ→五大湖(ごだいこ)→プレーリー

イ　グレートプレーンズ→プレーリー→五大湖

ウ　五大湖→グレートプレーンズ→プレーリー

エ　五大湖→プレーリー→グレートプレーンズ

ヒントの森

(4)Yは，なだらかな山脈で，東部にニューヨークなどがある平野が広がります。

2 アメリカ合衆国の農業　右の地図を見て，次の問いに答えなさい。

50° 130° 120° 110° 100° 90° 80° 70°
40°
30°
A
B,だいず
C
D
放牧
年間降水量500mm線
0　1000km

（「グーズアトラス」2017年版ほか）

(1)　遺伝子組み換え(いでんしくみか)作物は，どのような技術で開発されていますか。

（　　　　）

よく出る

(2)　地図中のA～Cの地域(ちいき)で生産が盛(さか)んな農作物を□からそれぞれ選びなさい。

A（　　　　）

B（　　　　）

C（　　　　）

コーヒー豆　とうもろこし　綿花　米　小麦　油やし

(3)　Dの地域では，乳製品(にゅうせいひん)などをつくる農業が盛んです。このような農業を何といいますか。（　　　　）

(4)　アメリカ合衆国(がっしゅうこく)で行われている，自然環境(かんきょう)や社会的な条件に対応した農業を何といいますか。（　　　　）

(2)Aは比較的温暖な地域，Cは比較的乾燥した地域です。
(3)Dは消費地の大都市周辺で盛んです。

3 アメリカ合衆国の工業　右の地図を見て，次の問いに答えなさい。

(1) 地図中のA～Cにあてはまる鉱産資源を，次からそれぞれ選びなさい。

A（　　　）　B（　　　）
C（　　　）

ア　石油　　イ　石炭　　ウ　天然ガス

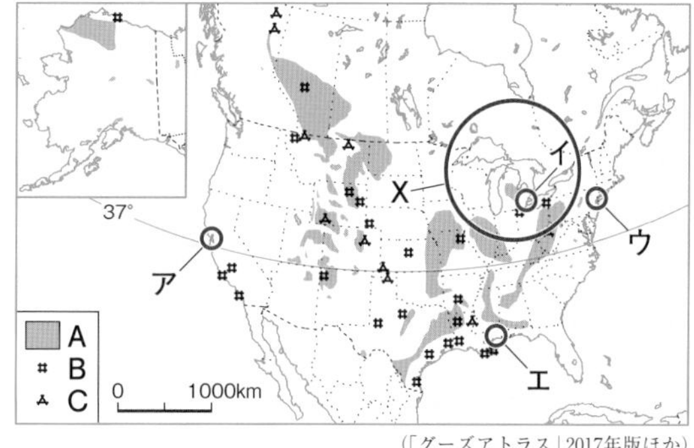

（「グーズアトラス」2017年版ほか）

(2) アメリカ合衆国の自動車生産の工程で生まれた，流れ作業による生産のやり方を何といいますか。

（　　　　　　）方式

(3) 地図中のXの地域の説明として誤っているものを，次から選びなさい。（　　　）

ア　アメリカ合衆国で一番初めに工業が発達した。
イ　情報通信技術（ICT）産業や航空宇宙産業が発展している。
ウ　石油化学工業などの重化学工業が発展した。

よく出る (4) 北緯37度より南の地域は何とよばれていますか。

（　　　　　　）

(5) シリコンバレーとよばれる，先端技術産業に関わる企業が集まる地域を，地図中のア～エから選びなさい。

（　　　）

ヒントの森
(3)Xの地域では，鉄鋼業や自動車産業が発展しました。

4 アメリカの文化と民族　次の問いに答えなさい。

レベルUP (1) アメリカ合衆国において，都市生活の拡大とともに生まれた文化や生活様式にあてはまらないものを，次から選びなさい。（　　　）

ア　ジャズ　　イ　サッカー　　ウ　ロック　　エ　ファストフード

(2) アメリカ合衆国で，近年生産量を増やしている，地下深い岩の層から採掘される天然ガスを何といいますか。（　　　　）

(3) 右のグラフで多数を占める白人は，世界のどこの州からの移民やその子孫ですか。

（　　　　　　）州

アメリカ合衆国の人口構成

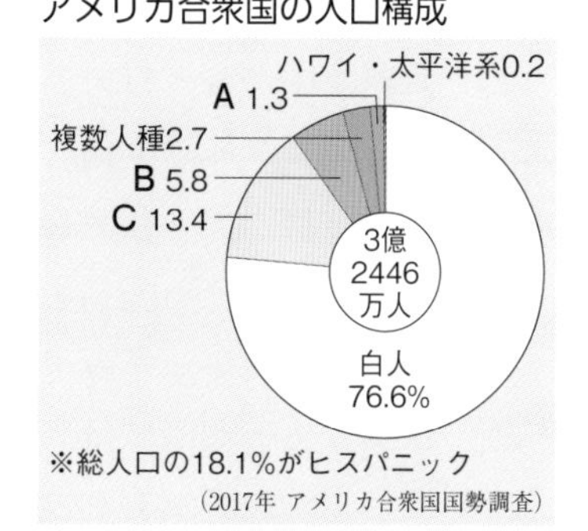

※総人口の18.1%がヒスパニック
（2017年 アメリカ合衆国国勢調査）

よく出る (4) グラフ中のA～Cにあてはまる人種を，次からそれぞれ選びなさい。

A（　　　）　B（　　　）　C（　　　）

ア　アジア系　　イ　アフリカ系（黒人）　　ウ　先住民

(5) 近年，アメリカ合衆国で増えている，メキシコなどから移り住んだスペイン語を話す人々を何といいますか。

（　　　　　　）

(6) カナダの公用語を2つ書きなさい。

（　　　　　　）（　　　　　　）

ヒントの森
(5)仕事と高い賃金を求めてアメリカ合衆国にやってきます。

解答 p.12

総合問題編

第2章 世界の諸地域
4 北アメリカ州

1 右の地図を見て，次の問いに答えなさい。

4点×5（20点）

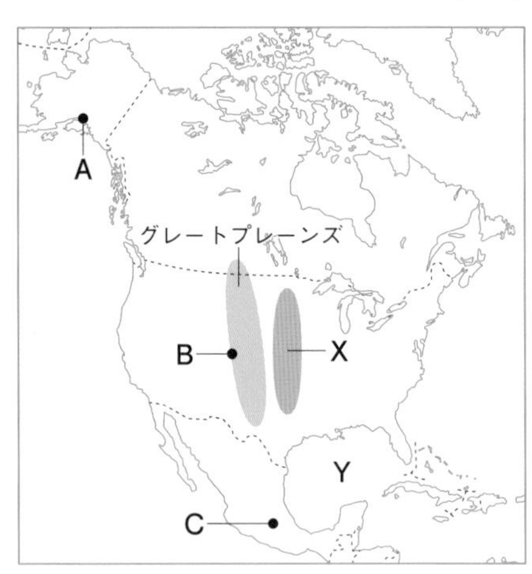

(1) 地図中のXの平原を何といいますか。

(2) 地図中のYの湾周辺にたびたび被害（ひがい）をもたらす熱帯低気圧を何といいますか。

レベルUP
(3) 地図中のA～Cの都市の気温と降水量を示すグラフを，次のア～ウからそれぞれ選びなさい。

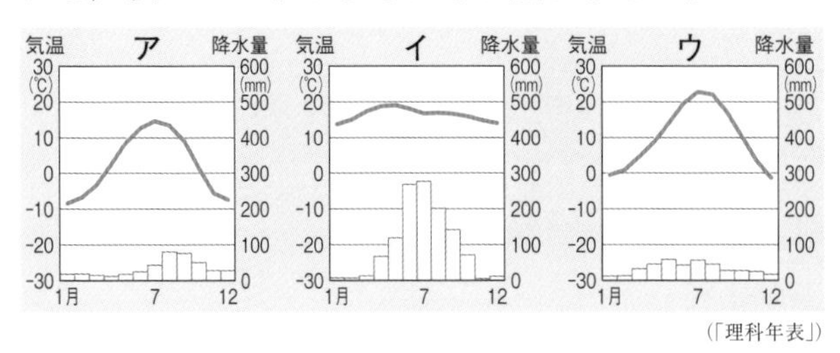

（「理科年表」）

(1)		(2)		(3)	A	B	C

2 次の資料を見て，あとの問いに答えなさい。

5点×7（35点）

資料1 主な農畜産物の輸出量の国別割合

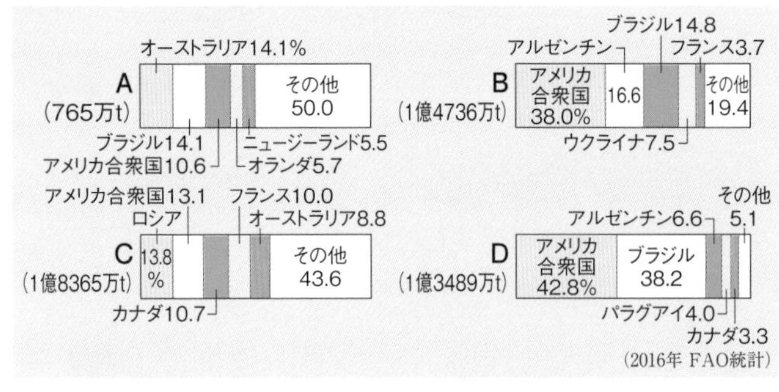

（2016年 FAO統計）

資料2

(1) **資料1**中のA～Dにあてはまる農産物を，それぞれ選びなさい。

ア 小麦　イ 牛肉　ウ だいず　エ とうもろこし

(2) **資料2**は，アメリカ合衆国（がっしゅうこく）の農業の様子です。この農法の問題点について，次の文中の□にあてはまる語句を，それぞれ書きなさい。

：①を使って，くみ上げた②を散水するが，②の枯渇（こかつ）などが心配されている。

記述
(3) アメリカ合衆国で行われている適地適作とはどのような農業か，簡単に書きなさい。

(1)	A	B	C	D
(2)	①	②		
(3)				

目標
- 北アメリカ州の自然環境をおさえる
- アメリカ合衆国の農業や工業の特色をおさえる
- 北アメリカ州の民族や文化をおさえる

自分の得点まで色をぬろう!
がんばろう! もう一歩 合格!
0 60 80 100点

3 右の地図を見て，次の問いに答えなさい。

5点×6（30点）

レベルUP

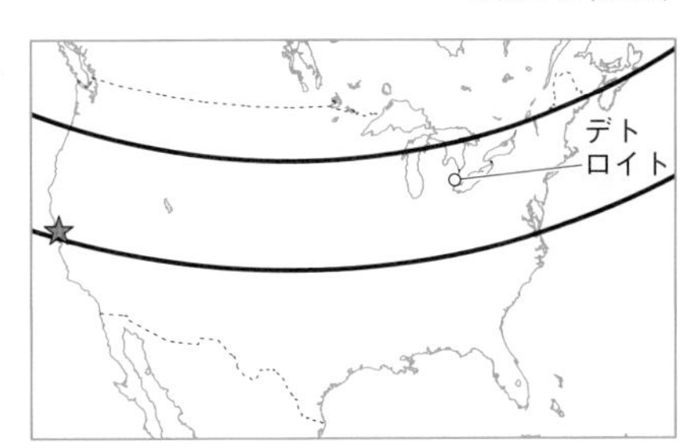

(1) アメリカ合衆国の工業の説明として正しいものを，次から選びなさい。

ア　メキシコ湾岸はアメリカ合衆国で最も早く工業が発達した地域である。

イ　20世紀後半には自動車産業に力を入れた。

ウ　アメリカ合衆国の航空機の分野は，他国よりも進んでいる。

(2) デトロイトで行われていた自動車生産の特色を，簡単に書きなさい。

(3) 次の文の□にあてはまる語句を，それぞれ書きなさい。

地図中の☆の地域は，①とよばれ，先端技術産業が集まる。この地域では，世界中から集まる②の力を取り入れて，研究や開発が進められている。

(4) アメリカ合衆国の情報通信技術（ICT）産業や航空宇宙産業の中心地域を，地図に色を塗って示しなさい。

(5) アメリカ合衆国で生まれた，多くの国に生産や販売の拠点をもち，国境をこえて活動している企業を何といいますか。

(1)		(2)					
(3)	①	②		(4)	図中に記入	(5)	

4 次の資料を見て，あとの問いに答えなさい。

3点×5（15点）

A	B	C　アメリカ合衆国
英語とフランス語が公用語。a 多文化主義の政策をとる。	スペイン語を話し，b 正式な手続きをとらずにアメリカ合衆国に入国する人もいる。	主に英語を話し，奴隷制は廃止されているが c 少数派の人々への差別が残る。

(1) A・Bはどこの国の説明ですか。それぞれ国の名前を書きなさい。

記述 (2) 下線部aはどのような政策ですか。簡単に書きなさい。

(3) 下線部bが起こる理由について，次の文の｛　｝にあてはまる語句を選びなさい。

Bの国の賃金がアメリカ合衆国に比べて｛ 高い　安い ｝ためである。

(4) 下線部cの中で一番人口が多いのは，どこの系統の人々ですか。次から選びなさい。

ア　ヨーロッパ　　イ　アジア　　ウ　アフリカ

(1)	A	B	(2)	
(3)		(4)		

予習・復習 こつこつ 解答 p.13

確認のワーク ステージ1

第2章 世界の諸地域
5 南アメリカ州

教科書の要点 （　）にあてはまる語句を答えよう。

1 南アメリカをながめて 教 p.108～109

●南アメリカの自然環境

◆北部▶赤道周辺は熱帯。（①　　　　）から流れ出すアマゾン川流域には**セルバ**とよばれる**熱帯雨林**。

◆南東部▶（②　　　　）気候。ブラジル高原。

◆南部▶温帯。ラプラタ川流域に**パンパ**（草原地帯）が広がる。

●南アメリカの先住民と歩み

◆かつて先住民がインカ帝国（マチュピチュ遺跡が有名）などの高度な文明を築く。

2 多様な人々からなる社会 教 p.110～111

●南アメリカの歴史と人口構成～大土地所有制度と農業

◆（③　　　　）・**ポルトガル**の植民地だった国が多い。（本国の言語が公用語）

◆（④　　　　）として連れてこられたアフリカ系（黒人）の人々に，アジアなどからの移民も続く。

◆人口構成▶アマゾン盆地などに暮らす先住民，ヨーロッパ系，アフリカ系，混血の（⑤　　　　）。（ヨーロッパ系と先住民との混血）

◆（⑥　　　　）社会▶サッカーや**カーニバル**（キリスト教の祭りから発展）など。

◆**大土地所有**（スペイン国王が移住者に認める）による先住民支配の歴史→好条件の土地は大規模農場が占める→小規模農家が大都市へ移動。

3 アマゾン川流域の地域開発 教 p.112～113

●大河川アマゾン～持続可能な開発

◆アマゾン川▶熱帯雨林の伐採による環境破壊が進む。

◆（⑦　　　　）▶環境の保全に配慮した開発。

4 南アメリカの経済成長と都市 教 p.114～115

●豊富な鉱産資源

◆鉱産資源▶チリの**銅鉱石**，ベネズエラの**原油**，ブラジルの鉄鉱石（カラジャス鉱山）。希少金属（（⑧　　　　））も産出。

◆（⑨　　　　）▶特定の鉱産資源やプランテーション作物の生産・輸出に頼る。

●農業の変化～人口集中による都市問題

◆アルゼンチン▶パンパで小麦栽培や牛の放牧。

◆ブラジル▶かつてはコーヒーが輸出の中心→現在はさとうきびを利用した（⑩　　　　）の生産も。

■経済成長で**BRICS**（ほかにロシア・インド・中国・南アフリカ共和国）とよばれるが，スラムなどが課題。

↓南アメリカの地形

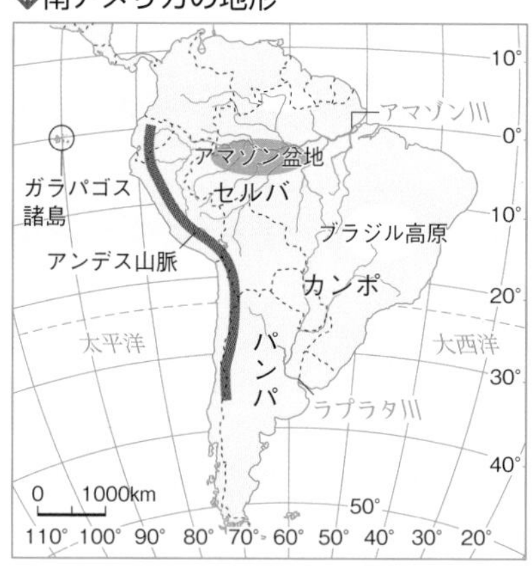

↓ブラジルの森林面積の変化

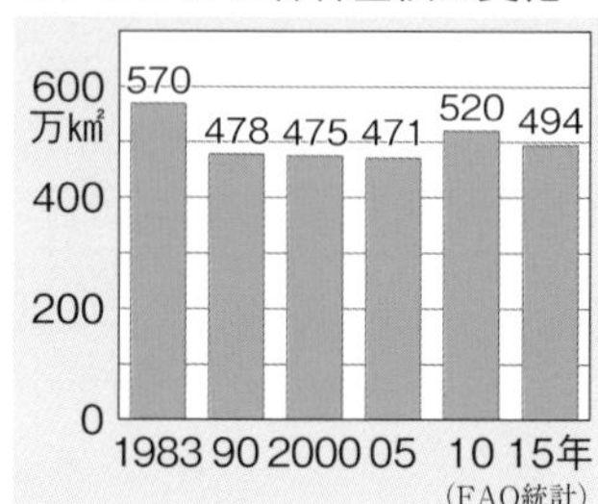

↓南アメリカの鉱産資源

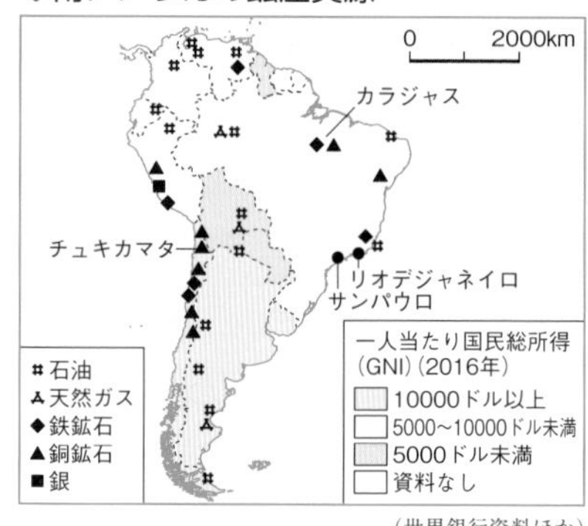

↓主な国の輸出品目構成

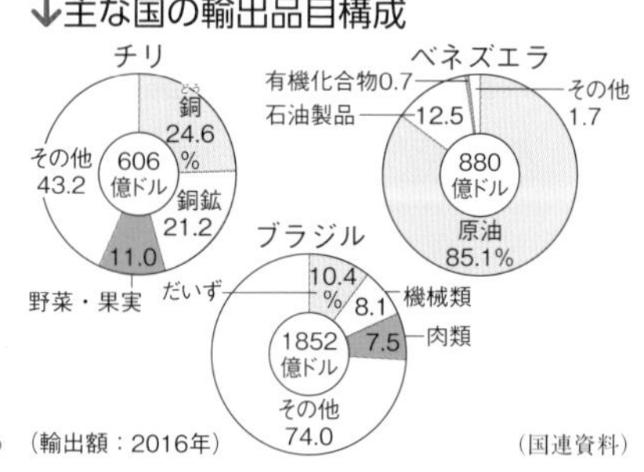

まるごと暗記　アンデス山脈 南アメリカ西部を南北に走る　バイオエタノール ブラジルで生産が盛ん

教科書の資料　次の問いに答えよう。

(1) 右の地図は，南アメリカ各国の主な言語と人口構成を示しています。X・Yにあてはまる言語を書きなさい。

X（　　　　　　）
Y（　　　　　　）

(2) A～Cにあてはまる語句を選びなさい。　A（　　　）
B（　　　）　C（　　　）

ア 混血　イ 先住民
ウ ヨーロッパ系

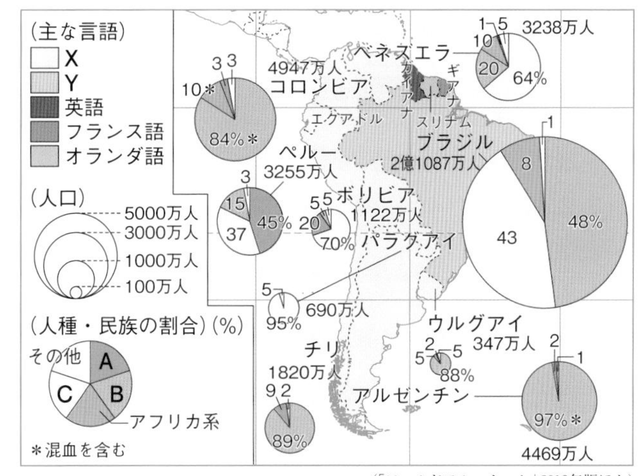

(「ワールドアルマナック」2018年版ほか)

教科書 チェック 一問一答　次の問いに答えよう。

/10問中

★は教科書の太字の語句

1 南アメリカをながめて

①アマゾン川流域に広がる熱帯雨林をカタカナで何といいますか。　①＿＿＿＿

②ラプラタ川流域に広がる草原地帯をカタカナで何といいますか。　②＿＿＿＿

③かつて先住民によってアンデス山脈の山岳(さんがく)地帯に築かれていた，高度な文明をもつ帝国を何といいますか。　③＿＿＿＿

2 多様な人々からなる社会

④ブラジルの公用語は何語ですか。　④＿＿＿＿

⑤南アメリカの先住民は，アンデス山脈と，どこに暮らしていますか。　★⑤＿＿＿＿

3

⑥ブラジルで国家による開発で熱帯雨林が伐採され，環境破壊が深刻化しているのは何という川の流域ですか。　⑥＿＿＿＿

4 南アメリカの経済成長と都市

⑦チリが世界有数の産出量を誇る鉱産資源を何といいますか。　⑦＿＿＿＿

⑧ベネズエラの輸出品の大半を占める鉱産資源を何といいますか。　⑧＿＿＿＿

⑨近年経済成長の著(いちじる)しい，ブラジルやロシア，インド，中国(ちゅうごく)，南アフリカ共和国(きょうわこく)をまとめて何といいますか。　⑨＿＿＿＿

⑩ブラジルの大都市で形成されるようになった，治安や生活環境の悪い地区を何といいますか。　★⑩＿＿＿＿

知識の泉　スペインは，南アメリカ大陸における③のほかにも，現在のメキシコや中央アメリカに位置するアステカ帝国や，マヤ文明を形成していた諸王国を征服し，植民地にしました。

第2編 第2章

予習・復習 こつこつ 解答 p.13

確認のワーク ステージ1

第2章 世界の諸地域 6 オセアニア州

教科書の要点 （　）にあてはまる語句を答えよう。

1 オセアニアをながめて 教 p.120～121

●オセアニアという地域～ヨーロッパからの影響

◆総人口▶約4000万人。世界の0.5％。（2019年）

◆オーストラリア大陸▶大部分が乾燥帯。国土のおよそ3分の2が草原や（①　　　）。

◆太平洋の島々▶メラネシア（黒い島々）・ポリネシア（たくさんの島々）・（②　　　）（小さい島々）の三つに区分。火山のはたらきでできた島と，（③　　　）が海面上に現れてできた島がある。

◆（④　　　）▶太平洋の島々の多くが信仰。

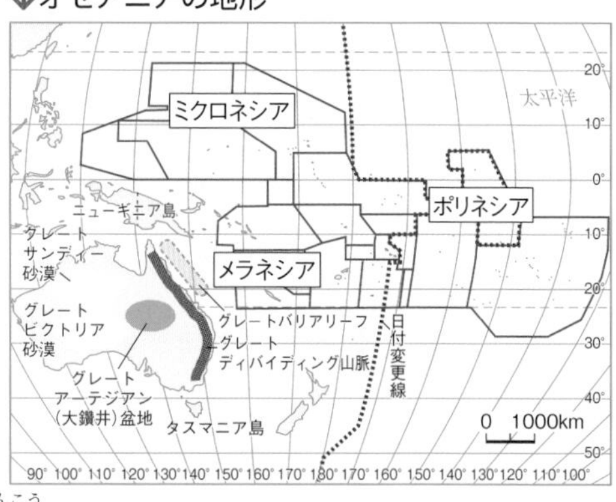
↓オセアニアの地形

2 特色のある産業と国の成り立ち 教 p.122～123

●豊かな国オーストラリアの自然

◆内陸部▶草地や砂漠。 ◆海岸沿い▶人口が集中。

●オーストラリアの鉱産資源

◆鉄鉱石，石炭，石油，金・銅，ボーキサイトを輸出。

◆輸出品▶かつては（⑤　　　）や小麦，肉類など農産物が中心。現在は鉱産資源（鉄鉱石や石炭など）が上位。（アジアなどの国々）

●イギリスからの移民と農牧業

◆移民▶18世紀末にイギリスから移住。先住民である（⑥　　　）（採集や狩猟をして暮らす）の土地を奪い，牧畜業に利用。

◆ニュージーランド▶牧畜のため，広大な面積が牧草地。

■（⑦　　　）の数が人口よりも多い。

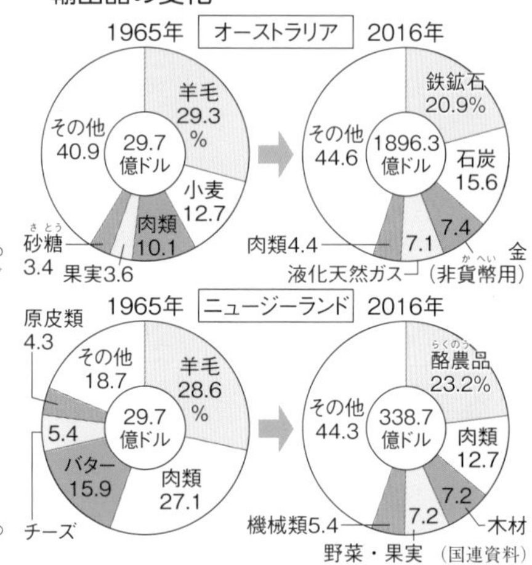
↓オーストラリアとニュージーランドの輸出品の変化

3 他地域との関係を深める 教 p.124～125

●白豪主義から多文化主義へ/北を向くオーストラリア

◆（⑧　　　）▶白人以外の移民をしめ出す。

◆（⑨　　　）（オーストラリアの政策）▶さまざまな文化が共存できる社会の実現を目ざす。

◆貿易相手先の変化▶アメリカ合衆国・アジアが上位。

●観光地化に伴う課題/日本とオセアニアのかかわり

◆豊かな自然▶ウルル（（⑩　　　））やグレートバリアリーフなどを「楽園」として紹介。

◆友好関係の発展▶太平洋の島国と日本の漁業資源をめぐる対立も。日本が「太平洋・島サミット」を開催。

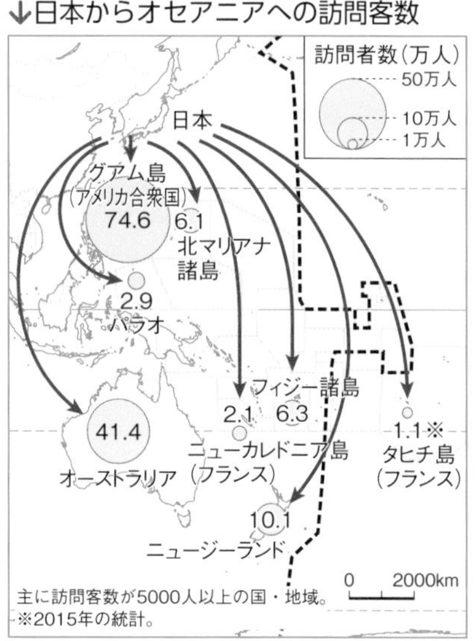
↓日本からオセアニアへの訪問客数

（2016年 各国政府観光局資料ほか）

まるごと暗記　アボリジニ　オーストラリアの先住民　白豪主義　白人以外の移民をしめ出す政策

教科書の資料　次の問いに答えよう。

(1)　地図中のA～Cにあてはまる語句を，次からそれぞれ選びなさい。

A(　　　)　B(　　　)
C(　　　)

ア　牧羊　　イ　牧牛
ウ　小麦

(2)　その他（非農業地域も含(ふく)む）のうち，内陸部に広がるものを，次から選びなさい。　(　　　)

ア　熱帯林　　イ　サバナ
ウ　砂漠　　エ　ステップ

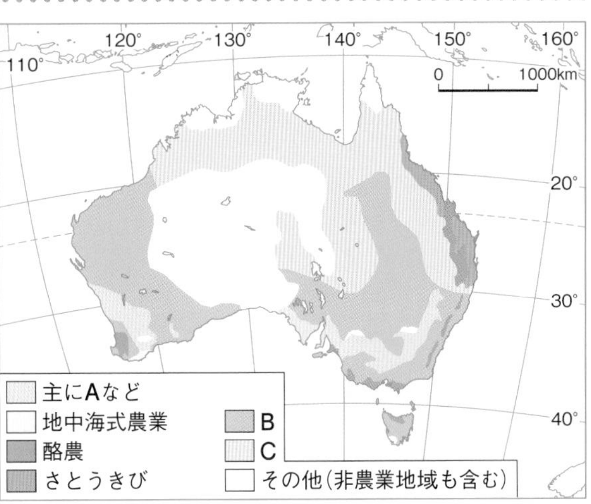

(「グーズアトラス」2017年版ほか)

チェック　教科書一問一答　次の問いに答えよう。

/10問中

★は教科書の太字の語句

1 オセアニアをながめて

①オセアニア州で陸地面積のほとんどを占める大陸を何といいますか。　□①

②①の国土に広がる草原や砂漠は，全体のどれくらいを占めていますか。　□②

③太平洋の島々のうち，「黒い島々」を意味する地域を何といいますか。　□③

④太平洋の島々のうち，「たくさんの島々」を意味する地域を何といいますか。　□④

⑤太平洋の島々の周辺に多くみられる，水温が高くきれいな浅い海にできる地形を何といいますか。　□⑤★

2 特色ある産業と国の成り立ち

⑥現在，オーストラリアの輸出の中心となっている鉱産資源は石炭と何ですか。　□⑥

⑦オーストラリアやニュージーランドに18世紀末にやってきたのはどこの国の人ですか。　□⑦

3 他地域との関係を深める

⑧オーストラリアの現在の主な貿易相手国は，アメリカ合衆国と，何州の国々ですか。　□⑧

⑨オーストラリアの先住民の聖地(せいち)として知られるエアーズロックは，何ともよばれていますか。　□⑨

⑩日本と太平洋の島国が，友好を発展させるために開催している集まりを何といいますか。　□⑩

知識の泉　グレートアーテジアン盆地（大鑽井盆地）は世界最大の鑽井盆地（たまった地下水などが自然に地表にふき出す盆地）ですが，塩分が多く，農業には不向きです。

こつこつ テスト直前 解答 p.14

定着のワーク ステージ2

第2章 世界の諸地域
5 南アメリカ州／6 オセアニア州

1 南アメリカの自然と国々 右の地図を見て，次の問いに答えなさい。

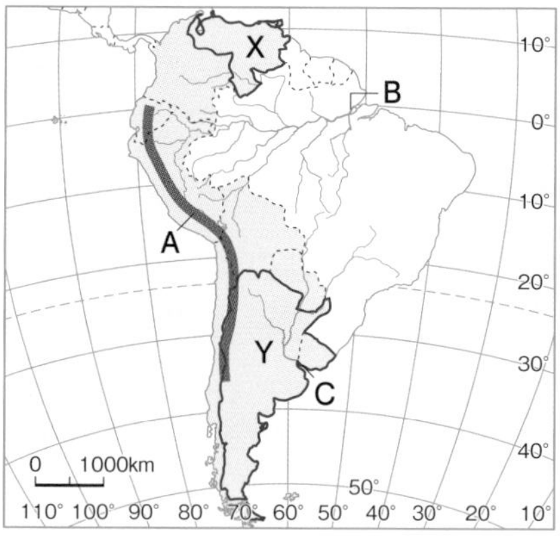

(1) Aの山脈を何といいますか。
( )

(2) B・Cの河川をそれぞれ何といいますか。
B( )
C( )

よく出る (3) 地図中の　で示した国々の公用語を，次から選びなさい。( )
ア オランダ語　イ ポルトガル語
ウ フランス語　エ スペイン語

(4) 地図中の地域に多い，ヨーロッパ系と先住民との混血の人々を何といいますか。
( )

(5) X・Yの国名を，　からそれぞれ選びなさい。
X( )　Y( )

アルゼンチン　コロンビア　ボリビア　ベネズエラ

(6) 地図中のBの河川の流域で深刻化している環境問題を，次から選びなさい。( )
ア 熱帯雨林の伐採　イ 大気汚染
ウ 砂漠化の進行　エ 酸性雨

ヒントの森
(2)Bは流域面積が世界最大の河川です。
(3)これらの国々を植民地支配していた国の言語が公用語となっています。

2 南アメリカの産業 右のグラフを見て，次の問いに答えなさい。

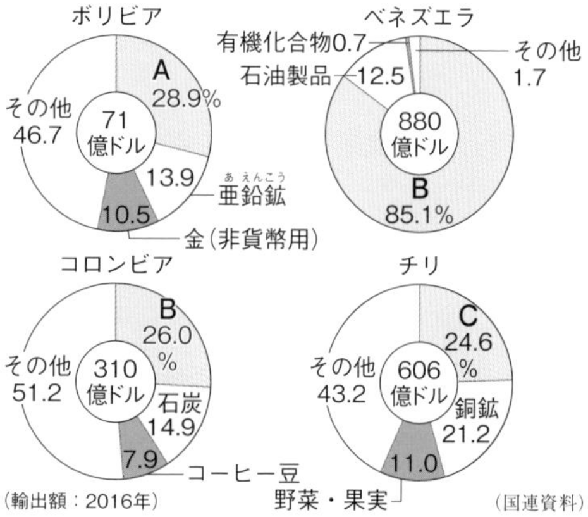

(1) グラフは，南アメリカの主な国の輸出品目構成を示しています。A～Cにあてはまる品目を　からそれぞれ選びなさい。
A( )
B( )
C( )

原油　鉄鉱石
銅　天然ガス

(2) ベネズエラのように，特定の鉱産資源などの生産・輸出に頼る経済を何といいますか。
( )

(3) 先端技術産業で重要になる，埋蔵量が少ない希少金属をカタカナで何といいますか。( )

よく出る (4) ブラジルで生産が盛んな，さとうきびなどを原料とする燃料を何といいますか。( )

ヒントの森
(3)携帯電話などで使用されるリチウムなどがあてはまります。

3 オセアニアの自然と国々　右の地図を見て，次の問いに答えなさい。

(1)　地図中のA～Cは，太平洋(たいへいよう)の島々の地域区分を示しています。それぞれをにあてはまる名前を，[　　]からそれぞれ選びなさい。

A（　　　　　　　）
B（　　　　　　　）
C（　　　　　　　）

ポリネシア　　ミクロネシア　　メラネシア

(2)　地図中の[▒▒]で示した地域の気候帯名を，次から選びなさい。（　　　）

ア　温帯(おんたい)　　イ　熱帯(ねったい)　　ウ　冷帯(れいたい)　　エ　乾燥帯(かんそう)

レベルUP (3)　次の文中の[　　]にあてはまる語句を，それぞれ書きなさい。

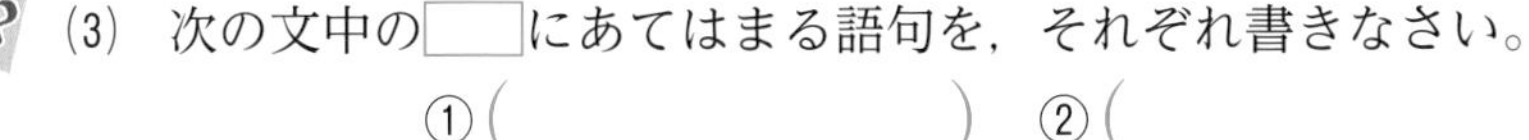
①（　　　　　　）②（　　　　　　）

太平洋に浮かぶオセアニア州の島々には，[①]のはたらきによってできた島と，[②]が海面上に現れた島がある。

(4)　太平洋の島々の多くの人々が信仰(しんこう)している宗教(しゅうきょう)を何といいますか。（　　　　　　）

(5)　オーストラリアの首都を，地図中の都市から選びなさい。（　　　　　　）

ヒントの森

(1)Aは「小さい島々」，Bは「黒い島々」，Cは「多くの島々」という意味です。
(2)オーストラリアの国土の3分の2は，草原や砂漠が占めています。

4 オセアニアの産業と国の成り立ち　右の資料を見て，次の問いに答えなさい。

レベルUP (1)　資料は，オーストラリアの貿易相手国の変化を示しています。資料中のA～Dにあてはまる国名をそれぞれ書きなさい。

A（　　　　　　）
B（　　　　　　）
C（　　　　　　）
D（　　　　　　）

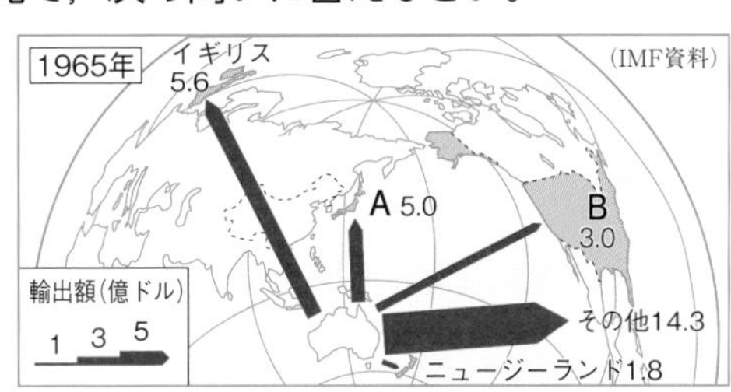

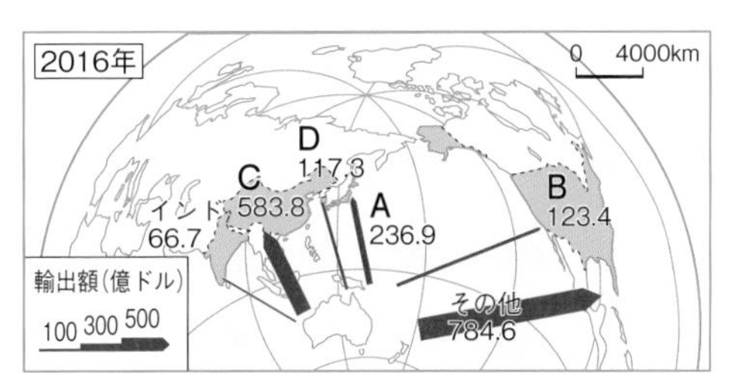

(2)　オーストラリアの先住民を，次から選びなさい。（　　　）

ア　イヌイット　　イ　マオリ
ウ　インディアン　エ　アボリジニ

(3)　オーストラリアで，かつて行われていた，白人以外の移民を制限する政策(せいさく)を何といいますか。（　　　　　　）

(4)　現在オーストラリアでは，さまざまな文化が共存(きょうぞん)できる社会の実現を目ざすため，何という方針(ほうしん)がかかげられていますか。（　　　　　　）

ヒントの森

(1)近年は，主にアジア州との結びつきが強くなっています。

第2章 世界の諸地域
5 南アメリカ州／6 オセアニア州

1 右の地図を見て，次の問いに答えなさい。 6点×6（36点）

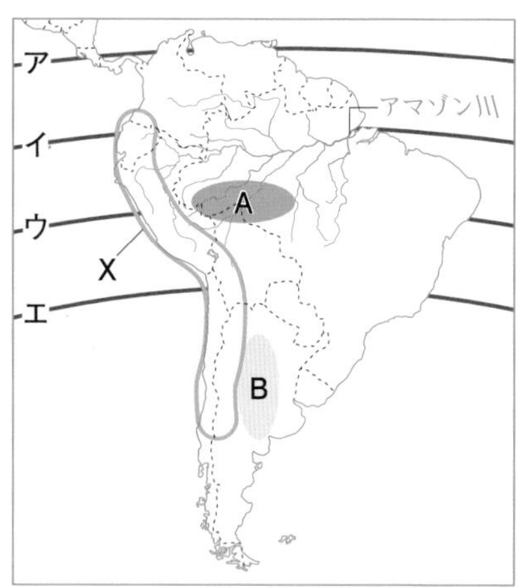

(1) 赤道の位置を，地図中のア～エから選びなさい。

(2) 地図中のA・Bにあてはまる草原の名前を，次からそれぞれ選びなさい。

ア ステップ イ パンパ
ウ カンポ エ セルバ

(3) 地図中のXの地域について，次の問いに答えなさい。

① この地域にあった先住民の国を何といいますか。

② 世界的にも有名な①の遺跡（いせき）を何といいますか。

記述 (4) アマゾン川流域の熱帯雨林が伐採（ばっさい）された理由を，「道路」「農地」という語句を使って簡単に書きなさい。

(1)	(2) A	B	
(3) ①	②	(4)	

2 次の資料を見て，あとの問いに答えなさい。 4点×7（28点）

資料1

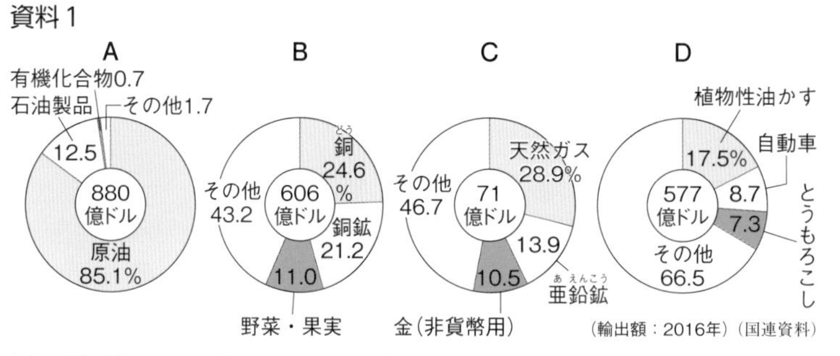

資料2

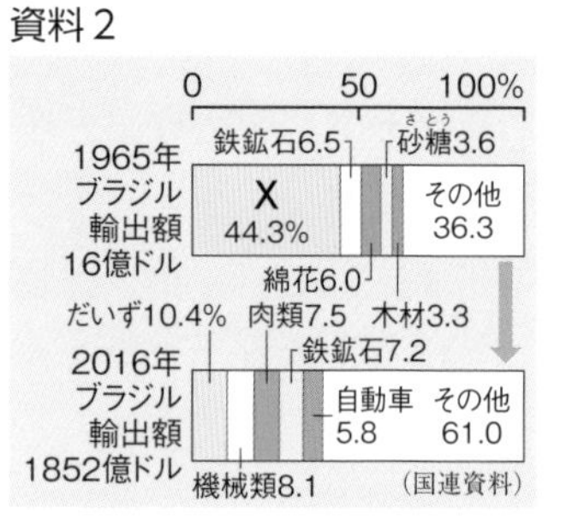

よく出る (1) 資料1は，南アメリカの主な国の輸出品目構成を示しています。A～Dにあてはまる国を，次からそれぞれ選びなさい。

ア チリ イ アルゼンチン ウ ボリビア エ ベネズエラ

(2) ブラジルの経済について示した資料2を見て，次の問いに答えなさい。

① かつてブラジルの主な輸出品の上位であったXの農産物を何といいますか。

② 近年，X以外の生産や輸出もさかんな理由は，Xの何が変動しやすいからですか。

記述 ③ 南アメリカの大都市で起こっている社会問題について，「人口」「スラム」という語句を使って簡単に書きなさい。

(1) A	B	C	D	(2) ①
②	③			

目標
- □南アメリカ州とオセアニア州の自然環境をおさえる
- □南アメリカ州の人口構成をおさえる
- □南アメリカ州とオセアニア州の農業や鉱工業をおさえる

自分の得点まで色をぬろう!
かんばろう! / もう一歩 / 合格!
0　60　80　100点

3 右の地図を見て，次の問いに答えなさい。
4点×4（16点）

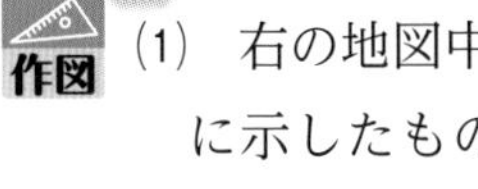

作図 (1) 右の地図中の-------は，経線(けいせん)を20度ごとに示したものです。地図中の経線のうち，180度の経線にあてはまるものをなぞって示しなさい。

(2) 人口が集中している地域(ちいき)を地図中のア～ウから選びなさい。

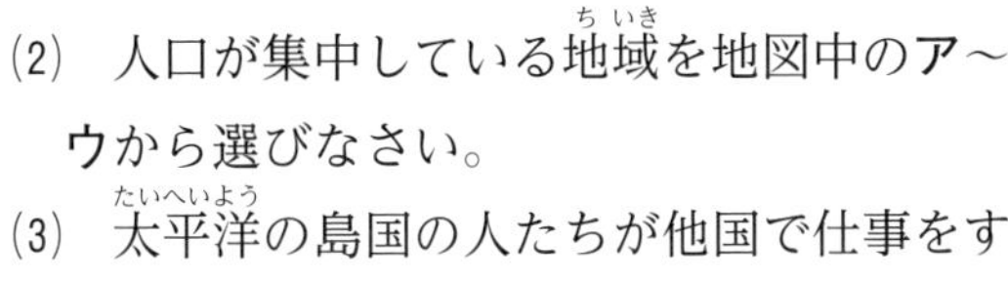

記述 (3) 太平洋(たいへいよう)の島国の人たちが他国で仕事をする理由を，地図を参考に簡単に書きなさい。

(4) オーストラリアの歴史として正しいものを，次から選びなさい。

ア　18世紀末に金鉱が発見され，イギリスからの移住が始まった。
イ　移民たちは先住民マオリの人々の土地を奪(うば)い，開拓(かいたく)を進めた。
ウ　移民たちは輸出向けにプランテーション農業を始めた。
エ　長い間白豪(はくごう)主義がとられ，白人以外の移民が制限されていた。

(1)	図中に記入	(2)		
(3)			(4)	

4 右の地図を見て，次の問いに答えなさい。
4点×5（20点）

よく出る (1) 地図中のA・Bの地域で主に飼育(しいく)されている家畜(かちく)を，それぞれ書きなさい。

(2) 地図中のC・Dで主に産出される鉱産資源を，次からそれぞれ選びなさい。

ア　石油　　イ　ボーキサイト
ウ　石炭　　エ　鉄鉱石

記述 (3) 非農業地はどのようなところに広がっていますか。地図を見て簡単に書きなさい。

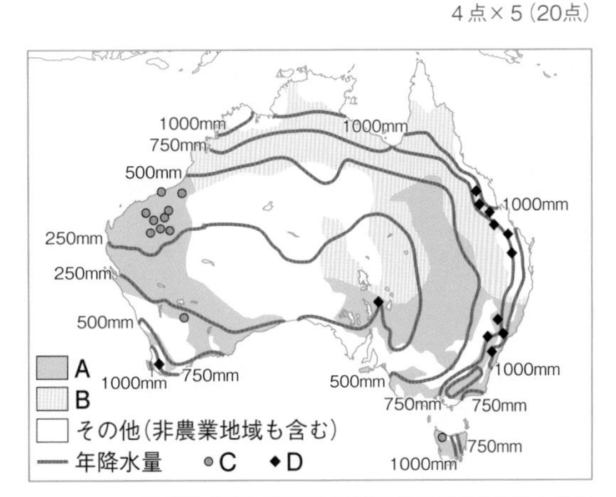

(1)	A	B	(2)	C	D
(3)					

資料活用・思考力問題編

第2章　世界の諸地域

こつこつ　解答 p.15

/100

1 右のグラフを見て，次の問いに答えなさい。

10点×2（20点）

(1)　グラフは，小麦の生産・輸出の国別割合を示しています。このうち中国（ちゅうごく）とインドに共通でみられる特徴（とくちょう）を簡単に書きなさい。

レベルUP (2)　(1)のような特徴がみられる理由を，「人口」という語句を使って簡単に書きなさい。

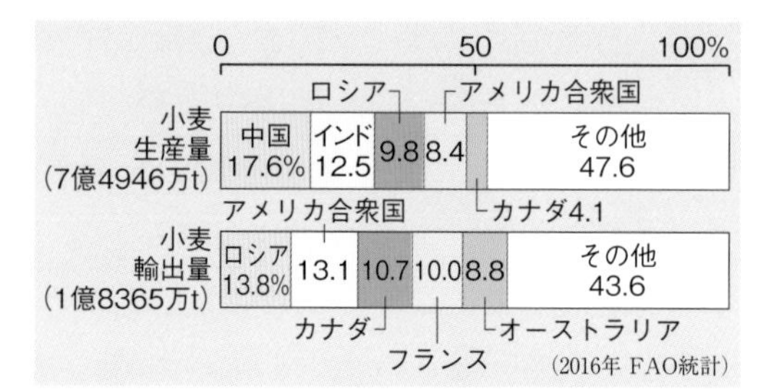

(1)	
(2)	

2 次の資料を見て，あとの問いに答えなさい。

10点×3（30点）

資料1　ヨーロッパ統合の進展

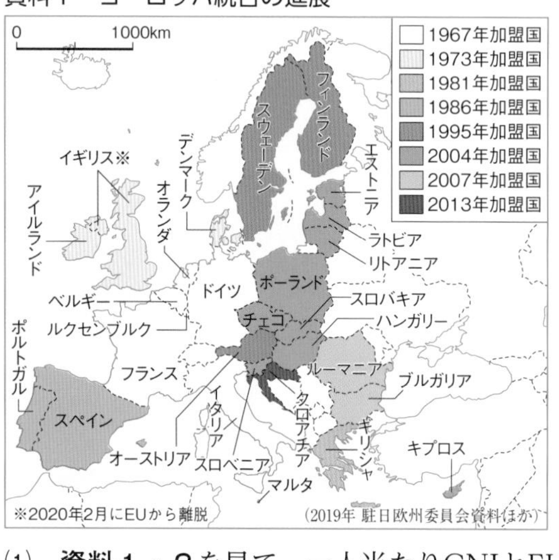

資料2　各国の一人当たり国民総所得（GNI）

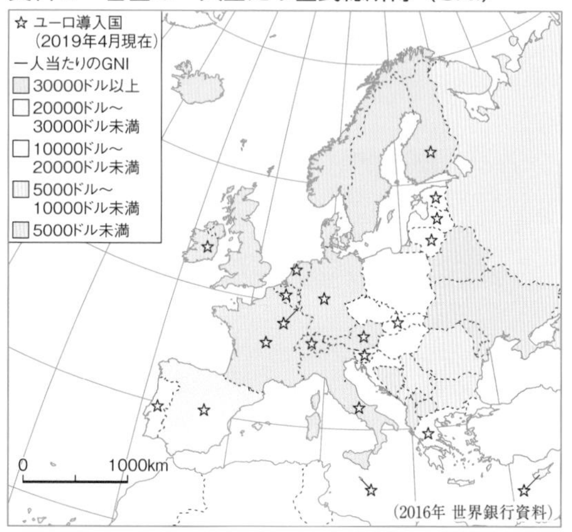

(1)　**資料1・2**を見て，一人当たりGNIとEUへの加盟（かめい）年の関係についてわかることを，**資料1**中に示された加盟年のどれか1つに着目して簡単に書きなさい。

(2)　近年，ポーランドなど東ヨーロッパからドイツへ働きに行く労働者が増えている理由を，**資料1・3**を見て，簡単に書きなさい。

資料3　フランスとドイツの国境

(3)　**資料2**中の☆は，共通通貨ユーロの導入国を示しています。1つだけ，誤った位置についている☆を，丸で囲みなさい。

(1)			
(2)		(3)	図中に記入

資料が多いときは，まず問題文を読み，それぞれの問いに必要な資料を探して見てみよう。

自分の得点まで色をぬろう!

がんばろう! もう一歩 合格!
0 60 80 100点

3 右の地図を見て，次の問いに答えなさい。

10点×3（30点）

(1) アフリカには，直線的な国境線が多く見られます。これについて，次の問いに答えなさい。

レベルUP

① このような国境線になった理由を，簡単に書きなさい。

② この国境線は，独立後も各地で紛争が続く原因の1つとなりました。その理由を,「民族」という語句を使って簡単に書きなさい。

(2) 多くのアフリカの国が独立し,「アフリカの年」とよばれているのは何年ですか。

アフリカの国々の独立

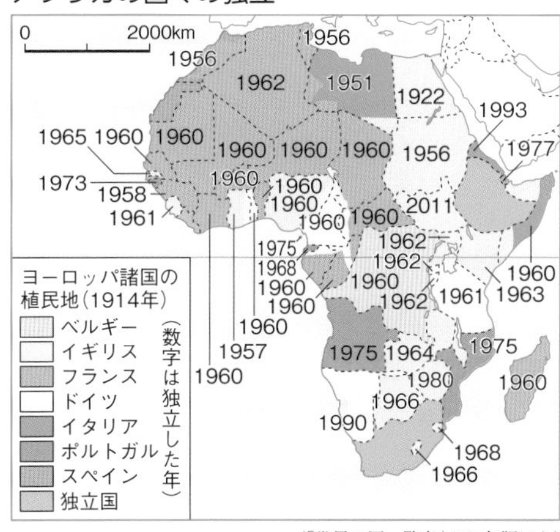

（「世界の国一覧表」2007年版ほか）

(1) ①			
(1) ②		(2)	

4 次の資料を見て，あとの問いに答えなさい。

10点×2（20点）

資料1

（「グーズアトラス」2017年版ほか）

資料2

資料3

	デンバー	シカゴ
年間降水量	407mm	928mm

（「理科年表」）

レベルUP

(1) **資料1**中の　　の地域では，かつて栽培（さいばい）が難しかったとうもろこしを，**資料2**のような円形の農地で栽培（さいばい）しています。栽培ができるようになった理由を，**資料3**からわかることを含めて簡単に書きなさい。

(2) (1)のような農業のやり方について，どのようなことが心配されていますか。環境（かんきょう）への影響（えいきょう）に着目して簡単に書きなさい。

(1)	
(2)	

第2編 第2章

予習・復習 こつこつ 解答 p.16

第１章　地域調査の方法を学ぼう

教科書の要点　(　　)にあてはまる語句を答えよう。

1 地域をながめて／調査の計画を立てる　教 p.134～137

●野外観察に出かけよう～調査計画を立てるポイント

◆情報収集▶写真や(①　　　　　)を見たり，野外観察ルートを決めて観察に出かけたりして，発見したことを整理→調査テーマを決める。

◆調査活動▶調査班をつくる→(②　　　　　)（調べたい課題）と目的を明確にする→(③　　　　　)を立てる→調査計画書にまとめる。
必要な資料や情報，調査方法など

↓調査テーマの例

自然環境	川と地域
人口・都市	住宅の開発
歴史・文化	石碑や記念碑
産業	農業や工業
商業	ショッピングモール
交通	鉄道や道路

2 地形図を使って調べる　教 p.138～141

●地形図を利用する～新旧の地形図を比べる

◆地形図▶(④　　　　　)が発行する地図。

■道路や施設などを(⑤　　　　　)で表現。

◆(⑥　　　　　)▶実際の距離を地図上で縮めた割合。

■変わると，表される範囲や情報が変わる。

縮尺	２万５千分の１	５万分の１
１cmが表す実際の長さ	1cm×25000 ＝25000cm＝250m	1cm×50000 ＝50000cm＝500m
実際の１kmを表す地図上の長さ	1km＝1000m＝100000cm 100000cm÷25000=4cm	1km＝1000m＝100000cm 100000cm÷50000=2cm

◆(⑦　　　　　)▶土地の高さの等しい地点を結んだ線。
標高

■間隔が狭い場所ほど傾斜が(⑧　　　　　)。

等高線	２万５千分の１地形図	５万分の１地形図
計曲線	50mごと	100mごと
主曲線	10mごと	20mごと
補助曲線	５mごと，2.5mごと	10mごと
	—	5mごと

↓主な地図記号

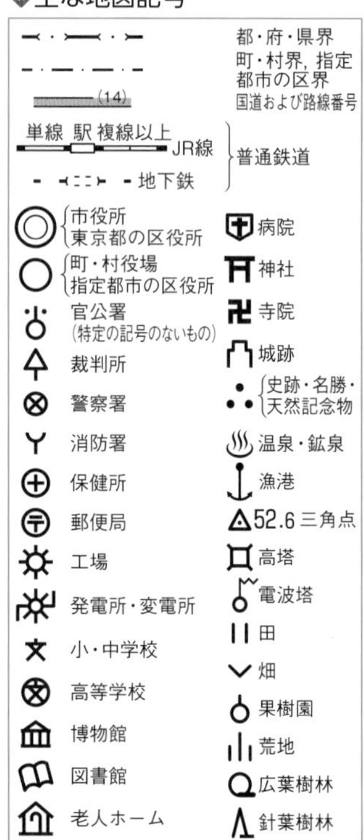

↓等高線の間隔と土地の傾斜

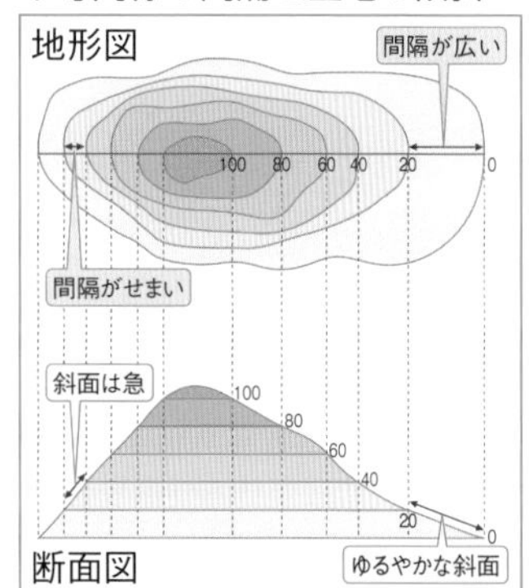

3 地域の防災について調べる～他の地域と比べる　教 p.142～146

●現地を訪ねて～地域の特色に応じた取り組み

◆現地調査▶観察や現地の人への(⑨　　　　　)調査。

◆仮説の検証▶調査結果や集めた資料をもとに話し合う。

◆まとめと発表▶調査で集めた資料や情報を図やグラフなどに表現し，調査活動の過程を文章にまとめ，発表する。

◆他の地域との比較▶地域の特色をさらにとらえやすくなる。

まるごと暗記 地形図 地形や土地利用などを表した地図　等高線 土地の高さの等しいところを結んだ線

教科書の資料　次の問いに答えよう。

(1) 地図記号をまとめた右の表中のA～Hにあてはまる語句を，次から選びなさい。

A（　　）　B（　　）
C（　　）　D（　　）
E（　　）　F（　　）
G（　　）　H（　　）

ア 果樹園　イ 針葉樹林　ウ 寺院
エ 田　オ 広葉樹林　カ 病院
キ 神社　ク 図書館

(2) 地形図を発行している国の機関を何といいますか。（　　）

土地利用	建物・施設	
A	市役所 東京都の区役所	E
	町・村役場 指定都市の区役所	F
畑	官公署（特定の記号のないもの）	G
	裁判所	城跡
B	警察署	史跡・名勝・天然記念物
	消防署	温泉・鉱泉
C	郵便局	漁港
	工場	三角点
D	発電所・変電所	H
	小・中学校	博物館
荒地	高等学校	老人ホーム

チェック 教科書一問一答　次の問いに答えよう。

/10問中

★は教科書の太字の語句

1 地域をながめて／調査の計画を立てる

①地域調査において大切なのは，テーマと何をはっきりさせておくことですか。　□①

②調査テーマについて，実際に調べる前に自分なりに考えてみる答えのことを何といいますか。　□②

2 地形図を使って調べる

③国土地理院が発行している，土地利用などがわかる地図を何といいますか。　□③

④実際の距離を地図上で縮めた割合を何といいますか。　□④

⑤2万5千分の1地形図の場合，地図上で1cmの長さのとき，実際の距離は何mになりますか。　□⑤

⑥5万分の1地形図の場合，実際の距離が2kmある場所の地図上での長さは何cmですか。　□⑥

⑦高さの等しい地点を結んだ線を何といいますか。　□⑦

⑧⑦のうち，2万5千分の1地形図で50mごとに引かれた線を何といいますか。　□⑧

⑨⑦の間隔が広いところでは，傾斜は急ですか，ゆるやかですか。　□⑨

3

⑩調査のうち，役所や商店，農家などを直接訪ねて話を聞く方法を何といいますか。　□⑩

消防署の地図記号はかつて火消しのときに使われたさすまたとよばれる道具の形，警察署の地図記号は警棒が交差する形をもとにデザインされています。

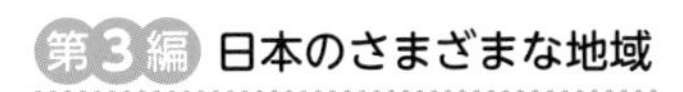

こつこつ テスト直前 解答 p.16

第1章 地域調査の方法を学ぼう

1 調査の計画 次の表のA～Fにあてはまる語句を，［ ］からそれぞれ選びなさい。

【調査の見通しを立てる】	
①地域の情報の収集	・（ A ）などを使って地域の様子を読み取り，野外観察（ B ）を決める。 ・野外観察に出かけて，地形や土地利用の様子などを記録する。
②調査テーマの決定	・野外観察などで発見したことなどを（ C ）に書き出し，内容の似ているものを集めて分類し，調査テーマを決める。
③テーマごとの調査	・調査テーマに対して仮説（かせつ）を立てる。 ・（ D ）をもとに調査を実施（じっし）する。
④考察，まとめ	・収集した情報をもとに，統計資料や（ E ）の情報なども合わせて調べ，調査テーマと仮設を検証する。
⑤資料の作成	・収集した資料を，地図やグラフなどにまとめる。
⑥調査結果の伝達	・発表会を実施したり，調査（ F ）を作成したりする。

A（ ） B（ ）
C（ ） D（ ）
E（ ） F（ ）

レポート　ルート　カード　インターネット
調査計画書　聞き取り　地形図

ヒントの森
A地図帳なども使用できます。
D仮説をもとに，調べる方法などを書きます。

2 地形図① 次の表を見て，あとの問いに答えなさい。

（ X ）	2万5千分の1 0　250m 1cm	5万分の1 0　500m 1cm
1cmが表す実際の長さ	1cm×25000 ＝25000cm＝（ a ）m	1cm×50000 ＝50000cm＝（ b ）m
実際の1kmを表す地図上の長さ	1km＝1000m＝100000cm 100000cm÷25000 ＝（ c ）cm	1km＝1000m＝100000cm 100000cm÷50000 ＝（ d ）cm

(1) 表中のXにあてはまる，実際の距離（きょり）を縮小（しゅくしょう）した割合を意味する語句を書きなさい。

（ ）

(2) 表中のa～dにあてはまる数字を書きなさい。

a（ ） b（ ）
c（ ） d（ ）

(1)割合によって範囲などが異なります。
(2)1m＝100cmで計算します。単位に注意しましょう。

3 地形図② 次の地形図を見て，あとの問いに答えなさい。

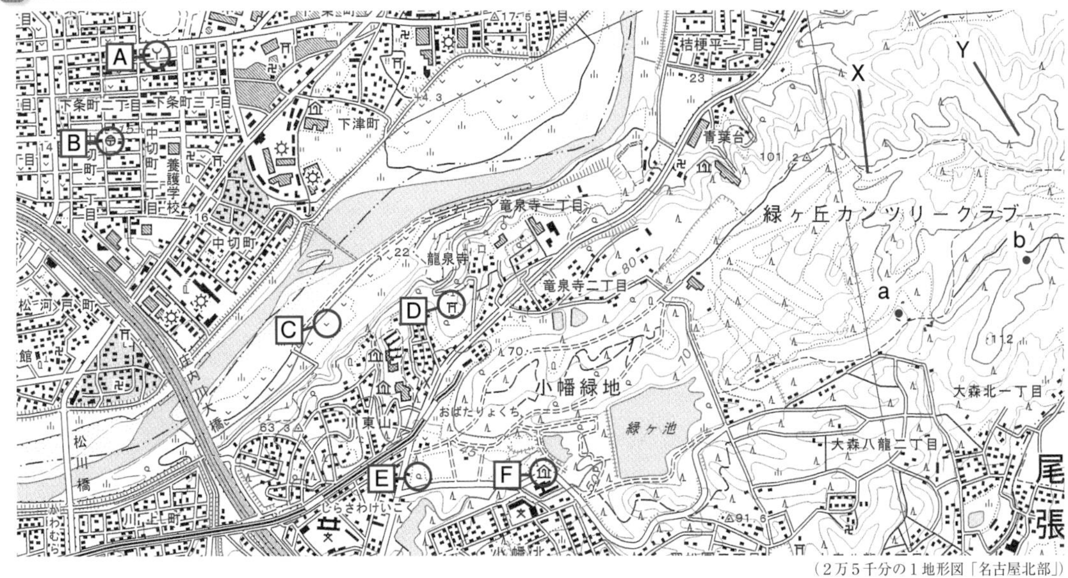

（2万5千分の1地形図「名古屋北部」）

(1) この地形図の縮尺（しゅくしゃく）はいくつですか。 （　　　）

(2) 地形図中のA～Fの地図記号が表すものを，それぞれ書きなさい。

A（　　　） B（　　　）
C（　　　） D（　　　）
E（　　　） F（　　　）

レベルUP (3) 地形図中のXとYのうち，傾斜（けいしゃ）がより急なのはどちらですか。

（　　　）

(4) 地形図中のaとbの地点のうち，標高（ひょうこう）がより高いのはどちらですか。

（　　　）

よく出る (5) 地形図上での「養護学校」から「しらさわけいこく」駅までの長さは直線距離で5cmです。実際の距離は何mですか。

（　　　）m

ヒントの森
(1)地形図中の右下にある出典に注目します。
(5)実際の距離は（地図上の長さ）×（縮尺の分母）で計算されます。

4 地域調査 次の問いに答えなさい。

(1) 次の文中の□にあてはまる語句を書きなさい。 （　　　）

聞き取り調査のための調査票には，「いつ，どこで，だれが，何を，なぜ，□」という，5W1Hを書き出しておくことが大切である。

(2) 次の場合に適切な資料を，あとからそれぞれ選びなさい。

① 10年間の市の人口の推移を示す。 （　　）
② 地形や土地利用，施設（しせつ）の変化を表す。 （　　）
③ 地域による防災対策のちがいを表す。 （　　）

ア 円グラフ　**イ** 棒グラフ　**ウ** 地形図
エ 空中写真　**オ** ハザードマップ

(1)英語で「H」が頭文字となる語句です。
(2)各グラフの形状を思い出しましょう。

予習・復習　こつこつ　解答 p.16

確認のワーク　ステージ1

第2章　日本の特色と地域区分①

教科書の要点　(　　)にあてはまる語句を答えよう。

1 地域区分をしてみよう　教 p.148~149

●生活・文化からみる地域区分/地域の結びつきによる区分

◆(①　　　　)▶共通性や関連性に注目して区分することで，地域の特色がわかる。

■人口の分布や工業生産額などによる区分。

■通勤・通学圏

■(②　　　　)▶買い物に行く範囲。

■伝統的な文化による区分▶雑煮の餅の形など。東日本は角型，西日本は丸型が多い

■鉄道会社や気象庁などが行う，業務のための区分。

■(③　　　　)▶都市を中心に人々が移動し，結びつきが深い地域。山梨県は東京との結びつきから(④　　　　)として区分。

◆日本の主な地域区分

■二つに分ける▶**東日本**，(⑤　　　　)

■三つに分ける▶**東北日本，中央日本，西南日本**

■七つに分ける▶北海道，東北，関東，中部，近畿，中国・四国，(⑥　　　　)

↓気象庁による地域区分

(2019年　気象庁)　0　200km

北海道地方　北海道オホーツク海側　北海道日本海側　北海道太平洋側　東北地方　東北日本海側　東北太平洋側　北陸地方　中国地方　山陽　山陰　近畿日本海側　関東甲信地方　九州北部地方　東海地方　近畿太平洋側　近畿地方　四国地方　九州南部　九州南部・奄美地方　沖縄地方

上の地図は，季節予報を発表するときに使う区分だよ。

2 変動する大地，安定した大地　教 p.150~151

●地震と火山活動が活発な日本/大地の動きが活発な地域

◆造山帯▶地震や火山活動が活発な地域。

■(⑦　　　　)▶太平洋を取り巻くように連なる造山帯。日本はここに位置する。北アメリカの(⑧　　　　)や，南アメリカのアンデス山脈などの大山脈。

■(⑨　　　　)▶アルプス山脈や**ヒマラヤ山脈**を通り，インドネシアへ続く造山帯。

■山の侵食が盛ん→侵食で生じた土砂を川が運び，土砂が堆積した(⑩　　　　)がつくられる。

↓世界の造山帯と山脈

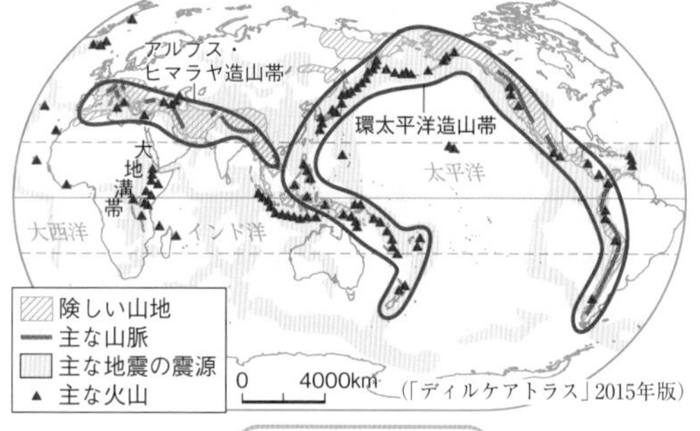

(「ディルケアトラス」2015年版)

●造山帯に含まれない安定した地域

◆ユーラシア，南・北アメリカ大陸の一部，オーストラリア，アフリカ大陸など。

◆主に平地や低い山地が広がる。

地球の表面は，十数枚の岩板（プレート)でおおわれているよ。

プレートの境界は地震が多いんだ。

まるごと暗記　都市圏 都市を中心に結びつきが強い地域　環太平洋造山帯 太平洋を取り巻くように連なる

教科書の資料　次の問いに答えよう。

(1)　A・Bの造山帯の名称を書きなさい。

A（　　　　　　）
B（　　　　　　）

(2)　A・Bの造山帯には含まれていない山脈を，次から選びなさい。

（　　　）

ア　アンデス山脈
イ　ウラル山脈
ウ　ロッキー山脈

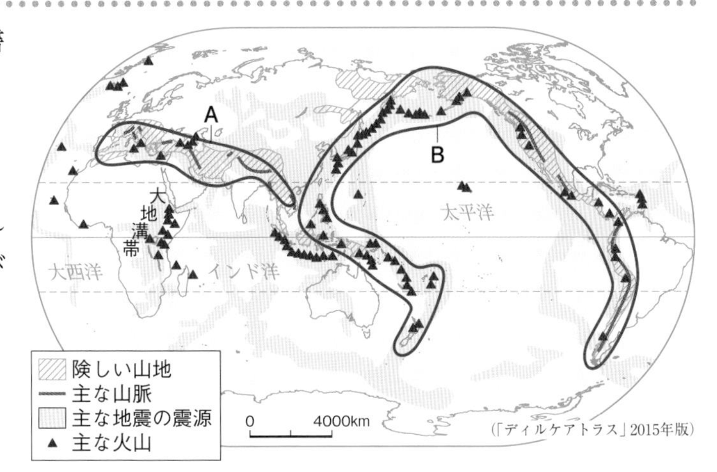

（「ディルケアトラス」2015年版）

チェック 教科書一問一答　次の問いに答えよう。

/10問中

★は教科書の太字の語句

1 地域区分をしてみよう

①通勤や通学が可能な移動範囲を何といいますか。　□①★＿＿＿＿

②雑煮に入れる餅の形で分けると，西日本は角型と丸型のうちどちらですか。　□②＿＿＿＿

③道路や鉄道を利用して都市を中心に人々が移動し，つながりや結びつきが深い地域を何といいますか。　□③★＿＿＿＿

④日本を大きく二つに区分した場合，西日本と何に分けられますか。　□④＿＿＿＿

⑤日本を大きく三つに区分した場合，東北日本，中央日本と，何に分けられますか。　□⑤＿＿＿＿

⑥日本を大きく七つに区分した場合，最も北にある地方を何といいますか。　□⑥★＿＿＿＿

2 変動する大地，安定した大地

⑦地震（じしん）や火山活動など，大地の動きが活発な地域を何といいますか。　□⑦★＿＿＿＿

⑧日本が位置している⑦を何といいますか。　□⑧★＿＿＿＿

⑨南アメリカ大陸の太平洋沿岸にある大山脈を何といいますか。　□⑨＿＿＿＿

⑩地震が起こる原因となる，地球をおおっている十数枚の岩板のことを何といいますか。　□⑩＿＿＿＿

知識の泉　世界で最も高い山はヒマラヤ山脈のエベレスト山で，その名はインドの測量官エベレスト大佐の名をとってつけられました。中国ではチョモランマとよばれています。

第3編 第2章

予習・復習　こつこつ　解答 p.17

第２章　日本の特色と地域区分②

教科書の要点　（　　）にあてはまる語句を答えよう。

1 変化に富む日本列島の地形(1)　教 p.152〜153

日本の山地・山脈の特色

◆日本の国土の４分の３が山地や丘陵。

◆（①　　　　　　　）▶**木曽・飛騨・赤石**山脈。

◆（②　　　　　　　）▶東側では山地・山脈が南北に，西側ではほぼ東西に並ぶ。

◆日本の山地・山脈▶**富士山**や阿蘇山など火山が多い。

変化に富む海岸線/日本をとりまく海

◆岩石海岸▶岩の多い切り立った崖が続く海岸地形。

◆砂浜海岸▶平野沿いに広がる。

◆干潟▶潮の満ち引きの大きな湾にみられる。

◆（③　　　　　　　）▶複雑な海岸線。（三陸海岸や志摩半島など）

◆さんご礁▶水温が温かい地域の浅瀬にみられる。（南西諸島など）

◆海▶太平洋・東シナ海・日本海・オホーツク海に囲まれ，本州と四国・九州の間に（④　　　　　　　）。

◆海底▶水深約200mの（⑤　　　　　　　）が広がり，その先は水深8000mほどの海溝となっている。

◆海流▶太平洋で寒流の（⑥　　　　　　　）（千島海流）と暖流の黒潮（日本海流）が，日本海で**リマン海流**（寒流）と**対馬海流**（暖流）がぶつかる→**潮目（潮境）**。（プランクトンが豊富な好漁場）

2 変化に富む日本列島の地形(2)　教 p.154〜155

日本の川▶世界の川と比べて，長さが短く傾斜が急。

◆増水と氾濫→堤防や遊水地の整備，**ダム**の造設。

◆（⑦　　　　　　　）▶海岸沿いに広がる低地。

◆（⑧　　　　　　　）▶周囲が山に囲まれた地形。

平野の地形

◆（⑨　　　　　　　）▶川が山地から平野などに出るところにつくられる。水はけがよく，**果樹園**に利用。

■ここより下流は傾斜が緩やかで，川は蛇行する。

◆（⑩　　　　　　　）▶川が海や湖に出るところに発達。水田などに利用。大都市となるところも。

◆**台地**▶海岸沿いの低い土地より一段高い平地。水を得にくいため，住宅地や畑に利用。（周辺の低地は水田）

↓日本の主な山脈・山地と火山

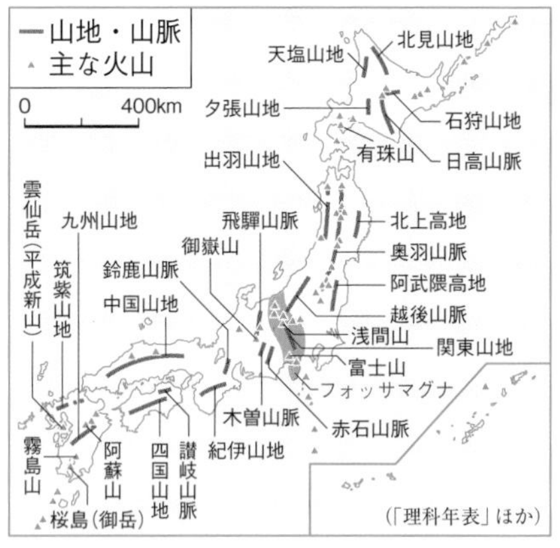

↓日本列島周辺の海と海流

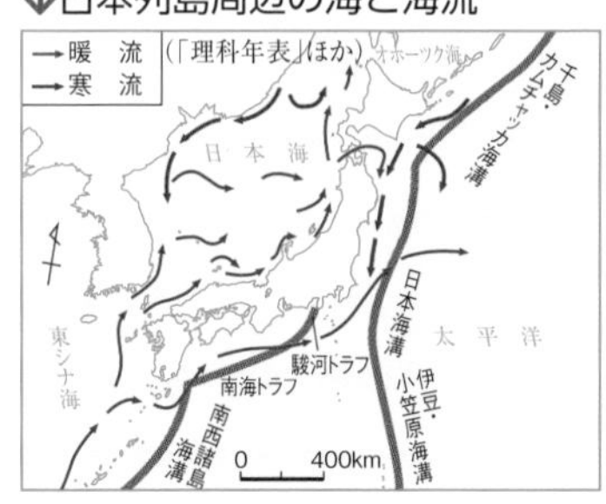

↓日本と世界の主な川の比較

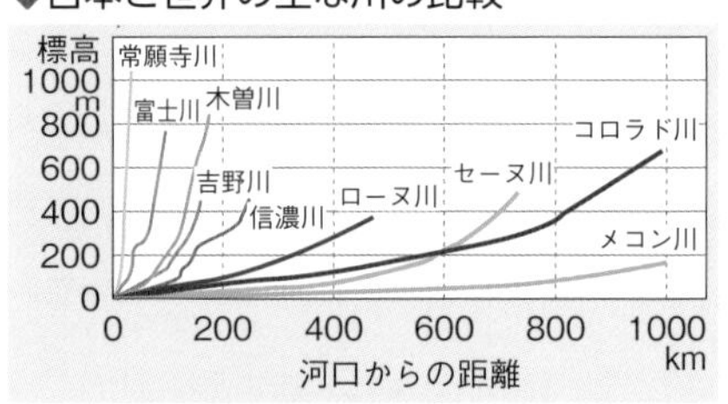

↓日本の主な平野と川

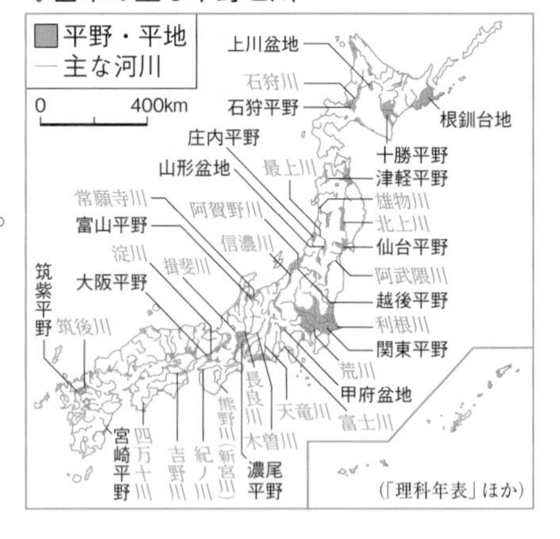

まるごと暗記　日本アルプス 木曽，飛驒，赤石山脈　リアス海岸 入り江の多い複雑な海岸

教科書の資料　次の問いに答えよう。

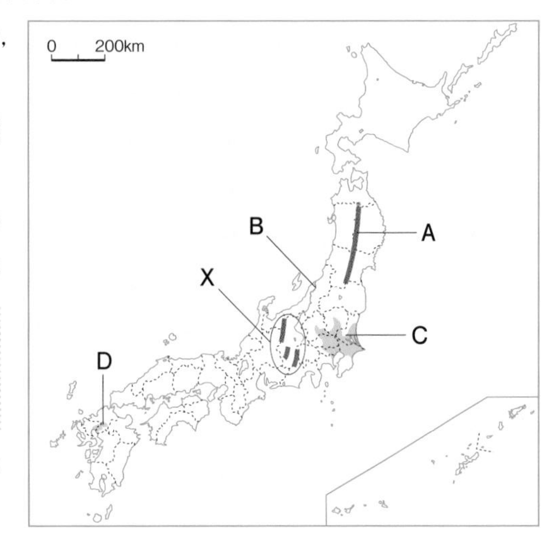

(1) 地図中のA～Dにあてはまる地形の名称を，□からそれぞれ選びなさい。

A（　　　　）山脈
B（　　　　）川
C（　　　　）平野
D（　　　　）平野

関東　濃尾　奥羽　越後
筑後　筑紫　信濃　最上

(2) 地図中のXの三つの山脈をまとめて何といいますか。（　　　　）

チェック 教科書 一問一答　次の問いに答えよう。

/10問中

★は教科書の太字の語句

1 変化に富む日本の地形(1)

①日本アルプスとよばれる三つの山脈のうち，中央にに位置する山脈を何といいますか。 □①

②岩の多い切り立った崖が続く海岸地形を何といいますか。 □②★

③平野沿いにみられ，砂丘がみられることもある海岸地形を何といいますか。 □③★

④潮の満ち引きが大きな湾でみられる，砂や泥でできた浅瀬を何といいますか。 □④★

⑤南西諸島などの島の周りを取り囲んでいる，生物によってつくられる地形を何といいますか。 □⑤★

⑥水深8000mほどのところに広がる海底の地形を何といいますか。 □⑥★

⑦関東地方の沖合いを流れる暖流を何といいますか。 □⑦★

⑧日本海側に流れ込んでいる暖流を何といいますか。 □⑧

2 変化に富む日本の地形(2)

⑨川が山地から平野に出るところに，土砂が積もってできた土地を何といいますか。 □⑨★

⑩川の流れによって運ばれてきた土砂が，海や湖に出るところに積もってできた土地を何といいますか。 □⑩★

知識の泉　フォッサマグナはラテン語で「大きな溝」を意味します。発見・命名者はナウマンゾウの化石を研究したドイツ人の地質学者ナウマンです。

予習・復習　こつこつ　解答 p.17

第2章　日本の特色と地域区分③

教科書の要点　（　）にあてはまる語句を答えよう。

1 四季のある気候　教 p.156~157

●季節風と日本の気候/梅雨前線と台風

◆南北に長く，（①　　　　）の影響→多様な気候。（モンスーン）

■大部分は（②　　　　）に属する。南西諸島は熱帯に近く，東北地方の一部と北海道は冷帯（亜寒帯）。

◆気候区分

■日本海側の気候▶冬に降水量が多い。

■（③　　　　）の気候▶冬に乾燥し,よく晴れる。

■瀬戸内の気候▶雨が少なく乾燥して暖かい。

■内陸の気候▶雨が少なくて冬は冷え込む。

■北海道の気候▶冷帯に位置する北海道の気候。

■南西諸島の気候▶熱帯に近い沖縄の気候。

◆（④　　　　）▶5月から7月に降水量が増す。

◆（⑤　　　　）▶夏から秋にかけて強い風雨。（熱帯低気圧が発達したもの）

↓日本各地の気温と降水量

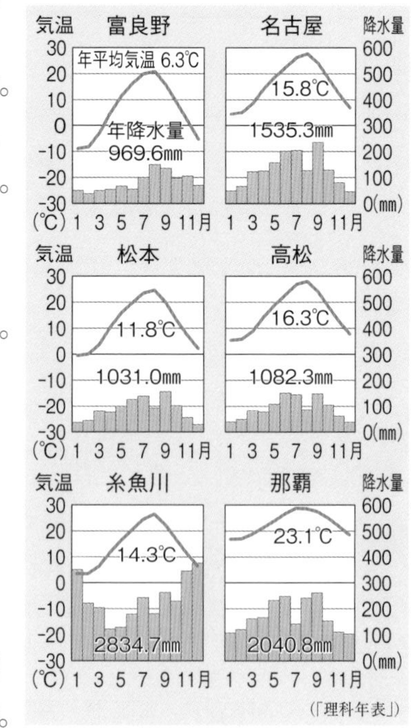

（「理科年表」）

2 自然災害に向き合う　教 p.158~159

●地震と火山▶日本列島では地震や火山の活動で大きな被害。

◆（⑥　　　　）▶大きな地震が海底で起こった場合に発生。東日本大震災で海岸部に大きな被害。（2011年3月に発生）

◆（⑦　　　　）▶過去にくり返し地震を起こした断層。阪神・淡路大震災で，住宅の倒壊や火災など。（1995年に発生）

◆火山災害▶溶岩や火山灰が噴き出し，火砕流も生じる。（熱いガスと火山灰が流れ下る。）

富良野は北海道，名古屋は太平洋側，松本は内陸性，高松は瀬戸内，金沢は日本海側，奄美〔名瀬〕は南西諸島の気候だよ。

●気象災害▶雨や風などによる災害。

◆梅雨や台風による大雨▶土砂災害や水害。

◆降水量が少ない地域▶（⑧　　　　）や水不足。

◆降雪量が多い地域▶雪崩や吹雪などの雪害。

↓日本周辺の主な地震と活断層の分布

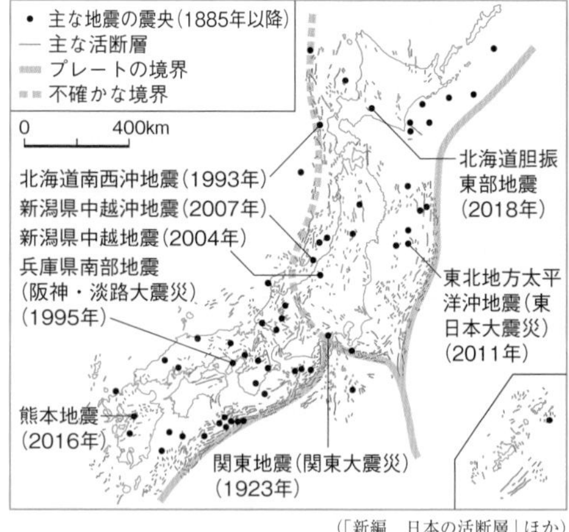

（「新編　日本の活断層」ほか）

3 災害から身を守るために　教 p.160~161

●災害予測の大切さ/災害への支援と復興

◆（⑨　　　　）▶災害時の被害予測を示した地図。減災という考え方に基づき作成。（できる限り被害をなくす）

◆公助▶国や都道府県などの取り組み。

◆共助▶地域の人々が助け合う。

◆（⑩　　　　）▶自分の身は自分で守る。

まるごと暗記 季節風 日本の気候に影響を与える風 ハザードマップ 災害時の被害予測を示した地図

教科書の資料 次の問いに答えよう。

(1) A～Cの気候を，[ ]からそれぞれ選びなさい。

A（ ）
B（ ）
C（ ）

瀬戸内(せとうち)の気候
内陸の気候
南西諸島の気候

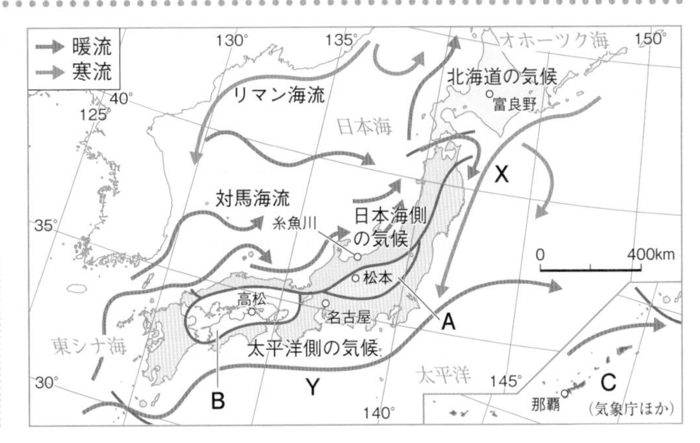

(2) X・Yの海流をそれぞれ何といいますか。

X（ ） Y（ ）

チェック 教科書一問一答 次の問いに答えよう。

/10問中

★は教科書の太字の語句

1 四季のある気候

①日本の大部分は，何という気候帯に属しますか。 □①

②日本の気候区分で，冬に降水量が多い気候を何といいますか。 □②★

③日本の気候区分で，雨が少なく冬は冷え込む，本州の内陸部の気候は何といいますか。 □③★

2 自然災害と向き合う

④大地の動きが活発な日本列島では，火山の噴火の他にどのような災害が起こりやすいですか。 □④★

⑤日本で2011年３月に発生した④と，それにともなう津波(つなみ)などによる大きな被害を何といいますか。 □⑤★

⑥日本で1995年に発生した④による被害を何といいますか。 □⑥★

⑦火山の噴火(ふんか)で，熱いガスと火山灰が流れ下る現象を何といいますか。 □⑦

3 災害から身を守る

⑧前もって対策を立てることで，自然災害による被害をできるだけ減らすことを何といいますか。 □⑧★

⑨国や都道府県などが，防災などの対策に取り組むことを何といいますか。 □⑨★

⑩同じ地域に暮らす人々が積極的に助け合うことを何といいますか。 □⑩★

リマン海流の「リマン」とは，ロシア語で大河の河口を意味し，この「大河」はロシア連邦などを流れるアムール川を指しています。

こつこつ テスト直前 解答 p.17

定着のワーク ステージ2

第2章 日本の特色と地域区分①②③

1 日本の地域区分　右の地図を見て，次の問いに答えなさい。

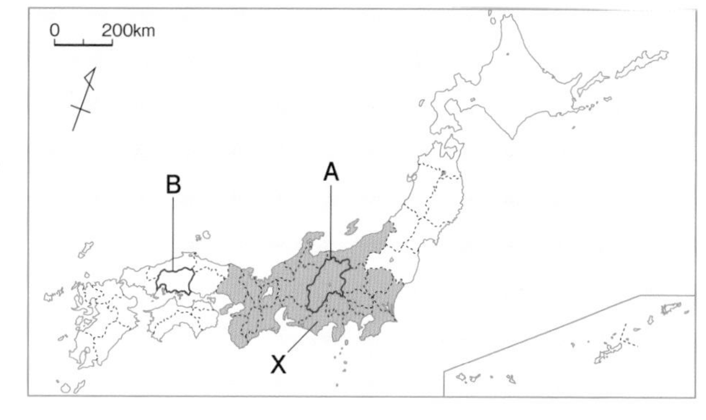

(1) 地図中のXは，日本を大きく三つに分けたときに中央日本とよばれる地域です。この地域には，七つの地方区分で分けた場合の三つの地方が含まれます。その三つの地方名を書きなさい。

(　　　)
(　　　)
(　　　)

(2) 地図中のA・Bの都道府県において，雑煮に入れる餅の形を□からそれぞれ選びなさい。

A (　　　)
B (　　　)

丸型　角型

ヒントの森
(1)七つの地方とは，北海道，東北，関東，中部，近畿，中国・四国，九州です。

2 日本の地形　右の地図を見て，次の問いに答えなさい。

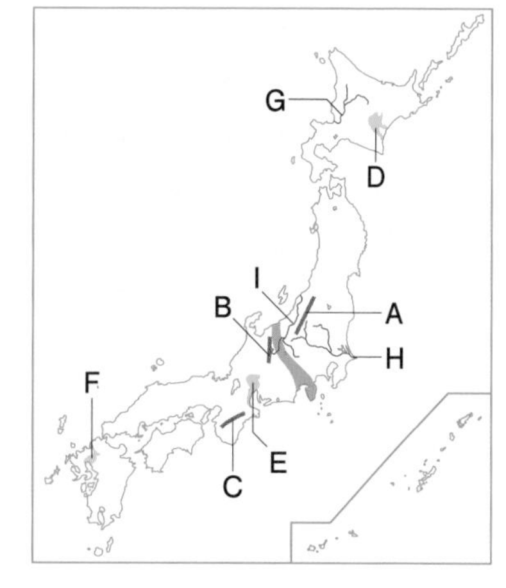

よく出る (1) 日本が属する造山帯を何といいますか。

(　　　)

(2) 地図中の▬が西の端となっている大きな溝を何といいますか。(　　　)

(3) 地図中のA～Cにあてはまる山脈・山地を，□からそれぞれ選びなさい。

A (　　　)
B (　　　)　C (　　　)

飛驒山脈　紀伊山地　越後山脈

(4) 地図中のD～Fにあてはまる平野を，□からそれぞれ選びなさい。

D (　　　)
E (　　　)　F (　　　)

筑紫平野　十勝平野　濃尾平野

(5) 地図中のG～Ｉにあてはまる河川を，□からそれぞれ選びなさい。

G (　　　)
H (　　　)　I (　　　)

信濃川　利根川　石狩川

ヒントの森
(3)Bは木曽山脈，赤石山脈とあわせて日本アルプスとよばれています。
(5)信濃川は中部地方，利根川は関東地方を流れる河川です。

3 日本の気候　右の地図を見て，次の問いに答えなさい。

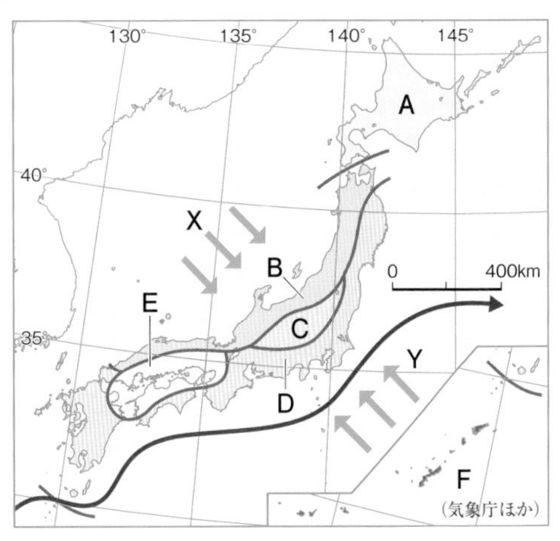

(1)　地図中のX・Yのうち，冬の季節風はどちらですか。　（　　　）

(2)　5月から7月にかけて日本でみられる，降水量が多い時期を何といいますか。　（　　　）

(3)　次の特色がみられる気候を，地図中のA～Fからそれぞれ選びなさい。

① 冬に乾燥し，晴れた日が多い。（　　　）
② 冬の寒さが厳しく，冷帯に属する。（　　　）
③ 一年中高温で，降水量が多い。（　　　）
④ 冬に雨や雪が多く降り，くもりの日が多い。（　　　）
⑤ 降水量が少なく，冬は冷え込む。（　　　）

(4)　地図中に⟶で示した海流を，[　　]から選びなさい。　（　　　）

千島海流　　対馬海流　　日本海流　　リマン海流

(1)季節風は，冬は北西方向から，夏は南東方向から吹き込みます。
(4)北上する海流は暖流です。

4 日本の自然災害　右の地図を見て，次の問いに答えなさい。

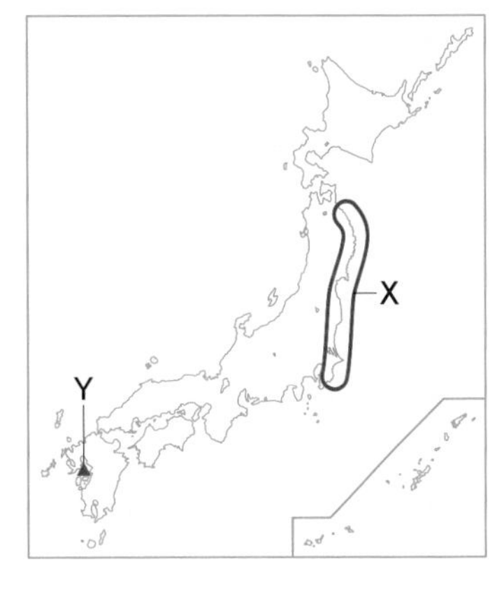

(1)　2011年3月に発生した東北地方太平洋沖地震で，地図中のXの地域に大きな被害を与えた現象を何といいますか。　（　　　）

(2)　地図中のYの火山が噴火したときに起こった，熱いガスと火山灰が流れ出る現象を何といいますか。　（　　　）

(3)　次の説明にあてはまる気象災害を，[　　]からそれぞれ選びなさい。

① 雨が降らないことにより，地中の水分が極度に減る。（　　　）
② 岩・土砂が雨や川の水と混ざって斜面を流れ下る。（　　　）
③ 大雨を原因として川の中流や下流で起こりやすい。（　　　）

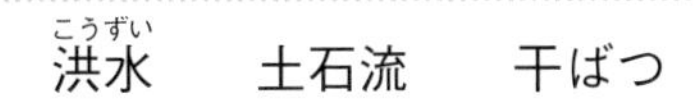

洪水　　土石流　　干ばつ

(4)　県や市町村が作成する，災害の際に予想される被害の範囲などを示した地図を何といいますか。　（　　　）

(1)考えられていた高さ以上のものが押し寄せ，防潮堤が役に立ちませんでした。
(2)Yは雲仙岳（平成新山）です。

予習・復習　こつこつ　解答 p.18

第2章　日本の特色と地域区分④

教科書の要点　(　　)にあてはまる語句を答えよう。

1 変化する人口　教 p.162～163

●日本の人口/世界の人口の増加

◆日本の人口▶約1億2600万人。(2019年)
出生数は二度の「ベビーブーム」で増加後，減少傾向。
（「ベビーブーム」：出生する子どもの数が大幅に増加）

◆世界人口▶約77億1000万人。(2019年)
■(①　　　　　　)▶20世紀後半，発展途上国での急速な人口増加。

↓世界の人口密度の分布

(「グーズアトラス2017年版」)

●日本で進む少子高齢化と人口減少

◆(②　　　　　　)▶人口に占める高齢者の割合が増加。日本の65歳以上の老年人口の割合は25%以上。

◆(③　　　　　　)▶年少人口の割合が低下。
（年少人口：15歳未満）

◆日本の少子高齢化の問題
■社会保障の支出増加→若い世代への負担。
■生産年齢人口減少→労働力不足・経済活動の活力低下。
（生産年齢人口：15歳以上65歳未満）

◆社会的な課題▶保育施設の不足解消や，働き過ぎをなくして(④　　　　　　)を図ること。
（④：仕事と生活の調和）

↓日本の年齢別人口割合の変化

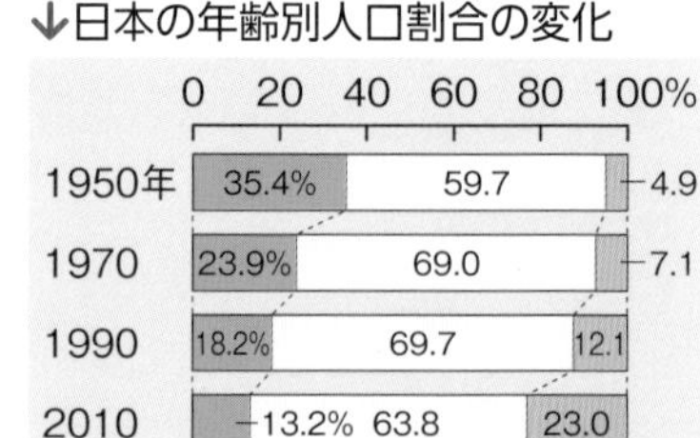

(「人口の動向」)

2 人口分布のかたよりがもたらす問題　教 p.164～165

●人口分布のかたより/都市への人口移動

◆(⑤　　　　　　)▶東京・大阪・名古屋それぞれを中心とする地域。日本の総人口の半数。

◆(⑥　　　　　　)▶札幌・仙台・福岡など。
（⑥：各地方の政治や経済の中心となる都市）

●人口が減っていく地域での問題

◆(⑦　　　　　　)▶著しい人口減少によって地域社会の維持が困難になっている状態。

●人口の増えた都市での問題

◆(⑧　　　　　　)▶著しく人口が増加すること。住宅不足や交通渋滞，ごみ処理などの問題が発生。
■ニュータウン▶大都市の郊外に形成された大規模な住宅街→高齢化が進む。

◆(⑨　　　　　　)▶都心で夜間人口が減る現象。

◆日本全体の人口減少が進む中，都市部でも人口減少が予想される→(⑩　　　　　　)をめざす動き。
（⑩：市街地の郊外への拡大をおさえ，都市機能を中心部に集中）

↓日本の人口密度の分布

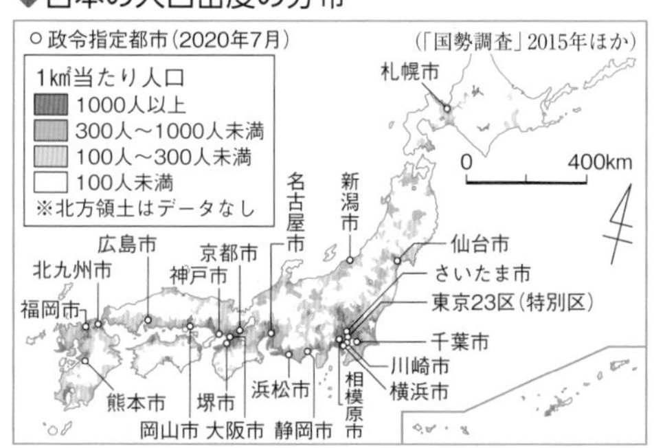

↓三大都市圏への人口集中

0　50　100%

総人口 1億2617万人：東京圏 29.1%，大阪圏 14.4，名古屋圏 9.0，その他 47.5

東京圏：東京都，埼玉県，千葉県，神奈川県
大阪圏：大阪府，京都府，兵庫県，奈良県
名古屋圏：愛知県，岐阜県，三重県

(2019年10月1日現在 総務省資料)

まるごと暗記　過疎 著しく人口が減少した状態　過密 著しく人口が集中した状態

教科書の資料　次の問いに答えよう。

(1)　A～Dのグラフは，それぞれ次のア～エのいずれかの国の人口構成を示しています。Aにあてはまる国を選びなさい。（　　　）

ア　ドイツ　　イ　エチオピア

ウ　アルゼンチン　　エ　中国

(2)　A～Cにあてはまる形を，次からそれぞれ選びなさい。　A（　　　）

B（　　　）　C（　　　）

ア　つぼ型　　イ　つりがね型

ウ　富士山型

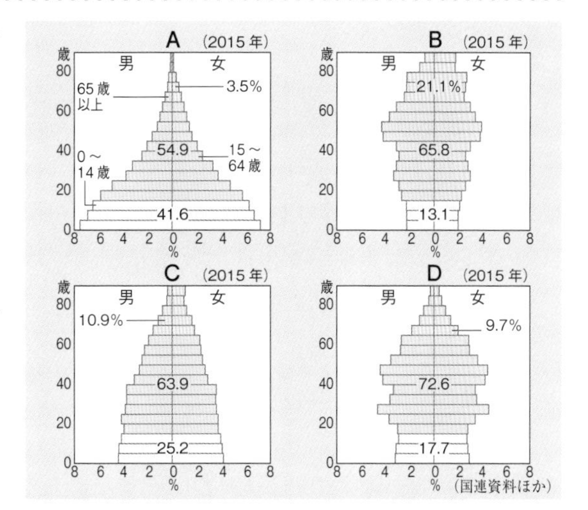

チェック 教科書一問一答　次の問いに答えよう。

/10問中

★は教科書の太字の語句

1 変化する人口

①65歳以上の人口を何人口といいますか。　★①

②15歳未満の人口を何人口といいますか。　★②

③15歳以上65歳未満の人口を何人口といいますか。　★③

④人口全体に占める子どもの割合が低くなり，高齢者の割合が高くなることを何といいますか。　★④

2 人口分布のかたよりがもたらす問題

⑤日本の三大都市圏のうち，人口が最大で最も東に位置する都市圏の中心となる都市はどこですか。　⑤

⑥日本を七つの地方に分けたとき，人口密度が最も高い地方はどこですか。　⑥

⑦人口が減少し，地域社会の維持が難しくなっている状態を何といいますか。　★⑦

⑧人口が過度に集中している状態を何といいますか。　★⑧

⑨ドーナツ化現象とは，都市において何が減る現象ですか。　⑨

⑩都市への人口集中を防ぐために，かつて大都市の郊外に形成された住宅街を何といいますか。　⑩

過疎地域では，限界集落も発生しています。これは，65歳以上の高齢者が集落人口の50%をこえ，社会的な共同生活を維持することが限界に近づいている集落のことです。

第3編 第2章

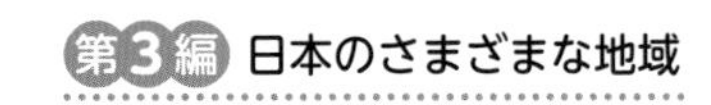

予習・復習 こつこつ 解答 p.18

第2章 日本の特色と地域区分⑤

教科書の要点 （　　）にあてはまる語句を答えよう。

1 輸入に頼る資源・エネルギー 教 p.166～167

●利用できる資源/限りある資源

◆資源やエネルギー▶生活に欠かせないもの。

■**化石燃料**▶原油や石炭，天然ガスなど。世界に広く分布。

■新しい鉱産資源▶シェールガス，メタンハイドレートなど。

◆大量の二酸化炭素の発生→（①　　　　　　）が進行。

■（②　　　　　　）の実現が課題。
環境保全と経済発展を両立

●簡単ではない電力の問題/電力に関する新たな動き

◆発電▶エネルギーを電力にして利用。

■日本の発電▶（③　　　　　　）が中心→電力需要増加にともない（④　　　　　　）が増加。
水資源が豊富

■1970年代の石油危機をきっかけに原子力発電も増加。東日本大震災での事故を受け，ヨーロッパでは廃止の国も。
2011年

◆（⑤　　　　　　）▶太陽光，風力，バイオマスなど。
生物資源に由来

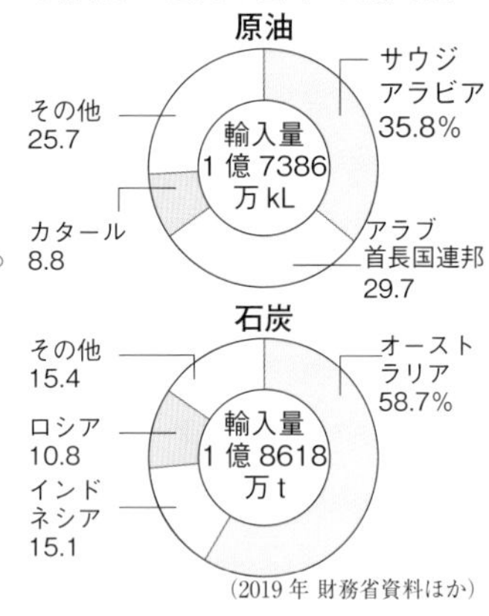

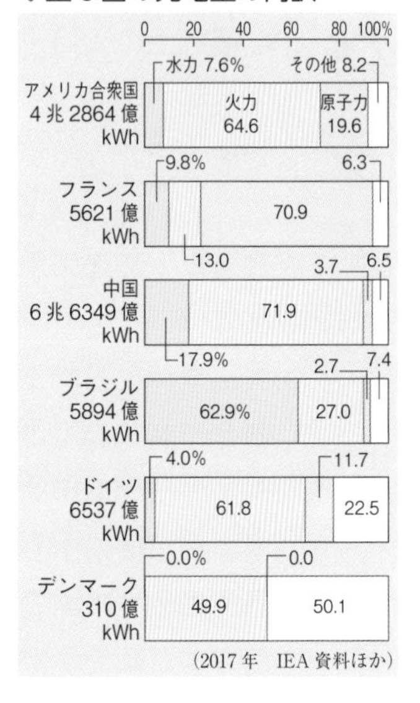

2 日本の産業活動と立地 教 p.168～169

●農業とその立地～第三次産業とその立地

◆（⑥　　　　　　）▶農林水産業。貿易の自由化が進むと，経営は厳しくなる。高齢化，後継者不足も課題。

◆（⑦　　　　　　）▶工業など。工業は太平洋ベルトに集中。貿易摩擦を避けるために海外で生産する企業が増加。

■産業の空洞化→国内の工場数や労働者数が減少。

◆（⑧　　　　　　）▶運送業，商業，情報通信業，**サービス業**など。就業者の7割を占め，東京への一極集中の一因。

■コンテンツ産業▶映像・音楽・ゲーム・漫画の制作・流通。

3 交通・通信による結びつき 教 p.170～171

●国境を越えて行き来する人やもの～行き交う情報

◆日本と世界▶航空交通や海上交通で結びつく。

■貿易▶日本は工業製品を中心に輸出。

■（⑨　　　　　　）▶航空機の乗り継ぎ拠点。

◆高速交通網▶輸送時間の短縮。東北地方や九州地方の高速道路のインターチェンジ近くに工業団地。

◆主な移動手段▶大都市圏は鉄道，その他は自家用車。

◆情報▶（⑩　　　　　　）（ICT）の発達。

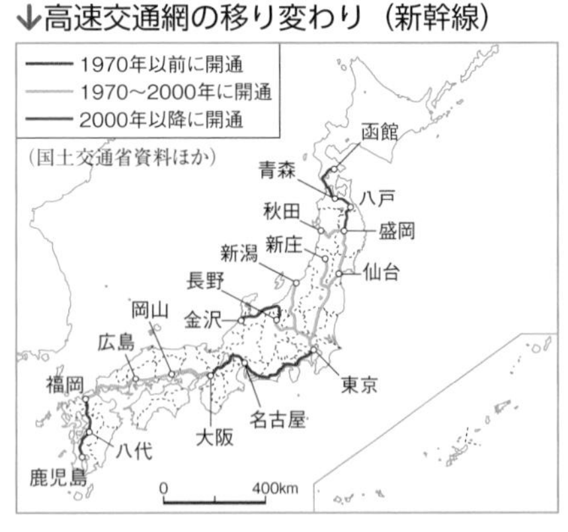

まるごと暗記　再生可能エネルギー 太陽光や風力など　太平洋ベルト 日本の工業が集中

教科書の資料　次の問いに答えよう。

(1) 地図中のA～Dの工業地帯・地域の名称を，［　］からそれぞれ選びなさい。

A（　　　　　）
B（　　　　　）
C（　　　　　）
D（　　　　　）

京浜工業地帯　瀬戸内工業地域
中京工業地帯　阪神工業地帯

(2) Xの地域を何といいますか。

（　　　　　）

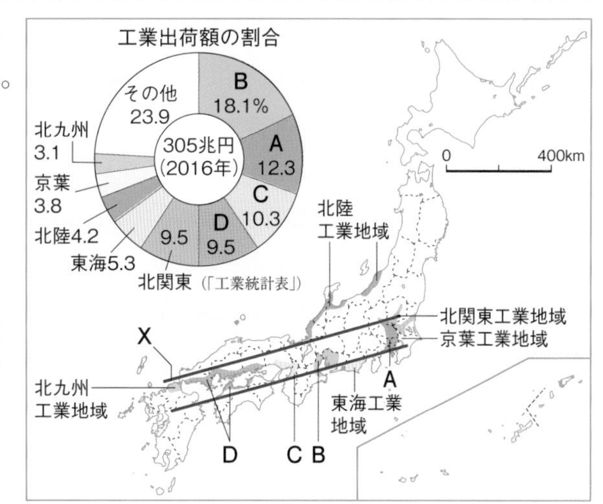

チェック 教科書一問一答　次の問いに答えよう。

/10問中

★は教科書の太字の語句

1 輸入に頼る資源・エネルギー

①原油や石炭，天然ガスなど，地球から取り出される燃料を何といいますか。　□①

②近年注目されている鉱産資源であり，メタンガスと水によって構成される物質を何といいますか。　□②

③石炭や天然ガスなどの①を燃やした熱によって行われる発電を何といいますか。　□★③

④原子力発電は1970年代に起こった何というできごとをきっかけに増えるようになりましたか。　□★④

⑤再生可能エネルギーのうち，生物資源に由来するものを何といいますか。　□★⑤

2 日本の産業活動と立地

⑥貿易を行う二国間で起こる，さまざまな問題のことを何といいますか。　□★⑥

⑦工場を海外に移転したことで，国内の工場数や工場労働者が減り，国内産業が衰えることを何といいますか。　□★⑦

⑧一つの都市に政治・経済・文化などの機能が極度に集まることを何といいますか。　□★⑧

3 交通・通信による結びつき

⑨高速交通網の発達によりインターチェンジや空港近くに形成された，工場が集まった地区を何といいますか。　□★⑨

⑩情報通信技術の略称をアルファベットで何といいますか。　□★⑩

コンセントに流れる電気の周波数は東日本では50ヘルツ，西日本では60ヘルツですが，これは明治時代に関東と関西で別々に発電機を輸入したためです。

第3編 第2章

こつこつ テスト直前 解答 p.18

定着のワーク ステージ2 第2章 日本の特色と地域区分④⑤

1 世界と日本の人口・人口分布 次の問いに答えなさい。

よく出る (1) グラフ中のA～Cは，日本の1930年，1980年，2040（推計）のいずれかの年齢別・男女別人口構成を示しています。A～Cを年代の古いものから順に並べかえなさい。

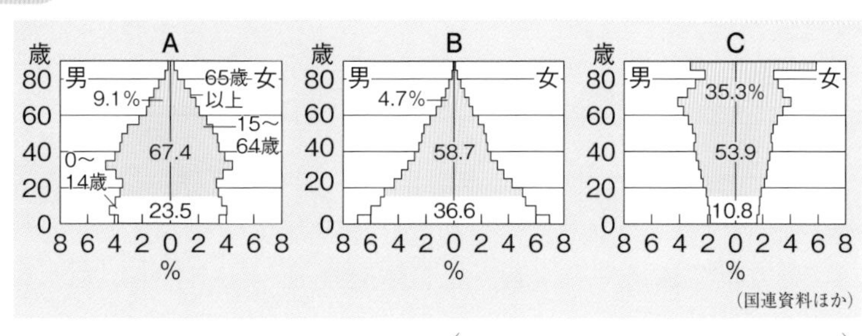

（　　→　　→　　）

(2) グラフに［　］で表された15歳以上65歳未満の人口を何といいますか。

（　　）人口

(3) 札幌市や福岡市など，人口が多く，地方の中心的な役割を果たしている都市を何といいますか。（　　）

レベルUP (4) 過疎地域でみられる問題としてあてはまるものを，次から選びなさい。（　　）

ア 道路の渋滞　イ 住宅の不足
ウ 騒音の発生　エ 交通機関の廃止

ヒントの森
(4)過疎地域では，地域社会の維持が難しくなっています。

2 資源・エネルギー 次の資料を見て，あとの問いに答えなさい。

資料1

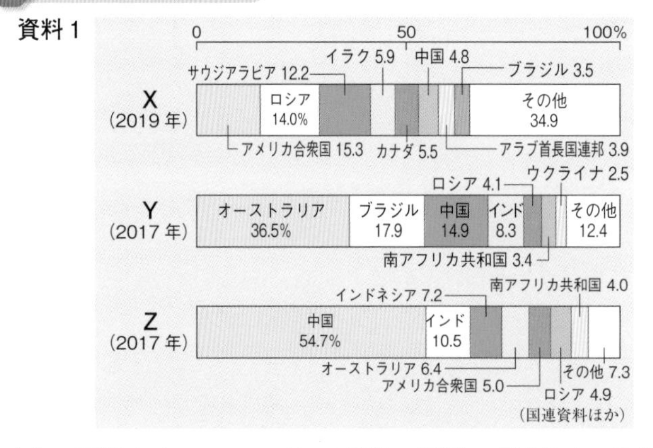

資料2

(1) 資料1中のX～Zは，石炭，原油，鉄鉱石のうち，いずれかの国別生産割合を示しています。X～Zにあてはまる鉱産資源名を，それぞれ書きなさい

X（　　）　Y（　　）　Z（　　）

レベルUP (2) 資料2は，日本の主な発電所の分布を示しています。資料2中のA～Cにあてはまる発電所の種類を，［　］からそれぞれ選びなさい。

A（　　）発電所
B（　　）発電所
C（　　）発電所

火力
水力
原子力

ヒントの森
(2)Aは山間，Bは主に大都市の臨海，Cは海岸に分布。

3 日本の産業　次の資料を見て，あとの問いに答えなさい。

資料1

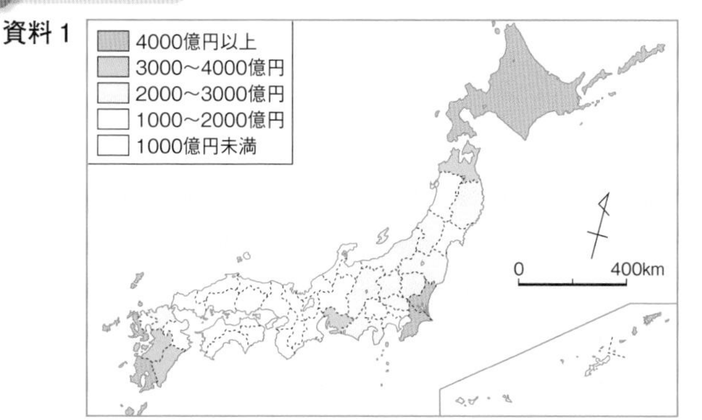

資料2

305兆円
(2016年)

A 18.1%
B 12.3
C 10.3
瀬戸内 9.5
北関東 9.5
東海 5.3
北陸 4.2
京葉 3.8
北九州 3.1
その他 23.9

(「工業統計表」)

レベルUP (1) 資料1は，次のいずれかについて都道府県別に色分けしたものです。あてはまるものを選びなさい。（　　）

ア　製造品出荷額　　イ　農業生産額　　ウ　年間商品販売額

よく出る (2) 資料2は，工業地帯・工業地域の出荷額の割合を示しています。グラフ中のA～Cにあてはまる工業地帯を，[　]からそれぞれ選びなさい。

A（　　　　）工業地帯
B（　　　　）工業地帯
C（　　　　）工業地帯

阪神　京浜　中京

(3) 次の①～④の産業は，それぞれ第何次産業にあたりますか。

① サービス業（　　　　）産業
② 農業（　　　　）産業
③ 工業（　　　　）産業
④ 輸送業（　　　　）産業

ヒントの森
(1)北海道や鹿児島県，千葉県や茨城県の額の多さで判断します。

4 交通・通信　次の問いに答えなさい。

(1) 右のグラフは，国内の貨物輸送量の変化を示したものです。グラフ中のA～Cにあてはまる輸送手段を，次からそれぞれ選びなさい。

A（　　）　B（　　）　C（　　）

ア　鉄道　　イ　自動車　　ウ　船舶

年度	A	B	C
1960年度 15.3億t	75.8%	15.1	9.1
1980年度 59.8億t	88.9%	2.7	8.4
2000年度 63.7億t	90.6%	0.9	8.4
2016年度 47.9億t	91.4	0.9	7.6

(国土交通省資料)

(2) 次の①～③を輸送するとき，最も適切な輸送手段を，[　]からそれぞれ選びなさい。ただし，同じものを何度選んでもかまいません。

① 軽くて高価なもの（　　　　）
② 重いもの（　　　　）
③ 新鮮さが求められる食品（　　　　）

船舶　航空機

(3) 空港の中でも，多くの路線が乗り入れ，乗り継ぎの中心的な役割を担っている空港を何といいますか。

（　　　　）

ヒントの森
(2)航空機の利点は，到着が早いことです。

第3編 第2章

こつこつ　テスト直前　解答 p.19

実力判定テスト　ステージ3　総合問題編

第1章　地域調査の方法を学ぼう
第2章　日本の特色と地域区分

30分　/100

1 次の資料を見て，あとの問いに答えなさい。　5点×3（15点）

A 昔

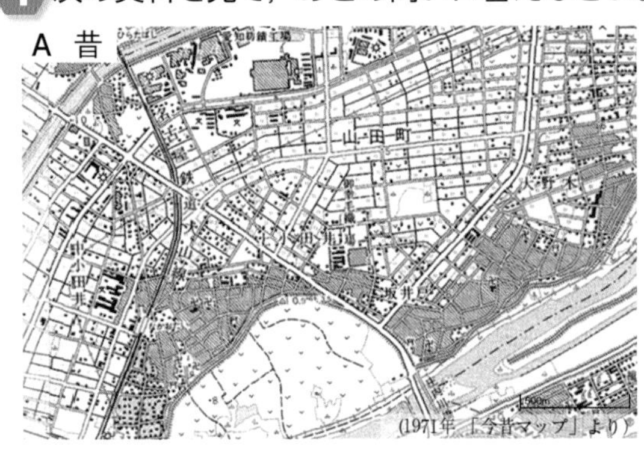

（1971年「今昔マップ」より）

B 現在

（2019年「今昔マップ」より）

(1) A・Bは，同じ地域の昔と現在の地形図です。ここから読みとれることとして正しいものを，次から選びなさい。

ア　河川の場所は昔と現在で大きく変化した。
イ　昔から高速道路が通っていた。
ウ　昔よりも駅の数が増えた。
エ　「庄内緑地（しょうないりょくち）」は，果樹園に利用されていた。

よく出る (2) 2万5千分の1地形図での長さが4cmのとき，実際の距離は何kmですか。

作図 (3) 右の図は，等高線（とうこうせん）から断面図（だんめんず）を作成しようとしたものです。図中で一部が示された表記の方法に従って，断面図を完成させなさい。

(m) 80 70 60 50 40 30 20 10
(m) 90 80 70 60 50 40 30 20 10

(1)		(2)		(3)	図中に記入	

2 右の地図を見て，次の問いに答えなさい。　6点×4（24点）

(1) Aで示した日本アルプスに含まれていない山脈を，次から選びなさい。

ア　越後（えちご）山脈　　イ　赤石（あかいし）山脈
ウ　木曽（きそ）山脈　　エ　飛騨（ひだ）山脈

(2) Bの半島を何といいますか。また，この半島にみられる，出入りの複雑（ふくざつ）な海岸地形を何といいますか。

記述 (3) Cにみられる，扇状地（せんじょうち）とはどのような地形ですか。「川」という語句を用いて簡単に書きなさい。

A　B　C　0　200km

(1)		(2)	半島	地形	
(3)					

目標
- □地図記号や等高線をおさえる
- □日本の地形や気候をおさえる
- □日本の人口や産業，交通の特色をおさえる

自分の得点まで色をぬろう!
がんばろう! もう一歩 合格!
0 60 80 100点

3 次の資料を見て，あとの問いに答えなさい。

6点×6（36点）

よく出る

資料1

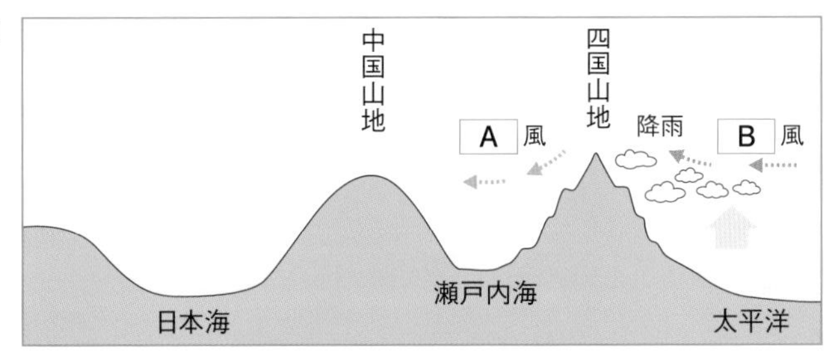

資料2

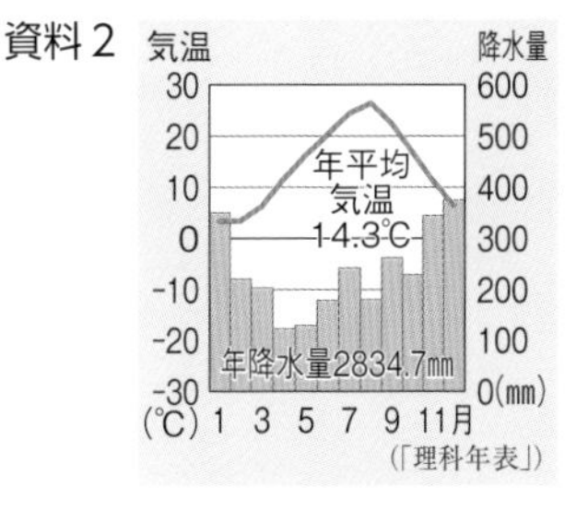

(1) **資料1**について，次の問いに答えなさい。

① **資料1**の◀┈ ◀┈が示しているのは何という風の動きですか。

② **資料1**は，冬と夏のどちらを表したものですか。

③ **A**・**B**にあてはまる言葉を，┈┈からそれぞれ選びなさい。

湿(しめ)った
乾燥(かんそう)した

記述 (2) **資料2**の地域で冬に起こる自然災害を次から選び，その対策を1つ考えて書きなさい。

ア 雪害(せつがい)　　**イ** 干ばつ・水不足

(1)	①	②	③ A	B
(2)	自然災害	対策		

第3編 第1章
第3編 第2章

4 右の資料を見て，次の問いに答えなさい。

5点×5（25点）

(1) グラフは，ある資源(しげん)の日本の輸入先を示したものです。この資源を次から選びなさい。

ア 鉄鉱石
イ 原油　　**ウ** 石炭

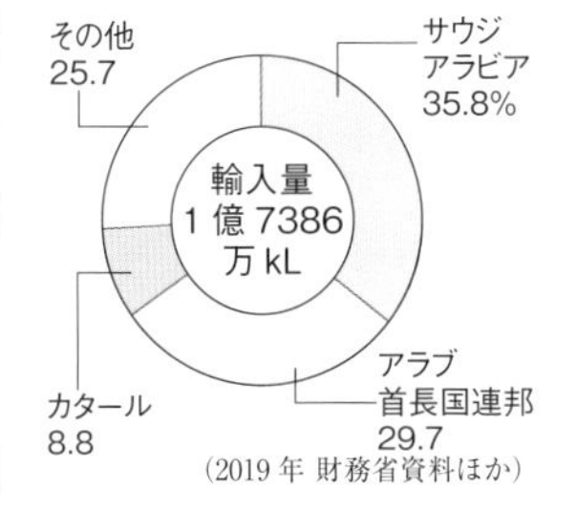

(2) 地図中の**A**・**B**にあてはまる工業地帯・地域を，それぞれ書きなさい。

(3) 太平洋ベルトが臨海部に連なる理由を，簡単に書きなさい。

(4) 第三次産業にあてはまるものを，次からすべて選びなさい。

ア 小売業　　**イ** 建設業　　**ウ** 製造業　　**エ** 水産業　　**オ** 金融業

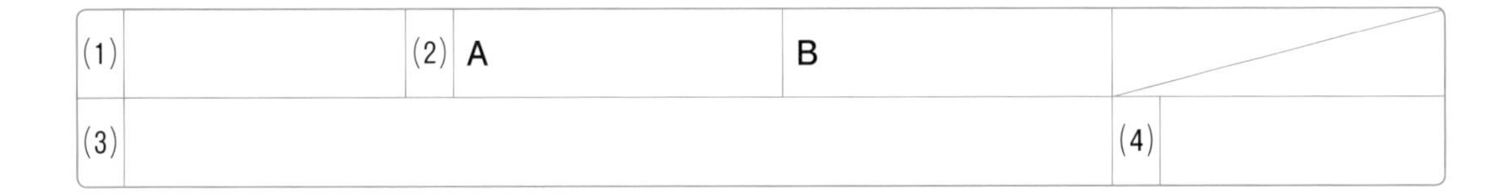

(1)		(2)	A	B	
(3)				(4)	

実力判定テスト ステージ3

資料活用・思考力問題編

第1章 地域調査の方法を学ぼう
第2章 日本の特色と地域区分

30分 /100

1 次の資料を見て，あとの問いに答えなさい。

10点×2（20点）

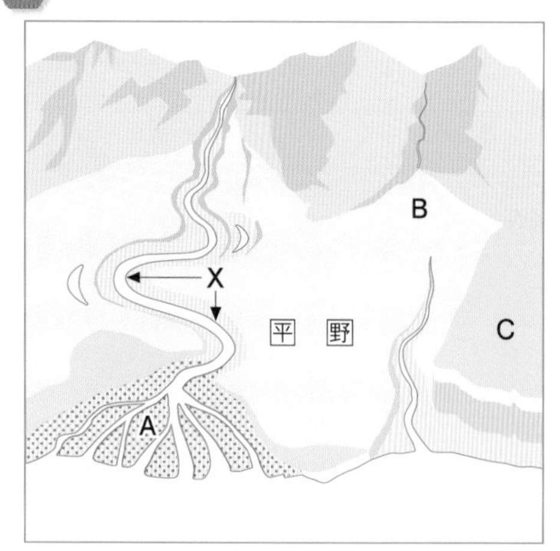

①

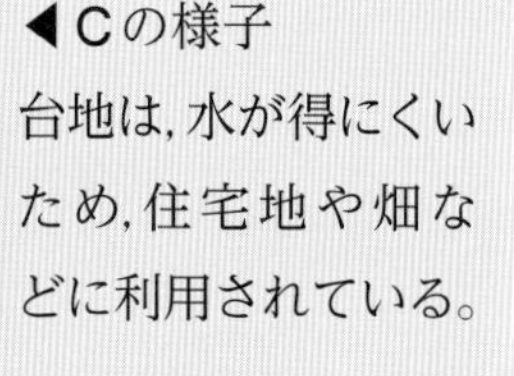

◀Cの様子
台地は，水が得にくいため，住宅地や畑などに利用されている。

②

◀____の様子
________は，____
____
____
____

(1) 右のメモは，左のイラストの地形についてまとめたものです。①を参考にして，②のメモを完成させなさい。

(2) Xのような川を直線化する工事が進められています。その理由を，防災の面に着目して簡単に書きなさい。

(1)	図中に記入	(2)	

2 次の資料を見て，あとの問いに答えなさい。

8点×3（24点）

日本の人口構成の変化

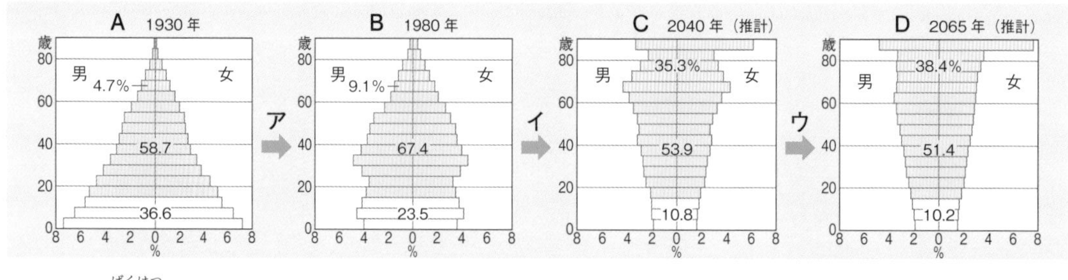

(1) 人口爆発（ばくはつ）が起こっている国の人口構成に最も近いものを，A～Dから選びなさい。

(2) 次の変化があてはまる矢印を，ア～ウから選びなさい。

出生率が死亡率を下回るようになる。

(3) 右のグラフはアルゼンチンの人口構成を示しています。アルゼンチンの人口は今後どのように変化すると考えられますか。年少人口と老年人口の割合に着目して，簡単に書きなさい。

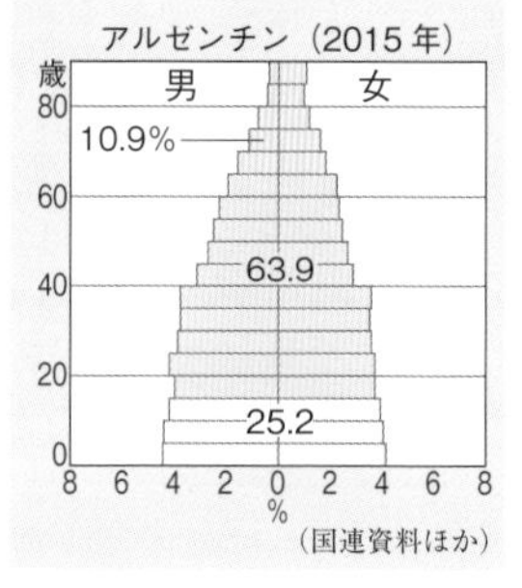

(1)		(2)		(3)	

ここに注目! 工場の立地では，原材料をどのように調達するのか，製品をどのように輸送するのかに着目しよう。

自分の得点まで色をぬろう!
がんばろう! もう一歩 合格!
0 60 80 100点

3 次の資料を見て，あとの問いに答えなさい。

8点×3，(1)は完答（24点）

資料1

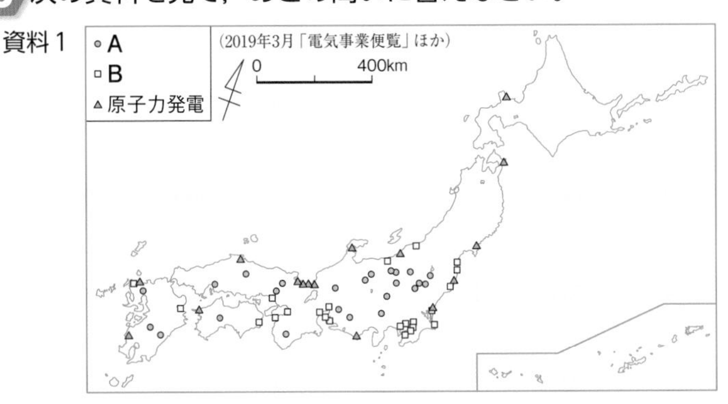

資料2 日本の発電量の内訳

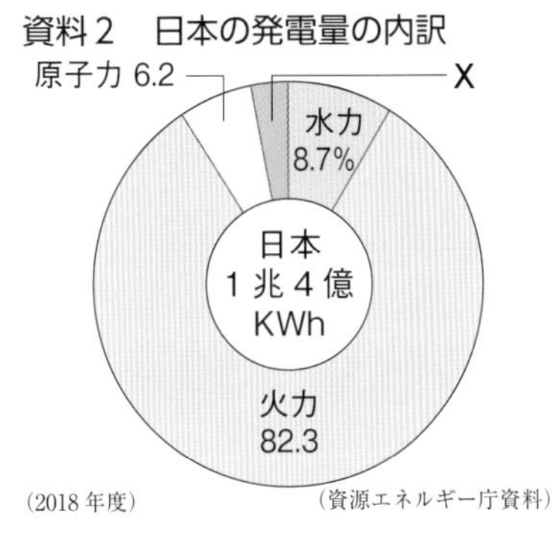

(1) **資料1**中の**A**・**B**は，火力発電・水力発電いずれかの発電所を示しています。どちらかを選んであてはまる発電方式を書き，そう考えた理由も簡単に書きなさい。

(2) **資料2**について，次の問いに答えなさい。

① **X**にあてはまる発電方法を，1つ書きなさい。

② 原子力発電は，かつて日本の発電量の約30%を占めていました。現在割合が減少している理由を，簡単に書きなさい。

(1)	記号	発電	理由
(2)	①	②	

4 次の資料を見て，あとの問いに答えなさい。

8点×4（32点）

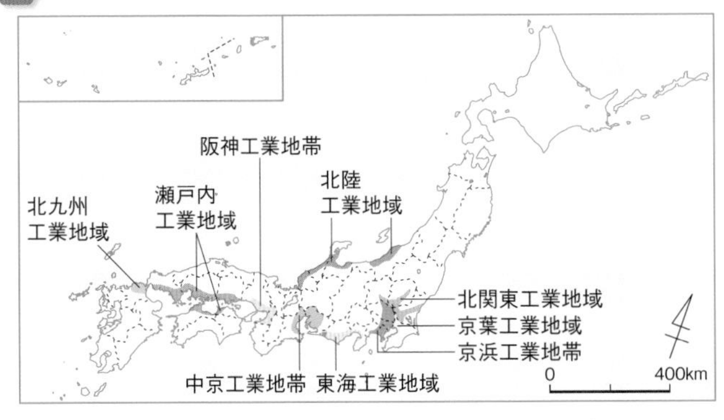

地図を見てまとめたメモ

- 工業が盛んな地域は，太平洋ベルトなど（ **A** ）の地域に多い。理由：（ **B** ）ため。

★（ **X** ）はこの条件にあてはまらないが，（ **Y** ）が整備されたことにより，工業が盛(さか)んに。

(1) メモ中の**A**にあてはまる地域の特色を書きなさい。また，**B**にあてはまる言葉を，「原料」「製品」という語句を使って簡単に書きなさい。

(2) メモ中の**X**にあてはまる工業地帯もしくは工業地域を，地図中から選びなさい。また，**Y**にあてはまる交通を書きなさい。

(1)	A	B	
(2)	X	Y	

予習・復習　こつこつ　解答 p.20

確認のワーク ステージ1　第3章 日本の諸地域　1 九州地方①

教科書の要点　(　)にあてはまる語句を答えよう。

1 多様な自然がみられる地域　教 p.176~177

●九州地方の位置と外国との関係

◆対馬（長崎県）⇔朝鮮半島 ▶ 約50km，与那国島（沖縄県）⇔台湾 ▶ 約110km。古代から外国との交流の窓口。（遣隋使や遣唐使が博多から出発）

●特色ある地形/温暖な気候と台風の通り道

◆阿蘇山 ▶ 巨大な（①　　　　）。北に筑紫山地，南に九州山地。筑後川，白川が流れる。（下流に筑紫平野，熊本平野）

◆有明海 ▶（②　　　　）が広がる。（砂と泥でできる）

◆気候 ▶ 暖流の（③　　　　）（日本海流）・対馬海流の影響で冬も温暖。南部や南西諸島には多くの台風が接近。夏～秋の降水量が多い。（豪雨災害も）

◆屋久島 ▶（④　　　　）に登録。

2 火山とともに暮らす　教 p.178~179

●火山が集中する九州地方/シラス台地と人々の暮らし

◆火山の噴火 ▶ 雲仙岳や霧島山の新燃岳。（1990年に噴火，火砕流による被害）

◆温泉が多い。（別府温泉や湯布院温泉など）温泉水や地熱は発電に利用。大分県は自然エネルギー発電が盛ん。

◆（⑤　　　　）▶ 火山灰などが堆積した台地。（水を通しやすい）高度経済成長期以降に宅地開発が進む。

■土砂災害にそなえ，（⑥　　　　）作成。

3 特色ある自然と多様な農業　教 p.180~181

●気候を農業に生かす工夫

◆筑紫平野 ▶ 稲作地帯。（⑦　　　　）で小麦や大麦も栽培。（同じ土地で1年間に2種類の農作物を栽培）

◆沖縄県石垣島 ▶ 米の二期作。（同じ農作物を1年間に2回栽培）さとうきびやパイナップル栽培も盛ん。

◆宮崎平野 ▶（⑧　　　　）として野菜栽培が始まり，施設園芸が盛ん。（二毛作での2つ目の農作物）きゅうりやピーマンなど。（促成栽培により，冬に出荷）

●畜産が盛んな九州南部

◆鹿児島県・宮崎県・熊本県 ▶（⑨　　　　）が盛ん。肉用牛，豚，肉用若鶏など。

◆（⑩　　　　）商品 ▶「みやざき地頭鶏」「さつま地鶏」など。（特定の地域で生産され，高い価格で取り引きされる）

↓九州地方の地形

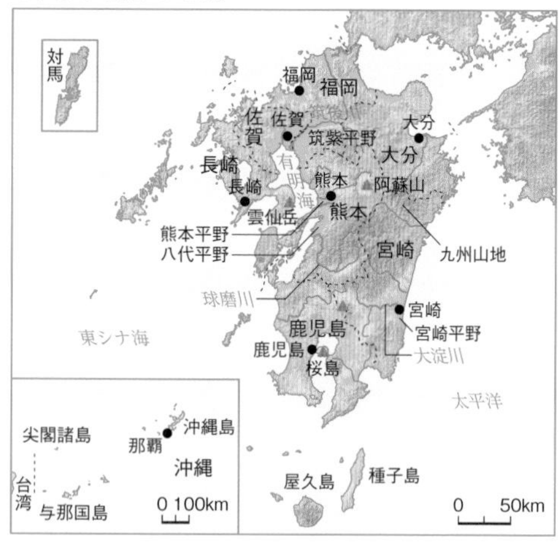

↓九州地方の主な火山分布

↓家畜・野菜の都道府県別生産割合

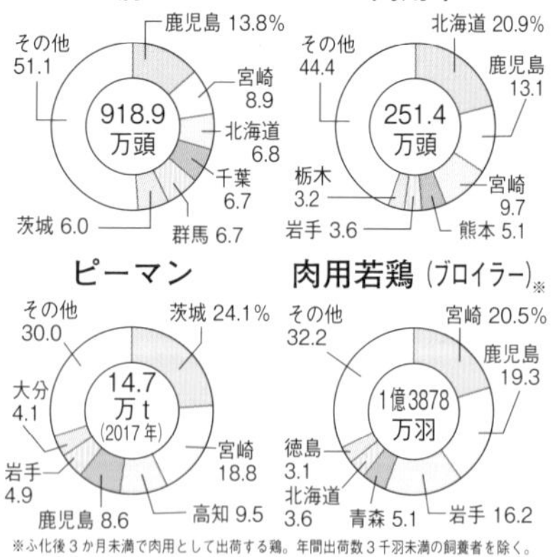

※ふ化後3か月未満で肉用として出荷する鶏。年間出荷数3千羽未満の飼養者を除く。
(2018年2月1日現在 農林水産省資料)

まるごと暗記　カルデラ 火山の活動によってかん没した地形　シラス台地 火山灰などが堆積した台地

教科書の資料　次の問いに答えよう。

(1)　A～Cにあてはまる地形の名称を，［　］からそれぞれ選びなさい。

A（　　　　　　）川
B（　　　　　　）平野
C（　　　　　　）山地

九州　筑後　筑紫
球磨（くま）　八代（やつしろ）　熊本

(2)　Xの地域に広がる，火山灰などが積もった台地を何といいますか。

（　　　　　　）

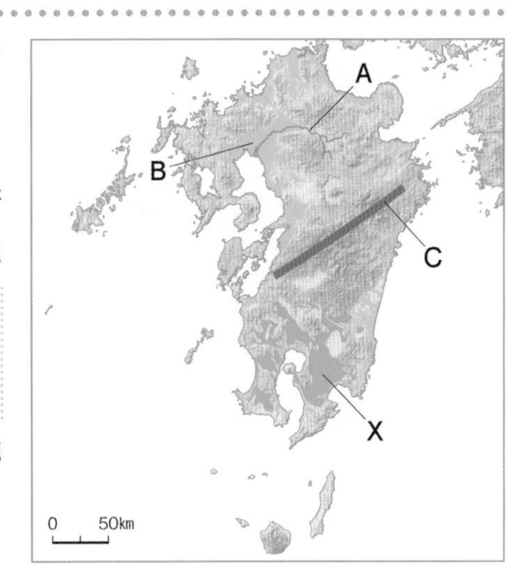

チェック 教科書一問一答　次の問いに答えよう。

/10問中

★は教科書の太字の語句

1 多様な自然がみられる地域

①台湾（たいわん）まで約110kmの位置にある，日本最西端の島を何といいますか。　□①

②熊本（くまもと）県の北東部に位置する，巨大なカルデラがみられる火山を何といいますか。　□②

③砂や泥でできた干潟（ひがた）が広がる，長崎（ながさき）・佐賀（さが）・福岡（ふくおか）・熊本の４県に囲まれた海を何といいますか。　□③

④多様な自然がみられることから，世界遺産（せかいいさん）に登録された鹿児島県の島を何といいますか。　□④

2 火山とともに暮らす

⑤1990年に噴火し，火砕流（かさいりゅう）も発生した，長崎県にある火山群を何といいますか。　□⑤

⑥2011年に噴火した，霧島山にある火山を何といいますか。　□⑥

⑦日本有数の温泉地として知られる別府（べっぷ）温泉や由布院（ゆふいん）温泉があるのは何県ですか。　□⑦

3 特色ある自然と多様な農業

⑧沖縄県で行われている，１年間に同じ農作物を２回栽培することを何といいますか。　□⑧

⑨宮崎県で盛んな，ビニールハウスなどを利用して野菜などを栽培する農業を何といいますか。　□★⑨

⑩地鶏をもとに開発された，鹿児島県の地域ブランド商品を何といいますか。　□⑩

知識の泉　シラス台地の「シラス」は漢字で「白砂（白洲）」と書き，火山灰によってできた白い砂を指しています。

第3編 第3章

予習・復習 こつこつ 解答 p.21

確認のワーク ステージ1 第3章 日本の諸地域 1 九州地方②

教科書の要点 （　）にあてはまる語句を答えよう。

1 工業の移り変わりと環境保全 教 p.182～183

●北九州工業地域の発展

◆官営（①　　　　）▶1901年に生産開始。（②　　　　）に近く，中国からの鉄鉱石の輸入も便利。日本の鉄鋼の半分以上を生産。

◆福岡県北部▶（③　　　　），セメント工業などの（④　　　　）が発展。

◆（⑤　　　　）の発生▶大気汚染や洞海湾の水質が悪化→防止技術や省エネルギー技術の開発。
（1960年代に深刻化）

◆北九州工業地域▶1960年代以降，地位が低下。

■石炭から石油への（⑥　　　　）などが原因。

◆北九州市▶「**環境未来都市**」として環境関連産業に取り組む。
（廃棄物を循環させて利用）

■響灘の埋め立て地にリサイクル工場が集まり，「廃棄物ゼロ」を目ざして廃棄物による発電も行う。

●変わる九州の工業都市

◆第二次世界大戦前▶化学工業，ゴム工業，造船業など。

◆1960年代▶熊本市に（⑦　　　　）（ＩＣ）工場進出。

◆1970年代以降▶自動車工場が進出。

■「**カーアイランド**」ともよばれ，アジアへの輸出が盛ん。

2 さんご礁の海を守る 教 p.184～185

●さんご礁が広がる沖縄の海/沖縄の歩みと産業

◆（⑧　　　　）▶さんごが集まった地形。
（海にすむ生物の一種）

◆（⑨　　　　）▶かつて独自の文化を築いた国。江戸時代には薩摩藩に従い，明治時代に日本の一部に。

◆第二次世界大戦後▶アメリカ軍の軍政下。1972年に日本に復帰。日本にある米軍基地の面積の４分の３が集中。

◆産業▶**観光**産業が中心。その他米軍基地に関連する産業など。
（第三次産業に従事する人の割合が高い）

●増える観光客

◆観光資源▶暖かい気候とさんご礁の海，ヤンバルクイナなどの固有の動物，食文化など。

■被害の防止▶赤土流出を防止する条例を制定。
（強い雨が降ると赤土が流出し，さんごに被害）

◆（⑩　　　　）の取り組み▶ホームステイをしながら自然について学習したり，海岸清掃に参加したりする。

↓九州地方の主な工業の分布

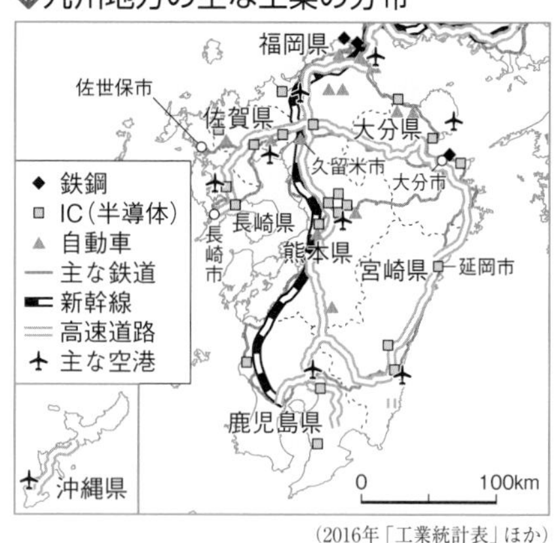

(2016年「工業統計表」ほか)

↓福岡県の工業生産の変化

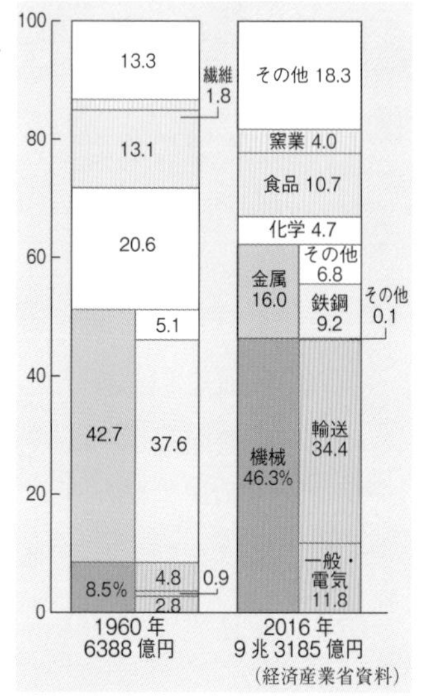

（経済産業省資料）

↓沖縄県の伝統芸能エイサー

まるごと暗記　北九州工業地域 八幡製鉄所を中心に発展　エネルギー革命 エネルギー源が石炭から石油へ

教科書の資料　次の問いに答えよう。

(1) A～Cにあてはまる土地利用を，［　］からそれぞれ選びなさい。

A（　　　　）
B（　　　　）
C（　　　　）

農地
軍用地
住宅地など

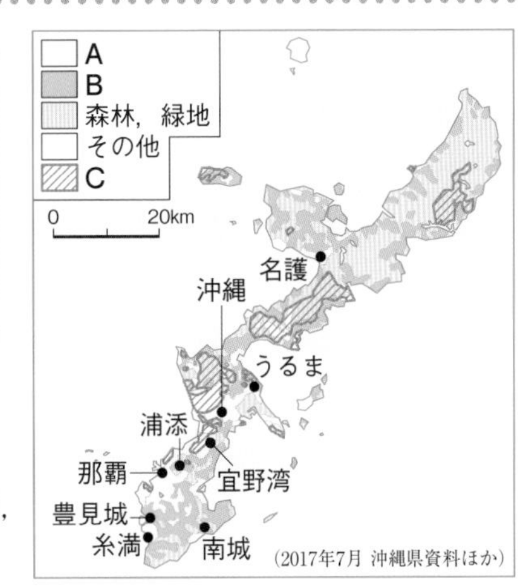

(2) 沖縄県の海の浅瀬にみられる，海の生物によってつくられている岩しょうを何といいますか。

（　　　　）

(3) 沖縄県でさかんな産業は，第一次産業，第二次産業，第三次産業のうちどれですか。

（　　　　）

チェック 教科書一問一答　次の問いに答えよう。

/10問中

★は教科書の太字の語句

1 工業の移り変わりと環境保全

①第二次世界大戦前に，福岡県北部で主に発展したのは鉄鋼業のほか何工業ですか。　□①＿＿＿＿

②1960年代に北九州市で深刻化（しんこくか）した公害は，水質悪化のほか，何があげられますか。　□②＿＿＿＿

③福岡県にあり，エネルギー革命などにより全国的な地位が低下した工業地域を何といいますか。　□③★＿＿＿＿

④ペットボトルなどの廃棄物を再び資源として利用することをカタカナで何といいますか。　□④＿＿＿＿

⑤第二次世界大戦前に，長崎（ながさき）市や佐世保（させぼ）市で発展した工業は何工業ですか。　□⑤＿＿＿＿

⑥コンピュータなどに使用される集積回路のことをアルファベットで何といいますか。　□⑥★＿＿＿＿

⑦自動車産業が盛んになったことから，九州は何とよばれるようになりましたか。　□⑦＿＿＿＿

2 さんご礁の海を守る

⑧江戸時代に琉球王国（りゅうきゅうおうこく）を支配していた藩は何藩ですか。　□⑧＿＿＿＿

⑨第二次世界大戦後，1972年まで沖縄を軍政下においていた国はどこですか。　□⑨＿＿＿＿

⑩強い雨が降（ふ）ると流出し，さんごにも被害（ひがい）を与える土を何といいますか。　□⑩＿＿＿＿

知識の泉　沖縄の人々は自らのことを「ウチナーンチュ」とよび，日本の本土の人々を「ヤマトンチュ」とよんで，沖縄と本土の人々を区別しています。

第3編　第3章

こつこつ テスト直前 解答 p.21

定着のワーク ステージ2
第3章 日本の諸地域
1 九州地方

1 九州地方の地形と火山 右の地図を見て，次の問いに答えなさい。

(1) 地図中のA～Cにあてはまる地形の名前を，
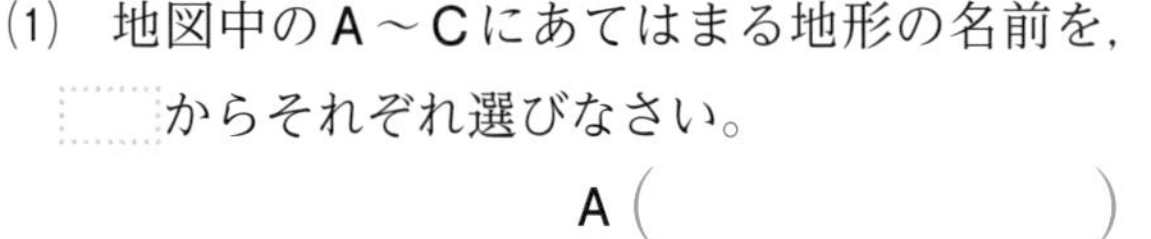
からそれぞれ選びなさい。

A（ ）
B（ ）
C（ ）

九州山地　球磨川（くま）　筑紫平野（つくし）
筑紫山地　筑後川（ちくご）　八代平野（やつしろ）

よく出る (2) Dの火山にみられる，大きくかん没（ぼつ）した地形を何といいますか。（ ）

(3) Eの海を何といいますか。（ ）

(4) Fの台地を何といいますか。（ ）

よく出る (5) Fが広がる鹿児島（かごしま）市などで作成している，土砂（どしゃ）災害による被害（ひがい）範囲（はんい）や避難（ひなん）場所などを示した地図を何といいますか。（ ）

(6) Gの島は世界遺産（せかいいさん）に登録されています。この島を何といいますか。（ ）

ヒントの森
(2)Dは阿蘇山です。
(4)火山灰などが堆積した台地です。
(6)多様で豊かな自然がみられます。

2 特色ある自然と多様な農業 次の問いに答えなさい。

(1) 九州（きゅうしゅう）北部の筑紫平野で盛んな農業を，次から選びなさい。（ ）
ア 畑作　イ 稲作（いなさく）　ウ 畜産

(2) 宮崎（みやざき）県で生産が盛んな農作物を，次から2つ選びなさい。（ ）（ ）
ア キャベツ　イ きゅうり　ウ ピーマン　エ さつまいも

よく出る (3) 右のグラフ中のA～Cにあてはまる九州地方の県を，それぞれ書きなさい。

A（ ）
B（ ）
C（ ）

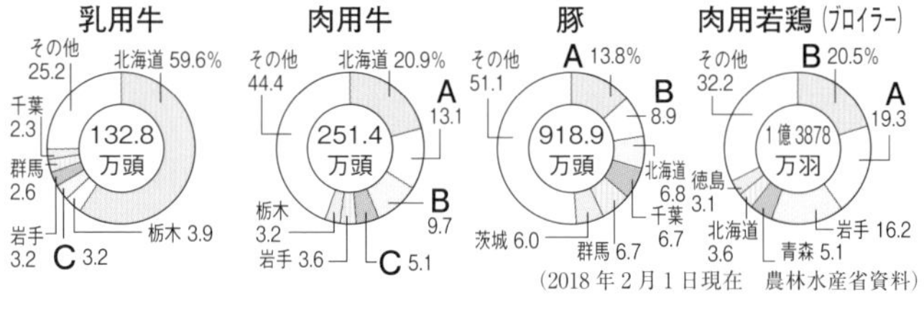

(4) 熊本（くまもと）県大津町（おおづまち）の「阿蘇（あそ）あか牛」や宮崎県宮崎市の「みやざき地（じ）頭鶏（とっこ）」など，質の高さと地域ごとの独自性によって，高い価格での取り引きが行われる商品を何といいますか。
（ ）商品

ヒントの森
(3)九州地方で畜産が盛んなのは熊本県，鹿児島県，宮崎県です。

3 工業の移り変わりと環境保全　右の地図を見て，次の問いに答えなさい。

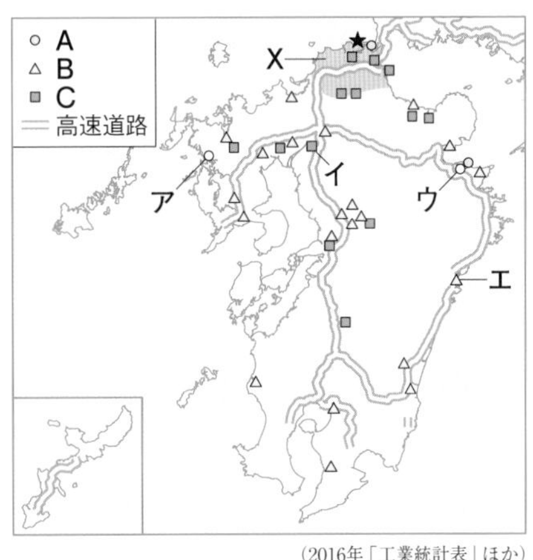

(2016年「工業統計表」ほか)

よく出る (1)　★は，明治時代に建設された日本初の本格的な製鉄所です。この製鉄所を何といいますか。

官営（　　　　　　）

(2)　(1)の製鉄所に石炭を供給していた炭田を何といいますか。（　　　　　　）

(3)　Xの地域に広がる工業地域を何といいますか。

（　　　　　　）

(4)　次の文中の□にあてはまる語句を，それぞれ書きなさい。

①（　　　　　　）

②（　　　　　　）

1960年代に，主なエネルギー源が石炭から ① に変わる ② が進んだことなどから，(3)の全国の工業生産における地位は低下していった。

(5)　A～Cは，主な工業の分布を示しています。A～Cにあてはまる工業を，次からそれぞれ選びなさい。

A（　　　）　B（　　　）　C（　　　）

ア　IC（半導体）　イ　鉄鋼　ウ　自動車

レベルUP (6)　第二次世界大戦前から次の①・②が発展した都市を，地図中のア～エからそれぞれ選びなさい。

①　ゴム工業（　　　）　②　造船業（　　　）

(5)ア熊本市に工場が進出し，その後発展しました。
(6)①は久留米市，②は長崎市や佐世保市です。

4 さんご礁の海を守る　次の問いに答えなさい。

(1)　沖縄の海に広がるさんご礁の説明として誤っているものを，次から選びなさい。（　　　）

ア　さんご礁は，岩が波で削られてできる地形である。
イ　さんご礁は，ダイビングの場所として人気である。
ウ　赤土流出によるさんごの被害が出るようになった。
エ　さんご礁には，激しい波から海辺を守るはたらきがある。

(2)　沖縄県は，明治時代に日本の一部として組み込まれるまで独立した王国が支配していました。この王国を何といいますか。（　　　　　　）

住宅地など
農地
森林，緑地
その他
X
0　20km
名護
沖縄
うるま
那覇
浦添
宜野湾
豊見城
糸満
南城
(2017年7月 沖縄県資料ほか)

よく出る (3)　地図中のXの地域を軍用地として利用している国はどこですか。（　　　　　　）

(4)　沖縄県にある(3)の軍基地は，日本にある(3)の軍基地の面積のどれぐらいを占めていますか。次から選びなさい。

（　　　）

ア　25%　イ　40%　ウ　60%　エ　75%

ヒントの森
(3)第二次世界大戦後から1972年まで，沖縄県を軍政下においていた国です。
(4)約4分の3です。

予習・復習 こつこつ 解答 p.22

確認のワーク ステージ1

第3章 日本の諸地域
2 中国・四国地方

教科書の要点 （　）にあてはまる語句を答えよう。

1 人口分布のかたよる地域 教 p.190〜191

●瀬戸内に集中する都市と人口/山と海に挟まれた気候

◆瀬戸内海を挟み南に四国地方，北に中国地方。

◆日本海側の（①　　　），瀬戸内地方，太平洋側の（②　　　）。

◆（③　　　）▶港町が発達。（近畿地方・九州地方を結ぶ海路）

◆気候▶瀬戸内は雨が少なく，夏は水不足も。（季節風が南北にある二つの山地にさえぎられるため）

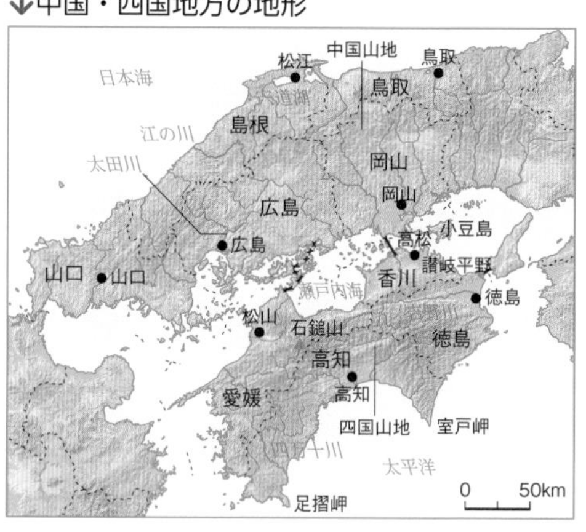

↓中国・四国地方の地形

2 中国・四国地方の中心　広島市 教 p.192〜193

●城下町から発達した街〜進む都市化と課題

◆広島市▶三角州を干拓し，城下町として発展。

■1945年に（④　　　）が投下される。

■（⑤　　　）となった地方中枢都市。（1980年から）

■都市化が進み，ごみ処理場や交通渋滞などの問題。

■原爆ドーム▶1996年に世界文化遺産に登録。

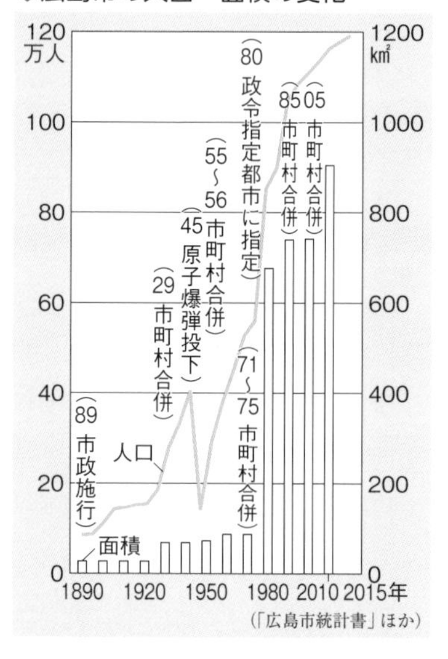

↓広島市の人口・面積の変化
（「広島市統計書」ほか）

3 人口減少と地域の悩み 教 p.194〜195

●人口減少による地域の変化〜平成の大合併と地域社会

◆農村▶若い世代の減少で（⑥　　　）が進む。

◆（⑦　　　）▶学校の統廃合など生活に影響。

■農林業で働く人も減り，耕作放棄地が拡大。（森林や水田の維持・管理が困難なため）

◆平成の大合併▶住民の負担増加などの問題。

4 地域おこしの知恵 教 p.196〜197

●地産地消の地域おこし〜上勝町の「つまもの」ビジネス

◆生産地で消費する（⑧　　　）や，生産・加工・販売まで行う（⑨　　　）で地域を活性化。

◆高知県馬路村▶ゆず生産で地域おこしの成功。（村の特産品）

◆徳島県上勝町▶「つまもの」の生産。（日本料理にそえる木の葉や野草）

5 人口の変化と交通網の発達 教 p.198〜199

●進む交通網の整備〜交通手段の多様化

◆本州四国連絡橋▶（⑩　　　）の完成で児島—坂出ルートが開通。その後，神戸—鳴門ルート，尾道—今治ルートも開通。（大鳴門橋と明石海峡大橋）

◆鉄道や自動車が主→新幹線や航空機も発達。

■石見空港▶島根県益田市の地方空港。

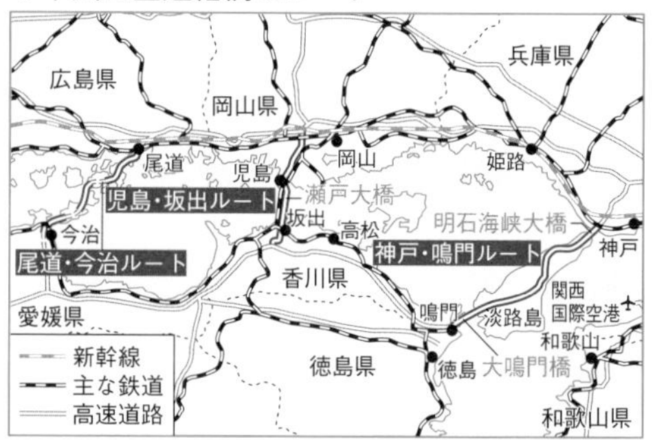

↓本州四国連絡橋のルート

まるごと暗記　原子爆弾 1945年8月6日投下　本州四国連絡橋 瀬戸大橋，大鳴門橋，明石海峡大橋

教科書の資料　次の問いに答えよう。

(1) A・Bの山地とCの海を，それぞれ何といいますか。
A（　　　　）
B（　　　　）
C（　　　　）

(2) 本州四国連絡橋について，X～Zのルートの名前を［　］からそれぞれ選びなさい。
X（　　　　）ルート
Y（　　　　）ルート
Z（　　　　）ルート

児島―坂出　尾道―今治　神戸―鳴門

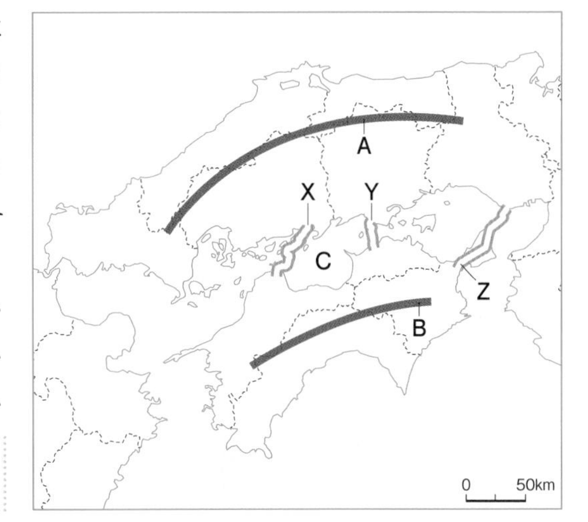

チェック 教科書一問一答　次の問いに答えよう。

/10問中

★は教科書の太字の語句

1 中国・四国地方の中心・広島市

①中国・四国地方を三つに区分したとき，中央に位置する地方を何といいますか。　□①★

② 広島市のように，地方の政治・経済・文化の中心となっている都市を何といいますか。　□②★

③広島市などで進んだ，都市に住む人々が増えて市街地などが拡大することを何といいますか。　□③★

④平和記念公園の中にある，広島産業奨励館（さんぎょうしょうれいかん）が原子爆弾（げんしばくだん）で被爆（ひばく）した建物を何といいますか。　□④

3 人口減少と地域の悩み

⑤過疎（かそ）化の進む地域にある，働く人が減少したために農林業が行われていない土地を何といいますか。　□⑤★

⑥1999年から始まった，人口の減少している市町村どうしの合併を進める取り組みを何といいますか。　□⑥★

4 地域おこしの知恵

⑦高知県の馬路村はゆずを村の特産品として販売することで，何の成功例として注目をされていますか。　□⑦★

⑧「つまもの」の商品開発や生産販売を進め，注目を集めている徳島県の町はどこですか。　□⑧

5 人口の変化と交通網の発達

⑨本州と四国を結ぶ橋をまとめて何といいますか。　□⑨★

⑩1993年に島根県益田市に開港した地方空港を何といいますか。　□⑩

本州四国連絡橋のうち，尾道－今治ルートは徒歩や自転車で橋を利用することも可能なため，サイクリングを楽しむ人が多くみられます。

第3編 第3章

こつこつ　テスト直前　解答 p.22

定着のワーク ステージ2　第3章 日本の諸地域　2 中国・四国地方

1 人口分布のかたよる地域　右の地図を見て，次の問いに答えなさい。

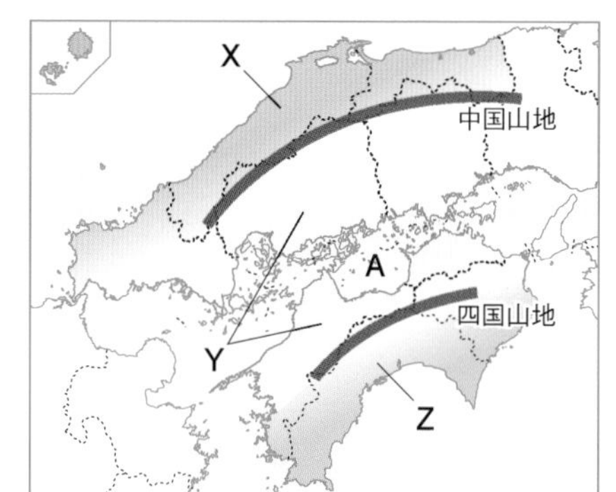

⑴　中国・四国地方を三つに分けたとき，地図中のX・Yの地方をそれぞれ何といいますか。

X（　　　　　　）
Y（　　　　　　）

よく出る ⑵　地図中のAの海を何といいますか。

（　　　　　　）

⑶　⑵の沿岸の干潟や砂浜で，潮の干満差と晴天の多い気候を生かして生産されていたものは何ですか。

（　　　　　　）

⑷　次の①～③の気候の特徴がみられる地域を，地図中のX～Zからそれぞれ選びなさい。

①　一年を通じて温暖で，夏の降水量が多い。（　　）

②　東部では，冬に雪が多く降り，気温も低くなる。（　　）

③　一年を通じて温暖であるが，降水量が少ないため，夏に水不足になることがある。（　　）

ヒントの森
⑴X広島県・岡山県を山陽地方ということもあります。
⑶海水を蒸発させてつくります。
⑷③季節風の影響を受けません。

2 中国・四国地方の中心　次の問いに答えなさい。

⑴　広島市の中心地のように，河川の河口に砂や泥が堆積してできた地形を何といいますか。

（　　　　　　）

⑵　右のグラフを見て，次の問いに答えなさい。

↓広島市の人口・面積の変化

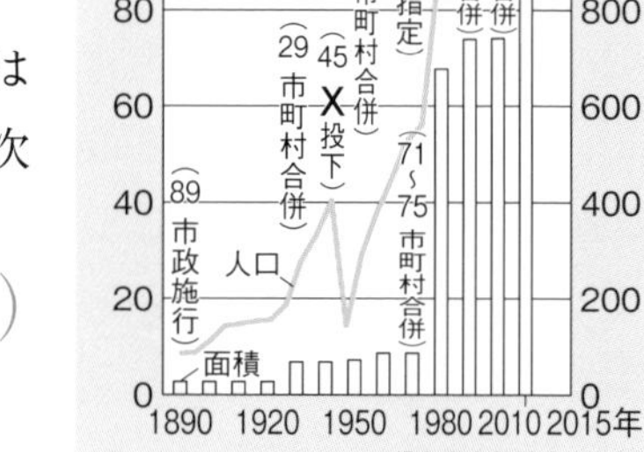

（「広島市統計書」ほか）

①　1890年から2010年にかけて，広島市の人口と面積はそれぞれ約何倍に増えましたか。あてはまるものを，次から選びなさい。

人口（　　　）　面積（　　　）

ア　約7倍　　イ　約14倍　　ウ　約22倍
エ　約33倍　　オ　約55倍　　カ　約70倍

よく出る ②　グラフ中のX・Yにあてはまる語句を，それぞれ書きなさい。

X（　　　　　　）
Y（　　　　　　）

③　グラフ中のXについて，広島市の中心地にあり，世界文化遺産に登録されている建物を何といいますか。

（　　　　　　）

ヒントの森
⑵①人口は折れ線グラフ，面積は棒グラフで表されています。
②X 1945年8月6日のできごとです。

全部できたら，➡に✔をかいて☺にしよう！

3 人口減少と地域おこし　右のグラフを見て，次の問いに答えなさい。

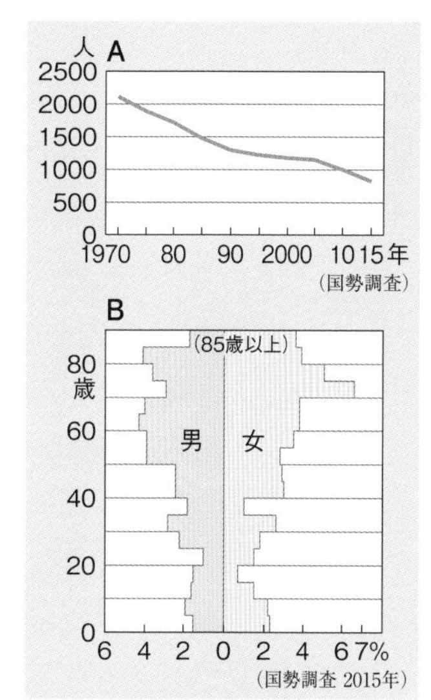

(1)　グラフAは高知県馬路村の人口の変化を，Bは人口構成を示しています。これを見て，次の文中の□にあてはまる語句を⬚からそれぞれ選びなさい。

①（　　　　　　）　②（　　　　　　）

Aからは ① 化が問題になっていることが，Bからは ② 化が進んでいることがそれぞれ読み取れる。

過密　過疎　少子　情報　高齢

(2)　(1)のような地域で起こる問題として誤っているものを，次から選びなさい。（　　　）

ア　学校の統廃合　　イ　住宅の不足

ウ　バス路線の廃止　エ　医療機関の減少

よく出る (3)　次の①・②にあてはまる語句を，それぞれ書きなさい。

①　新たな産業を育てるなどの取り組みによって地域を活性化させること。（　　　　　　）

②　地域で生産されたものを，地域で消費すること。（　　　　　　）

(2)利用する人が少なくなると，サービスを維持できなくなります。

4 交通網の発達　次の問いに答えなさい。

(1)　本州と四国を結ぶルートは3つありますが，これらをまとめて何といいますか。

（　　　　　　）

よく出る (2)　地図中のA～Cの橋の名前を，⬚からそれぞれ選びなさい。

A（　　　　　　）

B（　　　　　　）

C（　　　　　　）

明石海峡大橋　大鳴門橋　瀬戸大橋

(3)　地図中のA～Cの橋のうち，最も早く完成した橋はどれですか。（　　　）

(4)　地図中の尾道・今治ルートによって結ばれている本州側と四国側の県名をそれぞれ答えなさい。

本州側（　　　　　　）

四国側（　　　　　　）

(5)　島根県益田市の石見空港のように，航空機の利用が増えたことで日本各地に建設された空港を何といいますか。

（　　　　　　）

ヒントの森

(3)淡路島と四国を結ぶ橋で，1985年に完成しました。

(5)山陰地方は大都市への交通が不便なため，いくつもの空港がつくられました。

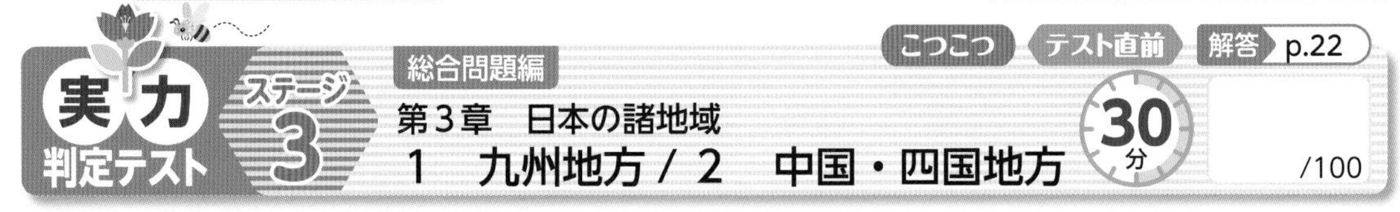

1 右の地図を見て，次の問いに答えなさい。

4点×9（36点）

(1) 次の①・②にあてはまる火山を，地図中のア～エからそれぞれ選びなさい。

① 1990年に噴火活動が活発化し，大きな被害を出した。

② 世界最大級のカルデラをもつ。

(2) 地図中のBの国際平和都市という性格を示す，世界遺産の建物を書きなさい。

よく出る (3) 地図中のXの県などで盛んな，火山の熱を利用した発電方式を何といいますか。

(4) 右の気温と降水量のグラフは，地図中のA～Dのいずれかのものです。それぞれにあてはまるものを選びなさい。

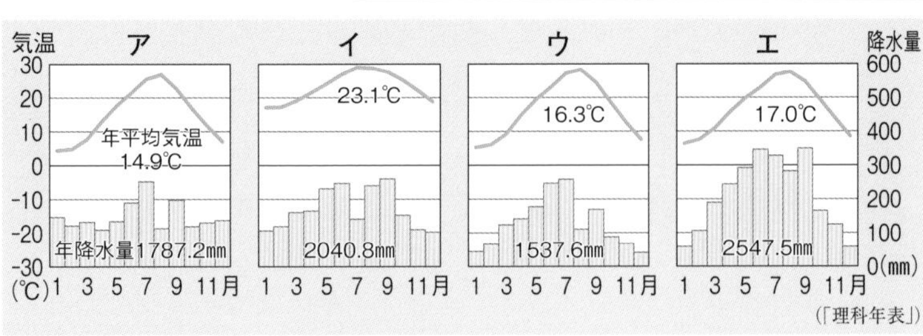

記述 (5) シラス台地が稲作に適していない理由を，稲作には水が必要であることに注目して簡単に書きなさい。

(1)	①	②	(2)		(3)		(4)	A	B
(4)	C	D	(5)						

2 右の地図を見て，次の問いに答えなさい。

6点×2（12点）

(1) 地図は，中国・四国地方の市区町村別の人口増加率の変化を示したものです。中国・四国地方をさらに山陰・瀬戸内・南四国の3つに分けたとき，どちらの年代においても人口増加率が高い地方はどこですか。

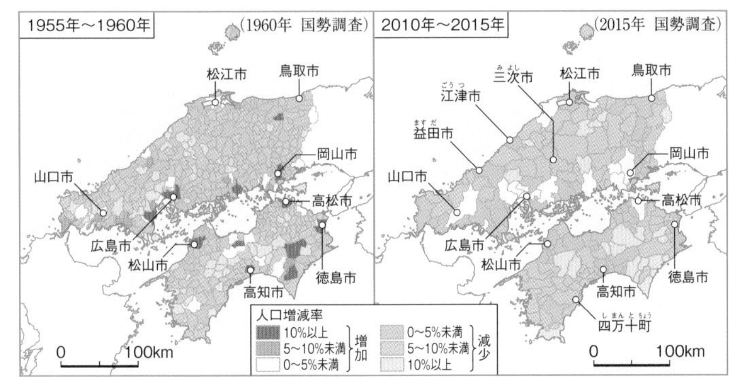

記述 (2) (1)以外の地方の人口が減少している理由を，「高度経済成長期」「農村」という語句を用いて簡単に書きなさい。

(1)		(2)	

目標
- □九州地方や四国地方の自然環境をおさえる
- □九州地方の産業をおさえる
- □中国・四国地方の人口問題と交通をおさえる

自分の得点まで色をぬろう!
がんばろう! もう一歩 合格!
0 60 80 100点

3 右のグラフを見て，次の問いに答えなさい。 5点×8（40点）

よく出る
(1) グラフは，都道府県別の家畜（かちく）の飼育頭数の割合を示しています。グラフ中のA～Dにあてはまる家畜を，次からそれぞれ選びなさい。

ア 肉用牛　　イ 豚（ぶた）
ウ 乳用牛　　エ 肉用若鶏（わかどり）

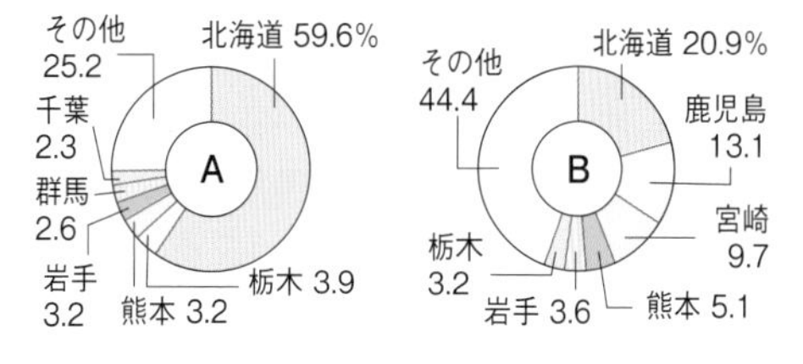

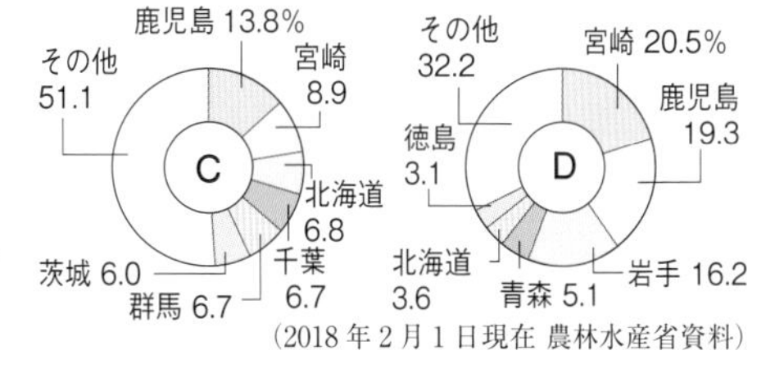

（2018年2月1日現在 農林水産省資料）

(2) 次の文の①にあてはまる語句を書き，②にあてはまる語句を選びなさい。

沖縄県（おきなわ）では，特に[①]産業に力を入れており，②{ 第一次　第二次　第三次 }産業に従事する人の割合が他の都道府県よりも高い。

(3) 次の取り組みの内容について，それぞれ簡単に説明しなさい。

① 地域ブランド商品を作る。　　② 地産地消を推進する。

(1)	A	B	C	D	(2)	①	②
(3)	①						
	②						

4 次の問いに答えなさい。 4点×3（12点）

(1) 九州（きゅうしゅう）地方および中国・四国地方の交通の説明として誤っているものを，次から選びなさい。

ア 福岡市（ふくおか）と韓国（かんこく）のプサン（釜山）とは，高速船で結ばれている。
イ 福岡空港と東・東南アジアの主な都市との間には定期路線が開かれている。
ウ 瀬戸内海（せとないかい）は近畿（きんき）地方と九州地方を結ぶ海路として，古くから水運が盛（さか）んであった。
エ 本州四国連絡橋（ほんしゅうしこくれんらくきょう）の開通により，本州と四国の間でのフェリーの利用者が増えた。

(2) 右の地図中の------は，本州四国連絡橋の3つのルートを示しています。3つのルートのうち，最も早く開通したルートを線でなぞって示しなさい。

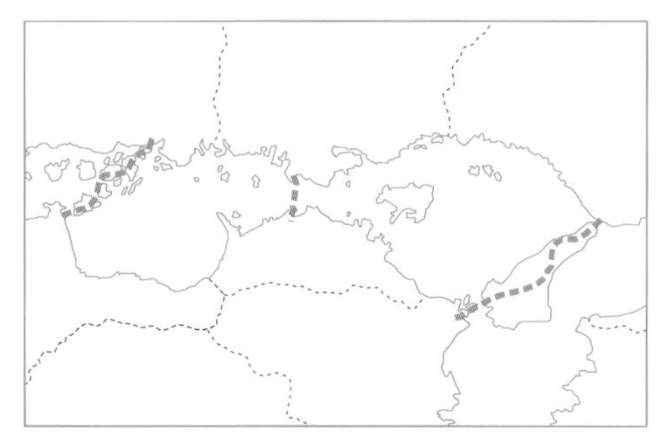

(3) 本州四国連絡橋が開通したことが四国の人々に与えた影響を，「本州」という語句を使って1つ書きなさい。

(1)		(2)	図中に記入	(3)	

第3編 第3章

予習・復習 こつこつ 解答 p.23

確認のワーク ステージ1

第3章 日本の諸地域
3 近畿地方①

教科書の要点 （　　）にあてはまる語句を答えよう。

1 歴史に育まれた地域 教 p.204～205

●都としての長い歴史/豊かな歴史を育んだ条件

◆かつて畿内とよばれ，奈良や京都が都として栄える。

◆歴史ある神社や街並み，（①　　　　　）。（西陣織など）

●多様な自然環境

◆北部▶中国山地や丹波高地が広がる。

◆中部▶大阪平野や京都盆地，奈良盆地など。

◆南部▶紀伊半島に険しい紀伊山地。降水量が多く（黒潮の影響），豊かな森林資源→古くから（②　　　　　）を行う。

2 京都の街並みと伝統文化 教 p.206～207

●碁盤の目のような街並み～歴史的景観を守る

◆条坊制（平安時代から維持）▶東西・南北の道路が直角に交わる街割り。

◆西陣織などの（③　　　　　）の生産→電子・精密機械工業など新しい産業が発達。

◆人口増加▶京町家（京都独特の木造の低層住宅）の改装，高層の集合住宅。

■京町家は防災（耐震・耐火）に不安，維持・修理の経済負担も。

◆市街地景観整備条例などの制定▶歴史に育まれた京都らしい（④　　　　　）を守るため。

3 阪神工業地帯の発展と今後 教 p.208～209

●かつての日本最大の工業地帯▶（⑤　　　　　）

◆明治時代▶繊維などの（⑥　　　　　）。

◆第二次世界大戦前▶日本最大の工業地帯。

◆戦後▶臨海部で（⑦　　　　　）が発達。

■堺・泉北臨海工業地域や播磨臨海工業地域。

●地域に集まる中小企業/臨海部の変化

◆（⑧　　　　　）が集中。独自の技術をもつ企業も。（東大阪市での人工衛星づくりなど）

■神戸市から大阪市・東大阪市・堺市▶日用雑貨（ケミカルシューズや歯ブラシ・自転車・刃物など）や金属製品・電気機器の部品を生産。

■南部の泉州地域▶毛布・タオルなど繊維製品を生産。

◆大阪湾の臨海部▶工場や港湾，住宅団地として開発→高度経済成長期以降は（⑨　　　　　）が進む。

■関西国際空港・神戸空港，阪神高速湾岸線などの整備。

■大阪市で2025年に日本国際博覧会を開催予定。

↓近畿地方の地形

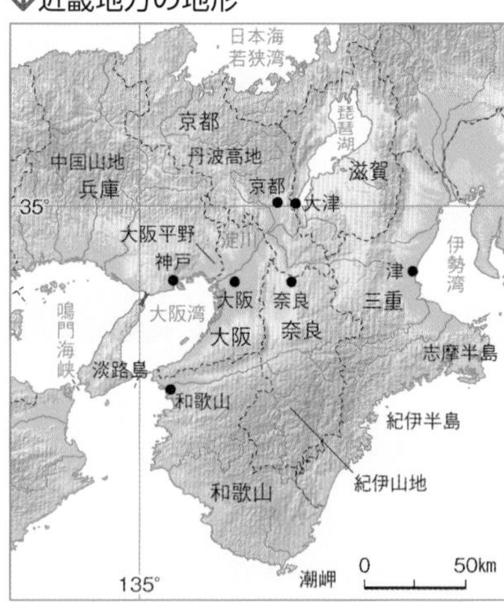

↓平安京の大路と現在の市街地の広がり

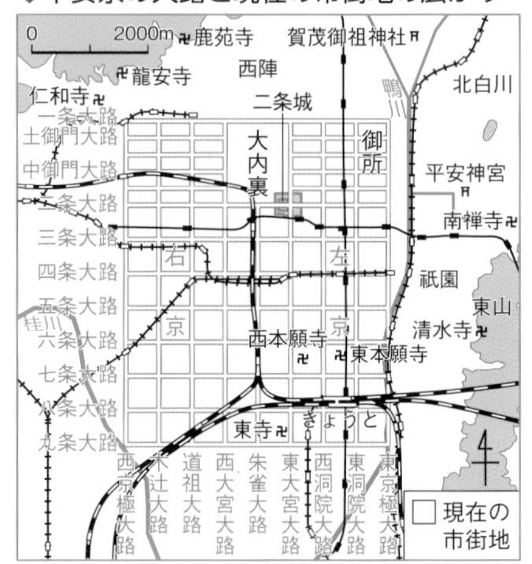

↓日本の工業地帯・工業地域の生産割合の変化

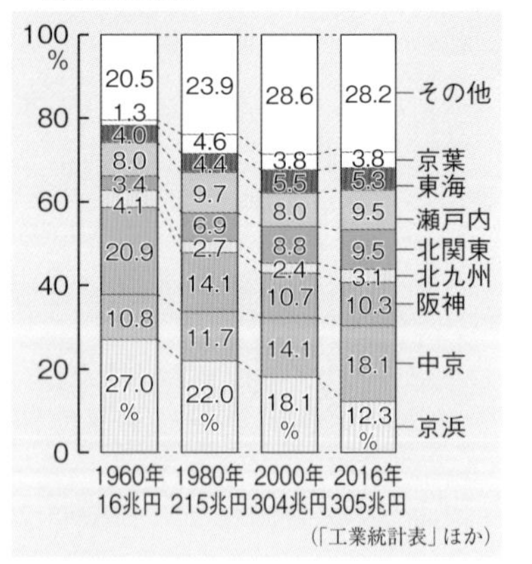

（「工業統計表」ほか）

まるごと暗記　阪神工業地帯 大阪市の東側に広がる　中小工場 特定の地域に集中

教科書の資料　次の問いに答えよう。

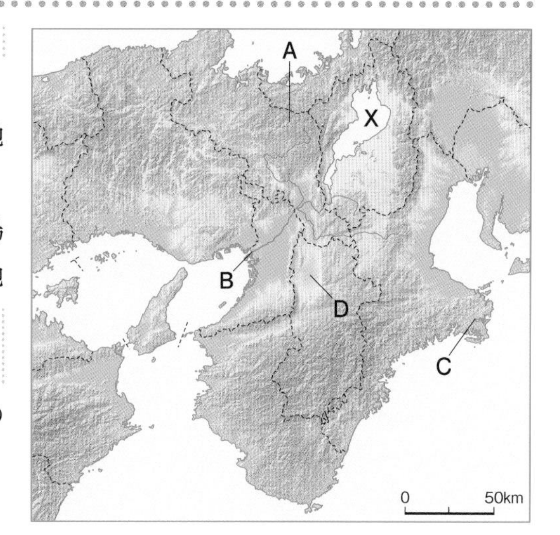

(1) 地図中のA～Dにあてはまる地形を，[　]からそれぞれ選びなさい。

A (　　　　　　) 高地
B (　　　　　　) 川
C (　　　　　　) 半島
D (　　　　　　) 盆地

奈良　丹波　志摩　淀

(2) 地図中のXは日本最大の湖です。この湖の名前を書きなさい。

(　　　　　　)

チェック 教科書一問一答　次の問いに答えよう。

/10問中

★は教科書の太字の語句

1 歴史に育まれた地域

①近畿地方の南部に位置する山地を何といいますか。　□①＿＿＿＿

②近畿地方の南部に影響を与える，太平洋側を流れる暖流を何といいますか。　□②＿＿＿＿

2 京都の街並みと伝統文化

③京都に都がおかれたのは何時代からですか。　□③＿＿＿＿

④③から維持されている，東西・南北の道路が直角に交わる京都の街割りを何といいますか。　□④★＿＿＿＿

⑤京都に伝わる伝統的工芸品のうち，織物で有名なものを何といいますか。　□⑤＿＿＿＿

⑥京都独特の木造の低層住宅を何といいますか。　□⑥＿＿＿＿

⑦京都市で1972年に制定された市街地景観整備条例は，何を守るための条例ですか。　□⑦＿＿＿＿

3 阪神工業地帯の発展と今後

⑧大阪府南部にある，毛布やタオルなどの繊維製品を生産する中小工場が集まった地域を何といいますか。　□⑧＿＿＿＿

⑨人工衛星づくりに取り組んだ中小工場があるのは，大阪府のどの市ですか。　□⑨＿＿＿＿

⑩2025年に大阪湾臨海部で開催が予定されている世界的なイベントを何といいますか。　□⑩＿＿＿＿

知識の泉　京都の市街地は条坊制でほとんどの通りに名前がついています。そのため，「四条河原町」のように東西と南北の道路の名称を組み合わせて位置が表されます。

予習・復習 こつこつ 解答 p.23

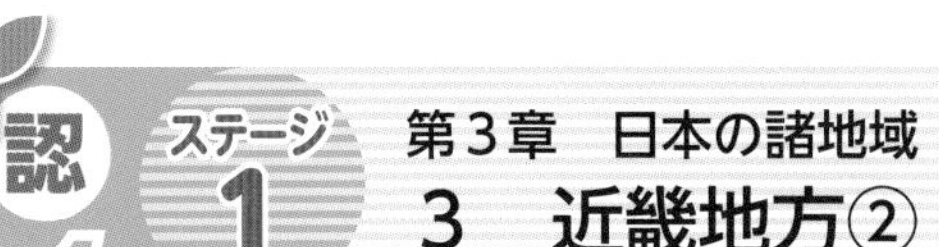

第3章 日本の諸地域
3 近畿地方②

教科書の要点 （　　）にあてはまる語句を答えよう。

1 都市の成り立ちと広がり 教 p.210～211

●三つの中心都市

◆人口▶三つの大都市がある中央の低地部に集中。

■大阪市▶江戸時代に「(①　　　　)」とよばれ，明治時代以降も(②　　　　)や工業が発展。

■京都市▶都としての歴史。伝統工業やハイテク産業。

■神戸市▶貿易港として発展。阪神・淡路大震災で被害。

◆大都市圏▶大都市を中心として結びつく地域。

■周辺市町村から多くの人々が移動してくる。

■(③　　　　)▶大阪市・京都市・神戸市が中心。東京への(④　　　　)の中，人口は日本第二位。

●鉄道でつながる大都市圏/外国とのつながり

◆鉄道会社▶沿線には住宅地や余暇を楽しむ劇場・遊園地，(⑤　　　　)にデパートなどを開設。

◆(⑥　　　　)▶大阪府南部の人工島に開港。

■国際線を強化→近畿地方の外国人観光客は増加。

↓卸売業の年間商品販売額に占める各都府県の割合の変化

(%)	1958	68	79	88	99	2007	12	16年
東京都	27.8	34.0	33.3	34.0	37.5	39.9	40.2	41.0
大阪府	27.6	21.9	17.3	15.9	13.4	12.6	12.3	11.4
愛知県	9.8	9.9	8.9	9.7	8.9	8.5	8.1	8.0

（経済センサス）

↓大阪市への通勤・通学者の人口

（2015年 国勢調査）

2 琵琶湖の水の利用と環境 教 p.212～213

●日本一の湖/琵琶湖の水の利用

◆(⑦　　　　)▶滋賀県の面積の６分の１。

■流れ込む河川は合計460本。かつては交通路(船による行き来が可能)。

◆瀬田川▶琵琶湖から流れ出る唯一の自然河川。京都府で宇治川，大阪府で(⑧　　　　)となり，大阪湾に注ぐ。

◆琵琶湖疏水▶琵琶湖と京都を結ぶ水路で，1890年に完成。

■市民の飲料水を確保。　■琵琶湖と宇治川を結ぶ。

■水力による動力，かんがい設備などを整備。

琵琶湖の水は，三重県，京都府，大阪府，兵庫県にも供給されているよ。

●琵琶湖の環境汚染/琵琶湖を守れ！

◆琵琶湖周辺地域▶高度経済成長期以降，工業団地や住宅地の開発→産業排水や農業排水，生活排水が流れ込み，湖水の(⑨　　　　)が進む。

◆淡水赤潮▶プランクトンが増えて発生。合成洗剤などに含まれる(⑩　　　　)が原因。

◆市民の「粉石けんを使おう」運動→条例の制定。

（粉石けん：天然油脂が主な原料／条例：リンを含む合成洗剤の使用禁止）

↓琵琶湖の水質の変化

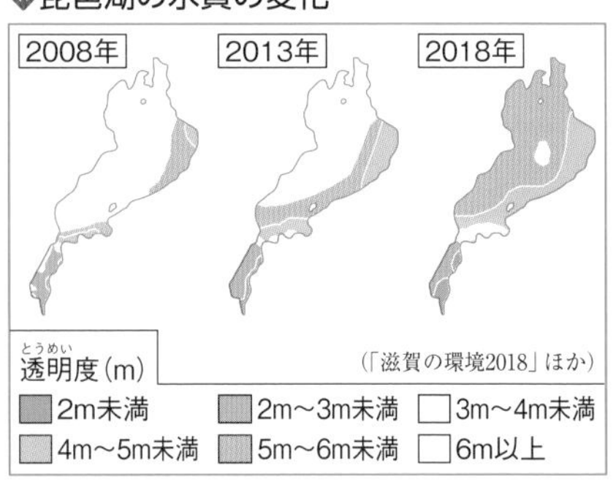

（「滋賀の環境2018」ほか）

京阪神大都市圏 大阪市，京都市，神戸市が中心の大都市圏　琵琶湖 滋賀県の面積の6分の1

教科書の資料 次の問いに答えよう。

(1) 右の地図は，淀川(よどがわ)水系の水が供給されている地域を示しています。淀川水系水利用人口が最も多い府県名を答えなさい。

（　　　　　　）

(2) 淀川の説明としてあてはまるものを，次から選びなさい。（　　）

ア　琵琶湖から瀬田川として流れ出し，淀川，宇治川と名前を変えて大阪湾に注ぐ。

イ　琵琶湖から瀬田川として流れ出し，宇治川，淀川と名前を変えて大阪湾に注ぐ。

ウ　琵琶湖から桂川(かつらがわ)として流れ出し，宇治川，淀川と名前を変えて大阪湾に注ぐ。

(「BYQ水環境レポート」2016年)

チェック 教科書一問一答 次の問いに答えよう。

/10問中

★は教科書の太字の語句

1 都市の成り立ちと広がり

①江戸時代，日本各地の物資が集まったことから，「天下の台所」とよばれた都市はどこですか。　□①

②京都市で盛(さか)んなのは，伝統工業と，何産業ですか。　□②

③近畿地方の三大都市の一つである神戸は何として発展してきましたか。　□③

④1995年に近畿地方で起こった大規模な災害を何といいますか。　□④

2 琵琶湖の水の利用と環境

⑤琵琶湖は何県にありますか。　□⑤

⑥琵琶湖から流れ出る唯一の自然河川を何といいますか。　□⑥

⑦⑥の河川が名前を変え，京都府では何とよばれていますか。　□⑦

⑧1890年に完成した，琵琶湖と京都の間にひらかれた水路を何といいますか。　□⑧

⑨海や湖で富栄養化(ふえいようか)が進むと異常発生する生物をまとめて何といいますか。　□⑨

⑩⑨の異常発生によって，湖の水の色が変わる現象を何といいますか。　□⑩

大阪市の中心にある「大阪駅」はJR線のみが駅名として使用しており，同じ場所に乗り入れている私鉄や地下鉄は「梅田駅」が駅名となっています。

こつこつ　テスト直前　解答 p.23

定着のワーク ステージ2　第3章　日本の諸地域
3　近畿地方

1 歴史に育まれた地域/京都の伝統文化　右の地図を見て，次の問いに答えなさい。

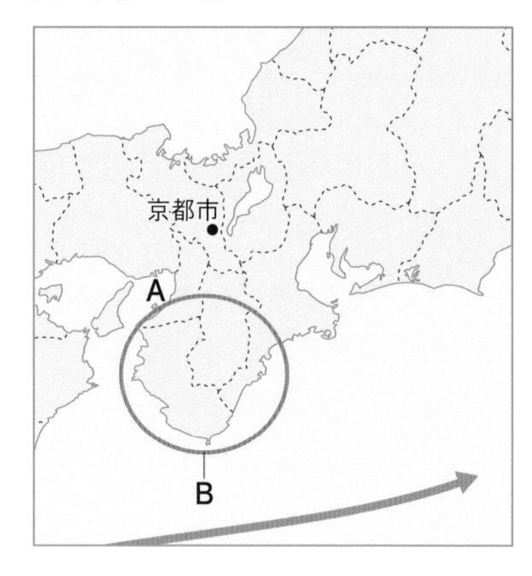

(1)　Aの湾を何といいますか。　(　　　　　　)

(2)　Bの半島について，次の問いに答えなさい。

①　この半島を何といいますか。
(　　　　　　)

②　この地域で古くから行われてきた産業は何ですか。
(　　　　　　)

よく出る (3)　地図中に ➡ で示した海流の名前を，□から選びなさい。
(　　　　　　)

対馬海流　　親潮　　黒潮

(4)　地図中の京都市について，次の問いに答えなさい。

①　京都市にみられる，中国の都にならった街割りを何といいますか。
(　　　　　　)

②　京都独特のつくりをしている低層の木造住宅を何といいますか。
(　　　　　　)

ヒントの森
(2)①Bの半島は日本有数の多雨地域で，豊かな森林資源に恵まれています。

2 阪神工業地帯の発展と今後　右のグラフを見て，次の問いに答えなさい。

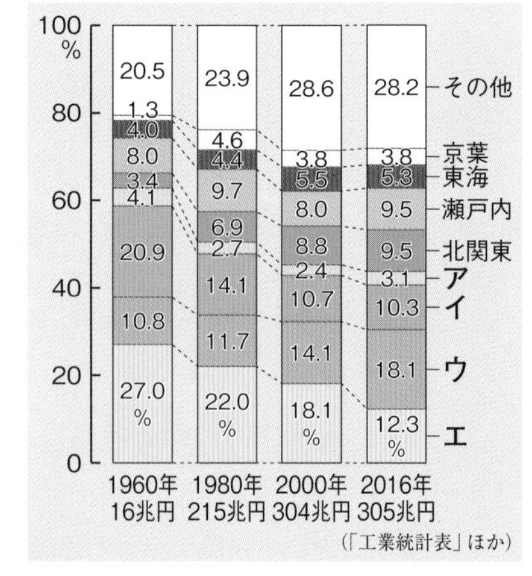

（「工業統計表」ほか）

よく出る (1)　グラフは，日本の工業地帯・工業地域の生産割合の変化を示しています。阪神工業地帯にあてはまるものを，グラフ中のア～エから選びなさい。
(　　　　　　)

(2)　阪神工業地帯で明治時代に中心となっていた，繊維や日用雑貨を生産する工業を何といいますか。
(　　　　　　)

(3)　大阪府などに多くみられる規模の小さな工場を何といいますか。
(　　　　　　)

(4)　次の①・②で生産が盛んな製品を，あとからそれぞれ選びなさい。

①　東大阪市・堺市　(　　　　)

②　泉州地域　(　　　　)

ア　繊維製品　　イ　自動車

ウ　日用雑貨　　エ　食料品

(5)　2025年に大阪市で開催される予定の博覧会を何といいますか。
(　　　　　　)

ヒントの森
(1)阪神工業地帯と京浜工業地帯の占める割合は年々低下しています。

3 都市の成り立ちと広がり　次の問いに答えなさい。

(1) 江戸時代，大阪は全国の物資が集まる物流の拠点であったことから何とよばれていましたか。
（　　　　　　）

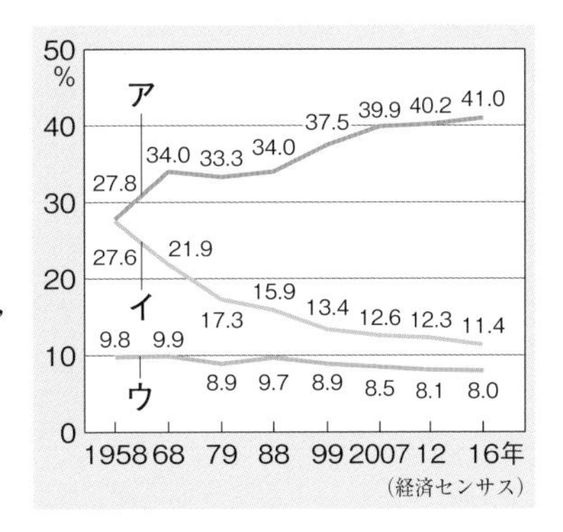

(2) 右のグラフは卸売業の年間商品販売額に占める各都府県の割合の変化を示しており，ア～ウは大阪府，東京都，愛知県のうちのいずれかです。大阪府にあてはまるものを，選びなさい。（　　）

(3) 大阪市・京都市・神戸市を中心に広がる大都市圏を何といいますか。
（　　　　　　）

(4) 大阪などの都心と郊外や近県各地を結ぶ鉄道の起終点となる駅のことを何といいますか。
（　　　　　　）

レベルUP (5) 関西国際空港の説明として誤っているものを，次から選びなさい。（　　）

ア　泉州沖につくられた人工島にある。
イ　24時間利用することができる。
ウ　格安航空会社の乗り入れなど，国際線の強化が行われた。
エ　近年，航空機の着陸料の引き上げが行われた。

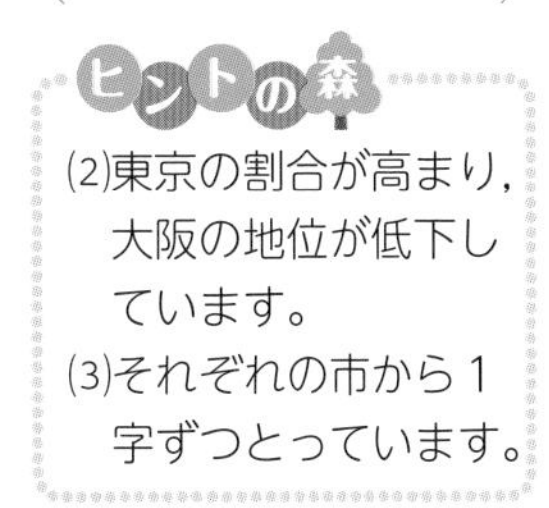

4 琵琶湖の水の利用と環境　右の地図を見て，次の問いに答えなさい。

(1) 地図中の琵琶湖は，滋賀県の面積のおよそどれぐらいを占めていますか。次から選びなさい。

ア　7分の1　　イ　6分の1　（　　）
ウ　5分の1

(2) 地図中の琵琶湖から流れ出る河川は，滋賀県，京都府，大阪府でそれぞれ名前を変えて大阪湾に注ぎ込んでいます。それぞれの府県を流れるときの河川の名称を，［　］から選びなさい。

滋賀県（　　　　　）
京都府（　　　　　）
大阪府（　　　　　）

［宇治川　淀川　瀬田川］

第3編 第3章

(3) 高度経済成長期以降，産業排水や農業排水，生活排水が大量に琵琶湖に流れ込んだことにより，湖水の栄養分が急激に増加した現象を何といいますか。
（　　　　　　）

(2)琵琶湖から流れ出るのは瀬田川です。
(3)栄養が豊富になりすぎてしまう現象です。

(4) (3)の主な原因となった，合成洗剤や農業肥料に含まれていた成分を何といいますか。
（　　　　　　）

予習・復習　こつこつ　解答 p.24

確認のワーク ステージ1　第3章　日本の諸地域　4　中部地方①

教科書の要点　（　）にあてはまる語句を答えよう。

1 多様な産業がみられる地域　教 p.218~219

●山脈・山地と川がつくる地形

◆（①　　　　）▶飛騨，木曽，赤石の三つの山脈。
3000m級の山々が連なる

■周辺には富士山や白山などの火山がある。

■川の下流▶濃尾平野や越後平野などが広がる。

●多様な自然環境/特徴ある三つの地域の産業

◆（②　　　　）▶太平洋側。交通が発達。産業も盛ん。

■夏に雨が多く，暖流の（③　　　　）（日本海流）の影響で温暖な気候。

◆（④　　　　）▶日本海側。日本有数の稲作地帯。

■北西からの季節風の影響で，降雪・積雪が多い。

◆（⑤　　　　）▶内陸部の地方。農業や観光業が発達。

■春にとけ出す雪が，（⑥　　　　）や天竜川，木曽川などの水源になっている。
日本最長の川

●名古屋大都市圏

◆名古屋市▶中部地方最大の都市で，鉄道や高速道路の中心。江戸時代，尾張藩の城下町として発達。

◆周辺の都市と（⑦　　　　）を形成。

■岐阜県・三重県にも広がる。
東海地方に含めることも

↓中部地方の３つの区分

0　100km　日本海　北陸地方　中央高地　東海地方　太平洋

北陸とよばれる地域
中央高地とよばれる地域
東海とよばれる地域

↓中部地方の地形

0　50km　佐渡島　越後平野　新潟　日本海　能登半島　飛驒山脈　新潟　越後山脈　石川　富山　長野　金沢　富山　長野　福井　福井　岐阜　関東山地　若狭湾　木曽山脈　赤石山脈　山梨　甲府　岐阜　富士山　濃尾平野　名古屋　静岡　静岡　愛知　知多半島　伊勢湾　伊豆半島　渥美半島　太平洋

2 日本経済をリードする工業地域　教 p.220~221

●進化する中京工業地帯の工業

◆（⑧　　　　）▶名古屋市を中心に伊勢湾の臨海部から内陸部に広がる工業地帯。

■臨海部▶製鉄所や石油化学コンビナートなど。

■内陸部▶自動車関連の工場，液晶関連の開発。瀬戸市などで陶磁器からファインセラミックス。

●世界有数の自動車生産地域/東海工業地域

◆東海地方の工業▶**自動車**工業が原動力。

■豊田市・名古屋市・鈴鹿市・浜松市が中心。

◆（⑨　　　　）▶静岡県の太平洋岸に発達。

■浜松市周辺▶オートバイや（⑩　　　　）などの楽器の生産が盛ん。

■富士市▶豊富な水を生かし，製紙・パルプ工業が発達。
富士山のふもとに湧き出る

↓輸送用機械の生産額の都道府県別割合

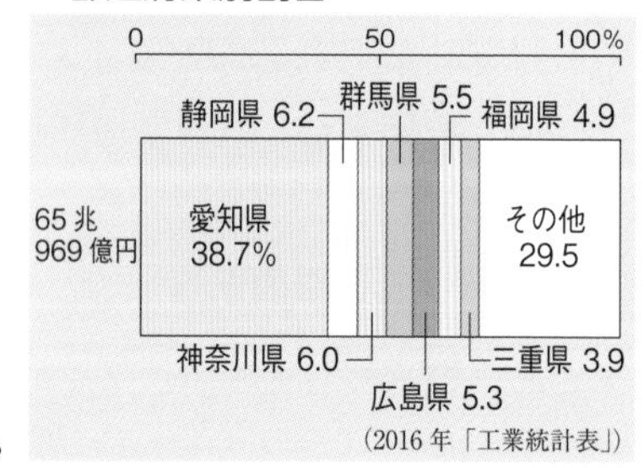

(2016年「工業統計表」)

まるごと暗記　中京工業地帯 名古屋市中心の工業地帯　東海工業地域 静岡県太平洋側に広がる工業地域

教科書の資料　次の問いに答えよう。

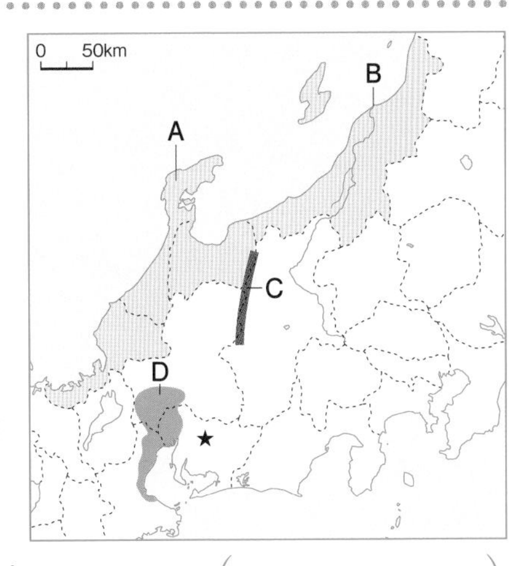

(1) A～Dにあてはまる地形を，［　］からそれぞれ選びなさい。

A（　　　　）半島
B（　　　　）川
C（　　　　）山脈
D（　　　　）平野

濃尾　信濃（しなの）　能登（のと）　飛驒

(2) 中部地方を三つに区分したとき，［網掛け］の地域を何といいますか。（　　　　）

(3) 自動車工業が盛んな地図中の★の都市名を書きなさい。（　　　　）

チェック 教科書一問一答　次の問いに答えよう。

/10問中

★は教科書の太字の語句

1 多様な産業がみられる地域

①中部地方の中央に連なる三つの山脈のうち，真ん中に位置する山脈を何といいますか。　□①

②新潟（にいがた）県に位置し，信濃川の下流に広がる平野を何といいますか。　□②

③中部地方の内陸部の地域を何といいますか。　□③★

④北陸地方は，日本有数の何地帯となっていますか。　□④

⑤名古屋市は江戸時代から，何町として発展してきましたか。　□⑤

⑥近畿（きんき）地方に属するが，東海地方に含（ふく）めることもある県は何県ですか。　□⑥

2 日本経済をリードする工業地域

⑦陶磁器の産地の瀬戸市や多治見（たじみ）市は，何の生産への転換（てんかん）が進んでいますか。　□⑦

⑧東海工業地域は何という高速道路に沿って広がっていますか。　□⑧

⑨東海工業地域に位置し，オートバイや楽器の製造が盛んな都市はどこですか。　□⑨

⑩東海工業地域に位置し，製紙・パルプ工業が盛んな都市はどこですか。　□⑩

名古屋市などが含まれる濃尾平野は美濃国（岐阜県南部）の「濃」と，尾張国（愛知県西部）の「尾」をとって名付けられています。

予習・復習 こつこつ 解答 p.24

確認のワーク ステージ1

第3章 日本の諸地域
4 中部地方②

教科書の要点 （ ）にあてはまる語句を答えよう。

1 先進的な第一次産業 教 p.222~223

●先進的な農業経営を支える条件/茶の栽培とその現状

◆東海地方▶野菜や果物を生産する（①　　　）。

■渥美半島▶温室メロンや電照栽培の菊。ビニールハウスを利用した（②　　　）。豊川用水の整備で水不足を解消。
トマトやみつばなど

◆静岡県▶茶とみかんの栽培が盛ん。茶は牧ノ原が中心。
駿河湾沿いの丘陵

●遠洋漁業の基地・焼津港

◆（③　　　）▶国内有数の漁港。
静岡県

■（④　　　）を行う漁船の基地。
世界各地の海に出漁

2 自然環境を生かした産業 教 p.224~225

●扇状地と高原を利用した農業

◆中央高地の扇状地▶かつては養蚕業が盛んで，製糸業が発達→現在は（⑤　　　）の栽培が盛ん。
蚕を飼い，まゆをつくる
ぶどうやもも

◆高原地域▶レタスやセロリ，キャベツの栽培が盛ん。
夏でも冷涼な気候を利用

●変化を続ける内陸の工業地域/観光をめぐる新たな動き

◆諏訪湖周辺▶かつては製糸業が盛ん→第二次世界大戦後は時計やカメラなど（⑥　　　）が発達→電子部品やプリンターなどの生産。

◆中央高地▶観光資源が豊富。軽井沢は別荘地。
明治時代，外国人の避暑地

3 多く降る雪を生かした産業 教 p.226~227

●北陸地方の地場産業・伝統工芸

◆北陸地方▶冬の副業が（⑦　　　）に。

■輪島市の漆器，鯖江市の眼鏡フレームなど。

◆金沢市▶加賀藩の（⑧　　　）。

■九谷焼，加賀友禅などの（⑨　　　）。

●自然条件を生かす/米どころの努力

◆富山市周辺▶アルミニウム加工や化学工業など。
多雪地域の豊富な水資源を利用

◆新潟県▶石油採掘から金属・機械工業が発展。

◆福井県・石川県▶織物工業が発達。

◆北陸地方▶干拓など（⑩　　　）・農作業の機械化・品種改良など→国内有数の稲作地帯に。

■米菓，餅，日本酒などの食品工場も。
「柿の種」は新潟県が発祥

↓茶とみかんの都道府県別生産割合

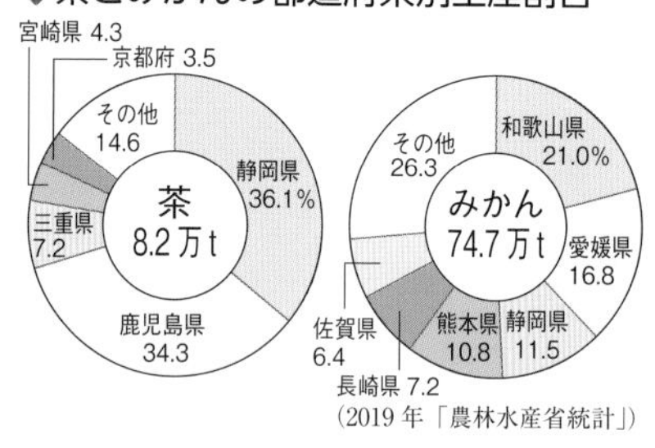

(2019年「農林水産省統計」)

↓日本の漁獲量の変化

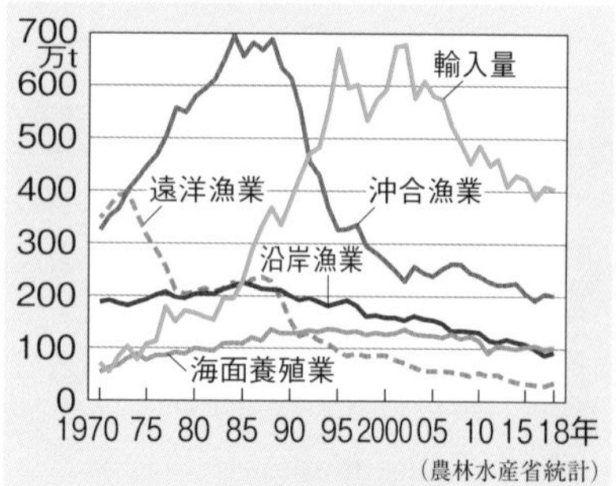

(農林水産省統計)

↓ぶどうとレタスの都道府県別生産割合

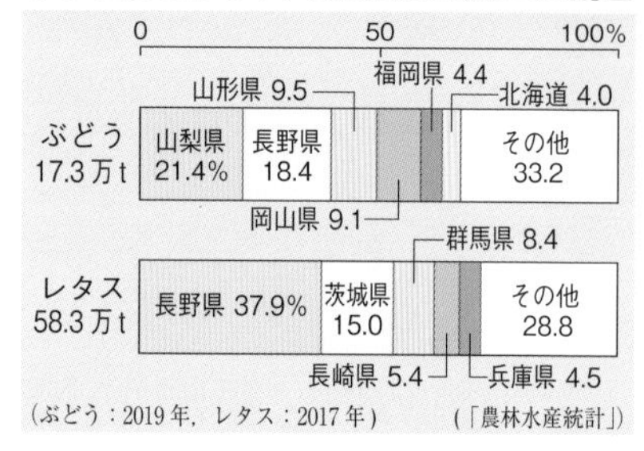

(ぶどう：2019年，レタス：2017年) (「農林水産統計」)

↓北陸地方の伝統的工芸品の産地と地場産業

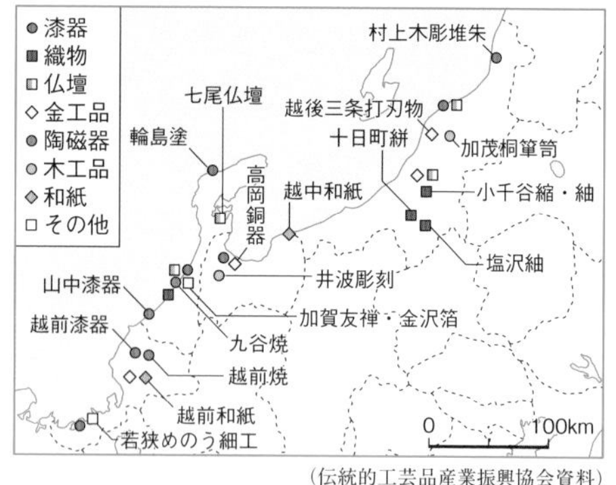

(伝統的工芸品産業振興協会資料)

まるごと暗記　園芸農業 都市向けに野菜・果物・花を生産　促成栽培 出荷時期を早める栽培方法

教科書の資料　次の問いに答えよう。

(1) A～Cにあてはまる漁港の名前を，□からそれぞれ選びなさい。

A（　　　　　）
B（　　　　　）
C（　　　　　）

境　焼津　銚子

(2) Cの漁港が代表的な漁港となっている，長期間かけて行う漁業を何といいますか。

（　　　　　）

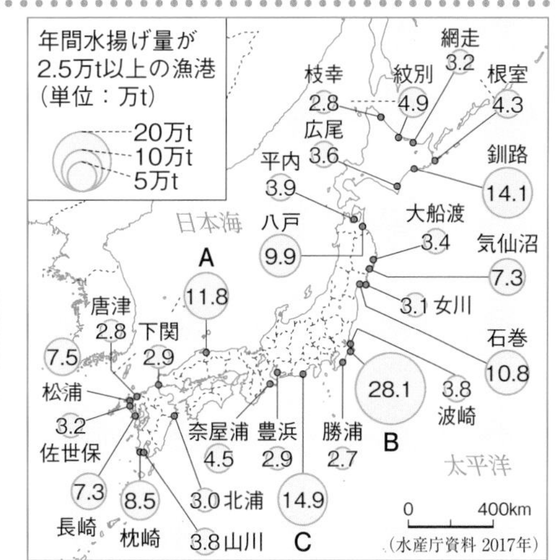

チェック 教科書一問一答　次の問いに答えよう。

/10問中

★は教科書の太字の語句

1 先進的な第一次産業

①愛知県の渥美半島で，電照栽培によって生産されている植物を何といいますか。　□①

②渥美半島において，水不足解消のために整備された用水を何といいますか。　□②

③静岡県の南西部に位置し，茶の生産が盛んな台地を何といいますか。　□③

④静岡県の駿河湾(するがわん)沿いの丘陵(きゅうりょう)などで栽培が盛んな果物は何ですか。　□④

⑤静岡県の焼津港は，まぐろのほか，何漁船の基地となっていますか。　□⑤

2 自然環境を生かした産業

⑥かつては桑(くわ)の栽培，現在は果樹の栽培を盛んに行っている，水はけのよい中央高地の地形を何といいますか。　□⑥

⑦明治(めいじ)時代中ごろに外国人の避暑地(ひしょち)とされ，別荘地としての開発が進んだ長野(ながの)県の都市はどこですか。　□⑦

3 多く降る雪を生かした産業

⑧石川(いしかわ)県の県庁所在地で，加賀藩の城下町から発達した都市はどこですか。　□⑧

⑨富山市の周辺では，何という金属の加工が盛んですか。　□⑨

⑩北陸地方の沿岸部の平野では，どのような農産物の栽培が盛んですか。　□⑩

石川県金沢市の地名は，その昔，青年が芋のひげについた砂金を洗った沢（金洗いの沢）があったことに由来するといわれています。

こつこつ テスト直前 解答 p.25

定着のワーク ステージ2 第3章 日本の諸地域 4 中部地方

1 多様な産業がみられる地域 右の地図を見て，次の問いに答えなさい。

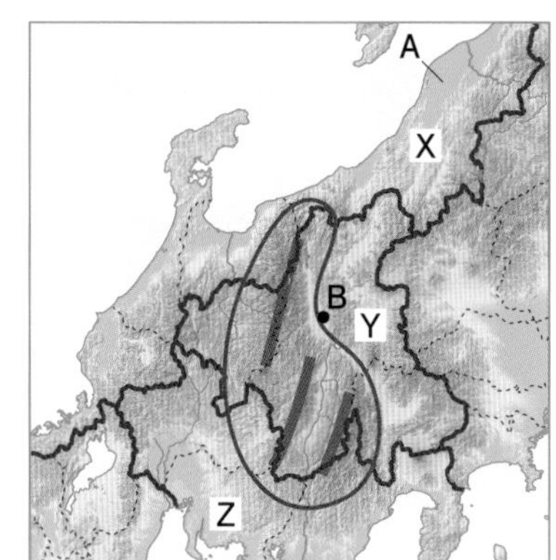

(1) 地図中のX～Zの地域区分を，それぞれ何といいますか。 X(　　　) Y(　　　) Z(　　　)

(2) ⬭で示した三つの山脈をまとめて何といいますか。 (　　　)

(3) Aの平野を何といいますか。また，その平野を流れる河川を，□から選びなさい。

平野(　　　)
河川(　　　)

長良川(ながらがわ)　富士川(ふじかわ)　信濃川(しなのがわ)　神通川(じんづうがわ)

よく出る (4) 地図中のBの都市の気候の特徴(とくちょう)としてあてはまるものを，次から選びなさい。 (　　　)

ア　夏に雨が多く，暖流(だんりゅう)の影響(えいきょう)を受ける。
イ　冬は季節風の影響で，積雪が多い。
ウ　夏は冷涼(れいりょう)である一方，冬は寒さがきびしい。
エ　一年を通して降水量(こうすいりょう)が少なく，温暖(おんだん)である。

ヒントの森
(3)Aの平野には，日本で最も長い河川が流れています。
(4)Bは松本市で，内陸の気候に属しています。

2 日本経済をリードする工業地域 次の資料を見て，あとの問いに答えなさい。

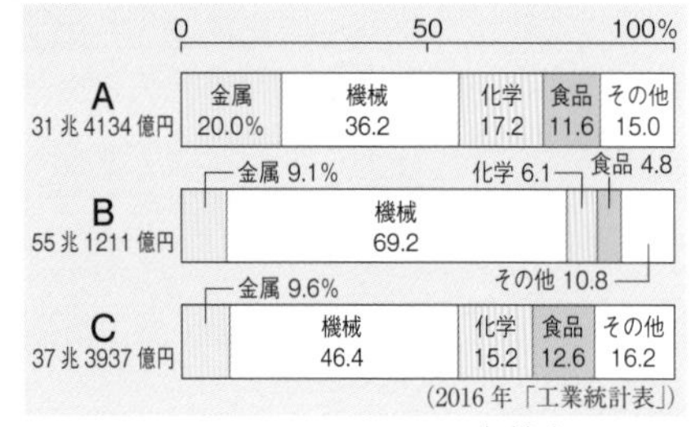

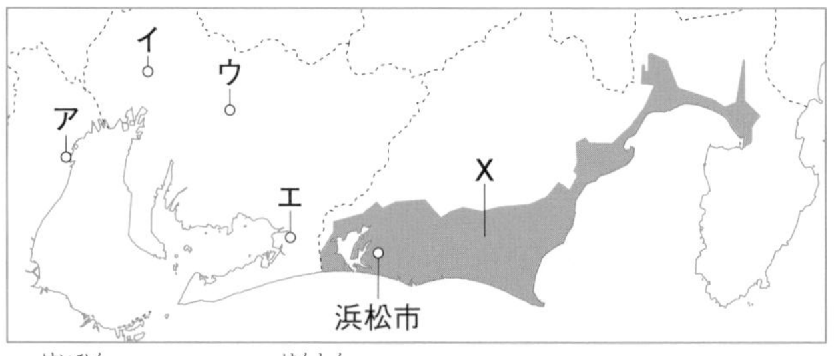

よく出る (1) A～Cのグラフは，中京(ちゅうきょう)工業地帯・京浜(けいひん)工業地帯・阪神(はんしん)工業地帯のいずれかの生産額の割合を示しています。中京工業地帯にあてはまるものを選びなさい。 (　　　)

レベルUP (2) 石油化学コンビナートがある四日市(よっかいち)市の位置を，地図中のア～エから選びなさい。 (　　　)

(3) 地図中のXの工業地域を何といいますか。 (　　　)

(4) (3)の工業地域の主要都市である浜松(はままつ)市で生産が盛んな製品を，次から2つ選びなさい。 (　　　)(　　　)

ア　食器　　イ　楽器　　ウ　パルプ　　エ　オートバイ

(1)中京工業地帯は日本最大の工業地帯となっています。
(4)浜松市では，楽器などの生産が盛んです。

3 中部地方の第一次産業　次の資料を見て，あとの問いに答えなさい。

資料1

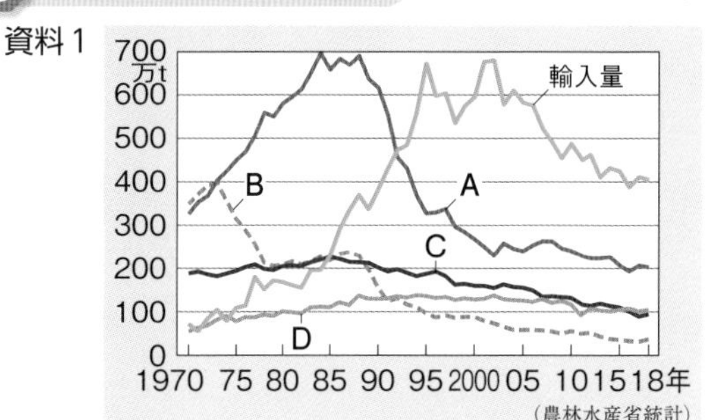

資料2

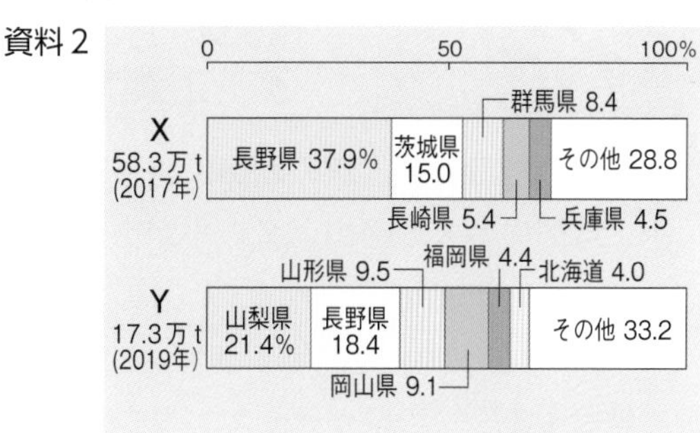

よく出る (1)　資料1は，日本の漁獲量の変化を示したものです。A～Dにあてはまる漁業を，次からそれぞれ選びなさい。　A（　　）B（　　）C（　　）D（　　）

ア　遠洋（えんよう）漁業　　イ　沖合（おきあい）漁業
ウ　沿岸（えんがん）漁業　　エ　海面養殖（ようしょく）業

(2)　資料2は，ある農産物の都道府県別の生産割合を示したものです。X・Yにあてはまる農産物を，［　］からそれぞれ選びなさい。

X（　　）　Y（　　）

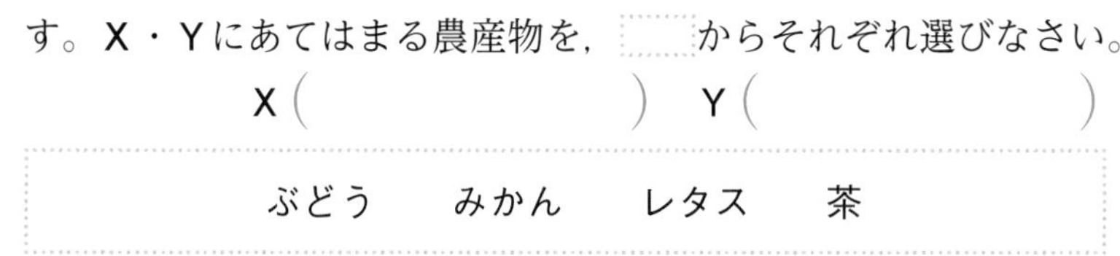
ぶどう　みかん　レタス　茶

(3)　資料2中の都道府県のうち，中部地方に含まれる県はいくつありますか。（　　）

(1)沖合漁業は減ってきていますが，漁獲量は最も多いです。
(2)レタスは夏でも冷涼な地域で生産が盛んです。

4 多く降る雪を生かした産業　次の問いに答えなさい。

(1)　右の地図で示したような，地域に根づいた産業を何といいますか。（　　）

レベルUP (2)　右の地図中のA～Dにあてはまる伝統的工芸品を，次からそれぞれ選びなさい。

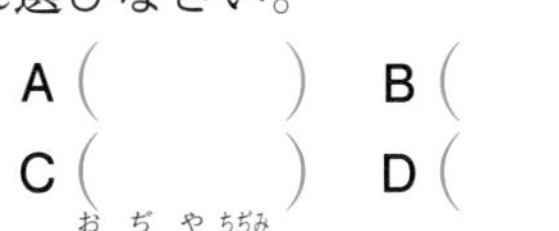
A（　　）B（　　）
C（　　）D（　　）

ア　高岡銅器（たかおかどうき）　　イ　小千谷縮（おぢやちぢみ）
ウ　越前和紙（えちぜんわし）　　エ　輪島塗（わじまぬり）

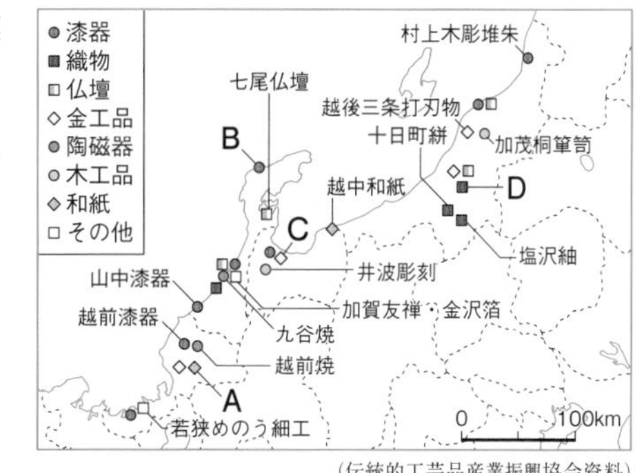

（伝統的工芸品産業振興協会資料）

(3)　右のグラフは，中部地方のいくつかの県の農業産出額の割合を示したものです。グラフ中のX～Zにあてはまる県を，［　］からそれぞれ選びなさい。

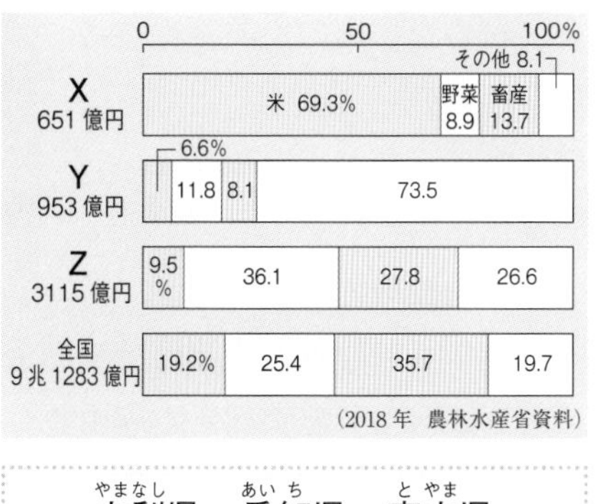

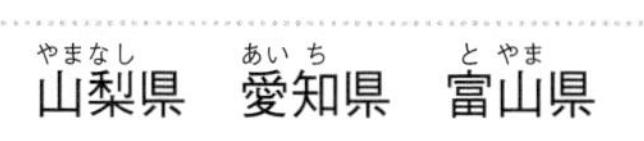
山梨県（やまなし）　愛知県（あいち）　富山県（とやま）

X（　　）
Y（　　）
Z（　　）

ヒントの森

(2)越前は福井県，越後は新潟県の昔の名前です。
(3)北陸地方は稲作，中央高地では果樹の栽培が盛んです。愛知県では園芸農業が行われています。

こつこつ テスト直前 解答 p.25

総合問題編

実力判定テスト ステージ3

第3章　日本の諸地域
3　近畿地方 / 4　中部地方

30分 /100

1 右の地図を見て，次の問いに答えなさい。

5点×8（40点）

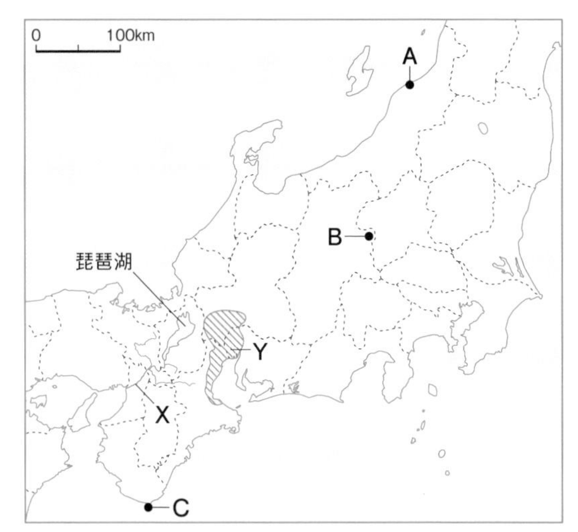

(1)　地図中のXの河川，Yの平野をそれぞれ何といいますか。

(2)　東海地方，中央高地，北陸地方のうち，地図中の　　の県が属していない地域はどの地域ですか。

(3)　関西国際空港が属する府県を地図中に塗って示しなさい。

(4)　右の気温と降水量のグラフは，地図中のA～Cのいずれかのものです。A～Cにあてはまるものを，ア～ウからそれぞれ選びなさい。

(5)　地図中の琵琶湖では，高度経済成長期以降，湖水の富栄養化が急速に進み，水質が悪化しました。これに対してとられた対策を，「リン」という語句を使って，簡単に説明しなさい。

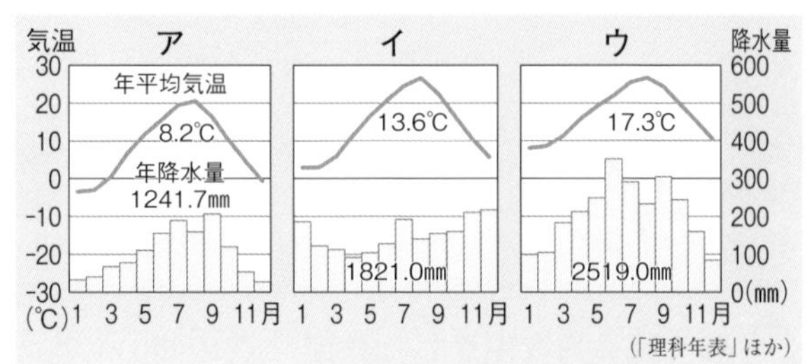

(1)	X		Y	(2)		(3)	図中に記入
(4)	A	B	C				
(5)							

2 次の問いに答えなさい。

5点×3（15点）

(1)　京都市で歴史的景観を守るために行われていることとして正しいものを，右の京都市の街並みも参考にして，次から2つ選びなさい。

ア　歴史的風土保全地区が指定されている。
イ　高層の建物が一切禁止されている。
ウ　屋外広告について制限を設けている。
エ　市の決まりに従っていても，建物の新築には補助金が出ないようになっている。

(2)　江戸時代，大阪が「天下の台所」とよばれた理由を，簡単に書きなさい。

(1)			(2)	

目標

- □近畿地方や中部地方の自然環境をおさえる
- □近畿地方や中部地方の産業をおさえる
- □地域の自然や歴史を守るための対策をおさえる

自分の得点まで色をぬろう!

がんばろう! / もう一歩 / 合格!

0　60　80　100点

3 右の資料を見て，次の問いに答えなさい。

5点×5（25点）

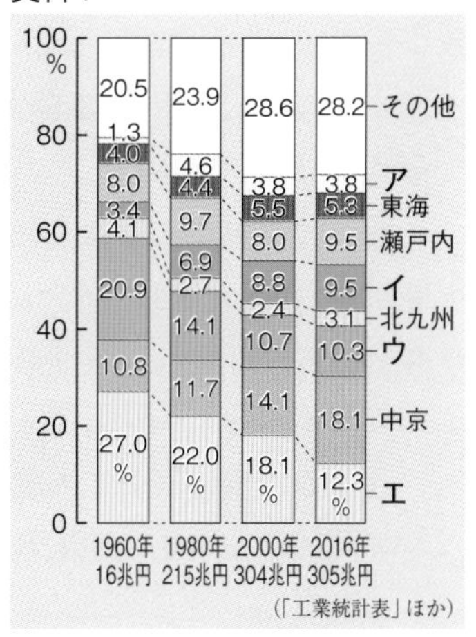

(1)　**資料1**は，日本の工業地帯・地域の生産割合の変化を示しています。これを見て，次の問いに答えなさい。

①　阪神工業地帯にあてはまるものを，**資料1**中の**ア**～**エ**から選びなさい。

②　2016年に最も工業生産額が多い工業地帯について，原動力となっているのは何の生産ですか。

(2)　工業地帯・工業地域について述べた文として誤っているものを，次から2つ選びなさい。

ア　臨海部では軽工業が盛んである。

イ　海沿いや，鉄道・高速道路に沿った地域にある。

ウ　内陸部は，工業が発達していない。

エ　豊富な水資源を生かして工業をしている地域もある。

記述 (3)　**資料2**は，東大阪市の製造業について示しています。東大阪市の製造業の特徴を，各事業所の従業員の数に着目して簡単に書きなさい。

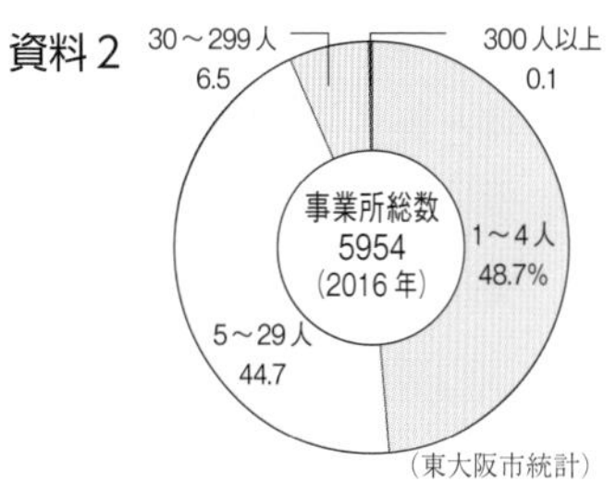

(1)	①	②	(2)		
(3)					

第3編 第3章

4 右の地図を見て，次の問いに答えなさい。

5点×4（20点）

(1)　地図中の★で盛んな漁業を，次から選びなさい。

ア　沿岸漁業　　**イ**　沖合漁業　　**ウ**　遠洋漁業

(2)　次の①・②にあてはまる地域を，地図中の**A**～**D**からそれぞれ選びなさい。

①　温室メロンや電照栽培された菊の生産が盛ん。

②　日当たりがよいことから，茶の栽培が盛ん。

記述 (3)　北陸地方で伝統的工芸品の生産や地場産業が行われるようになった理由を，自然環境と農業に着目して，簡単に書きなさい。

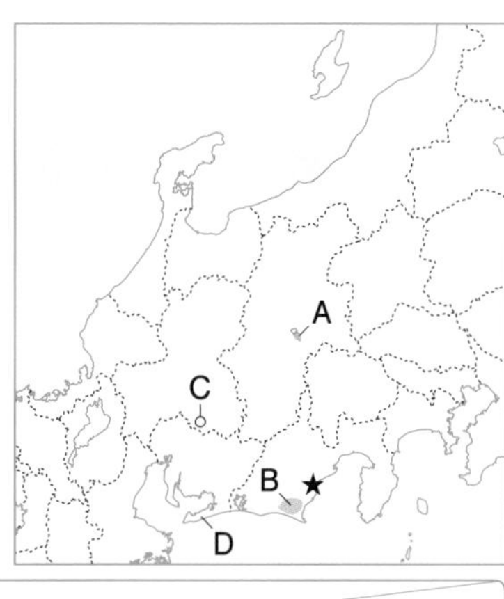

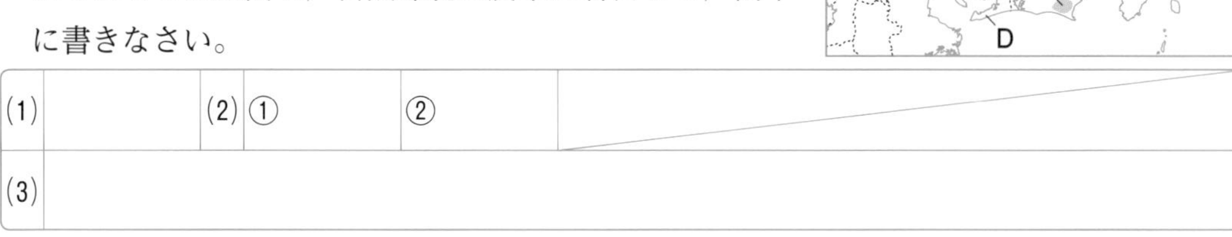

予習・復習 こつこつ 解答 p.26

確認のワーク ステージ1
第3章 日本の諸地域
5 関東地方①

教科書の要点 （ ）にあてはまる語句を答えよう。

1 日本の中心的な地域 教 p.232～233

●日本の首都 東京/日本最大の平野

◆東京▶日本の（①　　　　）。通勤・通学する人々の住宅地が他県にも拡大。

◆日本の人口の約3分の1が関東地方に住む。

◆（②　　　　）▶日本最大の平野。

■（③　　　　），荒川(あら)，多摩川(たま)などの河川によって形成。関東山地や越後山脈に源流

■武蔵野(むさしの)・下総台地(しもうさ)▶火山灰でできた赤土(あかつち)（（④　　　　））でおおわれ，畑や雑木林に利用→住宅や工場が増加。

●内陸と海沿いで異(こと)なる気候

◆気候▶夏は蒸(む)し暑く雨が多い。冬は晴れが続く。

■海沿いの地域▶黒潮（日本海流）の影響(えいきょう)で温暖(おんだん)。小笠原諸島にさんごや亜熱帯性の植物

■内陸部▶冬の気温が低く，夏は気温が高い。

■関東平野北部の山沿い▶雷雨が発生しやすい。

2 日本の首都 東京 教 p.234～235

●首都としての役割

◆（⑤　　　　）▶政治・経済・文化の中心。

■国の政治・行政▶国会議事堂，中央官庁が集中。

■経済▶大企業(きぎょう)の本社や銀行の本店などが多い。

■文化▶（⑥　　　　）を発信する放送局，新聞社，博物館・美術館，劇場，大学が多い。

◆東京は全国の交通網(もう)の中心。鉄道，航空，高速道路など

■東京駅▶鉄道のターミナルとして重要な役割。

■（⑦　　　　）（羽田空港(はねだ)）▶日本各地が航空路線で結ばれる。

●副都心の発達/都心の人口の変化

◆（⑧　　　　）▶新宿(しんじゅく)，池袋(いけぶくろ)，渋谷(しぶや)など。鉄道の主なターミナルで，都心の機能を補う。

◆東京湾岸(わんがん)では埋(う)め立て地の（⑨　　　　）が進み，（⑩　　　　）を形成。

◆都心部の人口▶昼間人口が多く，夜間人口は少ない。郊外から通勤・通学

↓関東地方の地形

↓東京都と関東地方への集中

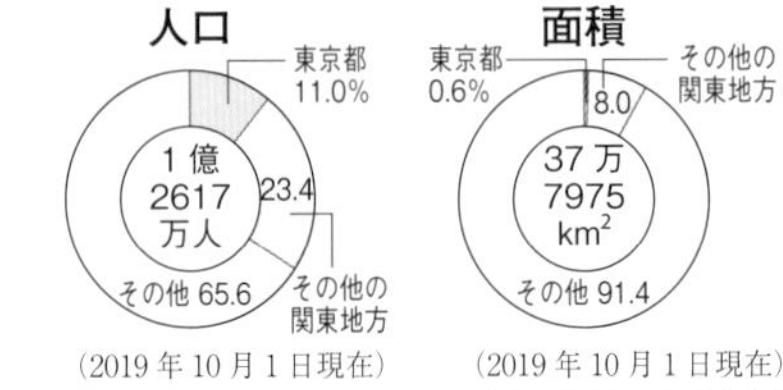

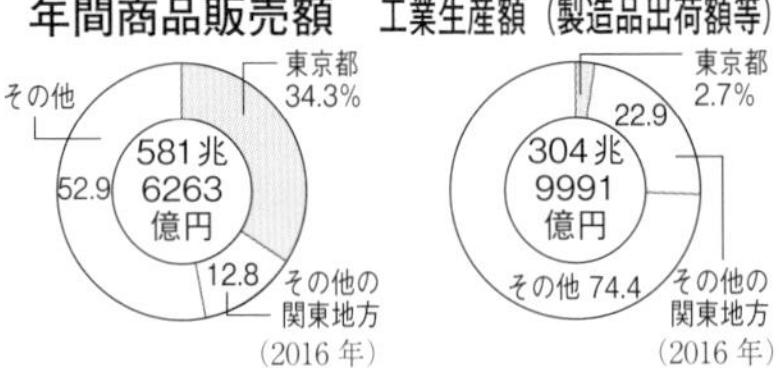

外資系企業数：3287社　東京都 68.1%　その他の関東地方 14.4　その他 17.5（2018年）

外国人居住者数（在留外国人数）：293万人　東京都 20.2%　その他の関東地方 26.4　その他 53.4（2019年12月31日現在）

（「日本国勢図会」ほか）

↓東京周辺の昼間と夜間の人口

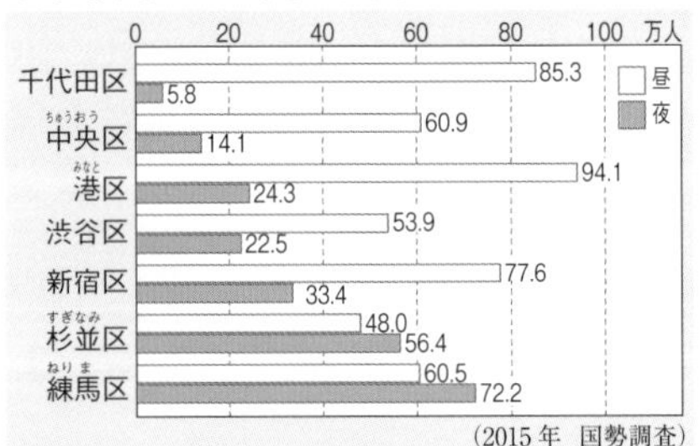

（2015年 国勢調査）

関東ローム 関東平野の台地をおおう赤土　副都心 都心の機能を補う役割を担う都市

教科書の資料　次の問いに答えよう。

(1) A～Dにあてはまる地形の名前を，□からそれぞれ選びなさい。

A（　　　　）平野
B（　　　　）川
C（　　　　）川
D（　　　　）川

荒　利根（とね）　多摩　関東

(2) Aの平野に広がる台地をおおっている，火山灰が積もった赤土を何といいますか。

（　　　　）

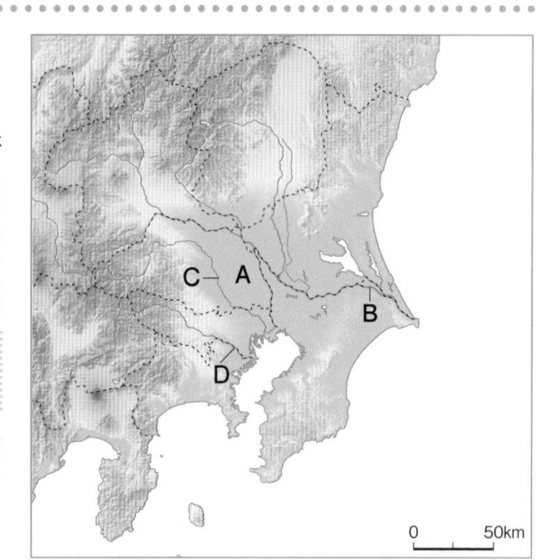

教科書一問一答　次の問いに答えよう。

/10問中

★は教科書の太字の語句

1 日本の中心的な地域

①関東地方の北部に連なり，関東山地とともに中部地方との境となっている山脈を何といいますか。　□①

②千葉（ちば）県北部に広がる台地を何といいますか。　□②

③神奈川（かながわ）県の南側に位置する湾を何といいますか。　□③

④関東地方の海沿いの地域（ちいき）の気候に影響（えいきょう）を与える暖流（だんりゅう）を何といいますか。　□④

⑤一年を通して温暖で，さんごや亜熱帯（あねったい）性の貴重な植物がみられる諸島を何といいますか。　□⑤

2 日本の首都 東京

⑥東京の中でも，政治や経済，文化の中心地となっているところを何といいますか。　□★⑥

⑦東京国際空港は，何空港ともよばれますか。　□★⑦

⑧副都心に形成されている，デパートや映画館などが集まっているところを何といいますか。　□⑧

⑨東京湾岸の埋め立て地に発達した副都心を何といいますか。　□★⑨

⑩東京の中心地の人口は，昼間人口と夜間人口のうち，どちらの方が多いですか。　□⑩

小笠原諸島には空港がないため，島へのアクセスは船しかありません。東京港から週1回定期的に出港するフェリーで，約24時間かけて父島に到着します。

予習・復習　こつこつ　解答 p.26

確認のワーク　ステージ1

第3章　日本の諸地域
5　関東地方②

教科書の要点　（　）にあてはまる語句を答えよう。

1 郊外に広がる市街地　教 p.236～237

●郊外に広がる市街地

◆東京郊外の宅地化（地価の安い鉄道沿線中心）→東京の人口集中→1970年代に（①　　　）を建設。

◆（②　　　）▶都心から半径約70kmの範囲。日本の人口の4分の1を占める。政令指定都市（横浜市，川崎市，さいたま市，千葉市，相模原市）や大都市が分布。

●市街地拡大にともなう問題/新都心の開発

◆（③　　　）（人口が集中しすぎている状態）の問題が深刻化。

■道路の渋滞▶都心を通らず郊外の都市を結ぶ東京外環自動車道や圏央道の建設。

■新都心の開発▶筑波研究学園都市（つくば市），「幕張新都心」（千葉市・習志野市），「横浜みなとみらい21」地区（横浜市），「さいたま新都心」（さいたま市）。

2 交通網を利用して発展する産業　教 p.238～239

●沿岸部の工業地域/北関東への工場進出

◆東京湾岸▶鉄鋼や石油化学などの大工場が進出。

■（④　　　）や京葉工業地域（千葉県）が発展。

■東京都区部▶印刷・出版業，靴や婦人服の製造。

◆北関東内陸部▶（⑤　　　）が形成。

■インターチェンジ周辺に（⑥　　　）（多くの工場が集まる）建設。

●大都市と結びついた農業

◆東京周辺▶（⑦　　　）（都心住民に新鮮な野菜を供給）が盛ん。

■茨城県のはくさい，栃木県のいちごなど。

◆群馬県嬬恋村▶夏でも冷涼。キャベツの生産。

◆房総半島，三浦半島▶温暖で生花や野菜を一年中生産。

3 世界と結びつく東京　教 p.240～241

●世界の中の東京～増加する外国人

◆「海の玄関口」▶（⑧　　　）（古い歴史をもつ）や東京港，千葉港，川崎港など。

◆「空の玄関口」▶千葉県の（⑨　　　）（日本最大の輸出・輸入額）や東京都の東京国際（羽田）空港。

◆関東地方には全国の外国人の半数近くが住む。

■新宿区大久保などで（⑩　　　）（各国の食品を販売する店が集中）を形成。

↓東京23区への通勤・通学者の分布

(2015年 国勢調査)

↓関東地方の工業の割合の変化

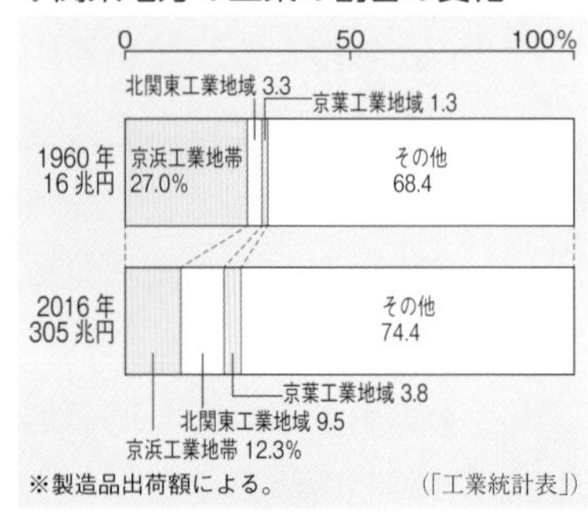

※製造品出荷額による。　(「工業統計表」)

↓日本の主な港の貿易額

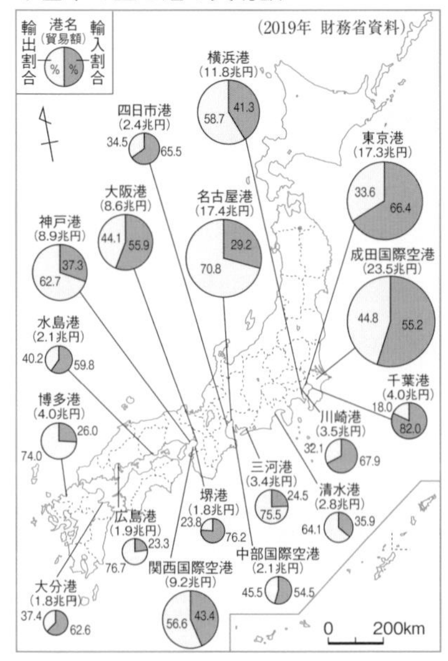

まるごと暗記　京浜工業地帯 神奈川県・東京都・埼玉県に広がる工業地帯　成田国際空港 日本最大の貿易港

教科書の資料　次の問いに答えよう。

(1) A・Bにあてはまる高速道路の名称を□からそれぞれ選びなさい。

A（　　　　）

B（　　　　）

北関東(きたかんとう)自動車道　　関越(かんえつ)自動車道

(2) 次の文中の□にあてはまる語句を書きなさい。（　　　　）

北関東の自動車道のインターチェンジ近くには□が整備され，多くの工場が進出している。

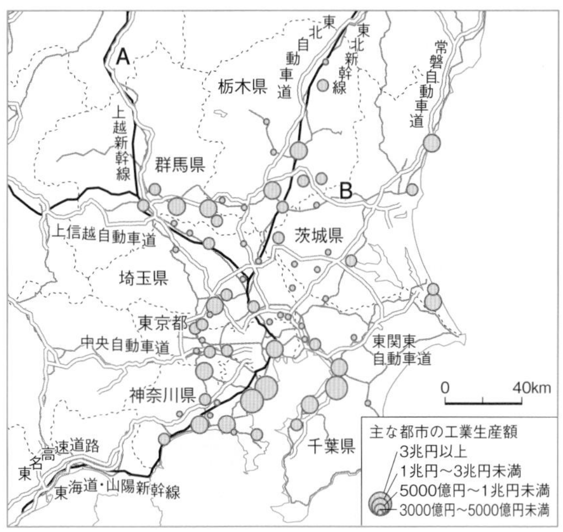

（「工業統計表」2016年）

教科書一問一答　次の問いに答えよう。

/10問中

★は教科書の太字の語句

1 郊外の市街地

①さいたま市，千葉市など，政令(せいれい)で指定された都市を何といいますか。　★①＿＿＿＿

②関東地方には，①はいくつありますか。　②＿＿＿＿

③1980年代に横浜市で開発が進められた新都心を何といいますか。　③＿＿＿＿

2 交通網を利用して発展する産業

④東京湾岸の埋め立て地には，鉄鋼や電気機械のほかに何の大工場が進出していますか。　④＿＿＿＿

⑤神奈川(かながわ)県の東京湾岸を中心に広がり，電気機械などの下請け工場も多い工業地帯を何といいますか。　★⑤＿＿＿＿

⑥東京都区部において，靴・婦人服の製造のほかに東京の特性を生かして発展している工業を何といいますか。　⑥＿＿＿＿

⑦茨城県で，全国有数の生産量を誇(ほこ)る野菜を何といいますか。　⑦＿＿＿＿

⑧関東地方で，いちごの生産量が全国有数を誇っている県はどこですか。　⑧＿＿＿＿

⑨群馬県嬬恋村で，夏でも冷涼な気候を利用して生産されている野菜を何といいますか。　⑨＿＿＿＿

3

⑩関東地方の「空の玄関口」の一つで，東京都にある空港を何といいますか。　⑩＿＿＿＿

知識の泉　江戸時代末期に開港した横浜港は欧米文化の窓口となり，アイスクリーム，野球，ガス灯，日刊新聞，ビールなど，さまざまな新しい文化がもたらされました。

こつこつ　テスト直前　解答 p.26

定着のワーク ステージ2　第3章　日本の諸地域
5　関東地方

1 日本の中心的な地域　右の地図を見て，次の問いに答えなさい。

よく出る (1)　地図中の東京には，国の中枢（ちゅうすう）機能が集中しています。このような都市を何といいますか。
（　　　　　）

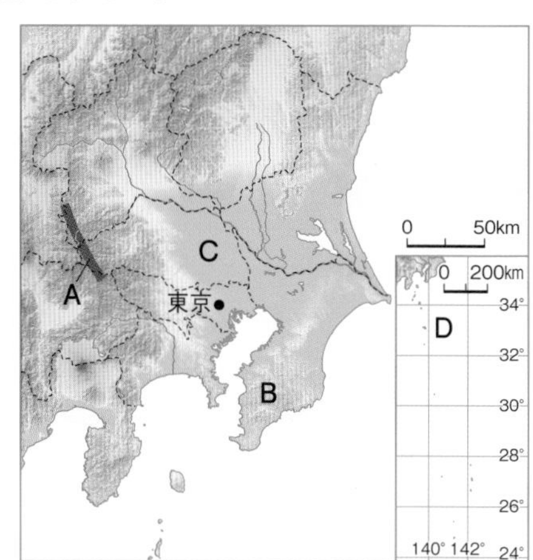

(2)　関東地方の人口が日本の人口に占（し）めるおよその割合を，次から選びなさい。（　　　）

ア　約2分の1　　イ　約3分の1
ウ　約4分の1　　エ　約5分の1

(3)　Aの山地，Bの半島の名前を，それぞれ書きなさい。
A（　　　　　）
B（　　　　　）

(4)　人口の増加によって，Cの平野に広がる台地のうち，東京の中心に近い台地に増えたものを，［　］から2つ選びなさい。（　　　　　）（　　　　　）

住宅地　　畑　　水田　　工場

(5)　Dの島々を何といいますか。
（　　　　　）

ヒントの森
(2)関東地方の人口は4000万人以上となっています。

2 日本の首都　東京　次の問いに答えなさい。

(1)　右のグラフは，さまざまな面での東京都と関東地方への集中を示しています。A～Dにあてはまる項目を，次からそれぞれ選びなさい。

A（　　　）　B（　　　）
C（　　　）　D（　　　）

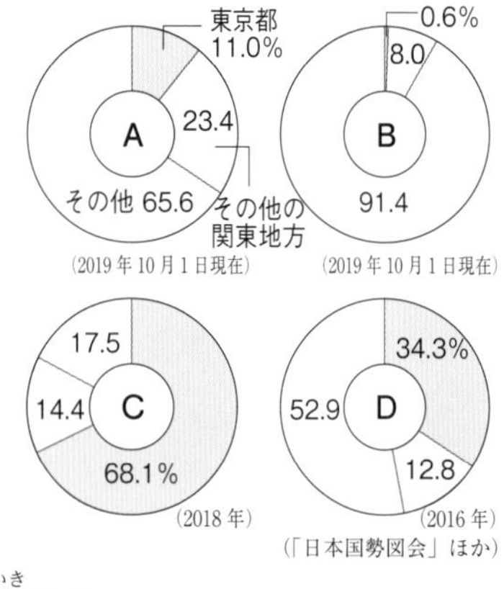

ア　面積　　イ　外資系企業（きぎょう）数
ウ　人口　　エ　年間商品販売（はんばい）額

(2)　新宿（しんじゅく）や池袋（いけぶくろ）などのように，都心の機能を補う役割をもつ地区を何といいますか。（　　　　　）

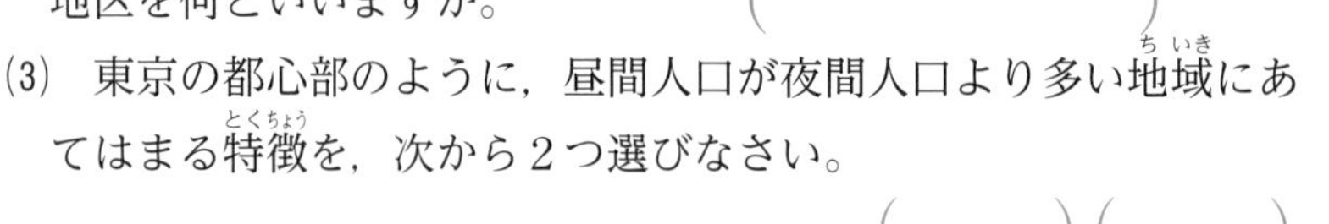

レベルUP (3)　東京の都心部のように，昼間人口が夜間人口より多い地域（ちいき）にあてはまる特徴（とくちょう）を，次から2つ選びなさい。
（　　　）（　　　）

ア　ほかの地域へ通勤する人が多い。
イ　住んでいる人の数が多い。
ウ　通勤してくる人が多い。
エ　地価が高いことが多い。

ヒントの森
(1)B東京の割合がとても少ないです。
(4)昼間人口が夜間人口より少ないのは，住んでいる人が少ないためです。

3 郊外に広がる市街地　右の地図を見て，次の問いに答えなさい。

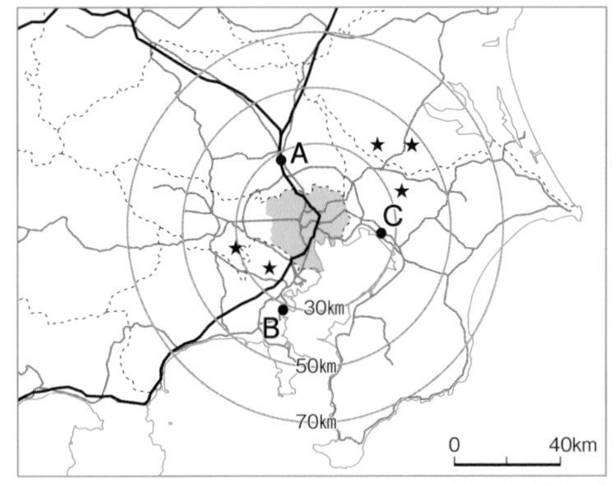

（2015年 国勢調査）

よく出る (1) 地図中の★は，住宅を大量に供給するため，1970年代に東京の郊外に開発された住宅地を示しています。これを何といいますか。

（　　　　　　　　）

(2) 地図中の都心から半径約70kmの範囲は，東京との結びつきが強いことから，何とよばれていますか。

（　　　　　　　　）

(3) 地図中のA～Cは，都心の機能を分散させるために開発された地域です。それぞれ何といいますか。［　］から選びなさい。

A（　　　　　　　　）　B（　　　　　　　　）
C（　　　　　　　　）

横浜みなとみらい21　　幕張新都心　　さいたま新都心

ヒントの森
(2)東京を中心とした都市圏です。
(3)Aはさいたま市，Bは横浜市，Cは習志野市に位置します。

4 交通網と産業/世界との結びつき　次の資料を見て，あとの問いに答えなさい。

資料1　全国にみる関東地方の工業の割合の変化

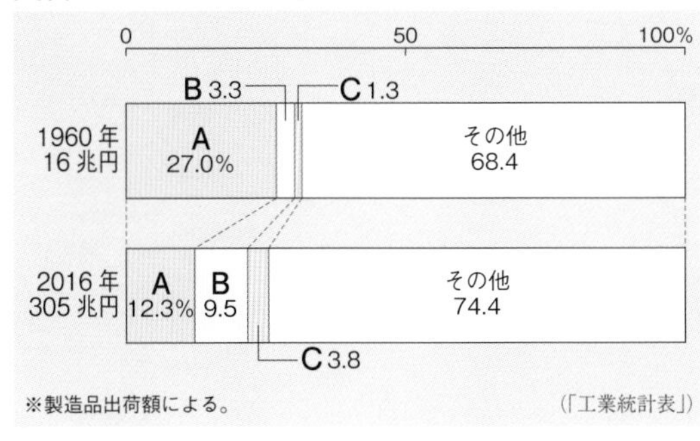

資料2　関東地方と周辺の主な都市で消費される野菜の生産地

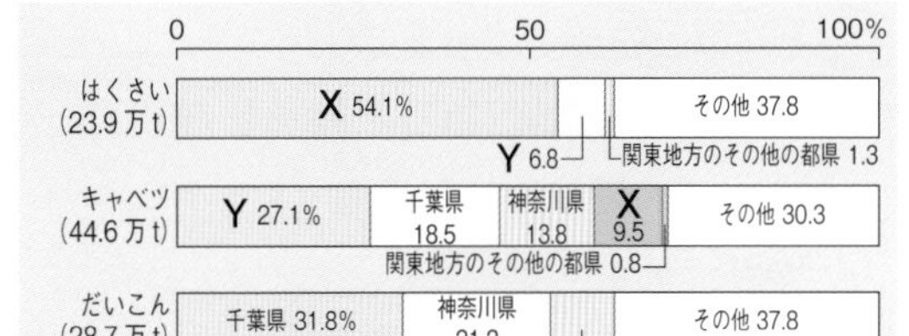

レベルUP (1) 資料1中のA～Cにあてはまる工業地帯・工業地域を，次からそれぞれ選びなさい。

A（　　　）　B（　　　）　C（　　　）

ア　京浜工業地帯　　イ　京葉工業地域　　ウ　北関東工業地域

(2) 東京都区部で発展している工業を，次から選びなさい。（　　　）

ア　出版業・印刷業　　イ　繊維業　　ウ　精密機械工業　　エ　自動車工業

(3) 自動車道のインターチェンジ付近に立地している，土地を整備して多くの工場を集めたところを何といいますか。（　　　　　　）

(4) 資料2中のX・Yにあてはまる県をそれぞれ書きなさい。

X（　　　　　　）　Y（　　　　　　）

(5) 日本の「空の玄関口」のうち，国内最大の輸出・輸入額を誇っている「貿易港」を何といいますか。

（　　　　　　　　）

ヒントの森
(5)千葉県に位置する空港です。

予習・復習 こつこつ 解答 p.27

確認のワーク ステージ1

第3章 日本の諸地域 6 東北地方

教科書の要点 （　）にあてはまる語句を答えよう。

1 豊かな風土に育まれた文化をもつ地域 教 p.246〜247

●**東西で異なる気候/東北地方の地形**

◆日本海側▶冬は雪が多く，夏は（①　　　　）から吹き下ろす風によって高温になる日も。

◆太平洋側▶雪は少なく，冬の日照時間が長い。梅雨明け後は（②　　　　）が吹き込み，冷害が起こりやすい。

◆**奥羽山脈**には蔵王山などの火山，十和田湖は**カルデラ湖**。

◆（③　　　　）▶リアス海岸が長く続き，2011年の（④　　　　）では津波による被害を受ける。

2 地域に根ざした豊かな文化 教 p.248〜249

●**多様な食文化/風土と産業/特色ある民家と暮らし**

◆江戸時代▶秋田藩は秋田スギを使った曲げわっぱ，盛岡藩は茶釜・鉄瓶を生産。国の（⑤　　　　）に指定。

◆岩手県の馬の産地▶（⑥　　　　）や民謡。

3 現代に生きる地域文化 教 p.250〜251

●**東北の祭りと観光/祈りと暮らし/伝統文化を受け継ぐ**

◆東北三大夏まつり▶**青森**（⑦　　　　），**秋田竿燈まつり**，**仙台**（⑧　　　　）。

◆農業に関わる行事▶「道具の年とり」（毎年1月，道具に感謝する），「田植踊」。

4 人々の暮らしの変化と産業 教 p.252〜253

●**大きく変わる農村の風景/東北地方の工業**

◆農業▶農薬，近代的住宅，カントリーエレベーター。

■若い世代の人口流出→高齢化・後継者不足が深刻。

◆工業▶1960年代に関東地方の企業の工場が増加→アジアへの進出で工場の生産縮小や閉鎖。一方で新たに岩手県・宮城県のインターチェンジ（高速道路の出入り口）付近に工場が進出。

5 これからの農業 教 p.254〜255

●**冷害を乗り越えるために〜農家の経営安定の工夫**

◆東北地方の日本海側（豊富な水と平野）は（⑨　　　　）地帯。

◆米の品種改良，やませを利用したほうれん草栽培。

◆（⑩　　　　）づくりも強化。

■津軽平野のりんご▶貿易の自由化や農業のグローバル化に対応して輸出（台湾や香港，タイなど）を強化。

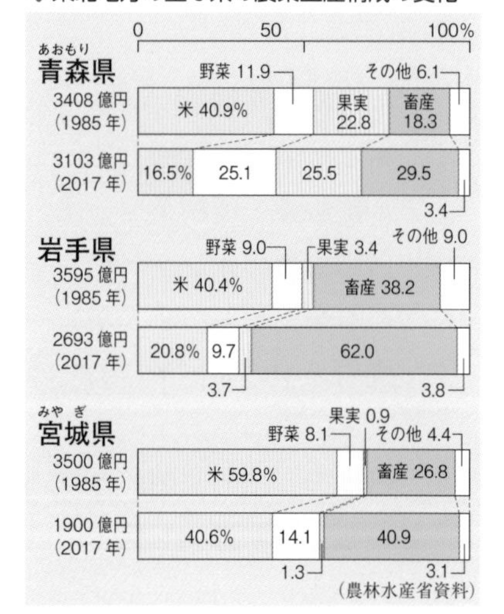

まるごと暗記　やませ 夏に太平洋側に吹く冷たい北東風　冷害 夏の日照不足や低温による農作物の被害

教科書の資料　次の問いに答えよう。

(1)　A～Dにあてはまる地形を，［　］からそれぞれ選びなさい。

A（　　　　　　）平野
B（　　　　　　）山脈
C（　　　　　　）平野
D（　　　　　　）川

庄内（しょうない）	仙台	津軽	奥羽（おうう）
下北（しもきた）	最上（もがみ）	北上（きたかみ）	白神（しらかみ）

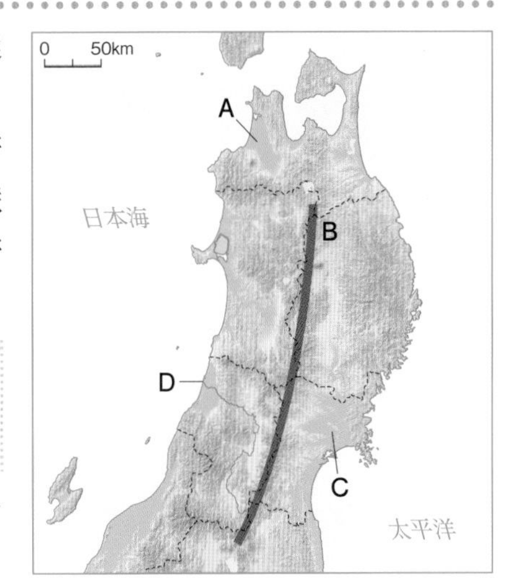

(2)　東北地方の太平洋側に吹き，冷害をもたらす風を何といいますか。（　　　　　　）

チェック 教科書一問一答　次の問いに答えよう。

/10問中

★は教科書の太字の語句

1 豊かな風土に育まれた文化をもつ地域

①夏の日照不足や低温により，農作物に被害が出る災害を何といいますか。　□★①＿＿＿＿

②三陸（さんりく）海岸にみられる，入江と岬（みさき）が複雑（ふくざつ）に入り組んだ海岸を何といいますか。　□★②＿＿＿＿

③2011年に起こった東北地方太平洋沖地震（じしん）は，何による被害が大きいものでしたか。　□★③＿＿＿＿

2 地域に根ざした豊かな文化

④秋田スギを利用した，秋田県大館（おおだて）市の伝統的工芸品を何といいますか。　□④＿＿＿＿

⑤古くから馬の飼育が盛んで，民謡の「南部馬方節（なんぶうまかたぶし）」などが受け継がれている県はどこですか。　□⑤＿＿＿＿

3

⑥東北三大祭りのうち，秋田県で行われている祭りを何といいますか。　□⑥＿＿＿＿

4 人々の暮らしの変化と産業

⑦近年東北地方の農村でみられるようになった，米の乾（かん）燥（そう）・保管・出荷（しゅっか）を管理する建物を何といいますか。　□⑦＿＿＿＿

⑧東北地方で自動車工場や部品工場の進出がみられるのは，どのような交通のそばですか。　□⑧＿＿＿＿

5 これからの農業

⑨青森（あおもり）県で栽培が盛んな果樹を何といいますか。　□⑨＿＿＿＿

⑩青森県が⑨の輸出に力を入れるためにしていることは，農業のグローバル化と何ですか。　□★⑩＿＿＿＿

知識の泉　東北地方には東北，山形，秋田の３つの新幹線が通っており，北海道を除く６つの地方の中で，すべての県に新幹線が通る唯一の地方となっています。

こつこつ　テスト直前　解答 p.27

定着のワーク ステージ2

第3章　日本の諸地域

6　東北地方

1 豊かな風土に育まれた文化をもつ地域　右の地図を見て，次の問いに答えなさい。

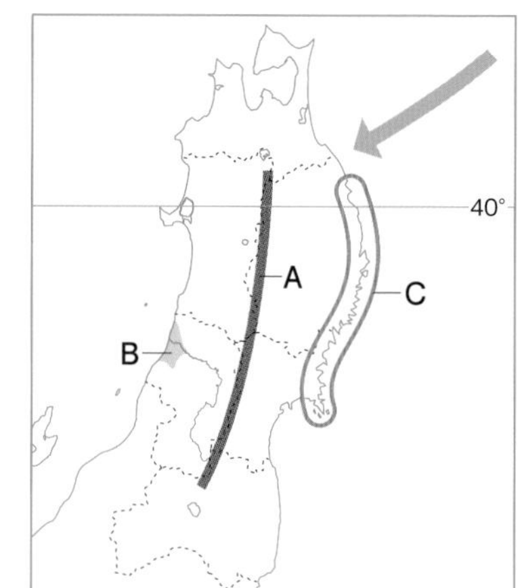

(1)　地図中の ➡ が示す，夏に吹くしめった冷たい北東風を何といいますか。（　　　）

よく出る (2)　東北地方の気候に影響（えいきょう）を与えるAの山脈を何といいますか。（　　　）

(3)　Bの平野を何といいますか。また，その平野を流れる河川を，［　］から選びなさい。

平野（　　　）
河川（　　　）

北上川（きたかみ）　最上川（もがみ）　米代川（よねしろ）

(4)　Cの海岸を何といいますか。（　　　）

(5)　(4)の沖合いは，暖流（だんりゅう）と寒流（かんりゅう）がぶつかり，魚が多く集まる好漁場になっています。この暖流・寒流の名前をそれぞれ書きなさい。

暖流（　　　）　寒流（　　　）

(1)冷害の原因です。
(4)Cはリアス海岸になっています。

2 東北地方の文化　次の問いに答えなさい。

(1)　次の文の｛　｝にあてはまる語句を，それぞれ選びなさい。

①（　　　）②（　　　）

雑煮（ぞうに）に入れる餅（もち）は，東日本では①｛丸餅　角餅｝が主になっている。男鹿（おが）では，②｛はたはた　はぜ｝を発酵（はっこう）させた醤油（しょうゆ）をつけることもある。

(2)　スギの木材の生産が盛（さか）んな東北地方の県を書きなさい。

（　　　）

よく出る (3)　右の地図中のA～Cでつくられている伝統的工芸品を，［　］からそれぞれ選びなさい。

A（　　　）
B（　　　）　C（　　　）

男鹿半島　A　B　C

会津塗（あいづぬり）　南部鉄器（なんぶてっき）　宮城伝統こけし（みやぎでんとう）
津軽塗（つがる）　天童将棋駒（てんどうしょうぎこま）　大館曲げわっぱ（おおだてま）

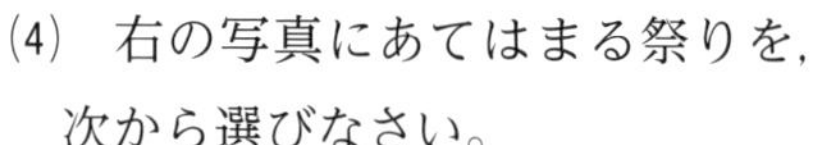
(4)　右の写真にあてはまる祭りを，次から選びなさい。

（　　　）

ア　青森（あおもり）ねぶたまつり
イ　秋田竿燈（あきたかんとう）まつり
ウ　仙台七夕（せんだいたなばた）まつり

(1)①京都とつながりの強い地域では丸餅です。
(3)天童は山形県，大館は秋田県の地名です。

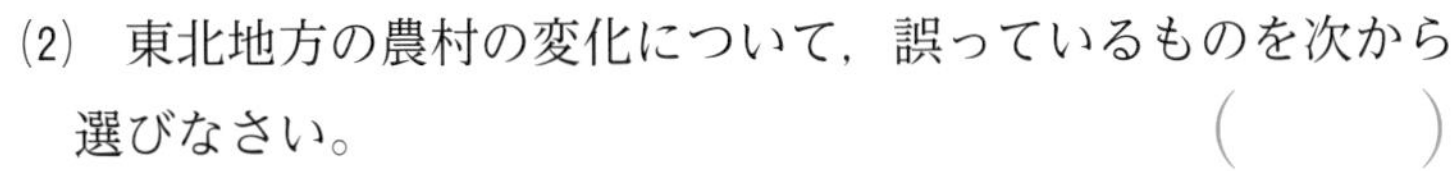

3 人々の暮らしの変化と産業　次の問いに答えなさい。

よく出る

(1)　東北地方の農村でみられるようになっている，右の写真のような建物を何といいますか。
（　　　　　）

(2)　東北地方の農村の変化について，誤っているものを次から選びなさい。（　　　）

ア　都市に出ていく若い世代が増えている。

イ　農作業の効率化により，農家の収入が増えている。

ウ　農業以外からも収入を得る農家が増えている。

エ　農薬の導入により，生き物の種類が減っている。

オ　茅葺(かやぶ)き屋根の家屋が減っている。

(3)　右の地図は，東北地方の主な交通網と，ある工業の分布を示しています。これを見て，次の問いに答えなさい。

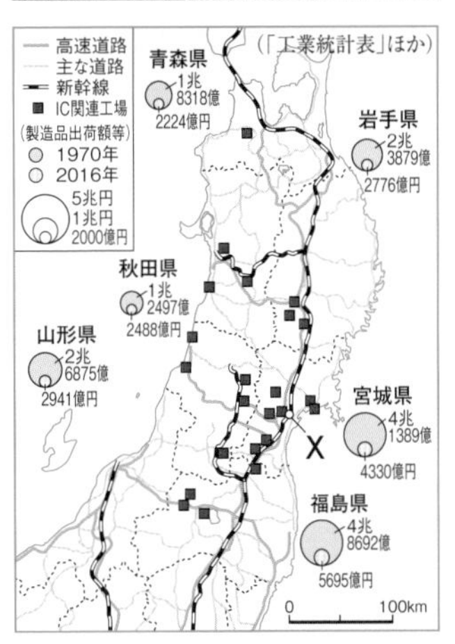

①　地図中に■で示された工場で生産される製品を，次から選びなさい。（　　　）

ア　自動車　　イ　IC関連

ウ　食品　　エ　紙・パルプ

②　地図中のXは，東北地方の中心となっている都市です。この都市の名前を書きなさい。
（　　　　　）

ヒントの森
(3)①高速道路や新幹線沿いにみられます。

4 これからの農業　次の問いに答えなさい。

(1)　東北地方の米の生産量が全国に占(し)める割合を，次から選びなさい。（　　　）

ア　5分の1以上　　イ　4分の1以上　　ウ　3分の1以上

(2)　右のグラフは，ある農作物の月別出荷量を示しています。これを見て，次の問いに答えなさい。

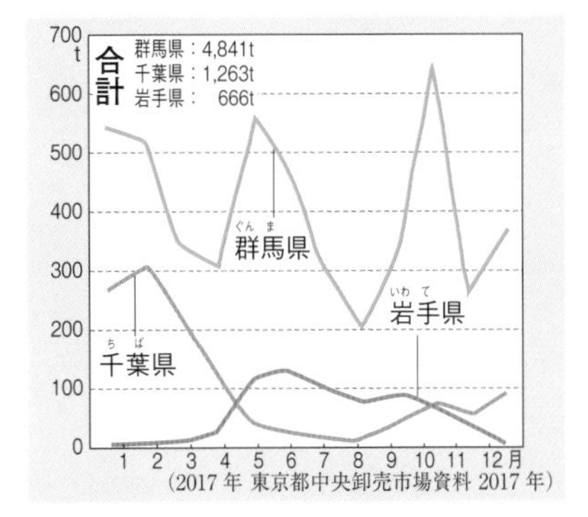

(2017年 東京都中央卸売市場資料 2017年)

①　この農作物を，[　　]から選びなさい。
（　　　　　）

キャベツ　　ほうれん草　　ねぎ

②　岩手(いわて)県が①の栽培(さいばい)に有利な理由を，次から選びなさい。（　　　）

ア　夏でも涼しい。　　イ　扇状地(せんじょうち)で水はけがよい。　　ウ　日照時間が長い。

(3)　次の文中の①にあてはまる語句を書き，②にあてはまる語句を選びなさい。

①（　　　　　）　②（　　　　　）

青森県西部の[①]平野ではりんごが盛んに栽培されており，現在，主に②｛アジア　ヨーロッパ｝に向けて輸出されている。

ヒントの森
(3)②台湾で贈答用として人気です。

第3編
第3章

予習・復習　こつこつ　解答 p.28

確認のワーク ステージ1　第3章 日本の諸地域　7 北海道地方

教科書の要点　(　　)にあてはまる語句を答えよう。

1 開拓の歴史が新しい地域　教 p.260～261

● 北海道の自然環境/開拓の歴史と都市の発展

◆石狩山地の西側▶積雪が多い。石狩平野や上川盆地。

◆日高山脈の東側▶雪が少ない。十勝平野，根釧台地。

◆江戸時代まで▶蝦夷地とよばれ，古くから先住民族の(①　　　　)が暮らす。

◆明治時代▶政府が(②　　　　)を札幌におき，屯田兵を送るなどして開拓を進める。

2 長く厳しい冬の暮らし　教 p.262～263

● 北海道の気候～涼しい夏と太平洋側の濃霧

◆北海道の気候▶(③　　　　)(亜寒帯)。

◆(④　　　　)沿岸▶冬になると流氷。

◆夏の気候▶(⑤　　　　)(千島海流)が南下する釧路などでは，濃霧が発生しやすくなる。

3 大規模化する農業　教 p.264～265

● 大規模な農業～大規模な酪農

◆石狩平野▶稲作地帯。かつて(⑥　　　　)が広がっていたが，整備して日本有数の米の生産地に。

◆十勝平野▶じゃがいもやてんさいなどの畑作が盛ん。

◆根釧台地など▶(⑦　　　　)が盛ん。
（根釧台地：乳牛の飼育や牧草の栽培に適する）

4 「とる漁業」から「育てる漁業」へ　教 p.266～267

● 北海道の漁業～転換する漁業

◆北海道の漁業▶生産量が全国第一位。昆布やさけなど。

◆遠洋漁業▶かつては(⑧　　　　)が盛ん。
→母川国主義が主張されるようになると衰退。
（母川国主義：さけ，ますがもどって産卵する川がある国を優先）

◆「育てる漁業」▶さけの(⑨　　　　)。オホーツク海などでほたて，サロマ湖でかきの養殖。
（「育てる漁業」：卵を人工的にふ化させて稚魚を川へもどす）

5 豊かな自然と観光　教 p.268～269

● 北海道の観光産業～自然を守りながら楽しむエコツアー

◆「さっぽろ雪まつり」のイベントで冬の観光客を増やす。

◆洞爺湖温泉▶(⑩　　　　)に認定。
（洞爺湖温泉：有珠山のそばにある）

◆国立公園▶大雪山と阿寒摩周など6か所。

◆エコツアー▶地元のボランティアやガイドに盛んに。

↓北海道地方の地形

↓主な農産物の生産量に占める北海道の割合

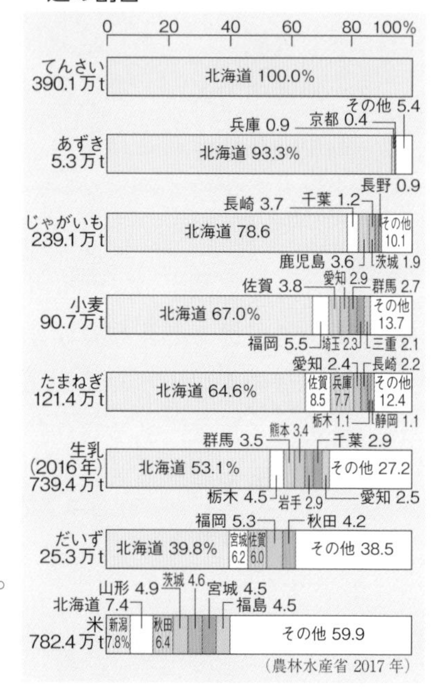

↓北海道の月別観光客数

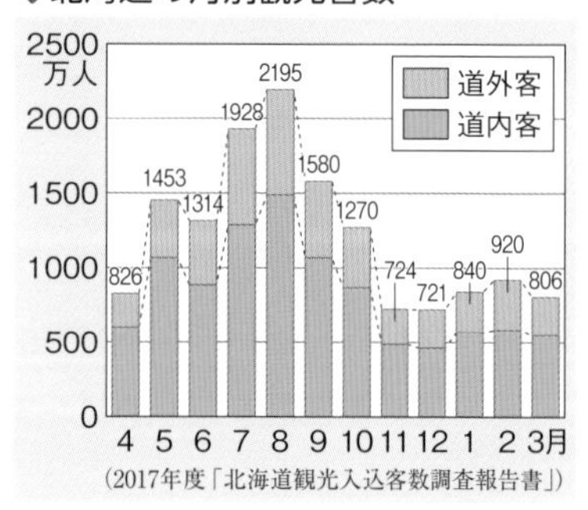

まるごと暗記　アイヌ民族 北海道の先住民族　オホーツク海 北海道の北部，冬に流氷が押し寄せる

教科書の資料　次の問いに答えよう。

(1)　A～Dにあてはまる地形の名称を，［　］からそれぞれ選びなさい。

A（　　　　　　）
B（　　　　　　）
C（　　　　　　）
D（　　　　　　）

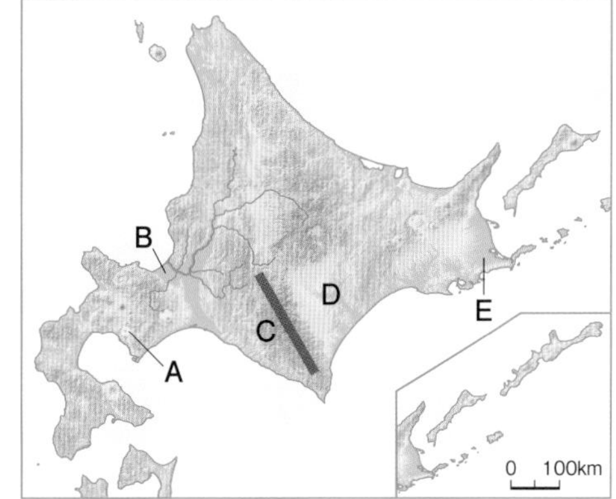

日高山脈　天塩（てしお）山地　石狩平野
十勝平野　洞爺湖　阿寒湖

(2)　Eは酪農が盛んな台地です。この台地を何といいますか。

（　　　　　　）

チェック 教科書一問一答　次の問いに答えよう。

/10問中

★は教科書の太字の語句

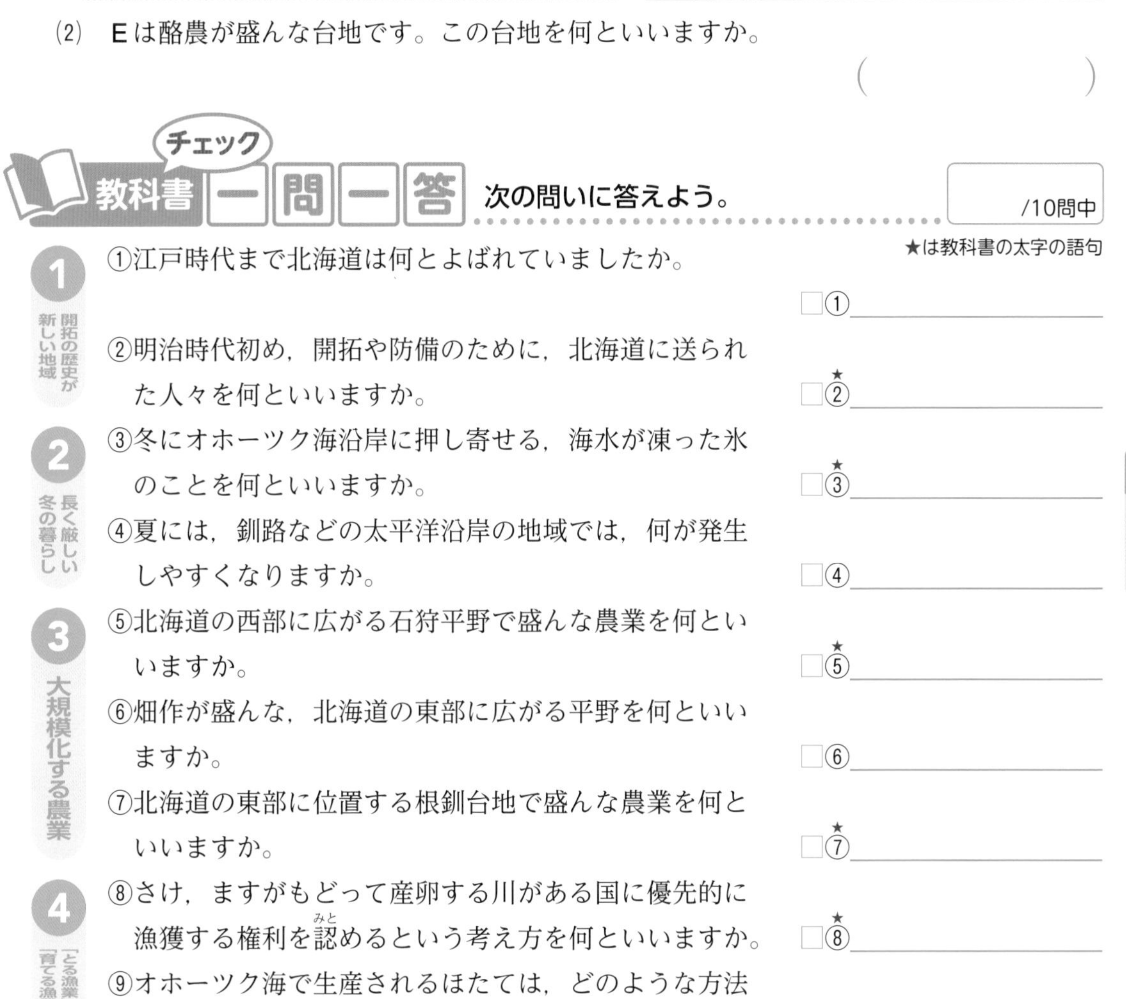

1 開拓の歴史が新しい地域

①江戸時代まで北海道は何とよばれていましたか。　□①

②明治時代初め，開拓や防備のために，北海道に送られた人々を何といいますか。　□②★

2 長く厳しい冬の暮らし

③冬にオホーツク海沿岸に押し寄せる，海水が凍った氷のことを何といいますか。　□③★

④夏には，釧路などの太平洋沿岸の地域では，何が発生しやすくなりますか。　□④

3 大規模化する農業

⑤北海道の西部に広がる石狩平野で盛んな農業を何といいますか。　□⑤★

⑥畑作が盛んな，北海道の東部に広がる平野を何といいますか。　□⑥

⑦北海道の東部に位置する根釧台地で盛んな農業を何といいますか。　□⑦★

4 「とる漁業」から「育てる漁業」へ

⑧さけ，ますがもどって産卵する川がある国に優先的に漁獲する権利を認（みと）めるという考え方を何といいますか。　□⑧★

⑨オホーツク海で生産されるほたては，どのような方法で生産されていますか。　□⑨★

5

⑩北海道の国立公園はいくつありますか。　□⑩

知識の泉　北海道を開拓していた時代，札幌農学校の初代教頭をつとめていたクラーク博士は「少年よ，大志を抱け」という言葉で有名で，開拓時代のシンボル的な存在となりました。

こつこつ テスト直前 解答 p.28

定着のワーク ステージ2 第3章 日本の諸地域 7 北海道地方

1 北海道の歴史と暮らし 右の地図を見て，次の問いに答えなさい。

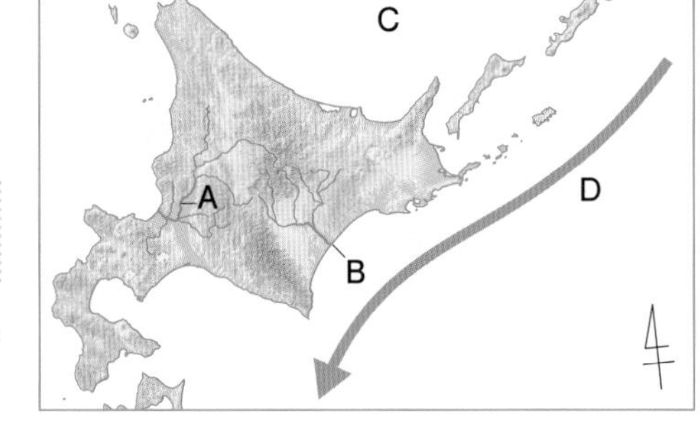

(1) 地図中のA・Bの河川を，□からそれぞれ選びなさい。

A（　　　　）
B（　　　　）

天塩川（てしお）　石狩川（いしかり）　十勝川（とかち）　釧路川（くしろ）

よく出る (2) 江戸（えど）時代まで，北海道は何とよばれていましたか。（　　　　）

(3) 次の文中の□にあてはまる語句をそれぞれ答えなさい。

①（　　　　）②（　　　　）

北海道には，古くから ① とよばれる先住民族が住んでいた。明治（めいじ）時代に入ると，政府は北海道の開拓（かいたく）を進めるために， ② とよばれる役所を設置した。

(4) 北海道の大部分が属する気候帯を何といいますか。

（　　　　）

(5) 冬に地図中のCの沿岸に押し寄せる，海水が凍（こお）ったものを何といいますか。（　　　　）

(6) 地図中のDの海流を何といいますか。

（　　　　）

ヒントの森
(1)Aは石狩平野，Bは十勝平野を流れています。
(6)水温の低い寒流です。

2 大規模化する農業 次の問いに答えなさい。

よく出る (1) 右のグラフは，主な農産物の生産量に占（し）める北海道の割合を示しています。グラフ中のA～Dにあてはまる農産物を，□からそれぞれ選びなさい。

農産物	生産量	内訳（%）
A	390.1万t	北海道 100.0%
B	121.4万t	北海道 64.6%，佐賀 8.5，兵庫 7.7，愛知 2.4，長崎 2.2，栃木 1.1，静岡 1.1，その他 12.4
C	5.3万t	北海道 93.3%，兵庫 0.9，京都 0.4，その他 5.4
D	739.4万t	北海道 53.1%，栃木 4.5，群馬 3.5，熊本 3.4，岩手 2.9，千葉 2.9，愛知 2.5，その他 27.2

(2016年)（農林水産省 2017年）

A（　　　　）
B（　　　　）
C（　　　　）
D（　　　　）

たまねぎ　生乳　あずき　米　てんさい

レベルUP (2) 次の文の□にあてはまる語句を答えなさい。

（　　　　）

石狩平野では，□によって寒さに強い稲（いね）をつくるなどして，日本有数の米の生産地となった。

ヒントの森
(1)北海道が占めるおおよその割合で区別できます。
(2)漢字4文字の語句があてはまります。

3 「とる漁業」から「育てる漁業」へ　次の問いに答えなさい。

(1)　北海道でかつて盛んに行われていた，オホーツク海や北太平洋に出かけていき，さけやますなどをとる遠洋漁業を何といいますか。

（　　　　　　）

(2)　(1)が衰退したのは，さけやますなどの漁獲についてどのような考え方が主張されるようになったためですか。（　　　　　　）

(3)　右のグラフは，北海道の海面漁業生産の変化を示しています。これを見て，次の問いに答えなさい。

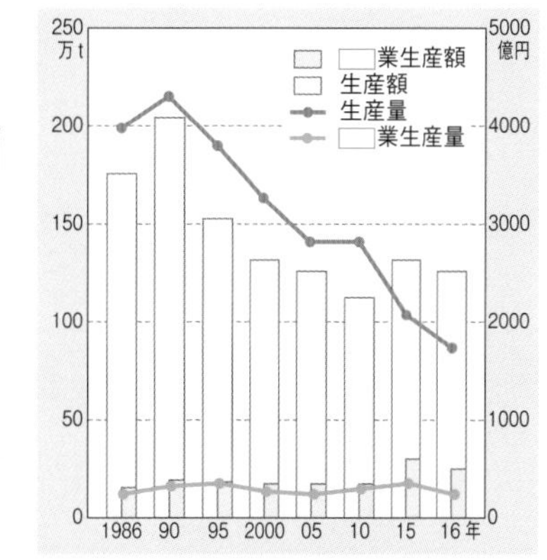

①　グラフ中の□にあてはまる，魚や貝類などを，網を張った海や人工の池で大きくなるまで育てることを何といいますか。

（　　　　　　）

②　2005年と2015年を比べると，①の生産量が全体の生産量に占める割合は，どちらの年の方が大きいですか。（　　　　　　）

③　内浦湾やオホーツク海沿岸で①が行われているものを，□から選びなさい。

（　　　　　　）

昆布	かき	うなぎ	ほたて

ヒントの森
(1)北の海に出ます。
(2)産卵する川がある国の資源であるという考え方。

4 豊かな自然と観光　右の地図を見て，次の問いに答えなさい。

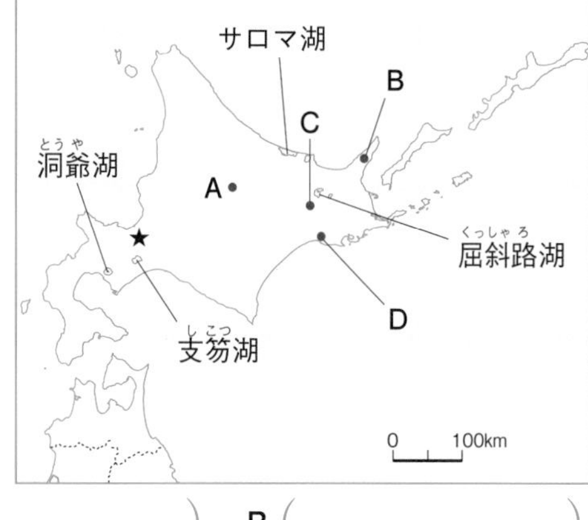

(1)　2月に地図中の★で行われ，国内外から多くの観光客が訪れるまつりを何といいますか。

（　　　　　　）

(2)　かつて大きな噴火を起こした有珠山の近くに位置し，世界ジオパークにも認定されている温泉がある湖を，地図中から選びなさい。

（　　　　　　）

よく出る (3)　地図中のA～Dにあてはまる国立公園の名前を，□からそれぞれ選びなさい。

A（　　　　　　）　B（　　　　　　）

C（　　　　　　）　D（　　　　　　）

大雪山	釧路湿原	知床	阿寒摩周

(4)　自然や地域の伝統的な文化を壊すことなく，地域の自然や文化を楽しむ旅行を何といいますか。

（　　　　　　）

(1)★は札幌市です。
(4)ボランティアや専門のガイドによって行われています。

こつこつ　テスト直前　解答 p.29

総合問題編

第3章　日本の諸地域
5　関東地方 / 6　東北地方 / 7　北海道地方

30分　　/100

1 右の地図を見て，次の問いに答えなさい。　5点×6（30点）

よく出る (1)　Aの河川を何といいますか。

(2)　(1)の下流を県境とする県を２つ書きなさい。

(3)　地図中のア～オは政令指定都市を示しています。川崎（かわさき）市を選びなさい。

記述 (4)　次の文の□にあてはまる言葉を，海流名にふれながら書きなさい。

関東（かんとう）地方の夏は蒸し暑くて雨が多く，中でも沿岸部は，□な気候である。

(5)　地図中のXの高速道路の名前を，次から選びなさい。

ア　東北（とうほく）自動車道　　イ　常磐（じょうばん）自動車道　　ウ　関越（かんえつ）自動車道　　エ　東名（とうめい）高速道路

(1)		(2)			(3)	
(4)					(5)	

2 次の資料を見て，あとの問いに答えなさい。　5点×4（20点）

資料1

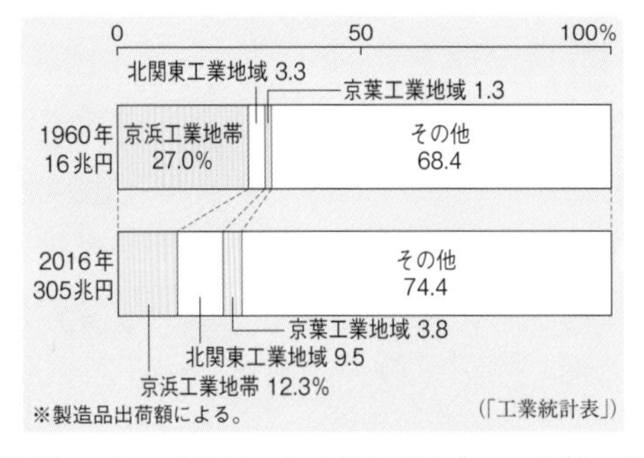

※製造品出荷額による。　（「工業統計表」）

資料2

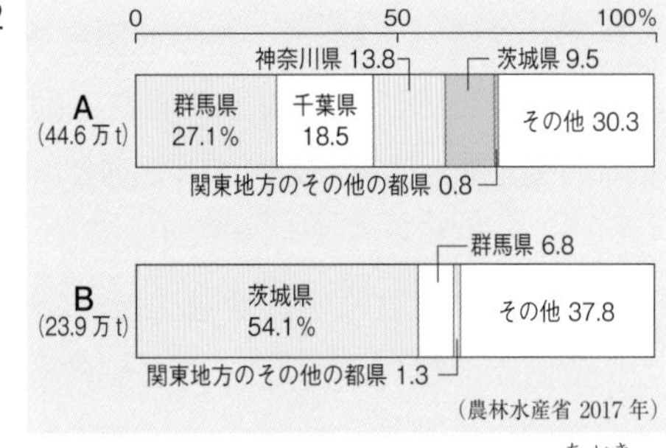

（農林水産省 2017年）

記述 (1)　資料１は，全国にみる関東地方の工業の割合の変化を示しています。北関東工業地域（ちいき）の製造品出荷額の割合が増えている理由を，交通に注目して簡単に書きなさい。

(2)　資料２は，関東地方と周辺の主な都市で消費される野菜の生産地を示しています。A・Bにあてはまる農産物を，次からそれぞれ選びなさい。

ア　だいこん　　イ　はくさい　　ウ　キャベツ

よく出る (3)　資料２を見ると，関東地方やその周辺で消費される野菜の多くは関東地方で生産されています。このような農業を何といいますか。

(1)				
(2)	A	B	(3)	

目標
- □関東地方,東北地方,北海道地方の地形や気候をおさえる
- □関東地方,東北地方,北海道地方の産業や交通をおさえる
- □関東地方の人口問題をおさえる

自分の得点まで色をぬろう!
がんばろう! | もう一歩 | 合格!
0　60　80　100点

3 右の地図を見て，次の問いに答えなさい。　5点×6(30点)

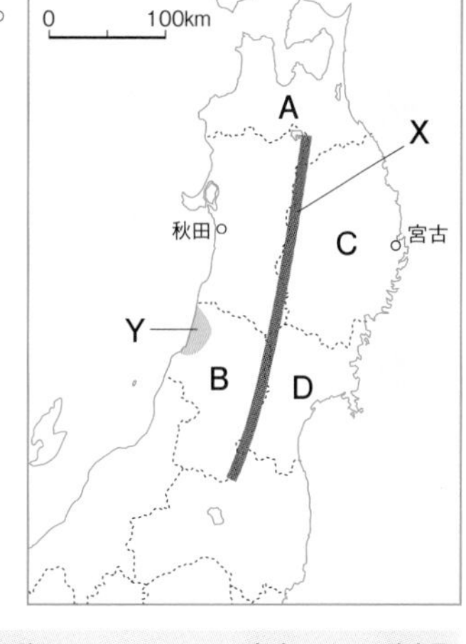

(1) 地図中のXの山脈，Yの平野の名前をそれぞれ書きなさい。

(2) 地図中のA～Dの県と生産が盛んな伝統的工芸品の組み合わせとして正しいものを，次から選びなさい。

ア　A－南部鉄器(なんぶてっき)　イ　B－曲げわっぱ
ウ　C－置賜紬(おいたまつむぎ)　エ　D－伝統こけし

(3) 1980年代以降，アジアに工場を移す企業が増える一方で，地図中のC・Dの県の高速道路のインターチェンジ付近への進出がみられるものを，次から2つ選びなさい。

ア　電気機械工場　イ　部品工場
ウ　自動車工場　エ　食品工場

(4) 右のグラフは，地図中の秋田(あきた)市と宮古(みやこ)市の気温と降水量(こうすいりょう)を示したものです。秋田市と宮古市はほぼ同じ緯度に位置していますが，夏の気温は宮古市のほうが低いことが読み取れます。その理由を，簡単に説明しなさい。

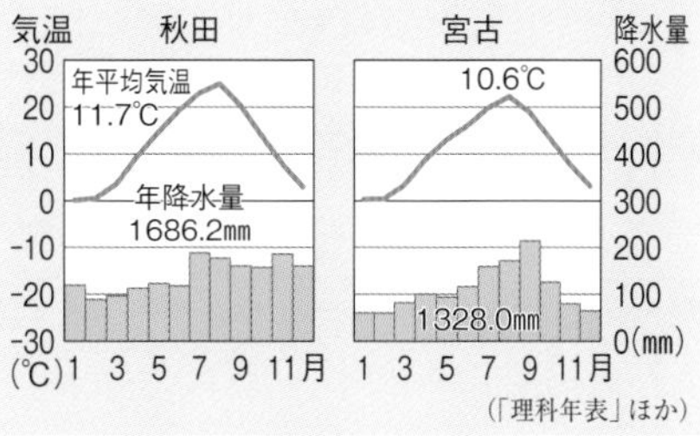

(1)	X	Y	(2)		(3)		
(4)							

第3編 第3章

4 右の地図を見て，次の問いに答えなさい。　4点×5(20点)

(1) 札幌(さっぽろ)市を地図中のア～エから選びなさい。

記述

(2) 地図中のXではほたての養殖(ようしょく)が盛んです。養殖とは何をすることか，簡単に書きなさい。

(3) 知床(しれとこ)半島を，地図中に⬭で示しなさい。

(4) 次の①・②にあてはまる地域を，地図中のA～Dからそれぞれ選びなさい。

① 有珠山(うすざん)が噴火(ふんか)し被害(ひがい)をもたらしたが，現在は世界ジオパークに認定(にんてい)されている。

② 火山灰におおわれ，低温で稲作(いなさく)に不向きなため，大規模(だいきぼ)な酪農(らくのう)が行われている。

X　ウ　B　A　イ　D　エ　C　ア　0　100km

(1)		(2)		
(3)	図中に記入	(4) ①	②	

資料活用・思考力問題編

実力判定テスト ステージ3

第3章 日本の諸地域

1 次の地図を見て，あとの問いに答えなさい。

10点×3（30点）

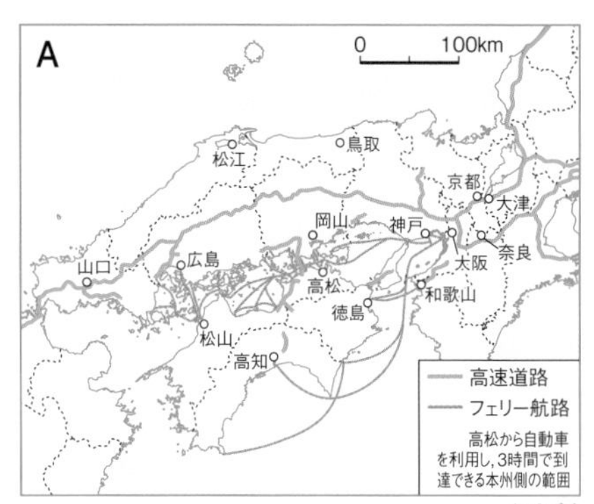

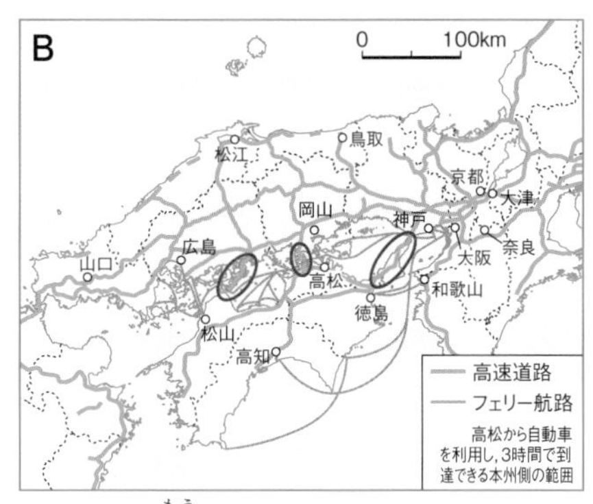

(1) Aは1989年ごろ，Bは2019年の中国（ちゅうごく）・四国（しこく）地方の交通網（もう）を示しています。AからBの間に完成した，⬭をまとめて何といいますか。

(2) (1)の完成はフェリーの航路の減少につながりました。その理由について，時間に着目して簡単に書きなさい。

(3) (1)の変化は，この地方の人口の減少を進めています。その理由を簡単に書きなさい。

(1)		(2)	
(3)			

2 右の資料を見て，次の問いに答えなさい。

8点×4（32点）

(1) 右のグラフを見て，次の問いに答えなさい。

① 長野県の出荷量が最も多いのは何月ですか。

② 長野県の出荷の特徴（とくちょう）を，他の産地と比較して簡単に書きなさい。

(2) 次の文中の□にあてはまる言葉を書きなさい。

レタスの月別出荷量

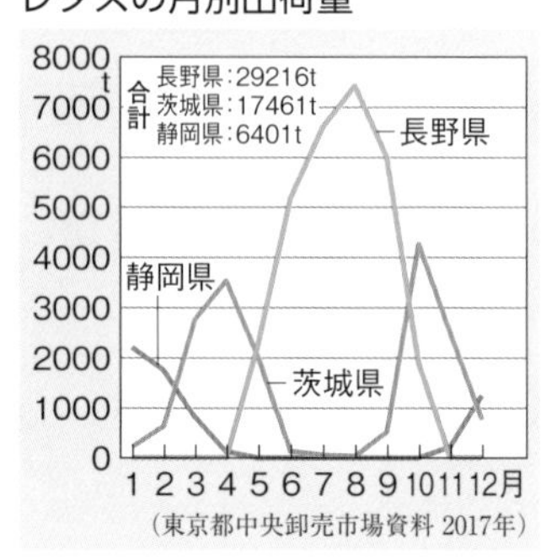

（東京都中央卸売市場資料 2017年）

地図中の岩手県（いわて）久慈（くじ）地方では，1980年にやませによる ① が起こってから，やませの影響（えいきょう）で ② 気候を利用して，稲に代わってほうれん草を栽培（さいばい）する農家が増えた。

(1)	①	②
(2)	①	②

ここに注目! それぞれの地方の気候や人口，産業などの特徴を思い出しながら，資料を読み解いてみよう。

自分の得点まで色をぬろう!

がんばろう! | もう一歩 | 合格!

0　60　80　100点

3 次の資料を見て，あとの問いに答えなさい。

9点×2（18点）

A　京都市の街並み

B　札幌市の街並み

(1)　Aの京都市とBの札幌市は，どちらも人工的に区画された都市です。そのことがわかる共通した特徴を書きなさい。

(2)　京都市では，条例によって屋外広告が制限されたり，右のように建物の色や形が規制されたりしています。その理由を，「景観」という語句を使って簡単に書きなさい。

(1)		(2)	

4 次の資料を見て，あとの問いに答えなさい。

10点×2（20点）

資料1　東京都心部の昼間と夜間の人口

	昼（万人）	夜（万人）
千代田区	85.3	5.8
中央区	60.9	14.1
港区	94.1	24.3
渋谷区	53.9	22.5
新宿区	77.6	33.4

（2015年 国勢調査）

資料2　東京23区への通勤・通学者の分布

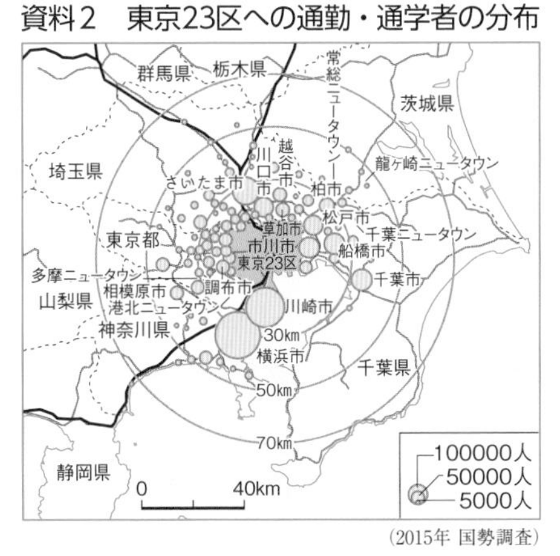

（2015年 国勢調査）

資料3　東京大都市圏にみる地価の比較

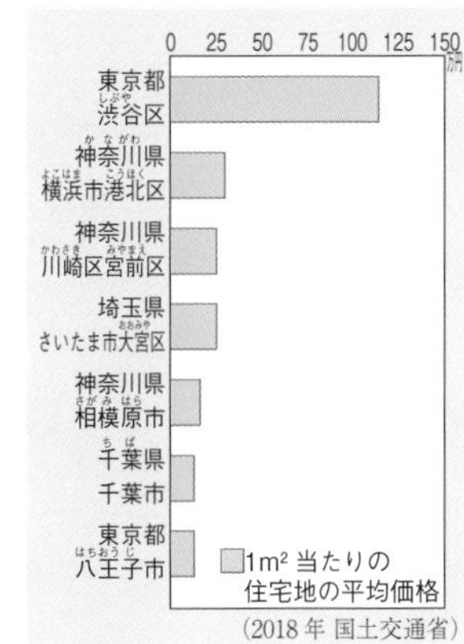

（2018年 国土交通省）

(1)　**資料1**から読みとれる，東京都心部の人口の特徴を簡単に書きなさい。

(2)　(1)の理由について，**資料2・3**を参考にして，「地価」「郊外」という言葉を使って簡単に書きなさい。

(1)	
(2)	

予習・復習 こつこつ 解答 p.30

確認のワーク ステージ1 第4章 地域のあり方

教科書の要点 （　）にあてはまる語句を答えよう。

1 地域の課題をとらえる(1) 教 p.274~275

●地域の変化を知るところから～農村の課題と対策

◆第二次世界大戦後▶若い世代の多くが農村から都市へ移動（進学や就職）→都市と農村の（①　　　　）が広がる。

■首都・東京▶政治や経済，文化などの面で著しい（②　　　　）が起きている。

■農村地域▶人口が流出して産業や経済が衰え，公共交通機関の廃止など住民の生活も困難に。

◆徳島県上勝町▶（③　　　　）と高齢化が進む。

■地域の環境改善のため，「ゼロ・ウェイスト（ごみゼロ）」（細かいごみ分別やリサイクル）を宣言。制度を整備し移住者を集める努力。

2 地域の課題をとらえる(2) 教 p.276~277

●都市の社会基盤～災害に強いまちづくり

◆（④　　　　）▶空港，鉄道や道路，学校など。

■（⑤　　　　）と人口減少で管理の負担増。

◆人口の（⑥　　　　）化▶様々な問題。

■通勤・通学時の交通渋滞。

■（⑦　　　　）の値上がり→住居費などの負担。

■ごみ処理施設の不足。　■防災上の問題。

◆ごみ処理▶収集や清掃工場での処理，焼却灰や不燃ごみ処分場の確保などの課題。

◆（⑧　　　　）▶1995年に発生。現在は区画整理が進み，幅の広い道路，地震に強い住宅を整備。

3 地域の課題を調べる 教 p.278~279

●「高齢化」をキーワードに～商店街での聞き取りから

◆（⑨　　　　）▶最大のニュータウン。65歳以上の人口割合は約24%で，（⑩　　　　）が進む。

4 地域に向けて発信する 教 p.280~281

●調べたことをまとめる/地域の課題が見えるようにする

◆地域の課題▶地域による細かい違いを考えて，解決策を考えることが大切。

◆課題を解決するための方法▶人々が困っていることを明らかにし，違いの原因を探り，話し合い方法を提案。

↓地域調査の手引き（発表会を開く）

①発表方法の決定
●イラストマップやグラフの作成 ●発表内容の要点をまとめる
②発表会の準備
●班ごとに資料・原稿をまとめる ●発表会の進め方と役割の決定 ●おおまかな発表時間の決定
③発表する
●調査結果を伝える ●質問や討論を行う ●自分たちの意見を発信する
④まとめ
●ポスターやレポートに表現 ●他の班の発表を聞き，比較，関連づけ ●さらに追究する ●将来の地域のあり方を提案

↓多摩ニュータウンの人口と高齢化率

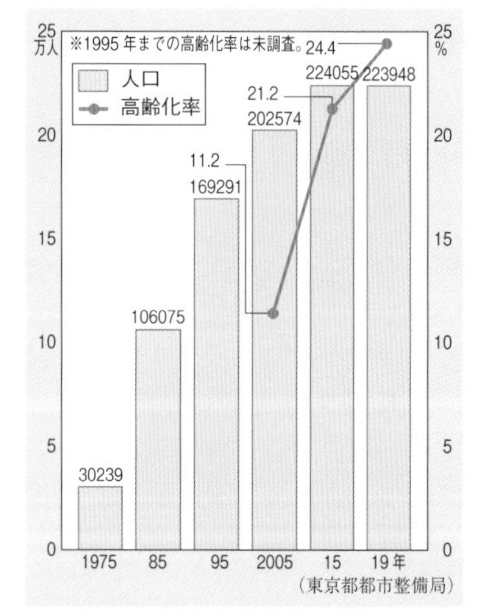

まるごと暗記 一極集中 さまざまな機能が一つの都市に集まること 過密 人口が集まりすぎる状態

教科書の資料 次の問いに答えよう。

(1) 右の表中のA～Cにあてはまる語句を，□からそれぞれ選びなさい。

A（　　　）

B（　　　）

C（　　　）

インタビュー　レポート　まちづくり

地域調査の手引き【地域に向けて発信する】
●調査してわかったことを地図やグラフにしてポスターや（ A ）にまとめたり，学校のウェブサイトに掲載したりして発信する。
●地域の住民や（ B ）した人などを招いて発表会を行い，発表内容についての感想や意見をうかがう。
●市役所や町村役場の（ C ）担当の人に，自分たちの提案を聞いてもらい，それに対する意見をうかがう。

(2) 下線部の機関が主に整備している，鉄道や病院，港湾など，日々の生活に必要な施設を何といいますか。

（　　　）

チェック 教科書一問一答 次の問いに答えよう。

/10問中

★は教科書の太字の語句

1 地域の課題をとらえる(1)

①日本で若い世代の多くが進学や就職のために農村から都市へ移動したのは，何というできごとの後ですか。　□①

②日本で著しい一極集中が起こっている都市はどこですか。　□②

2 地域の課題をとらえる(2)

③現在，無線通信の設備が欠かせないものになっているのは，何に接続するためですか。　□③

④公共施設の運営を民間の企業が行うようになることを何といいますか。　□④

⑤人口の過密化により，都市では通勤・通学時に，鉄道・道路ではどのような問題が起こっていますか。　□⑤

⑥東京都の特別区から排出されるごみは，どこにある埋め立て処分場に受け入れられていますか。　□⑥

3 地域の課題を調べる

⑦多摩ニュータウンは，稲城市，多摩市，町田市と何市に広がる範囲ですか。　□⑦

⑧65歳以上の老年人口の割合が高くなることを，何といいますか。　□⑧★

⑨多摩ニュータウンの開発初期の住宅は，耐震化工事のほかに，何の対策が不十分になっていますか。　□⑨

4

⑩地域の課題については，地域による何を理解したうえで解決策を考えることが大切ですか。　□⑩

65歳以上の高齢者が集落人口の50%をこえ，社会的な共同生活を維持することが限界に近付いている集落のことを限界集落といいます。

第3編 第4章

こつこつ　テスト直前　解答 p.31

第4章　地域のあり方

1 地域の課題をとらえる　次の表を見て，あとの問いに答えなさい。

◆各地域の課題

地域		課題
地方	県・市など	
九州地方	沖縄県	（ X ）基地の影響を受ける
	（ A ）市	桜島の火山灰とともに暮らす
中国・四国地方	中国，四国山地	人口減少に悩む
近畿地方	奈良，（ B ）	歴史的建造物との共存
中部地方	富士山周辺	観光客の増加と環境破壊
	（ C ）地方	多雪地域を生かした暮らし
	（ D ）市	外国人との共生
関東地方	a 東京都	b 集中する人口と交通，環境問題
東北地方	東日本の太平洋岸	（ Y ）からの復興
北海道地方	北海道	自然や気候を生かした観光

(1) 表中のX・Yにあてはまる語句を，それぞれ書きなさい。

X（　　　　）　Y（　　　　）

(2) 表中のA～Dにあてはまる県・市などを，［　　］からそれぞれ選びなさい。

A（　　　　）　B（　　　　）
C（　　　　）　D（　　　　）

熊本　鹿児島　甲府　浜松
東海　北陸　大阪　京都

よく出る (3) 下線部aについて，政治や経済，文化などの面における資本・資源・活動が，首都である東京に集中している状況を何といいますか。（　　　　）

よく出る (4) 下線部bについて，次の問いに答えなさい。

① 人口が特定の地域に集中しすぎている状態を何といいますか。（　　　　）

② 人口が集中しすぎることによって起こる問題として正しいものを，次から2つ選びなさい。（　　）（　　）

ア 公共交通機関の廃止
イ 鉄道や道路の交通渋滞
ウ 学校の統廃合
エ スーパーマーケットの撤退
オ 地価の値上がりによる住居費の負担増

(1) Y 2011年に起こった震災があてはまります。
(4)② 人口が集中しすぎることによる問題には，ほかにごみ処理問題もあります。

2 地域の課題を調べる

多摩ニュータウンがもつ地域の課題について，次の問いに答えなさい。

(1) 多摩ニュータウンで，右のA・Bのような光景が見られる原因について述べた文として，正しいものを次からそれぞれ選びなさい。

A バリアフリー対策が十分ではない住宅が多くみられる。

B 移動販売車が地域を回り，食料品などの販売を行っている。

A（　　　）　B（　　　）

ア　多摩丘陵を切り開いてつくられたから。

イ　主に30歳代から40歳代が生活することを想定してつくられたから。

ウ　商店街がさびれ，買い物の手段に困る高齢者が増えたから。

(2) 次の文の□にあてはまる語句を，それぞれ書きなさい。

①（　　　　　）　②（　　　　　）

③（　　　　　）

多摩ニュータウンは，第二次世界大戦後，全国から［①］へ移動する人が増えて都心部で［②］が不足したためにつくられたが，現在は人口減少と［③］が進み，さまざまな問題が起こっている。

(2)②住宅団地を中心に開発されました。
③日本全体でも課題となっています。

3 地域に向けて発信する

次の表中のA～Dにあてはまる語句を，□からそれぞれ選びなさい。

◆地域調査の手引き【発表会を開く】

①発表方法の決定	●（ A ）やグラフを作成する。 ●発表内容の要点をまとめる。
②発表会の準備	●班ごとに資料や（ B ）をまとめる。 ●発表会の進め方と役割，おおまかな発表時間を決定する。 ●実際に発表会のリハーサルを行う。
③発表する	●調査結果を伝える。 ●発表内容について，質問や討論を行う。 ●自分たちの意見や提案を発信する。
④まとめ	●ポスターや（ C ）などに表現する。 ●他の班の発表を聞き，（ D ）したり関連づけたりする ●将来の地域のあり方を提案する。

A（　　　　　）　B（　　　　　）

C（　　　　　）　D（　　　　　）

比較　イラストマップ　文献
ルートマップ　原稿　レポート

ヒントの森

ルートマップは，観察する道順を記入した地図のことをいいます。

第3編 第4章

世界の国々と国旗

次の国旗と国名と，首都の名前をそれぞれ書きましょう。

①国名（　　　　）
首都名（　　　　）

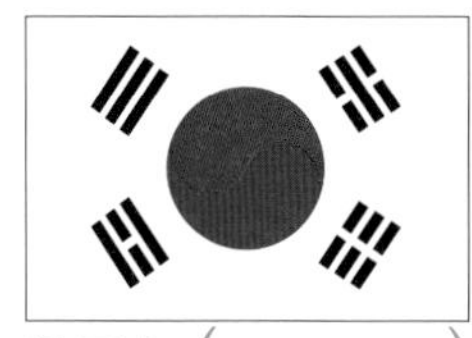

②国名（　　　　）
首都名（　　　　）

③国名（　　　　）
首都名（　　　　）

④国名（　　　　）
首都名（　　　　）

⑤国名（　　　　）
首都名（　　　　）

⑥国名（　　　　）
首都名（　　　　）

⑦国名（　　　　）
首都名（　　　　）

⑧国名（　　　　）
首都名（　　　　）

⑨国名（　　　　）
首都名（　　　　）

⑩国名（　　　　）
首都名（　　　　）

⑪国名（　　　　）
首都名（　　　　）

⑫国名（　　　　）
首都名（　　　　）

⑬国名（　　　　）
首都名（　　　　）

⑭国名（　　　　）
首都名（　　　　）

⑮国名（　　　　）
首都名（　　　　）

⑯国名（　　　　）
首都名（　　　　）

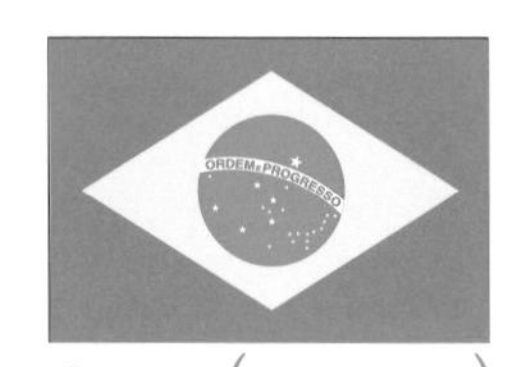

⑰国名（　　　　）
首都名（　　　　）

⑱国名（　　　　）
首都名（　　　　）

⑲国名（　　　　）
首都名（　　　　）

⑳国名（　　　　）
首都名（　　　　）

解答：①国名 日本／首都名 東京　②大韓民国／ソウル　③朝鮮民主主義人民共和国／ピョンヤン　④中華人民共和国／ペキン　⑤モンゴル／ウランバートル　⑥インド／デリー　⑦フィリピン／マニラ　⑧タイ／バンコク　⑨ロシア連邦／モスクワ　⑩イタリア／ローマ　⑪スイス／ベルン　⑫ドイツ／ベルリン　⑬フランス／パリ　⑭イギリス／ロンドン　⑮カナダ／オタワ　⑯アメリカ合衆国／ワシントン D.C.　⑰ブラジル／ブラジリア　⑱アルゼンチン／ブエノスアイレス　⑲オーストラリア／キャンベラ　⑳南アフリカ共和国／プレトリア

定期テスト対策

得点アップ！予想問題

1 この「**予想問題**」で実力を確かめよう！

2 「**解答と解説**」で答え合わせをしよう！

3 わからなかった問題は戻って復習しよう！

この本での学習ページ

スキマ時間でポイントを確認！
別冊「**スピードチェック**」も使おう

●予想問題の構成

回数	教科書ページ	教科書の内容	この本での学習ページ
第1回	10～19	第1編　第1章　世界の地域構成	2～7
第2回	20～27	第1編　第2章　日本の地域構成	8～13
第3回	30～45	第2編　第1章　世界の人々の生活と環境	18～25
第4回	50～63	第2編　第2章　1　アジア州	30～35
第5回	68～89	第2編　第2章　2　ヨーロッパ州 /3　アフリカ州	38～45
第6回	94～103	第2編　第2章　4　北アメリカ州	48～53
第7回	108～125	第2編　第2章　5　南アメリカ州 / 6　オセアニア州	56～61
第8回	134～146	第3編　第1章　地域調査の方法を学ぼう	66～69
第9回	148～171	第3編　第2章　日本の特色と地域区分	70～83
第10回	176～199	第3編　第3章　1　九州地方 / 2　中国・四国地方	88～97
第11回	204～213	第3編　第3章　3　近畿地方	100～105
第12回	218～227	第3編　第3章　4　中部地方	106～111
第13回	232～241	第3編　第3章　5　関東地方	114～119
第14回	246～269	第3編　第3章　6　東北地方 / 7　北海道地方	120～127
第15回	10～269	地理の総合問題	―

第1回 予想問題

第1編第1章 世界の地域構成

解答 ▶ p.32

15分 /100

1 右の地図を見て，次の問いに答えなさい。

10点×10（100点）

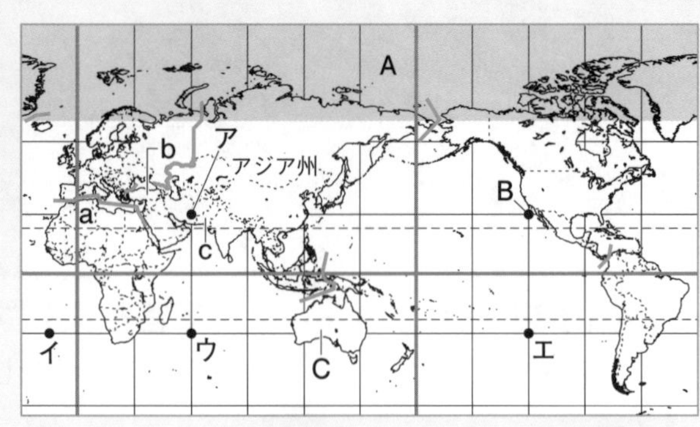

⑴ 世界の六つの大陸のうち，地図中に示されていない大陸の名称を書きなさい。

⑵ 地図中の五つの大陸のうち，世界の三つの海洋すべてに面している大陸の名称を書きなさい。

⑶ 地図中に ━━ で示された線のうち，本初子午線を表す線を，地図中になぞって示しなさい。

⑷ 地図中のAの地域などでみられる白夜とよばれる現象の説明としてあてはまるものを，次から選びなさい。

ア 夏に一日中太陽が沈まない現象である。

イ 夏に一日中太陽が昇らない現象である。

ウ 冬に一日中太陽が沈まない現象である。

エ 冬に一日中太陽が昇らない現象である。

⑸ 地図中のBの地点と地球上で正反対になる地点を，地図中のア～エから選びなさい。

⑹ 地図中のCの州の名称を書きなさい。

⑺ アジア州は，世界人口のおよそどれぐらいを占めていますか。次から選びなさい。

ア 40%　　イ 50%　　ウ 60%　　エ 70%

⑻ 世界で最も小さな国は，何という国の首都にありますか。

⑼ 上の地図の特徴としてあてはまるものを，次から選びなさい。

ア 中心からの距離と方位が正しい地図である。

イ 面積が正しく表された地図である。

ウ 高緯度になるほど面積が拡大される地図である。

エ 面積・形・方位がすべて正しく表された地図である。

⑽ 右の国旗は，地図中のa～cの国のものです。これらの国旗に共通してあてはまる特徴を，宗教名に触れながら簡単に書きなさい。

a

b

c

⑴		⑵		⑶	図中に記入	⑷	
⑸		⑹		⑺		⑻	
⑼		⑽					

解答 p.32

第2回 予想問題 第1編第2章　日本の地域構成

15分 /100

1 右の地図を見て，次の問いに答えなさい。 10点×10（100点）

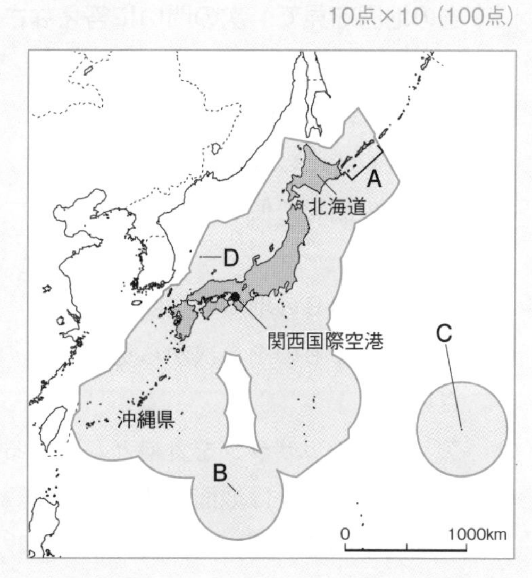

(1) 地図中の北海道（ほっかいどう）から沖縄県（おきなわ）までのおよその距離として正しいものを，次から選びなさい。

ア 1000km　イ 2000km
ウ 3000km　エ 4000km

(2) 地図中のAの地域について，次の問いに答えなさい。

① この地域に位置する島々をあわせて何といいますか。

② この地域に位置する島として誤っているものを，次から選びなさい。

ア 与那国島（よなぐにじま）　イ 色丹島（しこたんとう）
ウ 国後島（くなしりとう）　エ 択捉島（えとろふとう）

(3) 地図中のBは，日本の南端の島を表しています。この島を何といいますか。

(4) 地図中のCは，日本の東端の島を表しています。この島のおよその経度として正しいものを，次から選びなさい。

ア 東経149度　イ 東経154度
ウ 東経159度　エ 東経164度

(5) 地図中のDは，現在，韓国（かんこく）に不法に占拠（せんきょ）されています。この島を何といいますか。

(6) 日本の国土は4つの大きな島と他の島々からなりますが，「4つの大きな島」のうち，3番目に面積が大きい島を何といいますか。

(7) 日本時間の1月14日午前8時に地図中の関西国際空港を出発した飛行機が，12時間かけてロンドンに到着しました。本初子午線（ほんしょしごせん）を標準時子午線とするロンドンへ飛行機が到着したのは現地時間の何月何日何時ですか。午前または午後を明らかにして答えなさい。

(8) 地図中に▭で示された領域について，次の問いに答えなさい。

① この水域を何といいますか。（着色した範囲には領海も含みます。）

② この水域はどのような領域ですか。海岸線からの範囲を明らかにした上で「資源」の語句を使って簡単に書きなさい。

(1)		(2) ①	②	(3)	
(4)		(5)	(6)	(7)	
(8) ①		②			

第3回 予想問題 第2編第1章 世界の人々の生活と環境

1 右の地図を見て，次の問いに答えなさい。 8点×5（40点）

(1) 地図中のAの地域では，壁に石灰を塗り，白くした建物が多くみられます。その理由を，「夏」「日ざし」の語句を使って，簡単に書きなさい。

(2) 地図中のBの地域の説明としてあてはまるものを，次から選びなさい。

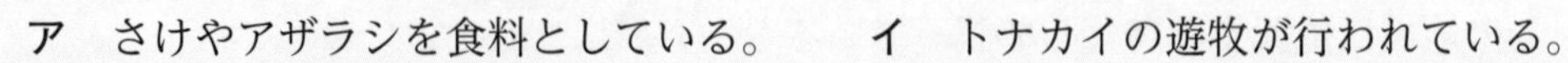

ア さけやアザラシを食料としている。 イ トナカイの遊牧が行われている。

ウ 一年の多くは地面が凍っている。 エ 伝統的に木造の住宅が多い。

(3) 地図中のCの国では，古くから遊牧が行われていました。遊牧民が用いていた移動式の住居を何といいますか。

(4) 地図中のDの地域で生産される農産物として誤っているものを，次から選びなさい。

ア とうもろこし イ じゃがいも ウ オリーブ エ 小麦

(5) 低木がまばらに生える草原であるサバナが広がる地域を，地図中のア～エから選びなさい。

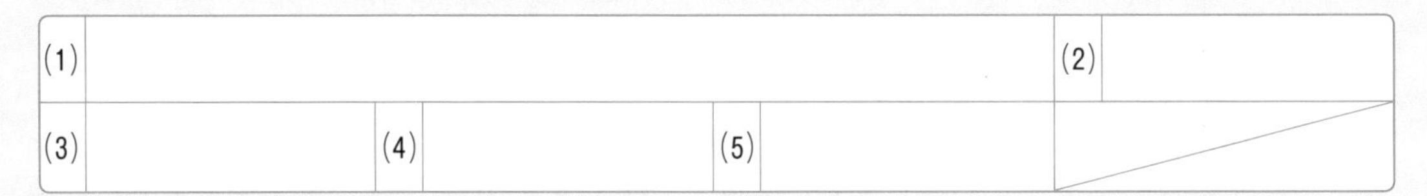

(1)						(2)	
(3)		(4)		(5)			

2 次の問いに答えなさい。 10点×6（60点）

(1) 右のグラフは，世界の宗教別の人口割合を示しています。

① Aの宗教の教徒が，祈りを捧げる施設を何といいますか。

② Bの宗教の教徒は，何という都市の方向に向かって1日5回の礼拝を行いますか。

③ Cの宗教の教徒が多い国を，次から選びなさい。

ア インド イ エジプト ウ ドイツ エ ベトナム

④ グラフ中のDにあてはまる宗教を何といいますか。

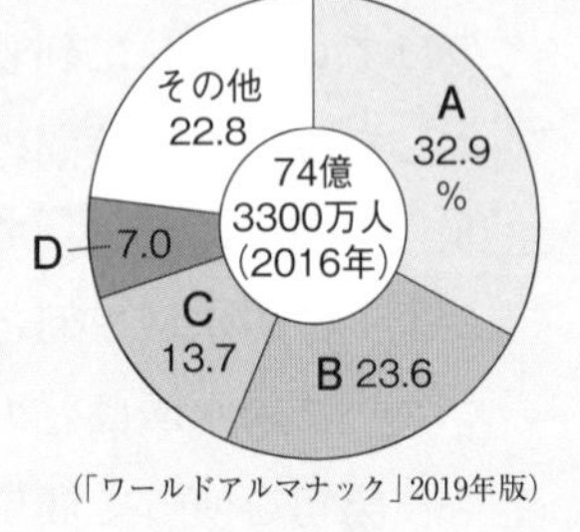

(「ワールドアルマナック」2019年版)

(2) 母語とはどういう言葉か，簡単に書きなさい。

(3) 英語を公用語としている国として誤っているものを，次から選びなさい。

ア イギリス イ ブラジル ウ オーストラリア エ アメリカ合衆国

(1)	①	②	③	④
(2)				(3)

解答 p.32

第4回 予想問題

第2編第2章　1　アジア州

/100

定期テスト対策　予想問題

1 右の地図を見て，次の問いに答えなさい。

10点×6（60点）

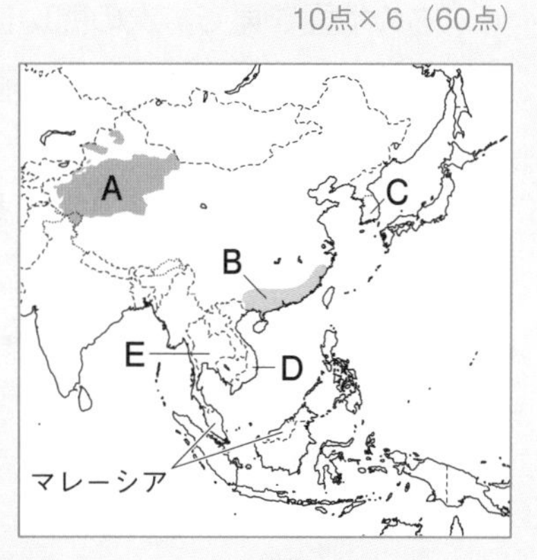

(1)　主に地図中のAの地域に住む少数民族を，次から選びなさい。

ア　カザフ族　　　イ　ウイグル族

ウ　ホイ（回）族　　エ　チベット族

(2)　地図中のBの地域などで行われる，同じ農地で同じ農作物を年二回収穫する農業を何といいますか。

(3)　地図中のCの国の首都を何といいますか。

(4)　地図中のDの半島を何といいますか。

(5)　地図中のEの国で信者が最も多い宗教を，次から選びなさい。

ア　仏教　　イ　イスラム教　　ウ　キリスト教　　エ　ヒンドゥー教

(6)　右のグラフは，地図中のマレーシアの主な輸出品とその割合の変化を表しています。1980年から2018年にかけて，マレーシアの主な輸出品目はどのように変化したか，「鉱産資源」「機械類」の語句を使って，簡単に書きなさい。

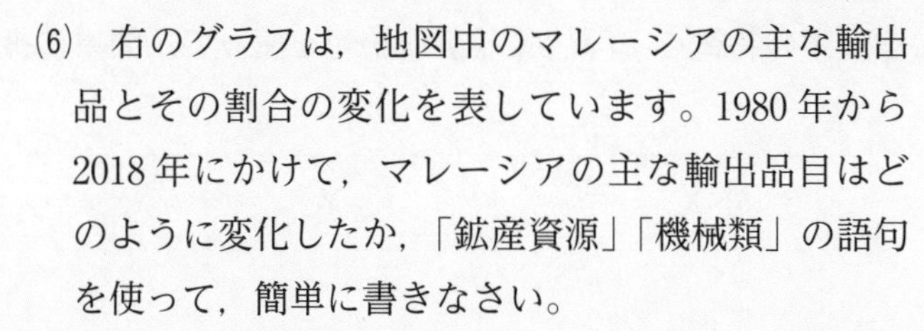

(1)		(2)		(3)		(4)	
(5)		(6)					

2 次の問いに答えなさい。

10点×4（40点）

(1)　インドのアッサム州やダージリンで生産が盛んな農産物を書きなさい。

(2)　インドの都市として誤っているものを，次から選びなさい。

ア　デリー　　イ　ムンバイ

ウ　ダッカ　　エ　チェンナイ

(3)　右のグラフは原油の生産量の国別割合を表しています。その他をのぞき，西アジアに位置する国が占める割合は何％か，数字で書きなさい。

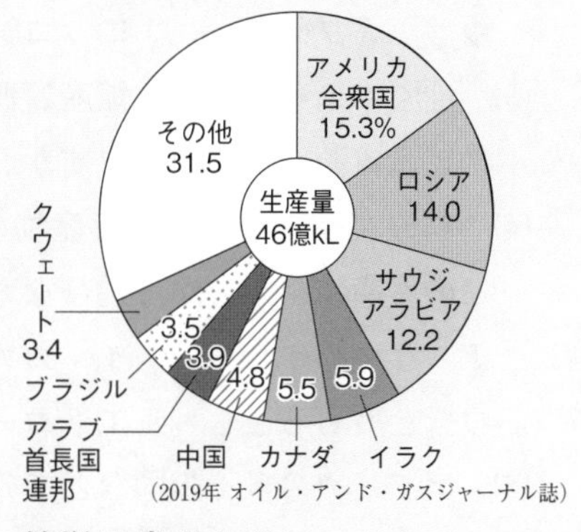

(4)　サウジアラビアにはイスラム教発祥の地があります。イスラム教では飲食に関してどのような規範があるか，簡単に書きなさい。

(1)		(2)		(3)		
(4)						

第5回 予想問題

第2編第2章 2 ヨーロッパ州 / 3 アフリカ州

/100

1 右の地図を見て，次の問いに答えなさい。

10点×6（60点）

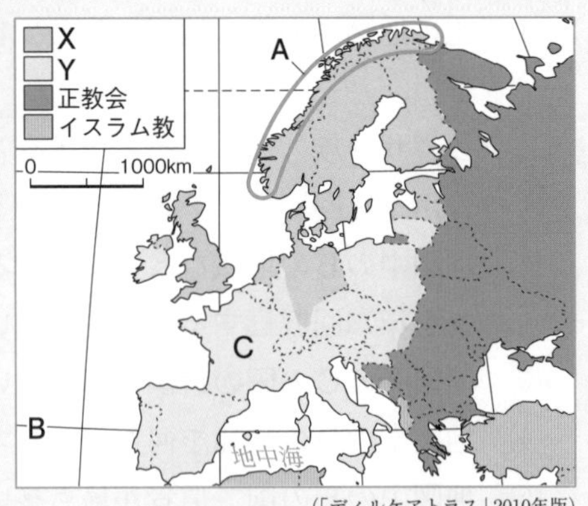

（「ディルケアトラス」2010年版）

(1) 地図中のAに見られる複雑な地形を何といいますか。

(2) 地図中のBの緯線の緯度としてあてはまるものを，次から選びなさい。

ア 北緯40度　イ 北緯50度
ウ 北緯60度　エ 北緯70度

(3) 地図中のX・Yにあてはまるキリスト教の宗派名を，それぞれ答えなさい。

(4) 地図中のCの国の気候に影響をあたえる風を何といいますか。

(5) 地図中の地中海の沿岸でさかんな農業の特徴を，「夏」「冬」の語句を使って，簡単に書きなさい。

(1)		(2)		(3)	X	Y
(4)		(5)				

2 右の地図を見て，次の問いに答えなさい。

8点×5（40点）

(1) 右の地図中に▬で示された地域をかつて植民地としていたヨーロッパの国を何といいますか。

(2) 地図中のXの地形の名称を，次から選びなさい。

ア カラハリ砂漠　イ エチオピア高原
ウ ナミブ砂漠　エ コンゴ盆地

(3) 地図中の◆は，ある鉱産資源の産出地を示しています。この鉱産資源を何といいますか。

(4) 右のグラフは，ある農産物の国別生産量を表しています。この農産物を，次から選びなさい。

ア なつめやし　イ カカオ
ウ とうもろこし　エ コーヒー豆

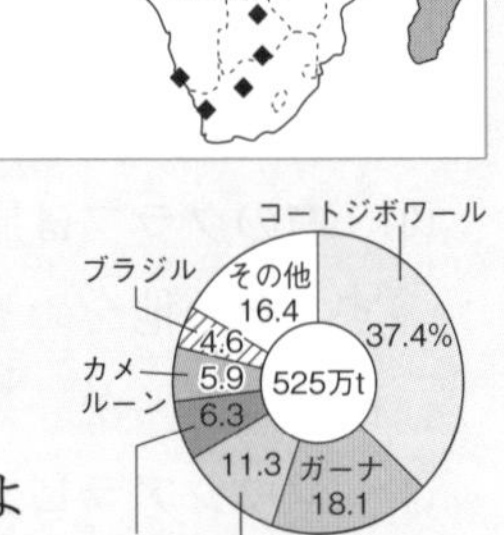

(2018年 FAO資料)

(5) アフリカの多くの国などでみられるモノカルチャー経済とはどのような経済か，「鉱産資源」「農産物」の語句を用いて，簡単に書きなさい。

(1)		(2)		(3)		(4)	
(5)							

解答 p.33

第6回 予想問題 第2編第2章 4 北アメリカ州

15分 /100

1 右の地図を見て，次の問いに答えなさい。

10点×6（60点）

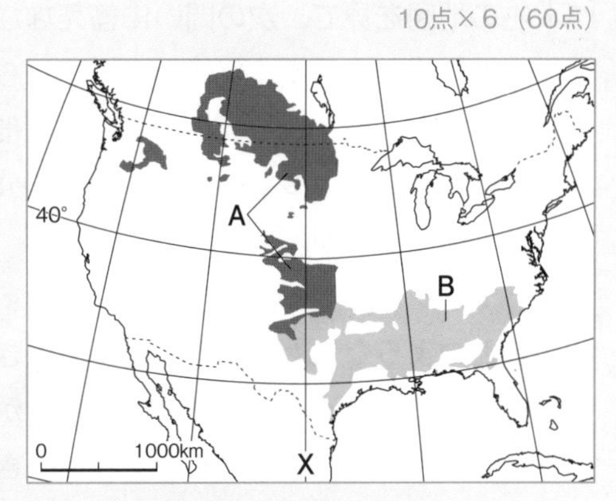

(1) 地図中のA・Bの地域で生産が盛んな農産物を，次からそれぞれ選びなさい。

ア 米　イ 小麦　ウ だいず

エ 茶　オ 綿花　カ とうもろこし

(2) Bの地域で奴隷（どれい）として農業などに従事させられていたのは，何系の人々ですか。

(3) アメリカ合衆国において，穀物の国際的な流通を支配し，世界の穀物価格にも大きな影響を与える大企業を何といいますか。

(4) アメリカ合衆国の農業の説明として正しいものを，次から選びなさい。

ア 多くの労働力を使って，集約的な農業を行っている。

イ 一戸当たりの規模は日本より小さい農家が多い。

ウ 農薬や化学肥料をほとんど使わない農業が中心である。

エ 技術開発が進み，農業の工業化が著しくなっている。

(5) 地図中の北緯40度以南の地域ではXの経線を境に気候が大きく異なっています。どのように気候が異なるかを「東側」「西側」という語句を使って，簡単に書きなさい。

(1)	A	B	(2)		(3)	
(4)		(5)				

2 右の地図を見て，次の問いに答えなさい。

8点×5（40点）

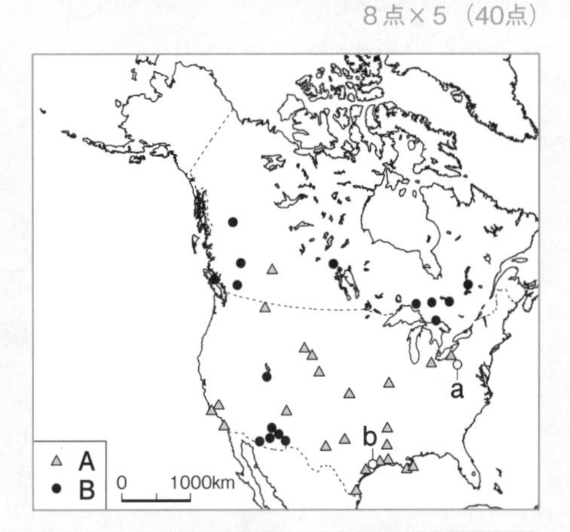

(1) 地図中のA・Bにあてはまる鉱産資源を，次からそれぞれ選びなさい。

ア 銅　イ 鉄　ウ 石油　エ 銀

(2) 地図中のa・bの都市で盛んな工業を，次からそれぞれ選びなさい。

ア 宇宙産業　イ 鉄鋼業　ウ 繊維産業

(3) アメリカ合衆国で，生産量を増やしている，地下深い岩の層から採取される天然ガスを何といいますか。

(1)	A	B	(2)	a	b
(3)					

第7回 予想問題 第2編第2章 5 南アメリカ州 / 6 オセアニア州

解答 p.33

1 右の地図を見て，次の問いに答えなさい。 10点×6（60点）

(1) Aの都市が属する気候帯を，次から選びなさい。

ア 熱帯　イ 乾燥帯　ウ 温帯　エ 冷帯

(2) 南アメリカの多くの国々において公用語とされている言語は何語ですか。

(3) ブラジルやチリ，ボリビアなどで多く暮らすメスチソとはどのような人々ですか。簡単に書きなさい。

(4) 銅鉱石が多く産出される国を地図から選びなさい。

(5) ブラジルで生産が盛んな，さとうきびなどの植物を原料とする燃料を何といいますか。

(6) 地図中の☆で示した，2016年にオリンピックが開催された都市の名前を書きなさい。

(1)		(2)		(3)	
(4)		(5)		(6)	

2 次の資料を見て，あとの問いに答えなさい。 8点×5（40点）

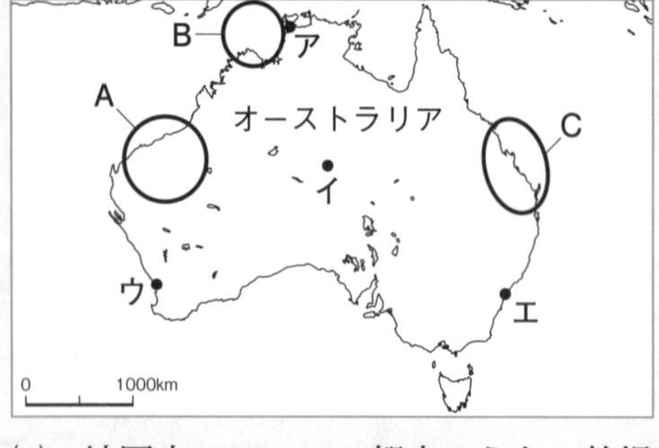

オーストラリアの貿易品の変化

1965年（29.7億ドル）：X 29.3%，小麦 12.7，肉類 10.1，果実 3.6，砂糖 3.4，その他 40.9

2016年（1896.3億ドル）：鉄鉱石 20.9%，Y 15.6，金（非貨幣用）7.4，液化天然ガス 7.1，肉類 4.4，その他 44.6

（国連資料）

(1) 地図中のア～エの都市のうち，乾燥帯に属する都市を選びなさい。

(2) グラフ中のXにあてはまる品目名を書きなさい。

(3) グラフ中のYにあてはまる鉱産資源が多く産出される地域を，地図中のA～Cから選びなさい。

(4) オーストラリアの先住民を何といいますか。

(5) オーストラリアでとられていた白豪(はくごう)主義とはどのような政策か，簡単に書きなさい。

(1)		(2)		(3)		(4)	
(5)							

解答 p.34

第8回 予想問題 第3編第1章　地域調査の方法を学ぼう

/100

1 次の問いに答えなさい

(1)②は完答，20点×5（100点）

(1) 右の地形図を見て，次の問いに答えなさい。

① 地形図中に ―――― で示した長さが2cmのとき，実際の距離は何mですか。

② 地形図から読み取れることとして正しいものを，次から2つ選びなさい。

ア 地形図の地域には，図書館が2か所ある。

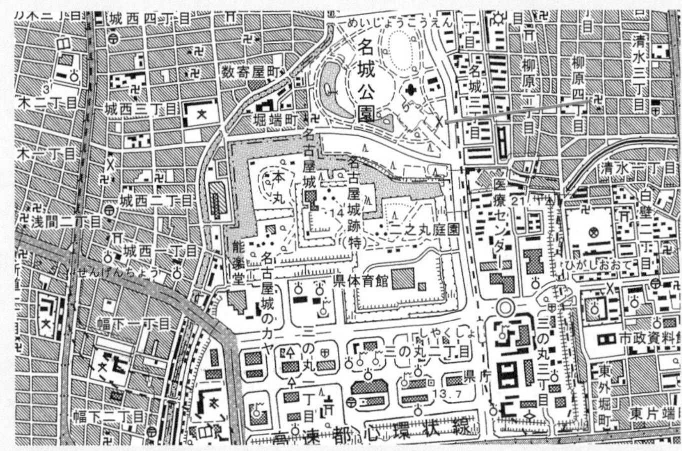

（国土地理院発行2万5千分の1地形図「名古屋北部」）

イ 官公署は，県体育館の南側のみにみられる。

ウ 名城(めいじょう)公園には果樹園が広がっている。

エ 西側の国道は，地下鉄の路線と一致している範囲もある。

(2) 聞き取り調査のやり方について誤っているものを，次から選びなさい。

ア 調査をするときは，知りたいことを明確にして聞き取りを行う。

イ 調査をする前には，聞き取り先へ，訪問や聞き取ることを連絡しておく。

ウ 調査をする前には，仮説を立てておく。

エ 調査でわかったことは，そのまま聞き取り先に報告し，問題解決の方法は任せる。

(3) 右の資料を見て，次の問いに答えなさい。

① グラフは，1960年と2015年の人口構成を表そうとしたものです。表を参考にして，グラフ中に10～14歳と15～19歳を描き入れて，グラフを完成させなさい。

② 10代の人口割合について，2015年は1960年に比べて，どのように変化していますか。グラフを参考にして，簡単に書きなさい。

%	1960年		2015年	
	男	女	男	女
10～14歳	5.1	4.8	2.1	2.0
15～19歳	7.2	5.6	2.3	2.2

（国勢調査）

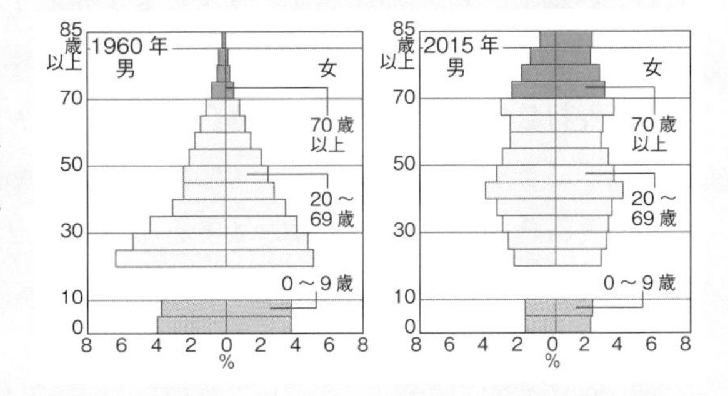

(1)	①		②		(2)		(3)	① 図中に記入
(3)	②							

解答 p.34

第9回 予想問題 第3編第2章 日本の特色と地域区分

15分 /100

1 右の地図を見て，次の問いに答えなさい。

8点×5（20点）

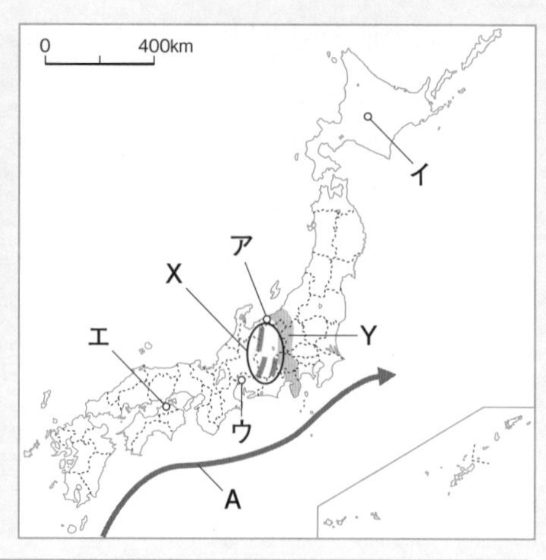

(1) 地図中のXの山脈をまとめて何といいますか。

(2) 日本の地形について，次の問いに答えなさい。

① 地図中のYを何といいますか。

② ①を境にして東側の山地や山脈にみられる特徴を，方位に着目して簡単に書きなさい。

(3) 地図中のAの海流を何といいますか。

(4) 右の気温と降水量のグラフが示す都市を，地図中のア～エから選びなさい。

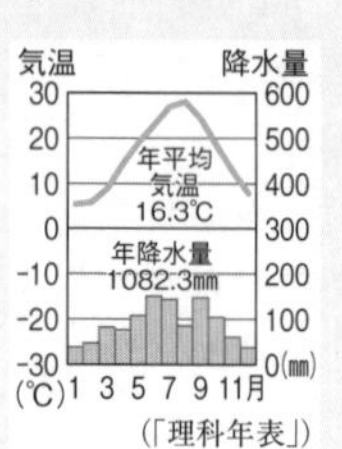

（「理科年表」）

(1)		(2) ①		②
(3)		(4)		

2 次の資料を見て，あとの問いに答えなさい。

10点×6（30点）

資料1

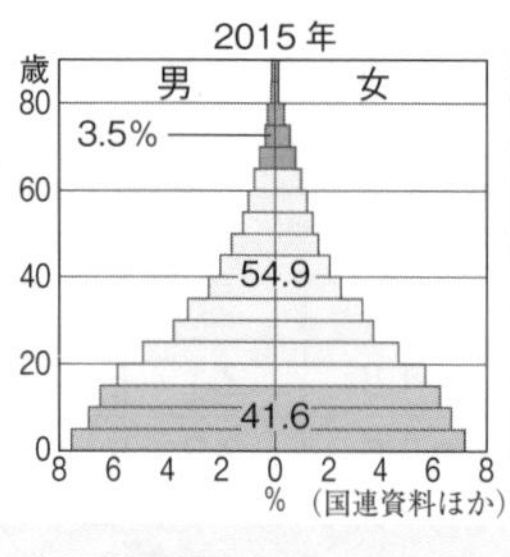

（国連資料ほか）

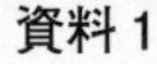

資料2 主な国の発電量の内訳

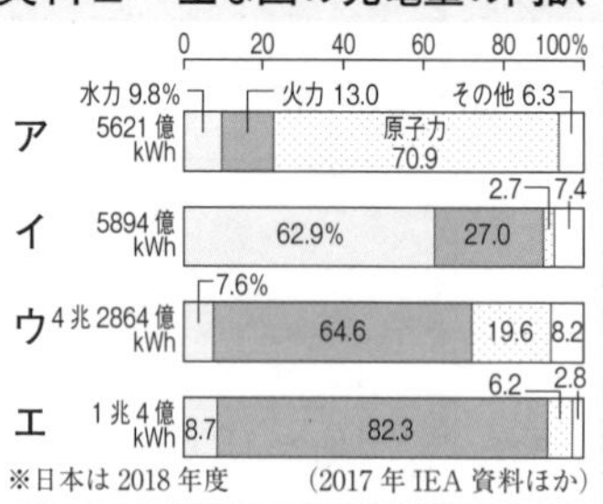

※日本は2018年度 （2017年IEA資料ほか）

資料3 主な工業地域・工業地帯の生産額の割合

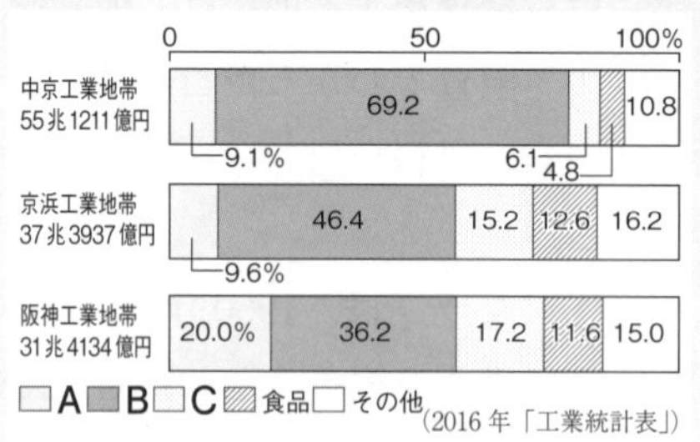

（2016年「工業統計表」）

(1) 資料1はある国の人口ピラミッドを示しています。その国を，次から選びなさい。

ア ドイツ　イ アルゼンチン　ウ 中国　エ エチオピア

(2) 資料2は，日本，アメリカ合衆国，フランス，ブラジルのいずれかの発電量の内訳を示しています。日本とフランスにあてはまるものをそれぞれ選びなさい。

(3) 資料3中のA～Cにあてはまる組み合わせとして正しいものを，次から選びなさい。

ア A－機械　B－金属　C－化学　イ A－化学　B－機械　C－金属

ウ A－金属　B－機械　C－化学　エ A－金属　B－化学　C－機械

(4) 産業の空洞化とはどのような現象か，「海外」「国内」の語句を使って簡単に書きなさい。

(1)		(2) 日本	フランス	(3)	
(4)					

解答 p.34

第10回 予想問題

第3編第3章
1 九州地方 / 2 中国・四国地方

/100

1 右の地図を見て，次の問いに答えなさい。

12点×5（60点）

(1) 地図中の▒▒で示した，火山灰などが堆積した台地を何といいますか。

(2) 地図中の▲は，主な火山を示しています。大分県は，火山を温泉地などの観光地の整備のほかに，どのようなことに利用していますか。簡単に書きなさい。

(3) 右のグラフは，ある家畜の飼育頭数の割合を示しています。この家畜を，次から選びなさい。

ア 豚　　イ 肉用牛

ウ 乳用牛　　エ 肉用若鶏

(4) 日本初の本格的な製鉄所が建設され，周辺に工業地域が発達した県名を書きなさい。

(5) 地図中の◇は，ある工場の分布を示しています。あてはまるものを，次から選びなさい。

ア 造船　　イ IC　　ウ 自動車　　エ 鉄鋼

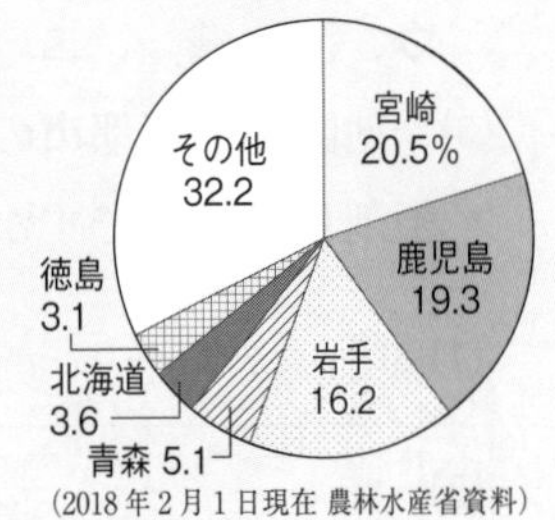

（2018年2月1日現在 農林水産省資料）

(1)		(2)			
(3)		(4)		(5)	

2 右の地図を見て，次の問いに答えなさい。

10点×4（40点）

(1) 地図中のXの高速道路の名称を，次から選びなさい。

ア 山陽自動車道　　イ 瀬戸中央自動車道

ウ 中国自動車道　　エ 浜田自動車道

(2) 地図中のア～エのうち，人口が最も多い都市を選びなさい。

(3) 地図中の中国山地や四国山地などの過疎化が進む地域でみられる，地域の活性化を目ざした取り組みのことを何といいますか。

(4) 讃岐平野にため池が多くつくられている理由を簡単に説明しなさい。

(1)		(2)		(3)	
(4)					

解答 p.35

第11回 予想問題　第3編第3章　3　近畿地方

15分　/100

1 右の地図を見て，次の問いに答えなさい。

(2)は完答，12点×5（60点）

京都府
兵庫県
京都市
滋賀県
大阪府
奈良県
三重県
和歌山県

(1) ①～③にあてはまる府県を，地図中からそれぞれ選びなさい。

① 古い国名は「紀伊」で，林業が盛ん。

② 愛知県とのつながりが強く，中部地方に含まれることも多くなっている。

③ 日本海と瀬戸内海の両方に面している。

(2) 京都府の伝統的工芸品にあてはまるものを，次から2つ選びなさい。

ア 有田(ありた)焼　イ 清水(きよみず)焼

ウ 西陣(にしじんおり)織　エ 結城紬(ゆうきつむぎ)

(3) 地図中の京都市の中心部は条坊制(じょうぼうせい)の街割りでつくられています。条坊制とはどのような街割りのことですか。簡単に書きなさい。

(1)	①	②	③	(2)	
(3)					

2 次の問いに答えなさい。

8点×5（40点）

(1) 大阪府の説明として誤っているものを，次から選びなさい。

ア 江戸時代に「天下の台所」とよばれた。　イ 関西国際空港が置かれている。

ウ 近畿地方の中で最も人口が多い。　エ 江戸時代まで，都が置かれていた。

(2) 大阪府東大阪市や堺市などに多くみられる，規模(きぼ)の小さな工場を何といいますか。

(3) 右のグラフは，卸売業の年間商品販売額に占める東京都・大阪府・愛知県の割合の変化を示しています。大阪府にあてはまるものを，グラフ中のア～ウから選びなさい。

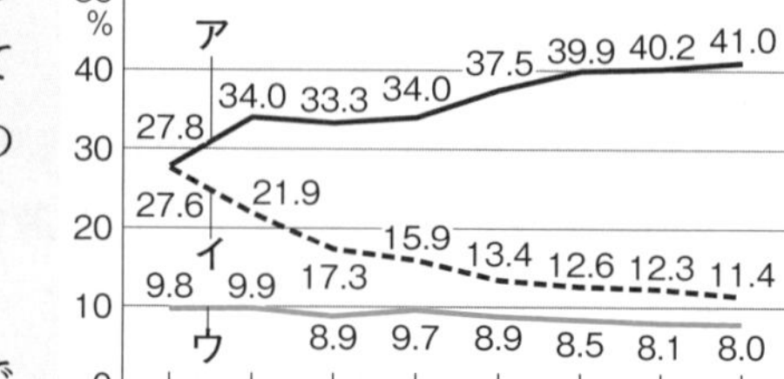

(4) 琵琶湖について，あとの問いに答えなさい。

① 汚れた排水などが流れ込んだ結果，琵琶湖では何が急速に進みましたか。

② 琵琶湖が汚染されると，滋賀県で生活をする人々のほかにも影響が出るのはなぜですか。影響が出る人々が生活する地域名を明らかにして，簡単に書きなさい。

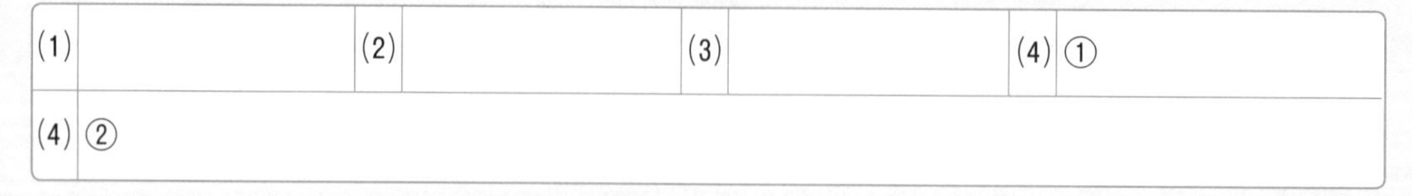

(1)		(2)		(3)		(4)	①
(4)	②						

解答 p.35

第12回 予想問題

第3編第3章 4 中部地方

/100

1 右の資料を見て，次の問いに答えなさい。

8点×8（64点）

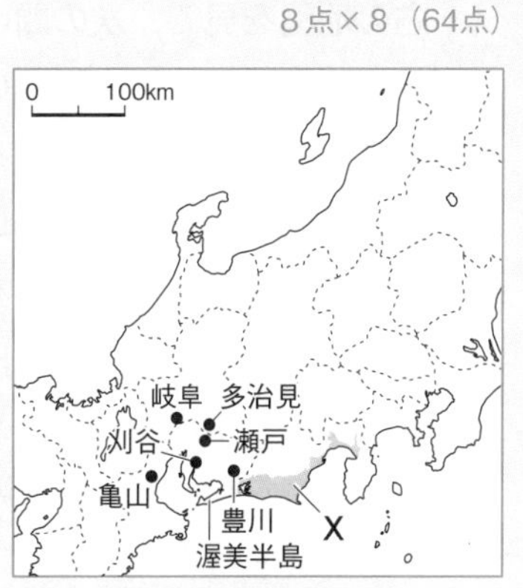

(1) 右の地図中に示した中部地方をさらに区分したとき，北陸地方に含まれる県を，色を塗って示しなさい。

(2) 地図中のXの工業地域を何といいますか。

(3) 近年，ファインセラミックの生産が盛んな都市を，地図中から2つ選びなさい。

(4) 右の**グラフ1**は茶，**グラフ2**はぶどうの都道府県別生産割合を示しています。グラフ中のA～Cにあてはまる中部地方の県の名前をそれぞれ答えなさい。

(5) 地図中の渥美半島では，常に水不足に悩んでいましたが，現在では促成栽培が行われる農業が盛んな地域になっています。その理由を簡単に書きなさい。

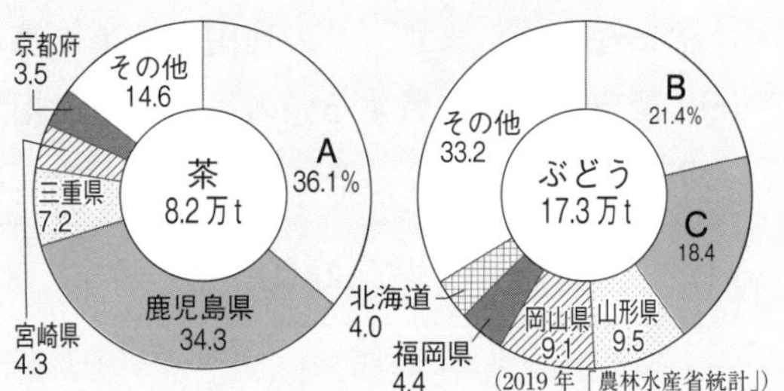

(1)	図中に記入	(2)		(3)		
(4)	A	B		C		
(5)						

2 右の地図を見て，次の問いに答えなさい。

12点×3（36点）

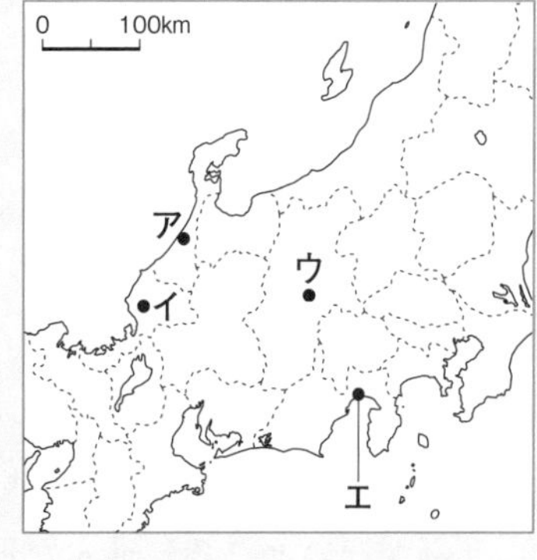

(1) 次の①・②にあてはまる都市を，地図中のア～エから選びなさい。

① 地場産業として眼鏡フレームの生産が盛んである。

② かつては製糸業が盛んであったが，第二次世界大戦後は精密機械工業が発達した。

(2) 中部地方の説明として正しいものを，次から選びなさい。

ア 輪島（わじま）市の伝統工芸品は九谷（くたに）焼である。

イ 野辺山（のべやま）などの標高の高い高原地域では，きゅうりやなすなどの栽培が盛んである。

ウ 甲府（こうふ）盆地などに発達した扇状地では果樹栽培が盛んである。

エ 富山市などでは，夏の間の多雨を，発電や工業用水に利用している。

(1)	①	②	(2)		

解答▶p.35

第13回 予想問題 第3編第3章 5 関東地方

15分 /100

1 右の地図を見て，次の問いに答えなさい。

（5）は完答，10点×6（60点）

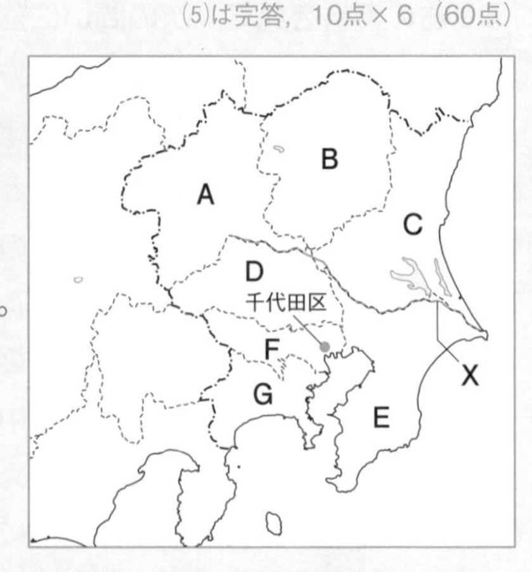

(1) 地図中のXの川を何といいますか。

(2) 次の①・②にあてはまる地域が位置する県を，地図中のA～Gからそれぞれ選びなさい。

① 幕張新都心が建設され，商業施設などが集まる。

② 火山灰を噴出した火山，浅間山が県境にまたがる。

(3) 近年，東京湾岸の埋め立て地が再開発されて形成された地域を何といいますか。

(4) 地図中の千代田区では昼間人口が夜間人口の約15倍になっています。その理由を簡単に書きなさい。

(5) 関東地方に位置する県のうち，政令指定都市ではない都市を，次から2つ選びなさい。

ア 川崎市　　イ さいたま市　　ウ 水戸市　　エ 千葉市　　オ 八王子市

(1)		(2)	①	②	(3)	
(4)					(5)	

2 右の資料を見て，次の問いに答えなさい。

10点×4（40点）

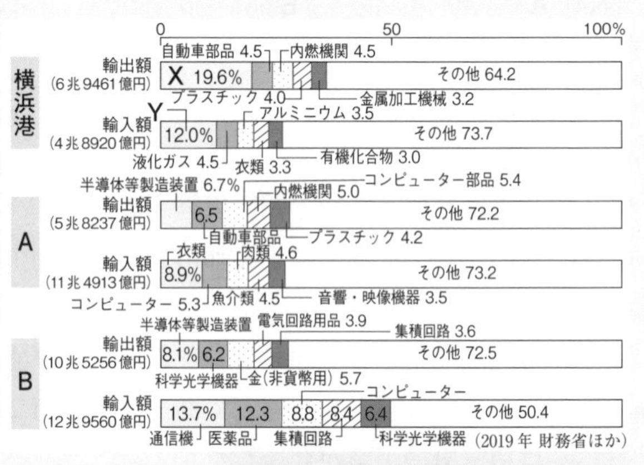

(1) グラフは，横浜港，成田国際空港，東京港の貿易品目を示しています。これを見て，次の問いに答えなさい。

① 横浜港について，X・Yにあてはまる品目を，次からそれぞれ選びなさい。

ア 肉類　　イ 石油

ウ 石炭　　エ 自動車

② 成田国際空港を表しているのは，A・Bのどちらですか。

(2) 写真は，北関東工業地域のようすです。都心に近い工業地帯・地域にあった工場の移転が，北関東内陸部の地価が安いところに進んだ理由を，写真を参考にして簡単に書きなさい。

(1)	①X	Y	②		
(2)					

第14回 予想問題

第3編第3章
6　東北地方 / 7　北海道地方

解答 p.35

/100

1　右の地図を見て，次の問いに答えなさい。　8点×5（40点）

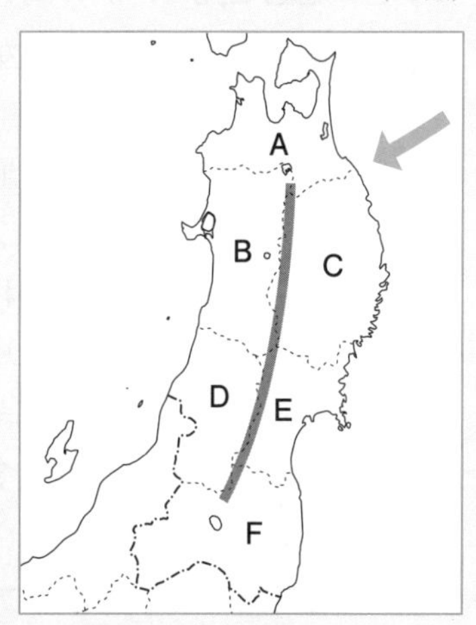

(1)　地図中に ━━ で示した山脈を何といいますか。

(2)　地図中の ➡ は夏に吹く冷たい北東風です。この風が吹くと起こりやすくなる自然災害を何といいますか。

(3)　右のグラフは，青森県の農業生産構成を示しています。このグラフ中の「果実」の中にあてはまる作物を，次から選びなさい。

ア　みかん　　イ　パイナップル

ウ　りんご　　エ　ゆず

(4)　次の①・②の地域が位置する県を，地図中のA～Fからそれぞれ選びなさい。

①　県庁所在地で毎年夏に竿燈（かんとう）まつりが開催され，多くの観光客が訪れる。

②　伝統的工芸品として，会津塗（あいづぬり）や大堀相馬焼（おおぼりそうまやき）がつくられている。

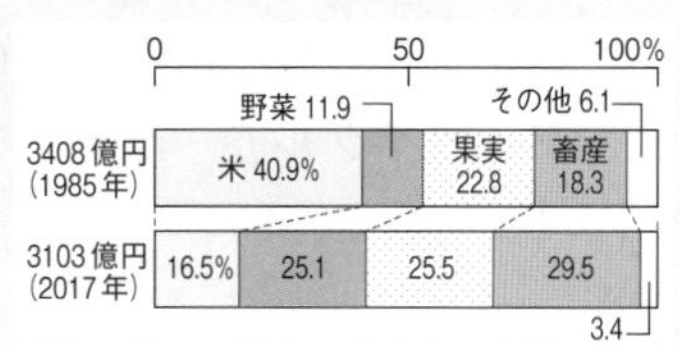

(1)	(2)	(3)	(4) ①	②

2　右の地図を見て，次の問いに答えなさい。　10点×6（60点）

(1)　冬に流氷が押し寄せる，Xの海を何といいますか。

(2)　Yの海流などの影響で，北海道の太平洋沿岸地域に発生しやすくなる自然現象を何といいますか。

(3)　次の①～③にあてはまる地域を，地図中のア～エからそれぞれ選びなさい。

①　かつては原生林や湿地が広がっていたが，現在は日本有数の畑作地帯となっている。

②　土地改良により稲作が可能になり，水田が広がっている。

③　火山灰におおわれ，農作物が育ちにくいため，酪農が盛んである。

(4)　北海道の農地の区割りは碁盤目（ごばんめ）状になっていますが，その理由を，「屯田兵（とんでんへい）」という語句を使って簡単に書きなさい。

(1)	(2)	(3) ①	②	③
(4)				

解答 p.36

第15回 予想問題 地理の総合問題

15分　/100

1 右の地図を見て，次の問いに答えなさい。

10点×5（50点）

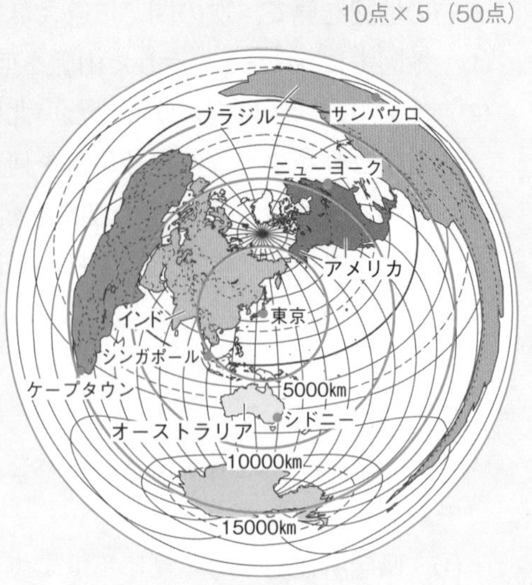

(1) 地図中のシンガポールが属している州の名前を書きなさい。

(2) 東京からの直線距離が最も遠い都市を，地図中から選びなさい。

(3) 地図中のインドにおかれたアメリカの企業のコールセンターが，アメリカが夜の間でも対応できる理由を，簡単に書きなさい。

(4) 地図中のブラジルで，多くの人々に信仰されている宗教名を書きなさい。

(5) 地図中のオーストラリアの先住民としてあてはまるものを，次から選びなさい。

ア ウイグル族　イ アボリジニ　ウ メスチソ　エ イヌイット

(1)		(2)		
(3)				
(4)		(5)		

2 右の地図を見て，次の問いに答えなさい。

10点×5（50点）

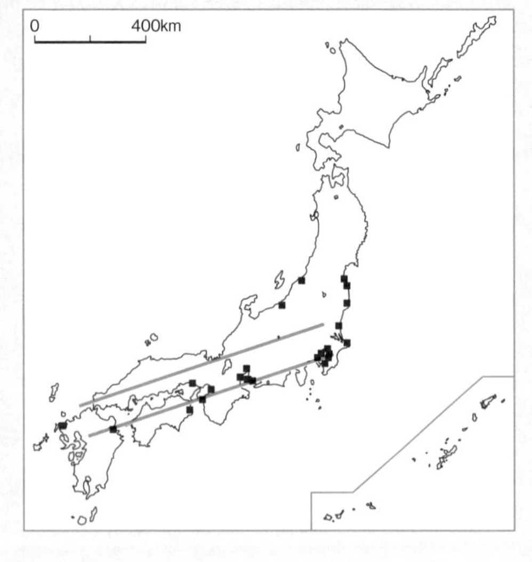

(1) 地図中の■は，火力発電所を示しています。火力発電所の立地に適した場所を，「燃料」「需要（じゅよう）」の語句を使って簡単に書きなさい。

(2) 地図中に＝＝＝で示した，工業が盛んな地域（ちいき）を何といいますか。

(3) 日本を7つの地方に分けたとき，次の①～③のテーマで調べることが適切な地方名を，それぞれ書きなさい。

① 自動車生産がリードする工業地域

② 東日本大震災（ひがしにほんだいしんさい）からの復興

③ カルデラとシラス台地の農業

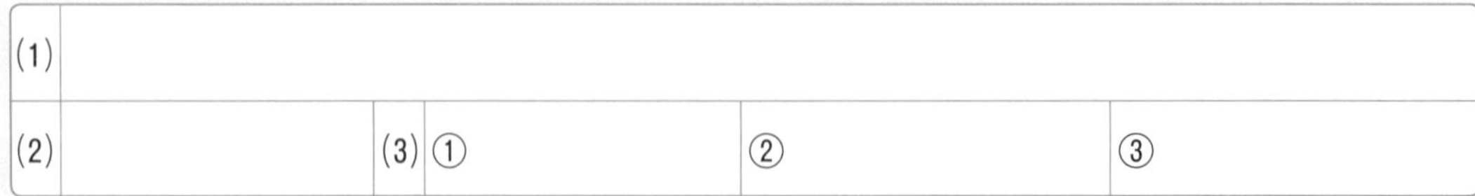

(1)				
(2)		(3) ①	②	③

教科書ワーク 社会 特別ふろく

無料アプリ どこでもワーク

こちらにアクセスして，ご利用ください。
https://portal.bunri.jp/app.html

重要事項を3択問題で確認！

ポイント解説つき

A2.
- 東アジアの国
- 首都はウランバートル
- 内陸国で遊牧が盛ん

ふせん　次の問題
× 中華人民共和国
○ モンゴル
× カザフスタン

ピンチアウト

地図は大きく確認できる

間違えた問題だけを何度も確認できる！

無料ダウンロード ホームページテスト

無料でダウンロードできます。表紙カバーに掲載のアクセスコードを入力してご利用ください。
https://www.bunri.co.jp/infosrv/top.html

問題▶

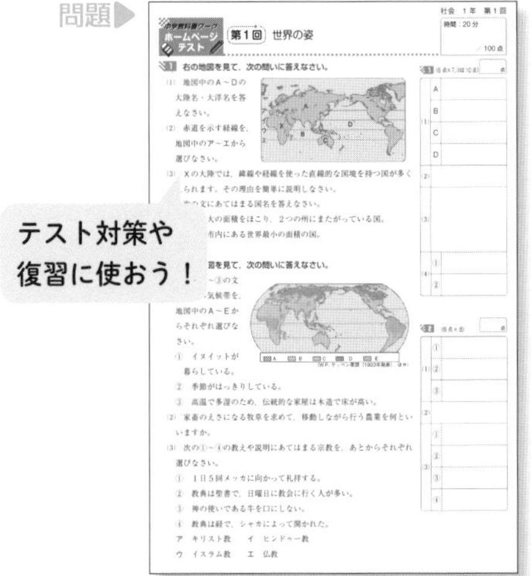

テスト対策や復習に使おう！

▼解答

同じ紙面に解答があって，採点しやすい！

1 右の地図を見て，次の問いに答えなさい。
(1) 地図中のA～Dの大陸名・大洋名を答えなさい。
(2) 赤道を示す経線を，地図中のア～エから選びなさい。
(3) Xの大陸では，緯線や経線を使った直線的な国境を持つ国が多く見られます。その理由を簡単に説明しなさい。
(4) 次の文にあてはまる国名を答えなさい。
①世界最大の面積をほこり，2つの州にまたがっている国。
②ローマ市内にある世界最小の面積の国。
(2)赤道はアフリカ大陸の中央，南アメリカ大陸のアマゾン川の河口付近を通る。

2 右の地図を見て，次の問いに答えなさい。
(1) 次の①～③の文の地域の気候帯を，地図中のA～Eからそれぞれ選びな

(1)	A	ユーラシア大陸
	B	インド洋
	C	オーストラリア大陸
	D	太平洋
(2)		ウ
(3)		植民地時代に支配した国によって，都合よく引かれたため。
(4)	①	ロシア連邦
	②	バチカン市国

注意　●サービスやアプリの利用は無料ですが，別途各通信会社からの通信料がかかります。
●アプリの利用には iPhone の方は Apple ID，Android の方は Google アカウントが必要です。対応 OS や対応機種については，各ストアでご確認ください。
●お客様のネット環境および携帯端末により，ご利用いただけない場合，当社は責任を負いかねます。ご理解，ご了承いただきますよう，お願いいたします。

中学教科書ワーク

解答と解説

この「解答と解説」は，取りはずして使えます。

教育出版版

社会 地理

第1編 世界と日本の地域構成

第1章 世界の地域構成

p.2〜3 ステージ1

●教科書の要点

①ユーラシア大陸　②3：7
③大西洋　④緯線
⑤経線〔子午線〕　⑥緯度
⑦経度　⑧白夜
⑨地球儀　⑩世界地図

●教科書の資料

(1)Xインド洋　Y太平洋　Z大西洋
(2)Aユーラシア大陸　Bオーストラリア大陸
Cアフリカ大陸

●教科書チェック　一問一答

①アフリカ大陸　②南アメリカ大陸
③海　④太平洋
⑤赤道　⑥北極点
⑦旧グリニッジ天文台
⑧本初子午線　⑨公転
⑩世界地図

ミス注意！

★太平洋と大西洋…漢字に注意しよう。

太平洋	大西洋
「穏やかな海（太平の海）」という意味。	「大きな西の海」という意味。

p.4〜5 ステージ1

●教科書の要点

①アジア　②国際連合〔国連〕
③植民地　④ロシア連邦
⑤バチカン市国　⑥中国
⑦イギリス　⑧国境
⑨エクアドル　⑩ベネズエラ

●教科書の資料

(1)Aヨーロッパ　Bオセアニア
C南アメリカ
(2)ロシア連邦

●教科書チェック　一問一答

①北アメリカ州　②オセアニア州
③51（か国）　④ローマ
⑤インド　⑥アジア州
⑦ミニ国家　⑧国旗
⑨イスラム教　⑩赤道

p.6〜7 ステージ2

❶ (1)A南アメリカ大陸　B南極大陸
X大西洋　Y太平洋
(2)オーストラリア大陸
(3)イ

❷ (1)赤道
(2)本初子午線
(3)北極点
(4)90度

❸ (1)緯線・経線（順不同）
(2)距離・方位（順不同）

❹ (1)Xオセアニア　Y北アメリカ
(2)①バチカン市国　②ローマ
(3)①B中国　Cインド　②アジア

❺ (1)連合王国
(2)①ウ　②植民地
③1994年まで　d　現在　b
(3)国境　(4)赤道

なぞろう 重要語句

南極大陸（なんきょくたいりく）　地球儀（ちきゅうぎ）　緯線（いせん）　経線（けいせん）　本初子午線（ほんしょしごせん）

解説

1 (2)六大陸のうち，面積が最も広いのはユーラシア大陸で，以下アフリカ大陸，北アメリカ大陸，南アメリカ大陸，南極大陸，オーストラリア大陸。

2 (3)反対側は南極点。
(4)経線は45度ごとに引かれており，Ｄは０度の本初子午線から東に向かって２番目の線であることから，東経90度の経線と判断できる。

3 (2)地図２では，中心の東京からの最短コース（距離）と正しい方位を知ることができる。

4 (1)Ｘのオセアニア州は，オーストラリア大陸と太平洋の島々からなる。
(2)①バチカン市国の面積は約0.44 km^2で，東京ディズニーランドとほぼ同じ広さである。
(3)アジア州は，世界で最も人口の多い州で，世界の人口の60％は，アジア州に集まっている。

5 (1)イギリスは，イングランド，スコットランド，ウェールズ，北アイルランドの４つの地域からなる国である。
(2)ユニオンジャックはニュージーランドやフィジーなどの国旗の中にもみられる。
(3)国境が経線や緯線に沿って引かれている場合は，直線になっていることが地図から読み取れる。

第2章 日本の地域構成

p.8〜9 ステージ1

●教科書の要点
①東経　②本初子午線
③時差　④日付変更線
⑤本州　⑥領土
⑦領海　⑧領空
⑨排他的経済水域　⑩植民地

●教科書の資料
(1)Ａ日付変更線　Ｂ本初子午線
(2)10（日）午前３（時）

●教科書チェック　一問一答
①ユーラシア大陸　②（東経）135度
③明石市　④極東
⑤本初子午線　⑥１時間
⑦九州　⑧3000km
⑨38万km^2　⑩200海里

p.10〜11 ステージ1

●教科書の要点
①北方領土　②竹島
③尖閣諸島　④都道府県
⑤地方公共団体　⑥近畿
⑦九州　⑧城下町
⑨港町　⑩門前町

●教科書の資料
(1)Ａ北海道　Ｂ東北　Ｃ関東
Ｄ中部　Ｅ近畿　Ｆ九州

●教科書チェック　一問一答
①択捉島　②ロシア連邦
③中国　④沖縄県
⑤47　⑥北海道地方
⑦中国・四国地方　⑧関東地方
⑨城下町　⑩門前町

ミス注意！
★竹島と尖閣諸島…取りちがいに注意しよう。

竹島	尖閣諸島
韓国が不法に占拠。	中国が領有を主張。

p.12〜13 ステージ2

1 (1)イ
(2)本初子午線
(3)135
(4)15　(5)8
(6)１月２日午前６時

2 (1)Ａユーラシア　Ｂ日本海
(2)ウ
(3)本州
(4)Ｘ領空　Ｙ領土　Ｚ領海

3 (1)地域　北方領土　国　ア
(2)島　竹島　県　島根県
(3)島々　尖閣諸島　県　沖縄県

4 (1)Ａ東北　Ｂ中部　Ｃ九州
(2)ａ札幌市　ｂ神戸市　ｃ松山市
(3)横浜市・長崎市（順不同）

なぞろう 重要語句
独立国（どくりつこく）　国際連合（こくさいれんごう）　植民地（しょくみんち）　国旗（こっき）　国境（こっきょう）

解説

❶ ⑵本初子午線は経度０度の経線で，イギリスのロンドンを通っている。
⑶日本の標準時子午線は，兵庫県明石市を通る。
⑷地球は１日に１回転するため，360度を24時間で割り，１時間につき15度回転することがわかる。
⑸東経135度を標準時とする日本と，東経15度を標準時とするフランスとの経度差は，135－15＝120〔度〕である。経度15度ごとに１時間の時差が生じるため，日本とフランスでは120÷15＝８時間の時差がある。
⑹⑸より，日本とフランスでは８時間の時差がある。日本はフランスよりも８時間進んだ時刻であるため，日本の１月２日の午後２時の８時間前の時刻が，フランスの時刻だとわかる。

❸ ⑶中国は，尖閣諸島の周辺海域に資源が埋蔵されていることがわかると，領有を主張し始めた。

❹ ⑵ａは北海道，ｂは兵庫県，ｃは愛媛県。
⑶岐阜市は，城下町として発達し，さいたま市や奈良市は，港町や城下町以外の由来から発達した。

p.14～15 ステージ3 総合

❶ ⑴Ａ南アメリカ大陸　Ｂ大西洋（たいせいよう）
⑵ウ　⑶北東
⑷ケープタウン
⑸エ

❷ ⑴アジア州　⑵ロシア
⑶Ａカナダ　Ｂパキスタン
⑷イ

❸ ⑴日本海
⑵例水産資源（しげん）と鉱産資源を自国のものにすること。
⑶イ
⑷２月５日午前10時

❹ ⑴①甲府（こうふ）市
②松江（まつえ）市
⑵①茨城（いばらき）県
②石川（いしかわ）県
⑶右図参照
⑷エ

解説

❶ ⑵赤道はアジア州のインドネシア・ジャワ島や，アフリカ州のケニア，南アメリカ州のエクアドルやアマゾン川の河口付近を通る。
⑶一般的に地図では上が北を示すので，東京から見て右上に位置するＣの都市は北東に位置することになる。
⑸エインド洋は東京から見て南西の方角にある。

❷ ⑴水色で示されているのがアジア州であり，面積が最も大きく表されている。
⑵ロシアは，国土面積に対して人口は多くない国であることがわかる。

❸ ⑵排他的経済水域とは，領海の外側で，海岸線から200海里以内の海域のことをいう。
⑶北方領土は，歯舞群島，色丹島，国後島，択捉島からなる。
⑷東経135度を標準時とする日本と，西経120度を標準時とするロサンゼルスとの経度の差は，135＋120＝255度。経度15度ごとに１時間の時差が生じることから，日本とロサンゼルスには255÷15＝17時間の時差がある。日本よりロサンゼルスの方が時刻は遅いため，ロサンゼルスの時刻は２月６日午前３時の17時間前。

❹ ⑷ア日本には43の県，２つの府，１つの道，１つの都がある。イ明治時代初期の1871年に行われた廃藩置県で藩が廃止され，初めて県が置かれた。ウ長野県は，群馬県，埼玉県，新潟県，富山県，山梨県，静岡県，岐阜県，愛知県の８つの県と接する。エ九州地方は，福岡県，佐賀県，長崎県，熊本県，大分県，宮崎県，鹿児島県，沖縄県の８つの県からなる。

p.16～17 ステージ3 資・思

❶ ⑴例１つの地図で，面積・形・方位などをすべて正しく表すことができないため。
⑵右図参照

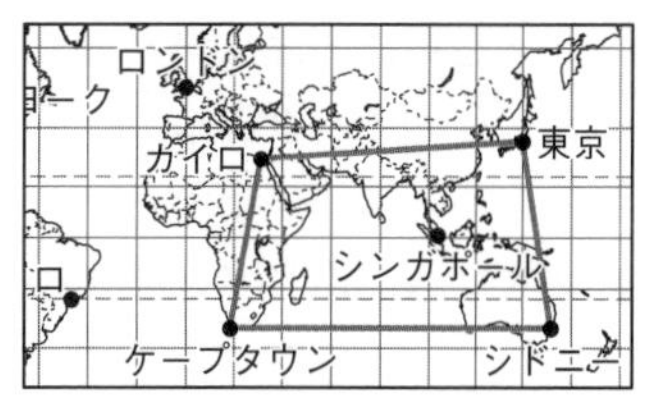

なぞろう重要語句
北方領土（ほっぽうりょうど）
尖閣諸島（せんかくしょとう）

2 (1)Aアフリカ州　Bアジア州

(2)例発足当初は植民地となっていた国が独立国になって加盟したため。

(3)ソ連

3 (1)ウ

(2)例海に囲まれた島国である

(3)変わったところ

例島の周りが護岸工事で囲まれている。

理由

例島が水没(すいぼつ)して，排他的経済水域(はいたてきけいざいすいいき)が減るのを防ぐため。

4 (1)A長崎　□

B長野　◇

C東京　△

(2)松

解説

1 (1)地球は球体であるため平面に直すと必ずどこかにゆがみが生じる。地図1は，正距方位図法で描かれ，図の中心からの距離と方位が正しいが，大陸の面積や形などは正しくない。地図2は，緯線と経線が直角に交わるメルカトル図法で描かれ，角度は正しいが，面積や距離などは正しくない。世界地図は目的に合わせて使い分けられている。

2 (1)資料2を見ると，1945年当時のアフリカの国連加盟国はエジプト，エチオピア，南アフリカ共和国，リベリアの4か国である。したがってA・Bのうち，1945年の数が4であるAがアフリカ州であり，Bはグラフ中に名前が書かれていないアジア州であることがわかる。

(2)1960年は「アフリカの年」とよばれ，アフリカで多くの国が独立した。

(3)ソ連は解体して10以上の国に分かれ，それぞれが独立して国際連合に加盟した。

3 (2)島国は海に囲まれ，長い海岸線をもつため，広い排他的経済水域をもつ。

(3)沖ノ鳥島は周囲に島がなく，沖ノ鳥島が水没すると，周囲の約40万km^2の排他的経済水域が失われるため，護岸工事が行われた。

4 (2)Xは松江市，Yは松山市，Zは高松市である。

ポイント

■**三大洋と六大陸の位置をおさえる。**
ユーラシア大陸，アフリカ大陸，北アメリカ大陸，南アメリカ大陸，南極大陸，オーストラリア大陸，太平洋，大西洋，インド洋。

■**地球儀上の線についておさえる。**
赤道，緯線，経線，本初子午線。

■**世界の中の日本の位置についておさえる。**
本初子午線，時差，日付変更線。

■**日本の国土の広がりや地域区分をおさえる。**
排他的経済水域，北方領土，七つの地方。

第2編 世界のさまざまな地域

第1章 世界の人々の生活と環境

p.18～19 ステージ1

●**教科書の要点**

①気候帯(きこうたい)　②熱帯(ねったい)
③寒帯(かんたい)　④焼畑農業(やきはた)
⑤乾季(かんき)　⑥熱帯雨林(ねったいうりん)
⑦サバナ　⑧オアシス
⑨砂漠(さばく)　⑩ステップ

●**教科書の資料**

(1)A熱帯　B乾燥帯(かんそうたい)
C温帯(おんたい)　D寒帯

(2)寒帯・乾燥帯（順不同）

●**教科書チェック　一問一答**

①植生(しょくせい)　②乾燥帯
③温帯　④天然ゴム
⑤熱帯　⑥スコール
⑦雨季(うき)　⑧遊牧(ゆうぼく)
⑨ゲル　⑩ステップ

ミス注意!

★サバナとステップ…取りちがいに注意しよう。

サバナ	ステップ
熱帯で，雨季と乾季がある地域にできる低木の草原。	乾燥帯で少量の雨が降る地域にできる短い草の草原。

植生(しょくせい)　冷帯(れいたい)（亜寒帯(あかんたい)）　乾燥帯(かんそうたい)　砂漠(さばく)

p.20~21 ステージ1

●教科書の要点

①西岸海洋性　②地中海性
③温暖湿潤　④季節風
⑤亜寒帯　⑥タイガ
⑦ツンドラ気候　⑧氷雪気候
⑨アルパカ　⑩放牧
⑪高山気候

●教科書の資料

(1)A温暖湿潤気候　B地中海性気候
C西岸海洋性気候
(2)Dツンドラ気候　E氷雪気候

●教科書チェック　一問一答

①石　②偏西風
③温暖湿潤気候　④冷帯〔亜寒帯〕
⑤針葉樹林　⑥寒帯
⑦オーロラ　⑧永久凍土
⑨高山都市　⑩リャマ

ミス注意!

★偏西風と季節風…違いをおさえよう。

偏西風	季節風
一年中西から東へ向かって吹く風。	季節によって吹く向きが異なる風。

p.22~23 ステージ1

●教科書の要点

①母語　②英語
③公用語　④民族
⑤アイヌ民族　⑥世界宗教
⑦クリスマス　⑧タイ
⑨牛　⑩アッラー

●教科書の資料

(1)Aウ　Bア　Cエ　Dイ
(2)世界宗教

●教科書チェック　一問一答

①中国語　②共通語
③シンガポール　④キリスト教
⑤民族宗教　⑥ユダヤ教
⑦西暦　⑧仏教
⑨ヒンドウー教　⑩コーラン

ミス注意!

★母語と公用語…取りちがいに注意しよう。

母語	公用語
人が生まれて最初に覚えた言語。	国の政府が公の言葉として定めた言語。

p.24~25 ステージ2

1 (1)A赤道　B低　C高　D高　E低
(B高　C低　D低　E高も可)
(2)植物がみられる　イ・エ・オ（順不同）
植物が育ちにくい　ア・ウ（順不同）
(3)降水量

2 (1)Aサバナ気候　Bステップ気候
C地中海性気候
(2)Xイ　Yア　Zウ
(3)①季節風〔モンスーン〕　②偏西風

3 (1)A冷帯　B氷雪気候　C高山気候
(2)Xイ　Yア　Zウ
(3)タイガ
(4)①リャマ　②放牧

4 (1)Aア　Bウ　Cイ
(2)宗教　ヒンドゥー教　動物　牛

解説

1 (1)地球上に気温の高いところと低いところがあるのは，太陽から受ける熱の量がちがうため。赤道付近は太陽の熱の量を最も多く受けるために気温が高く，緯度が高くなるほど太陽の熱の量を受けにくいため，気温が低くなる。
(2)気候帯は，植生の広がりをもとに区分される。
(3)植物が育ちにくいところは降水量の少ない乾燥帯と気温が低い寒帯に分けられる。

2 (1)Aは赤道から少し離れた地域の気候，Bは砂漠の周辺に広がる気候，Cは地中海沿岸だけでなく，アメリカ合衆国の西海岸やオーストラリアの南西部や南部の一部にも広がる気候である。
(2)Xは平均気温が高く一年を通して降水量が多いことから，熱帯雨林気候のイ，Yは少量の雨が降ることから，ステップ気候のア，Zは7月ごろの気温が最も低いことから，南半球に位置するウであると判断できる。

へんせいふう 偏西風　おんだんしつじゅんきこう 温暖湿潤気候　えいきゅうとうど 永久凍土　せいれき 西暦

❸ (2)Xは夏と冬の気温の差が大きいことから，冷帯（亜寒帯）のイ，Yは夏の期間だけ平均気温が0℃以上になることから，ツンドラ気候のア，Zは平均気温が一定で降水量が比較的少ないことから，高山気候のウと判断できる。高山気候は，標高が高い地域にみられる気候で，北アメリカ大陸の西部の一部，南アメリカ大陸の太平洋側の一部，ウのようなアフリカ大陸の一部，黒海の東部など，各地にみられる。
(3)タイガは，ユーラシア大陸や北アメリカ大陸の北部など冷帯〔亜寒帯〕地域に広く分布している。

❹ (1)A英語は，母語に加えて修得した第二の言語として世界で大きな地位を占めている。Bスペイン語は，本国のスペインのほか，南アメリカ大陸の多くの国で公用語となっているので，使用する人口が多い。Cアラビア語は，アラビア半島の国や，アフリカ大陸北部の多くの国で使用されている。

p.26~27 ステージ3 総合

❶ (1)太陽
(2)右図参照

(3)①A温帯
B冷帯〔亜寒帯〕
②X暖流　Y寒流
③例暖流と，一年中吹く偏西風の影響を受けているから。

❷ (1)スコール　(2)イ
(3)エ　(4)ウ
(5)①石
②例窓を小さくしている。
③ア

❸ (1)ウ　(2)ア
(3)イ

❹ (1)①スペイン語　②アラビア語　③英語
(2)中国語　(3)キリスト教
(4)メッカ　(5)イ
(6)例始まりの地や民族をこえて広く信仰されている宗教。

解説

❶ (2)赤道は，アフリカ大陸のほぼ中央を通る。
(3)①日本は，多くの地域が温帯に属するが，Bの北海道は，冷帯（亜寒帯）に属する。

❷ (2)らくだや羊，山羊などは乾燥に強い家畜であり，人々は家畜から生活に必要なものを得ている。
(3)エのガーナは，熱帯に属する。
(4)ウのフィンランドは，冷帯（亜寒帯）に属する。
(5)①石造りの家は。熱を通しにくいので，室内で快適に過ごせる。
③オリーブは，地中海性気候の気候を利用した，乾燥に強い農産物である。

❸ (1)ツンドラの地域は寒帯の気候であり，一年を通して気温は低いが，夏には気温が0度以上になる。凍った地面がとけて，こけ類などが生える。
(3)高山気候は，一年の気温の変化は小さいが，一日の気温の変化は大きい。

❹ (2)中国語は，中国の人口が多いこともあり，母語とする人口が一番多い。
(3)キリスト教は，ヨーロッパ州の国々の植民地だった国で布教が行われ，信仰する人口が多い。
(5)アのエジプトはイスラム教，ウのブラジルとエのフランスは，キリスト教を信仰する人が多い。

p.28~29 ステージ3 資・思

❶ (1)例床を高くしている。
(2)①例一年を通して気温が高い
②例風通しをよくして暑さをやわらげる
③例夏の高温や冬の暖房で永久凍土がとけ，建物が傾くことを防ぐ

❷ (1)A例降水量が少なく乾燥が著しい
B例草や水を求めて，乾燥に強い家畜と，広い地域を移動する
(2)例材料には家畜の毛や皮を使い，移動のときは折りたためること。

❸ (1)英語
(2)A例国内に住む多くの民族が，それぞれの言語で読めるようにするため。
B例海外から来た人が文字を読めるようにするため。

だんりゅう 暖流　かんりゅう 寒流　しんようじゅりん 針葉樹林　れいはい 礼拝

❹ (1)例国をまたいで，いろいろな地域や民族を超えて広く信仰されているから。
(2)記号　B
理由　例あまり肌を見せない衣装を着ているから。

解説

❶ (1)①Aは，木の幹や枝葉などを材料にしている。
(2)①Aのマレーシアは，熱帯に属する。高床にすることで，床の風通りが良くなる。③Bのロシアでは冷帯（亜寒帯）と寒帯に属する。床が暖められると，地面に暖かさが伝わるため，床と地面が接しないようにしている。

❷ (1)A五つの気候帯のうち植物が育ちにくいのは，モンゴルのような乾燥帯や，気温が低い寒帯である。
(2)家畜は，毛や皮のほか，乳や肉に利用されている。

❸ (2)Aインドの2000ルピー札には，ヒンディー語と英語のほかに，17の言語が表示されている。B人の集まる大都市，海外から来た人が多く住む地域，観光地などで，Bのような複数の言語で書かれた看板がみられる。

❹ (2)イスラム教には，教えや戒律を守ることで，救われるという考え方があり，１日５回の礼拝や，一定期間の断食，法や裁判のあり方も聖典に含まれている。イスラム教は広い地域で信仰されているため，生活や意識のあり方にも，地域によって違いがみられる。

ポイント

■５つの気候帯とその分布をおさえる。
熱帯，乾燥帯，温帯，冷帯〔亜寒帯〕，寒帯
■世界の言語をおさえる。
母語，公用語
■世界の宗教をおさえる。
キリスト教，イスラム教，仏教

第2章　世界の諸地域

p.30〜31　ステージ1

●**教科書の要点**

①植民地　②工業化
③人口集中　④一人っ子政策
⑤漢族　⑥長江
⑦牧畜　⑧世界の工場
⑨世界の市場　⑩シャンハイ〔上海〕

●**教科書の資料**

(1)A西アジア　B南アジア
C東アジア　D東南アジア
(2)季節風〔モンスーン〕

●**教科書チェック　一問一答**

①発展途上国　②遊牧
③アジアNIES〔新興工業経済地域〕
④北朝鮮〔朝鮮民主主義人民共和国〕
⑤ソウル　⑥高齢化
⑦少数民族　⑧西部
⑨郷鎮企業　⑩経済特区

ミス注意！

★韓国と北朝鮮…取りちがいに注意しよう。

韓国	北朝鮮
朝鮮半島南部。工業化が進み経済が発展。	朝鮮半島北部。社会主義国で経済が不安定。

★中国は世界の○○…取りちがいに注意しよう。

世界の工場	世界の市場
製品を世界中に輸出。	製品を国内で消費。

p.32〜33　ステージ1

●**教科書の要点**

①パーム油　②工業化
③東南アジア諸国連合〔ASEAN〕
④繊維　⑤情報通信技術
⑥ベンガルール　⑦原油
⑧石油輸出国機構〔OPEC〕
⑨シルクロード　⑩イスラム教

●**教科書の資料**

(1)A油やし　Bコーヒー　Cバナナ
(2)プランテーション　(3)タイ

なぞろう重要語句

発展途上国（はってんとじょうこく）　長江（ちょうこう）　黄河（こうが）　大韓民国（だいかんみんこく）　漢族（かんぞく）

● 教科書チェック　一問一答

①天然ゴム　②ASEAN
③ガンジス川　④茶
⑤綿花　⑥ICT
⑦ベンガルール　⑧ペルシア湾(わん)
⑨サウジアラビア　⑩レアメタル

ミス注意!

★ガンジス川とインダス川…違いをおさえよう。

ガンジス川	インダス川
主にインド北東部を流れ, ベンガル湾に注ぐ。	主にパキスタンを流れ, アラビア海に注ぐ。

p.34～35 ステージ2

❶ (1)A黄河(ホワンホー)　B長江(チャンチャン)
(2)Xア　Yウ
(3)漢族(かんぞく)
(4)経済特区
(5)世界の市場
(6)上海〔シャンハイ〕

❷ (1)原油
(2)A米　B天然ゴム
C機械類　D自動車
(3)①天然ゴム　②パーム油

❸ (1)Aインダス川　Bガンジス川
(2)Xウ　Yイ
(3)デカン高原
(4)バングラデシュ
(5)デリー

❹ (1)原油　(2)ペルシア湾(わん)
(3)Aウ　Bア　Cイ
(4)OPEC
(5)①レアメタル　②ソ連　③イスラム教

解説

❶ (3)Xは華北地方でアの小麦，Yの華中・華南地方では，ウの稲作が盛んである。イのとうもろこしは東北地方や華中，華南の一部。エのだいずの栽培は東北地方で盛んである。
(4)経済特区は，外国の資金や高度な技術を導入するために，税金の負担を軽くするなど，外国企業が進出しやすい条件を整えている特別地域。

❷ (2)1980年と2018年の主な輸出品を比較すると，2018年では，鉱産資源や農産物よりも工業製品の輸出割合が多くなっているのがわかる。

❸ (2)(3)デカン高原は，Xの綿花の生産が盛んな地域である。Yは，スリランカが位置するセイロン島やインド北東部のアッサム州，ダージリンに分布することから，茶と判断できる。
(4)バングラデシュでも繊維産業が盛んで，主な輸出品は，約9割が繊維産業に使用する原材料である（2015年）。
(5)ムンバイとコルカタは古くから工業が発達した大都市で，工場団地が形成されている。ベンガルールには，近年，首都デリーとともにICT企業が多く集まっている。

❹ (1)西アジアは，世界でも有数の産油地域である。
(2)ペルシア湾岸地域には油田が集中している。

p.36～37 ステージ3 総合

❶ (1)①衣類　②機械類　③ソウル
(2)①モンスーン
②稲作
③例経済特区に工場をつくることで，安い費用で製品をつくることができるから。

❷ (1)イ　(2)パーム油
(3)首都　バンコク　宗教　仏教
(4)例環境破壊(かんきょうはかい)から森林を守るため。

❸ (1)エ
(2)右図参照

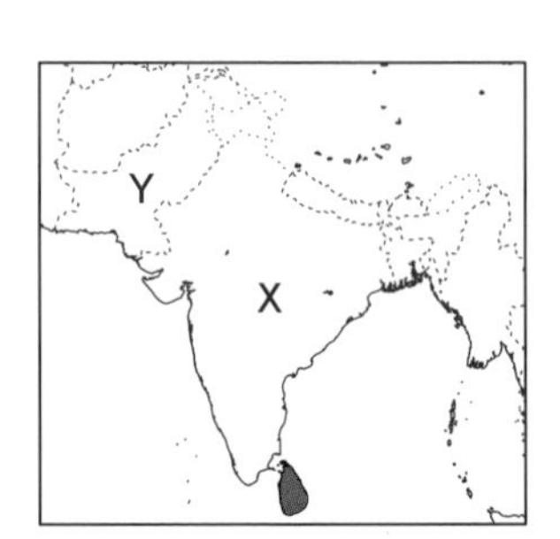

(3)イギリス
(4)例理数系の教育が重視され，労働者の技術力が高いから。
例英語を話せるから。　(順不同)

❹ (1)サウジアラビア
(2)ア　(3)ウ

経済特区(けいざいとっく)　繊維産業(せんいさんぎょう)　穀倉地帯(こくそうちたい)

解説

❶ (1)②韓国は，原材料や工作機械を外国から輸出し，製品の組み立てや加工した製品を輸出することで発展した。政府の政策もあり，国際的に評価される製品を安くつくることが可能になった。

(2)②外国企業は，経済特区に工場をつくると税金などの負担が軽くなること，低い賃金で労働者を雇うことができることなど，安い費用で製品を生産できる利点があったため，経済特区に進出した。

❷ (1)フィリピンに多く分布していることから，イのバナナと判断できる。アの天然ゴムはマレーシアなど，エのコーヒーはベトナムやインドネシアのスマトラ島などで生産が盛んである。

(2)パーム油は食用としての需要が増えている。

❸ (1)Xのインドと Yのパキスタンのほか，中国やアメリカ合衆国が上位にあることからエの綿花と判断できる。

(2)スリランカでは，主な輸出品の１割を茶が占めている（2016年）。

(3)南アジアでは，イギリスの植民地時代も，綿工業や製鉄業などの近代的な工業が行われていた一方で，伝統的な繊維産業も行われていた。

(4)インドのベンガルールやデリーではアメリカやイギリスなど，世界の企業が集まっている。コールセンターの仕事だけでなく，ソフトウェアの開発や経理の業務などを請け負っている。

❹ (1)サウジアラビアは，西アジア最大の産油国。

(2)アのシリアは，トルコの南，イラクの西に隣接する国である。シリアでも原油は生産されるが，ペルシア湾岸に位置する国に比べると生産量は少ない。

(3)ウはヒンドゥー教のきまりである。

p.38〜39 ステージ1

●教科書の要点

①偏西風（へんせいふう）　②地中海性気候（ちちゅうかいせい）
③フィヨルド　④スラブ
⑤ヨーロッパ連合　⑥パスポート
⑦ユーロ　⑧地中海式農業（ちちゅうかいしき）
⑨混合農業　⑩園芸農業

●教科書の資料

(1)Aゲルマン系　Bラテン系　Cスラブ系
(2)スイス
(3)キリスト教

●教科書チェック　一問一答

①北大西洋海流（きたたいせいよう）　②西岸海洋性気候（せいがんかいようせい）
③ライン川　④スカンディナビア半島
⑤EU　⑥東ヨーロッパ
⑦乾燥（かんそう）　⑧酪農（らくのう）
⑨フランス　⑩食料自給率

ミス注意!

★混合農業と園芸農業…取りちがいに注意しよう。

混合農業	園芸農業
畑作と家畜の飼育を組み合わせた農業。	大都市の周辺で花や野菜を栽培する農業。

p.40〜41 ステージ1

●教科書の要点

①石炭　②重化学工業
③外国人労働者　④酸性雨
⑤地球温暖化（おんだんか）　⑥再生可能エネルギー
⑦タイガ　⑧ツンドラ気候
⑨パイプライン　⑩石油

●教科書の資料

(1)Aツンドラ　B針葉樹林（しんようじゅりん）
(2)シベリア
(3)モスクワ

●教科書チェック　一問一答

①ルール地方　②石油
③ロッテルダム　④自動車
⑤温室効果ガス　⑥原子力
⑦バイオマス
⑧ソビエト社会主義共和国連邦（しゃかいしゅぎきょうわこくれんぽう）［ソ連］
⑨天然ガス　⑩北方領土（ほっぽうりょうど）

ミス注意!

★タイガとツンドラ…取りちがいに注意しよう。

タイガ	ツンドラ
シベリアに広がる針葉樹林帯のこと。	シベリア北部のこけ類や低木しか育たない地域のこと。

なぞろう重要語句

偏西風（へんせいふう）　酪農（らくのう）　穀倉（こくそう）　地球温暖化（ちきゅうおんだんか）

p.42〜43 ステージ1

●教科書の要点

①サハラ　②サヘル
③プランテーション　④カカオ
⑤フェアトレード　⑥遊牧
⑦オアシス　⑧銅
⑨モノカルチャー
⑩アフリカ連合

●教科書の資料

(1)A熱帯雨林気候　Bサバナ気候
　Cステップ気候　D砂漠気候
(2)地中海性気候

●教科書チェック　一問一答

①ナイル川　②キリマンジャロ山
③熱帯雨林　④砂漠化
⑤焼畑農業　⑥植民地
⑦ネリカ　⑧石油
⑨ダイヤモンド　⑩AU

p.44〜45 ステージ2

❶ (1)フィヨルド
(2)アルプス山脈
(3)あ西岸海洋性気候　い地中海性気候
(4)偏西風
(5)地中海
(6)Xイ　Yア

❷ (1)A混合農業　B酪農・放牧
　C地中海式農業
(2)Xア　Yエ
(3)①フランス　②穀倉
(4)園芸農業

❸ (1)A石炭　B石油
(2)ルール地方
(3)酸性雨
(4)再生可能エネルギー
(5)ソビエト

❹ (1)サハラ砂漠　(2)ナイル川
(3)カカオ
(4)①レアメタル
　②a植民地　b外国　c国内

解説

❶ (1)Aのスカンディナビア半島の他に，チリ南部の海岸などにもみられる。
(2)スイスやイタリアなどの国境となっている。
(4)一年中吹く偏西風と暖流の北大西洋海流の影響で，ヨーロッパ西部は緯度のわりに温暖である。
(6)Xはイギリス，Yはイタリアである。

❷ (2)Xはヨーロッパ全域に分布していることからアの小麦，Yは主に地中海沿岸に分布していることからエのぶどう。地中海沿岸では他にオリーブなど，乾燥に強い農作物の生産が盛んである。
(3)あのフランスは，EUの農業生産額の２割以上を占める農業大国である。
(4)園芸農業は，スペイン，フランス，イタリアの地中海の沿岸の地域やギリシャの一部，フランスの西部などで盛んである。

❸ (2)ルール地方はAの石炭資源とライン川の水運に恵まれたことで，鉄鋼業を中心とするヨーロッパ最大の工業地域に発展した。
(3)酸性雨は，工場や自動車から排出された硫黄酸化物などが偏西風に乗って遠く離れた地域まで運ばれることで，広い範囲に被害をもたらす。
(4)再生可能エネルギーには，風力やバイオマスの他，太陽光，地熱，太陽熱などがある。

❹ (1)サハラ砂漠の南側はサヘルとよばれ，砂漠化が問題となっている。
(3)カカオの栽培は，ギニア湾に面するコートジボワールやガーナで盛んである。

p.46〜47 ステージ3 総合

❶ (1)都市　アテネ
　気候区名　地中海性気候
(2)ウ
(3)例EUの中で経済的な地域格差が起きている。

❷ (1)①酪農　②混合農業
(2)作図　右図参照
　国名　ドイツ
(3)例船を使った原油の輸入と製品の輸出に便利だから。

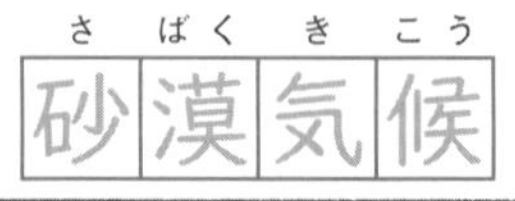

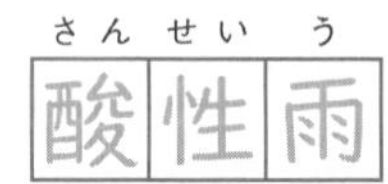

❸ (1)再生可能エネルギー

(2)CO_2〔二酸化炭素〕

(3)①ウクライナ

②例原子力発電所で爆発事故が起き，放射性物質が大量に広がったため。

(4)天然ガス〔石油〕

❹ (1)①赤道　②熱帯雨林

③地中海性

(2)例特定の鉱産資源や農作物の生産や輸出に頼る経済。

解説

❶ (1)気温が比較的温暖で，夏の降水量が少ない，地中海性気候であることがわかる。ヨーロッパ南部に位置するアテネと判断できる。

(2)ウEU加盟国の中でも共通通貨ユーロを導入していない国もある。

(3)東ヨーロッパの国々の人は，高い賃金の得られる西ヨーロッパの国々に働きに出ることが多い。その結果西ヨーロッパで働く人の数が増え，失業者が増える，という問題を生んでいる。

❷ (1)①酪農は，北海沿岸のデンマークや標高の高いスイスなどで盛んである。②混合農業は，ヨーロッパの中でも夏の気温が低い，アルプス山脈の北側で盛んである。

(2)上から３つ目までだと，オランダも当てはまるが，上から４つ目の「現在は自動車が主な輸出品である」より，ドイツと判断できる。

❸ (3)ヨーロッパ各国では，火力発電より発電時に発生するCO_2の排出が少ないことから，チョルノービリ（チェルノブイリ）原子力発電所の爆発事故が起きるまで原子力発電が推進されていた。

(4)EU諸国は，ロシアからパイプラインを通じて石油や天然ガスを輸入している。

❹ (1)③アフリカには，地中海性気候だけでなく，温暖湿潤気候や西岸海洋性気候地域もある。

(2)モノカルチャー経済において生産される農作物や鉱産資源は，工業製品に比べて価格の変動がはげしいため，これらのみの生産・輸出に頼っていると，その国の収入は安定しないため，経済も不安定になる。

p.48～49 ステージ1

●教科書の要点

①アメリカ合衆国　②針葉樹林

③乾燥帯　④ロッキー山脈

⑤グレートプレーンズ

⑥五大湖　⑦アグリビジネス

⑧バイオテクノロジー

⑨適地適作　⑩とうもろこし

●教科書の資料

(1)Aイ　Bア　Cウ

(2)適地適作

●教科書チェック　一問一答

①冷帯　②（西経）100度

③ハリケーン　④ミシシッピ川

⑤アパラチア山脈　⑥遺伝子組み換え作物

⑦穀物メジャー　⑧酪農

⑨綿花　⑩カリフォルニア州

ミス注意!

★温帯と乾燥帯…取りちがいに注意しよう。

温帯	乾燥帯
アメリカでは西経100度より東の地域。	アメリカでは西経100度より西の地域。

p.50～51 ステージ1

●教科書の要点

①大量生産　②サンベルト

③先端技術産業　④多国籍企業

⑤先住民　⑥フリーウェイ

⑦大量消費　⑧フランス語

⑨ヒスパニック　⑩多文化主義

●教科書の資料

(1)A石炭　B石油

(2)37

(3)ア

●教科書チェック　一問一答

①五大湖　②デトロイト

③シリコンバレー　④移民

⑤ジャズ　⑥ショッピングセンター

⑦シェールガス　⑧スペイン語

⑨ヒスパニック　⑩ケベック州

なぞろう 重要語句

しんようじゅりん 針葉樹林　てきちてきさく 適地適作　せんたんぎじゅつさんぎょう 先端技術産業　いみん 移民

ミス注意！

★サンベルトとシリコンバレー…違いをおさえよう。

サンベルト	シリコンバレー
北緯37度以南のICT産業や航空宇宙産業が発展した工業地域。	サンフランシスコ郊外の先端技術産業が集まる地域。

p.52～53 ステージ2

❶ (1)ウ
(2)Aメキシコ　Bキューバ
(3)針葉樹林（しんようじゅりん）
(4)Xロッキー山脈　Yアパラチア山脈
(5)ミシシッピ川　(6)イ

❷ (1)バイオテクノロジー
(2)A綿花　Bとうもろこし　C小麦
(3)酪農（らくのう）
(4)適地適作

❸ (1)Aイ　Bア　Cウ
(2)大量生産
(3)イ　(4)サンベルト
(5)ア

❹ (1)イ　(2)シェールガス
(3)ヨーロッパ
(4)Aウ　Bア　Cイ
(5)ヒスパニック
(6)英語・フランス語（順不同）

解説

❶ (4)Xのロッキー山脈はけわしい山脈，Yのアパラチア山脈はなだらかな山脈である。
(6)ロッキー山脈の東には，グレートプレーンズ，さらにその東にプレーリーが広がる。五大湖はプレーリーの東側に位置する。五大湖は，アメリカ合衆国とカナダの国境の一部になっている。

❷ (2)Aの綿花は東南部の比較的温暖な地域，Bのとうもろこしは北東部，Cの小麦は西部のカンザス州からカナダにかけての地域で生産が盛んである。
(3)酪農は，近郊農業とともに北東部の大都市周辺で行われている。
(4)アメリカ合衆国では適地適作を行っているため，農業地域区分がはっきりしている。

❸ (3)ア・ウアメリカ合衆国では，まず資源と水運に恵まれたXの地域で重化学工業が発展した。イ北緯37度以南のサンベルトの説明である。
(4)サンベルトでは豊富な労働力や安価で広大な土地を生かして，ICT産業などが発達した。サンベルトの「サン（Sun）」は太陽のこと。北部より日照時間が長いためにこの名前がついた。

❹ (1)イサッカーが生まれたのはイギリスである。
(3)アメリカ合衆国では多数派を占める白人が，長い間，政治・経済の実権を握ってきた。
(4)19世紀から20世紀にBのアジア系もアメリカへ移民として渡り，多様な人々が暮らす社会が形成された。Cのアフリカ系（黒人）は，アフリカから奴隷として連れてこられた人々の子孫である。
(5)ヒスパニックは，仕事の機会と高い賃金を求めてアメリカ合衆国に移住するが，実際には低賃金で働いている人が多く，貧困が問題となっている。
(6)カナダのケベック州ではフランス系住民が多く，英語のほかフランス語も公用語となっている。

p.54～55 ステージ3 総合

❶ (1)プレーリー
(2)ハリケーン
(3)Aア　Bウ　Cイ

❷ (1)Aイ　Bエ　Cア　Dウ
(2)①スプリンクラー　②地下水
(3)例自然環境（かんきょう）と大都市への距離（きょり）や労働力などの条件を生かした農業。

❸ (1)ウ
(2)例流れ作業による大量生産が行われた。
(3)①シリコンバレー
②移民
(4)右図参照
(5)多国籍企業（たこくせききぎょう）

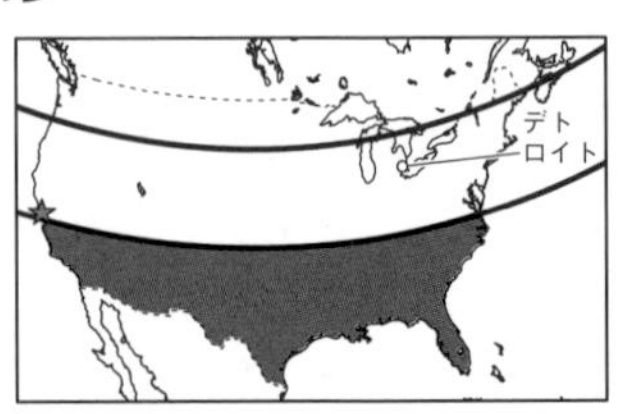

❹ (1)Aカナダ
Bメキシコ
(2)例少数派の人々の言語や伝統，文化の共存を認（みと）める政策（せいさく）。
(3)安い
(4)ウ

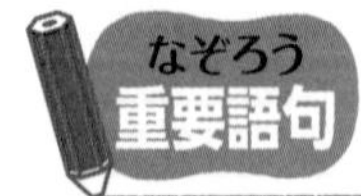

多国籍企業（たこくせききぎょう）　穀物メジャー（こくもつ）　奴隷制（どれいせい）

解説

1 (2)Yのメキシコ湾岸は，ハリケーンによる強風や豪雨による被害を受けやすい。
(3)アは冬の寒さが厳しいことから冷帯に属するA（アンカレジ），イは一年を通して気温が高いことから，熱帯に属するC（メキシコシティ），ウは一年を通して降水量が少ないことから乾燥帯に属するB（デンバー）。

2 (1)Aアメリカ合衆国では，肉質を高めるために牛を肥育場（フィードロット）で育てている。Bアルゼンチンやブラジルが上位であることから，エのとうもろこし，Cロシアやフランスが上位にであることからアの小麦，Dアメリカ合衆国が4割以上を占めていることから，ウのだいずである。
(2)センターピボット方式は，井戸をほって地下水をくみ上げ，その水をスプリンクラーを使って円形にまく方式で，雨が少ない乾燥地域でも農作物を栽培できるようにしている。

3 (1)アアメリカで最初に工業が発達したのは，大西洋岸から五大湖周辺の北東部の地域。イ20世紀後半の1970年代から，アメリカ合衆国の自動車産業はふるわなくなった。ウ自動車産業がふるわなくなり，航空機産業に力を入れるようになった。インターネットやスマートフォンなどとともに，アメリカ合衆国が世界をリードしている分野である。
(2)大量生産方式は，工業製品の価格を引き下げることにつながった。
(3)②世界中から集まる移民の力を取り入れた製品の研究・開発・企画で世界をリードしてきた。
(4)アメリカ合衆国の北緯37度以南を塗る。

4 (1)Aカナダにはフランス系住民も多く，カナダ全体で，フランス語も公用語になっている。
(3)メキシコから賃金の高いアメリカへの不法入国が問題になっている。アメリカとカナダ，メキシコの３国は，貿易の自由化を行っているが，ヨーロッパのように人の移動の自由は認めていない。
(4)アヨーロッパ系の人々は，多数派である。イアジア系の人々は，ウのアフリカ系の人々の次に数が少ない。

p.56～57 ステージ1

●教科書の要点

①アンデス山脈　②サバナ
③スペイン　④奴隷（どれい）
⑤メスチソ　⑥多文化
⑦持続可能な開発　⑧レアメタル
⑨モノカルチャー経済
⑩バイオエタノール

●教科書の資料

(1)Xスペイン語　Yポルトガル語
(2)Aイ　Bウ　Cア

●教科書チェック　一問一答

①セルバ　②パンパ
③インカ帝国（ていこく）　④ポルトガル語
⑤アマゾン盆地（ぼんち）　⑥アマゾン川
⑦銅鉱石　⑧原油
⑨BRICS　⑩スラム

ミス注意!

★セルバとパンパ…違いをおさえよう。

セルバ	パンパ
アマゾン川流域に広がる熱帯雨林。	ラプラタ川流域に広がる草原地帯。

p.58～59 ステージ1

●教科書の要点

①砂漠（さばく）　②ミクロネシア
③さんご礁（しょう）　④キリスト教
⑤羊毛　⑥アボリジニ
⑦羊　⑧白豪主義（はくごう）
⑨多文化主義　⑩エアーズロック

●教科書の資料

(1)Aウ　Bア　Cイ
(2)ウ

●教科書チェック　一問一答

①オーストラリア大陸
②３分の２　③メラネシア
④ポリネシア　⑤さんご礁
⑥鉄鉱石　⑦イギリス
⑧アジア州　⑨ウルル
⑩太平洋（たいへいよう）・島サミット

なぞろう重要語句

奴隷（どれい）　環境破壊（かんきょうはかい）　希少金属（きしょうきんぞく）

ミス注意！

★アボリジニとマオリ…取りちがいに注意しよう。

アボリジニ	マオリ
オーストラリアの先住民。	ニュージーランドの先住民。

p.60～61 ステージ2

1 (1)アンデス山脈
(2)Bアマゾン川　Cラプラタ川
(3)エ　(4)メスチソ
(5)Xベネズエラ　Yアルゼンチン
(6)ア

2 (1)A天然ガス　B原油　C銅
(2)モノカルチャー経済
(3)レアメタル　(4)バイオエタノール

3 (1)Aミクロネシア　Bメラネシア
Cポリネシア
(2)エ
(3)X火山　Yさんご礁(しょう)
(4)キリスト教　(5)キャンベラ

4 (1)A日本　Bアメリカ合衆国(がっしゅうこく)
C中国(ちゅうごく)　D大韓民国(だいかんみんこく)〔韓国(かんこく)〕
(2)エ
(3)白豪(はくごう)主義　(4)多文化主義

解説

1 (3)ブラジルはポルトガル語，その他の南アメリカの国の多くはスペイン語を公用語とする。
(6)アマゾン川流域では道路や農地・牧場の開発などのため，広大な熱帯雨林が伐採された。

2 (1)ベネズエラとコロンビアは世界有数の原油産出国。チリの銅産出量は世界全体の約３分の１を占める。

3 (2)オーストラリアの北部は熱帯，東部や南部の一部は温帯だが，国土の大部分は乾燥帯である。
(4)ヨーロッパの宣教師たちによって広められた。

4 (1)かつては植民地支配をしていたイギリスなどヨーロッパとの結びつきが強かったが，近年はアジアの国々との結びつきが強まっている。
(2)アはカナダの先住民，イはニュージーランドの先住民，ウは北アメリカの先住民である。

p.62～63 ステージ3 総合

1 (1)イ
(2)Aエ　Bイ
(3)①インカ帝国(ていこく)　②マチュピチュ
(4)例道路や農地，牧場の開発のため。

2 (1)Aエ　Bア　Cウ　Dイ
(2)①コーヒー（豆）
②価格
③例大都市に人口が集中し，スラムが形成されている。

3 (1)右図参照

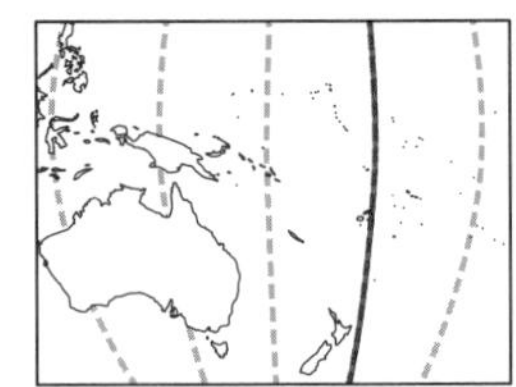

(2)イ
(3)例資源や水にとぼしく，仕事の機会が限られるため。
(4)エ

4 (1)A羊　B牛
(2)Cエ　Dウ
(3)例内陸部の降水量が少ない地域。

解説

1 (1)南アメリカ州では，赤道はエクアドルやコロンビア，ブラジルの北端付近を通る。
(2)エはアマゾン川流域に広がる熱帯雨林，イはラプラタ川流域に広がる草原地帯。
(4)ブラジルは，第二次世界大戦後，国家の計画としてアマゾン川流域の開発を進めた。

2 (1)Aは原油の割合が高いことからエのベネズエラ，Bは銅鉱や銅の割合が高いことからアのチリ，Cは天然ガスの割合が高いことからウのボリビア，残ったDがイのアルゼンチンとなる。
(2)②一つの農産物の輸出に依存すると，農産物の価格に国の経済が左右されてしまう。
③人口の集中に対し，住宅や水道などの生活基盤の整備が追い付いていない。

3 (2)オーストラリアでは，東部の海岸沿いに人口が集中している。
(4)ア18世紀末に流罪植民地としてイギリス人の移民が始まった。イオーストラリアの先住民はアボリジニ。マオリはニュージーランドの先住民である。ウ移民たちは牧畜業を始めた。

なぞろう重要語句
持続可能な開発（じぞくかのうなかいはつ）　銅鉱石（どうこうせき）　多文化社会（たぶんかしゃかい）

4 (1)オーストラリアでは，主に北部で牧牛，南西部と南東部で牧羊が行われている。

(2)オーストラリアの西部で産出されるのは鉄鉱石，東部で産出されるのは石炭である。

(3)地図から，内陸部は降水量が少ないことが読み取れる。降水量の少ない地域は，農業には向いていない。

p.64～65 ステージ3 資・思

1 (1)例生産上位国であるが，輸出上位国ではない。

(2)例中国やインドは人口が多く，生産した小麦の多くを自国で消費しているため。

2 (1)例2004年より前に加盟した国は一人当たりGNIが高く，2004年以降に加盟した国は一人当たりGNIが低い。

(2)例EUに加盟したことで国境の移動が簡単になったから。

(3)右図参照

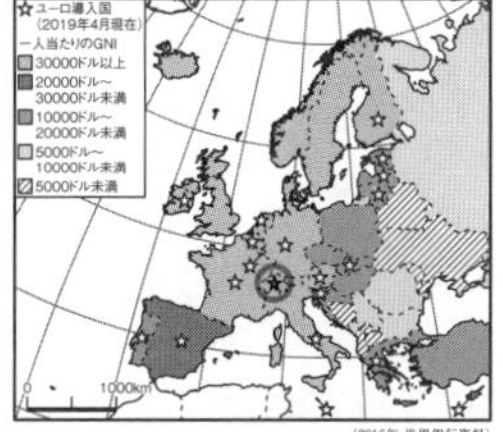

(2016年 世界銀行資料)

3 (1)①例ヨーロッパの国々の植民地となったため。

②例民族の分布と国境が一致せず，国内での民族同士の対立などが起こりやすいから。

(2)1960年

4 (1)例かんがい施設を整備し，少ない降水量をおぎなっている。

(2)例大量の水を使うので，地下水の枯渇が心配されている。

解説

1 (2)人口が多いと自国で消費する分が多いため，輸出に回す分は少なくなる。

2 (1)資料1を見て，加盟年ごとに一人当たりの国民総所得を比較する。1995年までに加盟した国は，多くが「30000ドル以上」や「20000ドル～30000ドル未満」となっている。それに対して，2004年に加盟した国のほとんどは「10000ドル～20000ドル未満」であることがわかる。

(2)資料3でみられるように，国境付近をスムーズに通過できるのは，EU加盟国間でパスポートなしで通過できるように決められたためである。

(3)スイスは，EUに加盟していないため，ユーロの導入国ではないことがわかる。

3 (1)植民地は，その地域の宗主国（支配国）間の都合や，経線・緯線などを利用して決められた。

(2)アフリカの国々の独立は，植民地ごとに行われた。独立後も植民地時代の国境が引き続き使用されたため，一つの国の中に複数の民族が暮らし，あるいは，もともとは一つの場所に暮らしていた民族が複数の国に分断されることになった。その結果，さまざまな対立が生じるようになった。

4 (1)資料2は，アメリカ合衆国のグレートプレーンズで行われている，センターピボットによるかんがい方式の様子である。地下からくみ上げた水に肥料を混ぜ，農場に自動的にまくしくみで，降水量の少ない地域で農産物を栽培するためのものである。

ポイント

■東アジアの諸地域の特徴をおさえる。
人口集中，一人っ子政策，漢族，経済特区

■東南アジアの諸地域の特徴をおさえる。
プランテーション，東南アジア諸国連合

■南・西アジアの諸地域の特徴をおさえる。
情報通信技術（ICT）産業，石油輸出国機構

■ヨーロッパの諸地域の特徴をおさえる。
地中海性気候，ヨーロッパ連合，混合農業

■ヨーロッパとロシア連邦の関係をおさえる。
ツンドラ，タイガ，パイプライン

■アフリカの諸地域の特徴をおさえる。
サハラ砂漠，難民，モノカルチャー経済

■北アメリカの諸地域の特徴をおさえる。
ロッキー山脈，シリコンバレー，ヒスパニック

■南アメリカの諸地域の特徴をおさえる。
アンデス山脈，アマゾン川，メスチソ

■オセアニアの諸地域の特徴をおさえる。
アボリジニ，白豪主義，マオリ

なぞろう 重要語句

さんご礁（しょう）　牧畜（ぼくちく）　鉄鉱石（てっこうせき）　白豪主義（はくごうしゅぎ）

第3編 日本のさまざまな地域

第1章 地域調査の方法を学ぼう

p.66~67 ステージ1

●教科書の要点

①地図帳　②テーマ
③仮説（かせつ）　④国土地理院（こくどちりいん）
⑤地図記号　⑥縮尺（しゅくしゃく）
⑦等高線（とうこうせん）　⑧急
⑨聞き取り

●教科書の資料

(1)Aエ　Bア　Cオ　Dイ
　Eカ　Fキ　Gウ　Hク
(2)国土地理院

●教科書チェック　一問一答

①目的　②仮説
③地形図　④縮尺
⑤250m　⑥4cm
⑦等高線　⑧計曲線（けいきょくせん）
⑨ゆるやか　⑩聞き取り（調査）

ミス注意!

★計曲線と主曲線…取りちがいに注意しよう。

計曲線	主曲線
2万5千分の1地形図では50mごと。	2万5千分の1地形図では10mごと。

p.68~69 ステージ2

❶ A地形図　Bルート　Cカード
　D調査計画書　Eインターネット
　Fレポート
❷ (1)縮尺（しゅくしゃく）
　(2)a 250　b 500　c 4　d 2
❸ (1)2万5千分の1
　(2)A消防署　B郵便局　C畑
　　D神社　E広葉樹林　F老人ホーム
　(3)X　(4)b
　(5)1250（m）
❹ (1)どのように
　(2)①イ　②ウ　③オ

解説

❶ 調査計画書は，必要な資料や情報は何か，どのような方法で調べるかなどをまとめたもの。
❷ (2) 1mは100cmであることから，aは25000m÷100＝250m，bは50000cm÷100＝500mと計算できる。
❸ (1)右下に「2万5千分の1地形図」と書かれている。
(3)等高線の間隔が狭いところは，傾斜が急であり，広いところはゆるやかである。XとYとではXの方が等高線の間隔がせまい。
(5)（実際の距離）＝（地形図上の長さ）×（縮尺の分母）で求められる。地図の縮尺は2万5千分の1であるため，5cm×25000＝125000cm＝1250mとなる。
❹ (2)①数値の変化や比較を示したい場合には，折れ線グラフや棒グラフが適している。一方，割合の変化や比較を示したい場合には，円グラフや帯グラフが適している。

第2章 日本の特色と地域区分

p.70~71 ステージ1

●教科書の要点

①地域区分（ちいき）　②買い物圏
③都市圏　④首都圏
⑤西日本　⑥九州（きゅうしゅう）
⑦環太平洋造山帯（かんたいへいようぞうざんたい）　⑧ロッキー山脈
⑨アルプス・ヒマラヤ造山帯
⑩平野

●教科書の資料

(1)Aアルプス・ヒマラヤ造山帯
　B環太平洋造山帯
(2)イ

●教科書チェック　一問一答

①通勤・通学圏（けん）　②丸型
③都市圏　④東日本
⑤西南日本　⑥北海道地方（ほっかいどう）
⑦造山帯　⑧環太平洋造山帯
⑨アンデス山脈　⑩プレート

なぞろう 重要語句
縮尺（しゅくしゃく）　距離（きょり）　標高（ひょうこう）　比較（ひかく）

ミス注意!

★2つの造山帯…取りちがいに注意しよう。

環太平洋造山帯	アルプス・ヒマラヤ造山帯
太平洋を取りまくように連なる。	ユーラシア大陸南部に東西に連なる。

p.72～73 ステージ1

●**教科書の要点**

①日本アルプス　②フォッサマグナ
③リアス海岸　④瀬戸内海
⑤大陸棚　⑥親潮
⑦平野　⑧盆地
⑨扇状地　⑩三角州

●**教科書の資料**

(1)A奥羽　B信濃　C関東　D筑紫
(2)日本アルプス

●**教科書チェック　一問一答**

①木曽山脈　②岩石海岸
③砂浜海岸　④干潟
⑤さんご礁　⑥海溝
⑦黒潮〔日本海流〕　⑧対馬海流
⑨扇状地　⑩三角州

ミス注意!

★扇状地と三角州…取りちがいに注意しよう。

扇状地	三角州
川が山地から平地に出るところ（谷口）にできる。	川が海や湖に流れ出るところ（河口）にできる。

p.74～75 ステージ1

●**教科書の要点**

①季節風　②温帯
③太平洋側　④梅雨
⑤台風　⑥津波
⑦活断層　⑧干ばつ
⑨ハザードマップ　⑩自助

●**教科書の資料**

(1)A内陸の気候　B瀬戸内の気候
C南西諸島の気候
(2)X親潮〔千島海流〕　Y黒潮〔日本海流〕

●**教科書チェック　一問一答**

①温帯　②日本海側の気候
③内陸の気候　④地震
⑤東日本大震災　⑥阪神・淡路大震災
⑦火砕流　⑧減災
⑨公助　⑩共助

ミス注意!

★内陸の気候と瀬戸内の気候…違いをおさえよう。

内陸の気候	瀬戸内の気候
雨が少なく冬は冷え込む。夏と冬の気温差大。	雨が少なく，冬でも比較的温暖。

p.76～77 ステージ2

1 (1)関東地方・中部地方・近畿地方（順不同）
(2)A角型　B丸型

2 (1)環太平洋造山帯
(2)フォッサマグナ
(3)A越後山脈　B飛驒山脈　C紀伊山脈
(4)D十勝平野　E濃尾平野　F筑紫平野
(5)G石狩川　H利根川　I信濃川

3 (1)X　(2)梅雨
(3)①D　②A　③F　④B　⑤C
(4)日本海流

4 (1)津波
(2)火砕流
(3)①干ばつ　②土石流　③洪水
(4)ハザードマップ

解説

1 (1)日本を七つの地方に分けた場合，北海道地方，東北地方，関東地方，中部地方，近畿地方，中国・四国地方，九州地方となる。
(2)東日本では主に角型（四角いもの），西日本では主に丸型（丸いもの）という違いがある。

2 (1)環太平洋造山帯は，太平洋をとりまく造山帯で，南アメリカ大陸のアンデス山脈から北アメリカ大陸のロッキー山脈，千島列島，日本列島，フィリピン諸島，ニュージーランドまで続く。
(2)フォッサマグナはプレートの境界と考えられており，これを境として東側は南北の方向に，西側は東西の方向に，山脈が大きく向きを変えている。

通勤・通学圏（つうきん・つうがくけん）　首都圏（しゅとけん）　地震（じしん）

⑶Aの越後山脈は越後平野に面している。Cの紀伊山地は紀伊半島に位置する。

⑸信濃川は日本で最も長い川，利根川は日本で最も流域面積が広い川である。

❸ ⑴冬は北西方向から冷たく乾燥した季節風が日本海側に吹き込む。この季節風は日本海上を吹く際に水分を含み，標高の高い山地や山脈にぶつかって日本海側に多くの雪を降らせる。

⑷日本の周りを流れる海流のうち，暖流は黒潮（日本海流）と対馬海流，寒流は親潮（千島海流）とリマン海流である。

❹ ⑴津波は，海底での地震や海底火山の爆発などによって，海面が変動して上下する現象である。海面が上昇した場合，湾に入るとさらに海面が高まることから，湾の多いリアス海岸では大きな被害を受けやすくなる。

⑵1990年に雲仙岳（平成新山）が噴火した際，火砕流などによって住宅地や農地に大きな被害と多くの犠牲者が出た。

⑶洪水は大雨などにより，川の水位や流量が異常に増大し，堤防の外側にあふれ出る現象である。台風や集中豪雨によって起こることが多い。

p.78~79 ステージ1

●教科書の要点

①人口爆発（ばくはつ）　②高齢化（こうれい）
③少子化
④ワーク・ライフ・バランス
⑤三大都市圏（けん）　⑥地方中枢都市（ちゅうすう）
⑦過疎（かそ）　⑧過密（かみつ）
⑨ドーナツ化現象　⑩コンパクトシティ

●教科書の資料

⑴イ
⑵Aウ　Bア　Cイ

●教科書チェック　一問一答

①老年人口　②年少人口
③生産年齢人口　④少子高齢化
⑤東京　⑥関東地方（かんとう）
⑦過疎　⑧過密
⑨夜間人口　⑩ニュータウン

ミス注意!

★人口ピラミッドの形…違いをおさえよう。

富士山型	つぼ型
発展途上国にみられ，年少人口の割合が高い。	先進国でみられ，老年人口の割合が高い。

p.80~81 ステージ1

●教科書の要点

①地球温暖化　②持続可能な社会
③水力発電　④火力発電
⑤再生可能エネルギー
⑥第一次産業　⑦第二次産業
⑧第三次産業　⑨ハブ空港
⑩情報通信技術

●教科書の資料

⑴A京浜（けいひん）工業地帯　B中京（ちゅうきょう）工業地帯
C阪神（はんしん）工業地帯　D瀬戸内（せとうち）工業地域
⑵太平洋（たいへいよう）ベルト

●教科書チェック　一問一答

①化石燃料　②メタンハイドレート
③火力発電　④石油危機
⑤バイオマス　⑥貿易摩擦（まさつ）
⑦産業の空洞化　⑧一極集中
⑨工業団地　⑩ICT

ミス注意!

★航空輸送と海上輸送…違いをおさえよう。

航空輸送	海上輸送
航空機での輸送。軽量なものが適している。	船舶での輸送。重量があるものが適している

p.82~83 ステージ2

❶ ⑴B（→）A（→）C
⑵生産年齢
⑶地方中枢都市（ちゅうすう）　⑷エ

❷ ⑴X原油　Y鉄鉱石　Z石炭
⑵A水力　B火力　C原子力

❸ ⑴イ
⑵A中京　B京浜　C阪神
⑶①第三次　②第一次
③第二次　④第三次

なぞろう 重要語句

環太平洋造山帯（かんたいへいようぞうさんたい）　侵食（しんしょく）　堆積（たいせき）　大陸棚（たいりくだな）

❹ (1)Aイ　Bア　Cウ
(2)①航空機　②船舶(せんぱく)　③航空機
(3)ハブ空港

解説

❶ (2)一般的に国が発展するにしたがって，人口ピラミッドは富士山型→つりがね型→つぼ型へと変化する。
(4)ア～ウは過密地域でみられる問題である。

❷ (1)オーストラリアは鉱産資源が豊富で，日本はYの鉄鉱石やZの石炭を多く輸入している。
(2)A内陸部に多く立地していることから，水力発電所である。水力発電所は，ダムをつくりやすい河川上流の山間部に立地する。B太平洋側の海沿いに多く立地していることから火力発電所である。火力発電所は，燃料の輸送に便利で，電力需要が高い大都市に近い臨海地域に立地する。C沿岸部に多く立地していることから，原子力発電所である。原子力発電所は，冷却のための大量の水が得られる海岸部に立地する。

❸ (1)北海道や鹿児島県，千葉県や茨城県で額が多くなっていることから，農業生産額である。製造品出荷額は太平洋ベルトに含まれる地域，年間商品販売額は三大都市圏で額が多くなる。
(2)出荷額は，機械工業が盛んな中京工業地帯が最も高くなっている。
(3)農林水産業などが第一次産業，鉱工業や建設業，製造業が第二次産業，それ以外の産業が第三次産業である。

❹ (1)高速道路が整備されて輸送時間が短縮されたこともあり，国内の貨物の輸送はトラックによるものが中心となっている。
(2)①電子部品のように小型で軽量なものは，航空輸送に適している。
(3)ハブ空港の「ハブ」は自転車の車輪の軸の部分のことを指す。軸を中心に放射状に車輪がつながっている様子を，拠点となる空港から航空路線網が四方八方に張りめぐらされていることに例えている。

p.84～85　ステージ3　総合

❶ (1)ウ　(2)1 km
(3)右図参照

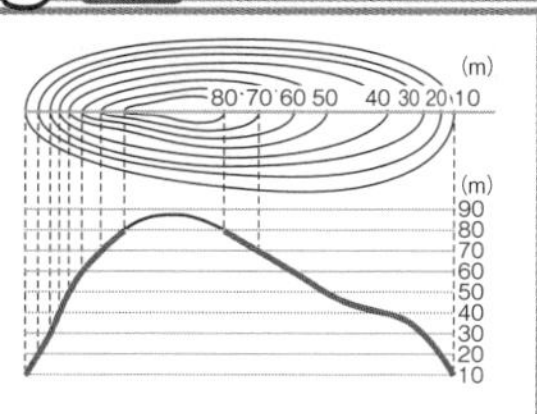

❷ (1)ア
(2)半島　志摩(しま)半島
地形　リアス海岸
(3)例川が山地から平野へ流れ出るところに，川によって運ばれた土砂が積もってできた地形。

❸ (1)①季節風　②夏
③A乾燥(かんそう)した　B湿(しめ)った
(2)自然災害　ア
対策　例道路の雪が解けるように，地下水をまく消雪パイプを設置する。

❹ (1)イ
(2)A京浜(けいひん)工業地帯　B中京(ちゅうきょう)工業地帯
(3)例製品をつくるための原料や燃料，つくった製品を船で運ぶのに便利なため。
(4)ア・オ（順不同）

解説

❶ (1)ア河川の場所は同じである。イAには高速道路は通っていない。エBの「庄内緑地」の場所には，Aでは畑が広がっている。
(2)実際の距離は（地図上の長さ）×（縮尺の分母）で計算できる。4 cm×25000＝100000cm＝1000m＝1 kmとなる。

❷ (1)日本アルプスは，ヨーロッパのアルプス山脈にならって，このようによばれている。
(2)リアス海岸は岩手県中部から宮城県北部に続く三陸海岸中南部や，福井県と京都府北部の若狭湾にもみられる。
(3)扇状地は，扇を開いたような形をしており，緩やかな傾斜地となっている。

❸ (2)他の対策としては，道路自体を温めるロードヒーティングの使用や，屋根を平らにして積もった雪がずり落ちないようにすることなどがある。

❹ (1)アの鉄鉱石はオーストラリアやブラジルから，イの石炭はオーストラリアやインドネシアから主に輸入している。
(4)イとウは第二次産業，エは第一次産業である。

なぞろう重要語句
扇状地(せんじょうち)　三角州(さんかくす)　瀬戸内(せとうち)　活断層(かつだんそう)　洪水(こうずい)

p.86～87 ステージ3 資・思

1 (1)（地図中の）B（の様子）扇状地（は,）
例水はけがよく，果樹園などに利用されている。
(2)例川が蛇行していると，雨などで水量が増えた時に氾濫しやすいから。

2 (1)A
(2)イ
(3)例少子高齢化が進み，人口が減少していく。

3 (1)記号　A　水力（発電）
理由　例ダムがある川の上流に多いから。
〔記号　B　火力（発電）
理由　例燃料を運び込みやすい臨海部に多いから。〕
(2)①太陽光発電・風力発電・地熱発電・バイオマス発電　などから１つ。
②例2011年の東日本大震災で原子力発電所の事故が起き，多くの発電所が運転を中止したから。

4 (1)A海沿い
B例原料の輸入や製品の輸出に便利である
(2)X北関東工業地域
Y高速道路

解説

1 (1)「水はけがよい」とは，乾きやすいという意味。果物は，水を与えすぎると木が枯れてしまったり病気になってしまったりするため，水はけがよい土地が適している。Aの三角州は，水を得やすいため水田に利用されたり，大都市となっていたりする。
(2)大量の水が，蛇行する部分で曲がり切れず氾濫を起こす。

2 (1)Aは発展途上国に多く見られる人口構成。
(2)出生率が死亡率を下回ると，少子化が進み，人口ピラミッドの下が上よりも狭まっていく。

3 (2)②震災後，一時は国内の全ての原子力発電所が停止した。安全基準が引き上げられるなどの影響もあり，現在もほとんどが停止している。

4 (2)高速道路が内陸までのびたことで，内陸でも輸送がしやすくなった。

ポイント

■地形図の使い方をおさえる。
縮尺，地図記号，等高線，標高
■日本の地形の特色についておさえる。
造山帯，リアス海岸，扇状地，三角州
■日本の気候の特色と自然災害についておさえる。
季節風，梅雨，台風，津波，ハザードマップ
■世界と日本の人口の特色をおさえる。
人口爆発，少子高齢化，三大都市圏，過疎，過密
■日本の資源・産業・交通の特色をおさえる。
地球温暖化，発電，再生可能エネルギー，高速交通網

第3章 日本の諸地域

p.88～89 ステージ1

●**教科書の要点**

①カルデラ　②干潟
③黒潮　④世界遺産
⑤シラス台地　⑥ハザードマップ
⑦二毛作　⑧裏作
⑨畜産　⑩地域ブランド

●**教科書の資料**

(1)A筑後　B筑紫　C九州
(2)シラス台地

●**教科書チェック　一問一答**

①与那国島　②阿蘇山
③有明海　④屋久島
⑤雲仙岳　⑥新燃岳
⑦大分県　⑧二期作
⑨施設園芸　⑩さつま地鶏

ミス注意!

★カルデラとシラス台地…違いをおさえよう。

カルデラ	シラス台地
火山の活動によってできた，かん没した地形。	火山灰などの噴出物が堆積した地形。

★畜産…漢字に注意しよう。

○　畜産	×　蓄産
牛・豚・鶏などの家畜を育てる農業。	

ひがた 干潟　　あそさん 阿蘇山　　やはたせいてつじょ 八幡製鉄所

p.90～91 ステージ1

●教科書の要点

①八幡製鉄所　②筑豊炭田
③鉄鋼業　④重化学工業
⑤公害　⑥エネルギー革命
⑦集積回路　⑧さんご礁
⑨琉球王国　⑩エコツアー

●教科書の資料

(1)A住宅地など　B農地　C軍用地
(2)さんご礁
(3)第三次産業

●教科書チェック　一問一答

①セメント工業　②大気汚染
③北九州工業地域　④リサイクル
⑤造船業　⑥IC
⑦カーアイランド　⑧薩摩藩
⑨アメリカ　⑩赤土

ミス注意！

★琉球王国…漢字に注意しよう。

○　琉球王国	×　流球王国
かつて沖縄で独自の文化を築いた王国。	

p.92～93 ステージ2

1 (1)A筑紫山地　B八代平野
C球磨川
(2)カルデラ　(3)有明海
(4)シラス台地
(5)ハザードマップ
(6)屋久島

2 (1)イ　(2)イ・ウ
(3)A鹿児島県　B宮崎県　C熊本県
(4)地域ブランド

3 (1)八幡製鉄所
(2)筑豊炭田
(3)北九州工業地域
(4)①石油　②エネルギー革命
(5)Aイ　Bア　Cウ
(6)①イ　②ア

4 (1)ア　(2)琉球王国
(3)アメリカ（合衆国）　(4)エ

解説

1 (1)A筑紫山地はなだらかな山地で，いくつもの小さな山地の間に盆地や谷がはさまっている。
(3)有明海は，遠浅で干満の差が大きいため広い干潟があり，ムツゴロウなどが生息している。
(4)シラス台地は，火山の噴火によって生じた火山灰などが積もったもので，養分が少なく水もちが悪い。そのため，畑作や畜産が盛んである。
(5)ハザードマップは，災害予測や防災情報を盛り込んだ地図である。
(6)屋久島は，樹齢7200年といわれる縄文杉をはじめとする屋久杉で有名であり，気候や生態系も多様なことから，固有の希少な動植物が多く生息している。

2 (1)筑紫平野は稲作地帯で，米と小麦や大麦の二毛作が行われている。
(2)宮崎平野では，暖かい気候を利用して温室などの施設を利用した施設園芸が盛んである。
(3)豚，肉用若鶏の飼育頭数は，鹿児島県と宮崎県が全国有数の県となっている。
(4)地域ブランド商品には，肉質やおいしさを重視して高い価格での取り引き拡大を目ざしているものが多い。

3 (1)(2)八幡製鉄所では，近くの筑豊炭田で産出される石炭と，中国から輸入された鉄鉱石を利用して，鉄鋼が生産された。
(4)日本では，かつては石炭がエネルギー源の中心であったが，1960年ごろから，輸送などの取り扱いに便利で効率のよい石油へと転換した。
(5)Aは北九州市などに分布していることからイの鉄鋼，Bは高速道路沿いに各地に分布していることからアのIC，Cは福岡県苅田町や宮若市などに分布していることからウの自動車と判断できる。

4 (1)アさんご礁は岩ではなく，生物の一種である。
(3)(4)アメリカは，第二次世界大戦後から1972年まで，沖縄県を軍政下においていた。その後，沖縄県は日本に復帰したが，今も米軍基地が集中している。

なぞろう 重要語句

ちくほうたんでん　筑豊炭田
しょう　さんご礁
りゅうきゅうおうこく　琉球王国

p.94〜95 ステージ1

●教科書の要点

①山陰地方　②南四国地方
③瀬戸内海　④原子爆弾
⑤政令指定都市　⑥高齢化
⑦過疎化　⑧地産地消
⑨六次産業化　⑩瀬戸大橋

●教科書の資料

(1)A中国山地　B四国山地　C瀬戸内海
(2)X尾道－今治
　Y児島－坂出
　Z神戸―鳴門

●教科書チェック　一問一答

①瀬戸内地方　②地方中枢都市
③都市化　④原爆ドーム
⑤耕作放棄地　⑥平成の大合併
⑦地域おこし　⑧上勝町
⑨本州四国連絡橋　⑩石見空港

ミス注意!

★政令指定都市と地方中枢都市…違いをおさえよう。

政令指定都市	地方中枢都市
政令によって指定された人口50万人以上の都市。	日本の各地方において，政治・経済・文化の中心となる都市。

p.96〜97 ステージ2

1 (1)X山陰地方　Y瀬戸内地方
(2)瀬戸内海
(3)塩
(4)①Z　②X　③Y

2 (1)三角州
(2)①人口　イ　面積　エ
　②X原子爆弾　Y政令指定都市
　③原爆ドーム

3 (1)①過疎　②高齢
(2)イ
(3)①地域おこし　②地産地消

4 (1)本州四国連絡橋
(2)A瀬戸大橋　B大鳴門橋
　C明石海峡大橋
(3)B
(4)本州側　広島県　四国側　愛媛県
(5)地方空港

解説

1 (3)瀬戸内海沿岸の干潟や砂浜では，潮の干満差と瀬戸内の気候を生かして塩の生産が古くから行われ，多くの塩田がみられた。
(4)Xは日本海側の気候，Yは瀬戸内の気候，Zは太平洋側の気候に属する。

2 (1)広島市の中心地は，太田川下流の三角州に広がっている。
(2)①グラフから，1890年の広島市の人口は約８万人，面積は約30㎢，2010年の広島市の人口は約115万人，面積は約900㎢と読み取れる。②Y政令指定都市は，各地方の政治・経済・文化の中心となっている都市のことである。

3 (1)②グラフBを見ると，65歳以上の人の割合が高くなっている。
(2)イは，人口が増えすぎて起こる問題である。

4 (3)大鳴門橋は1985年，瀬戸大橋は1988年，明石海峡大橋は1998年に完成した。
(4)児島－坂出ルートは岡山県と香川県，神戸－鳴門ルートは兵庫県と徳島県を結んでいる。

p.98〜99 ステージ3 総合

1 (1)①ウ　②イ
(2)原爆ドーム
(3)地熱発電
(4)Aア　Bウ　Cエ　Dイ
(5)例シラスは水を通しやすく，水の確保が難しいため。

2 (1)瀬戸内
(2)例高度経済成長期に多くの若者たちが農村から離れたため。

3 (1)Aウ　Bア　Cイ　Dエ
(2)①観光　②第三次
(3)①例質にこだわった地域独自の商品をつくり，高い価格での取り引きを目ざす。
　②例地域で生産したものをその地域で消費する。

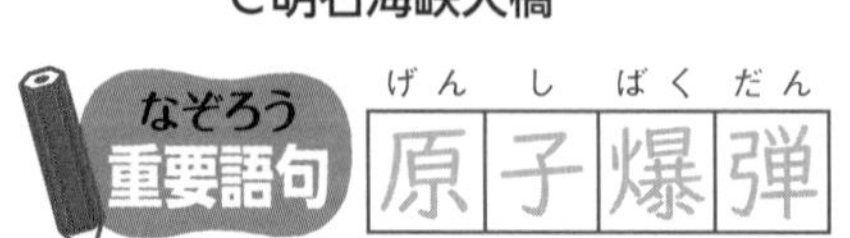

原子爆弾（げんしばくだん）　地方中枢都市（ちほうちゅうすうとし）　過疎化（かそか）

4 (1)エ
(2)右図参照

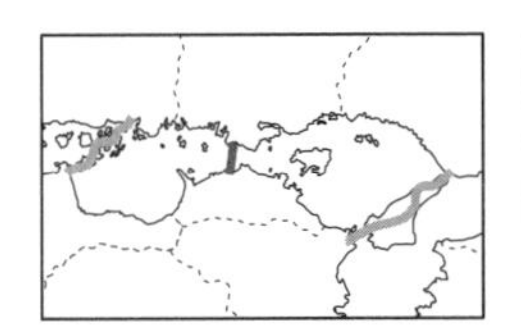

(3)例通学や買い物などで本州に行きやすくなった。

解説

1 (1)①は長崎県の雲仙岳，②は熊本県の阿蘇山の説明である。
(3)地熱発電は火山活動によって生じる地熱を利用した発電方法で，地中深くから取り出した蒸気で直接タービンを回して発電する。
(4)アは冬の降水量が多いことから日本海側の気候に属するA，イは年平均気温が高いことから西南諸島の気候に属するD，ウは年間降水量が少ないことから瀬戸内の気候に属するB，エは夏の降水量が多いことから太平洋側の気候に属するCと判断できる。

2 (1)(2)中国山地などの農村では，その後も若者たちが減り，人口に占める高齢者の割合が高まる高齢化が進んでいる。

3 (1)Aは北海道が過半数を占めることからウの乳用牛，Bは北海道，鹿児島，宮崎県と続いていることからアの肉用牛，Cは鹿児島県の割合が最も高いことからイの豚，Dは宮崎県の割合が最も高いことからエの肉用若鶏と判断できる。
(2)沖縄県では，観光産業や米軍基地に関連する産業，その他サービス業などに従事する人が多い。

4 (1)エ自動車の輸送量が増えた一方でフェリーの利用者は減り，廃止になる路線も出ている。
(2)本州四国連絡橋の3つのルートのうち，最も早く開通したのは児島－坂出ルートである。

p.100~101 ステージ1

●教科書の要点

①伝統産業　②林業
③伝統的工芸品　④景観
⑤阪神工業地帯　⑥軽工業
⑦重化学工業　⑧中小工場
⑨再開発

●教科書の資料

(1)A丹波　B淀　C志摩　D奈良
(2)琵琶湖

●教科書チェック　一問一答

①紀伊山地　②黒潮〔日本海流〕
③平安時代　④条坊制
⑤西陣織　⑥京町家
⑦（歴史的）景観　⑧泉州地域
⑨東大阪市　⑩日本国際博覧会

ミス注意!

★軽工業と重化学工業…違いをおさえよう。

軽工業	重化学工業
繊維など比較的重量の軽い製品をつくる工業。	鉄鋼，機械など重量のある製品をつくる工業。

p.102~103 ステージ1

●教科書の要点

①天下の台所　②卸売業
③京阪神大都市圏　④一極集中
⑤ターミナル駅　⑥関西国際空港
⑦琵琶湖　⑧淀川
⑨富栄養化　⑩リン

●教科書の資料

(1)大阪府
(2)イ

●教科書チェック　一問一答

①大阪　②ハイテク産業
③貿易港　④阪神・淡路大震災
⑤滋賀県　⑥瀬田川
⑦宇治川　⑧琵琶湖疏水
⑨プランクトン　⑩淡水赤潮

p.104~105 ステージ2

1 (1)大阪湾
(2)①紀伊半島　②林業
(3)黒潮
(4)①条坊制　②京町家

2 (1)イ
(2)軽工業
(3)中小工場

なぞろう重要語句
御売業（おろしうりぎょう）　京阪神大都市圏（けいはんしんだいとしけん）　琵琶湖（びわこ）

(4)①ウ　②ア

(5)日本国際博覧会

❸ (1)天下の台所

(2)イ

(3)京阪神大都市圏

(4)ターミナル駅

(5)エ

❹ (1)イ

(2)滋賀県　瀬田川　京都府　宇治川
大阪府　淀川

(3)富栄養化

(4)リン

解説

❶ (2)②紀伊半島は，険しい紀伊山地に南東からの季節風が吹きつけるため，日本有数の多雨地域となっており，豊かな森林資源に恵まれている。

(3)黒潮は日本海流ともいう。

❷ (1)2016年の割合が最も高いウが中京工業地帯，最も低いアが北九州工業地域と判断でき，残ったイ・エのうち，割合が低い方のイが阪神工業地帯である。阪神工業地帯は，自動車工業のように多くの部品を必要とする産業が少ないことなどから，全国に占める地位が低下傾向にある。

(2)軽工業は，比較的重量の軽い製品で，主に日用品として消費される製品をつくる工業である。

(3)中小工場の中には，独自の技術によって全国一の生産量を誇る企業もある。

(5)大阪湾の臨海部で開催される予定である。

❸ (2)かつては大阪と東京が日本経済の中心地であったが，現在は東京への一極集中が進んでいることから，アが東京都，イが大阪府と判断できる。

(3)京阪神大都市圏の人口の規模は，東京大都市圏に次いで日本第二位となっている。

(4)ターミナル駅には，デパートなどが隣接している。

❹ (1)琵琶湖は日本最大の湖である。

(3)湖水の富栄養化が進むと，微生物であるプランクトンが異常に増え，水の色が変化する淡水赤潮が発生する。

p.106〜107 ステージ1

●教科書の要点

①日本アルプス　②東海地方
③黒潮　④北陸地方
⑤中央高地　⑥信濃川
⑦名古屋大都市圏　⑧中京工業地帯
⑨東海工業地域　⑩ピアノ

●教科書の資料

(1)A能登　B信濃　C飛驒　D濃尾

(2)北陸地方

(3)豊田市

●教科書チェック　一問一答

①木曽山脈　②越後平野
③中央高地　④稲作地帯
⑤城下町　⑥三重県
⑦ファインセラミックス
⑧東名高速道路　⑨浜松市
⑩富士市

ミス注意！

★中京工業地帯と東海工業地域…違いをおさえよう。

中京工業地帯	東海工業地域
愛知県名古屋市を中心に広がる。	静岡県沿岸の鉄道や高速道路沿いに広がる。

p.108〜109 ステージ1

●教科書の要点

①園芸農業　②促成栽培
③焼津港　④遠洋漁業
⑤果樹　⑥精密機械工業
⑦地場産業　⑧城下町
⑨伝統的工芸品　⑩土地改良

●教科書の資料

(1)A境　B銚子　C焼津

(2)遠洋漁業

●教科書チェック　一問一答

①菊　②豊川用水
③牧ノ原　④みかん
⑤かつお（漁船）　⑥扇状地
⑦軽井沢　⑧金沢市
⑨アルミニウム　⑩米〔稲〕

ひだ さんみゃく 飛驒山脈　そくせいさいばい 促成栽培　かじゅ 果樹

ミス注意！

★渥美半島と知多半島…取りちがいに注意しよう。

渥美半島	知多半島
愛知県南東部。温室メロンや電照菊が有名。	愛知県南西部。沖合に中部国際空港がある。

p.110～111 ステージ2

❶ (1)X北陸地方　Y中央高地
Z東海地方
(2)日本アルプス
(3)平野　越後平野　河川　信濃川
(4)ウ

❷ (1)B
(2)ア
(3)東海工業地域
(4)イ・エ（順不同）

❸ (1)Aイ　Bア　Cウ　Dエ
(2)Xレタス　Yぶどう
(3)2つ

❹ (1)地場産業
(2)Aウ　Bエ　Cア　Dイ
(3)X富山県　Y山梨県　Z愛知県

解説

❶ (4)アは東海地方，イは北陸地方の気候の特徴である。また，エは瀬戸内の気候の特徴である。

❷ (1)機械の割合がきわめて高く，工業生産額が最も多いことからBが中京工業地帯。Aは阪神工業地帯，Cは京浜工業地帯。

❸ (1)Aの沖合漁業は1980年代末から，Bの遠洋漁業は70年代前半から落ち込んでいる。近年はDの海面養殖業の割合が高まっている。
(2)Xは高原地域がある長野県の割合が高いことなどからレタス，Yは中央高地の山梨県と長野県の割合が高いことなどからぶどうと判断できる。

❹ (2)Aは福井県越前市，Bは石川県輪島市，Cは富山県高岡市，Dは新潟県小千谷市。
(3)Xは米の割合が高いことから北陸地方の富山県，Yはその他の割合が高いことから果樹の栽培が盛んな山梨県，Zは野菜の割合が高いことから園芸農業が盛んな愛知県と判断できる。

p.112～113 ステージ3 総合

❶ (1)X淀川
Y濃尾平野
(2)北陸地方
(3)右図参照
(4)Aイ
Bア
Cウ

(5)例リンを含む合成洗剤の販売・使用・贈答を禁止した。

❷ (1)ア・ウ（順不同）
(2)例全国からの物資が大阪に集まったから。

❸ (1)①ウ　②自動車
(2)ア・ウ
(3)例従業員が少ない中小工場が主である。

❹ (1)ウ
(2)①D　②B
(3)例冬に雪が多く，農作業ができないため。

解説

❶ (2)岐阜県は北部が中央高地，南部が東海地方に含まれる。
(4)Aは日本海側の気候に属することから，冬の降水量が多いイがあてはまる。Bは内陸性の気候に属することから，一年を通して降水量が少ないアがあてはまる。Cは太平洋側の気候に属することから，夏の降水量が多いウがあてはまる。

❷ (1)イ高層の建物の建築については制限がある。エ新築に対しても補助金は支給される。
(2)江戸時代，大阪には各藩の蔵屋敷が設けられ，年貢米や特産物などが集められた。

❸ (1)阪神工業地帯は第二次世界大戦前までは日本最大の工業地帯だったが，近年，全国に占める地位が低下している。

❹ (1)★は静岡県の焼津港で，世界各地の海に出漁する，まぐろやかつお漁船の基地となっている。
(2)①は愛知県の渥美半島，②は静岡県の牧ノ原の説明である。
(3)冬の間の副業として始められた。

なぞろう 重要語句

精密機械工業（せいみつきかいこうぎょう）　地場産業（じばさんぎょう）　土地改良（とちかいりょう）

p.114~115 ステージ1

●**教科書の要点**

①首都　②関東平野
③利根川（とねがわ）　④関東ローム
⑤都心　⑥情報
⑦東京国際空港　⑧副都心
⑨再開発　⑩臨海副都心

●**教科書の資料**

(1)A関東　B利根　C荒（あら）　D多摩（たま）
(2)関東ローム

●**教科書チェック　一問一答**

①越後山脈（えちご）　②下総台地（しもうさ）
③相模湾（さがみわん）　④黒潮（くろしお）〔日本海流〕
⑤小笠原諸島（おがさわらしょとう）　⑥都心
⑦羽田空港（はねだ）　⑧繁華街
⑨臨海副都心　⑩昼間人口

ミス注意！

★都心と副都心…違いをおさえよう。

都心	副都心
政治や経済，文化の重要な施設が集中する地区。	都心の機能を補う役割を担っている地区。

p.116~117 ステージ1

●**教科書の要点**

①ニュータウン　②東京大都市圏（けん）
③過密（かみつ）　④京浜工業地帯（けいひん）
⑤北関東工業地域（きたかんとう　ちいき）　⑥工業団地
⑦近郊農業　⑧横浜港（よこはま）
⑨成田国際空港（なりた）　⑩エスニックタウン

●**教科書の資料**

(1)A関越自動車道（かんえつ）
　B北関東自動車道
(2)工業団地

●**教科書チェック　一問一答**

①政令指定都市　②5つ
③横浜みなとみらい21
④石油化学　⑤京浜工業地帯
⑥印刷・出版業　⑦はくさい
⑧栃木県　⑨キャベツ
⑩東京国際空港〔羽田空港（はねだ）〕

ミス注意！

★京葉工業地域と北関東工業地域…違いをおさえよう。

京葉工業地域	北関東工業地域
千葉県の東京湾岸に広がる臨海型の工業地域。	北関東の内陸部で工業団地から発展した工業地域。

p.118~119 ステージ2

❶ (1)首都　(2)イ
(3)A関東山地　B房総半島（ぼうそう）
(4)住宅地・工場（順不同）
(5)伊豆諸島（いずしょとう）

❷ (1)Aウ　Bア　Cイ　Dエ
(2)副都心　(3)ウ・エ（順不同）

❸ (1)ニュータウン
(2)東京大都市圏（けん）
(3)Aさいたま新都心
Ｂ横浜みなとみらい21
Ｃ幕張新都心（まくはり）

❹ (1)Aア　Bウ　Cイ
(2)ア
(3)工業団地
(4)X茨城県（いばらき）　Y群馬県（ぐんま）
(5)成田国際空港（なりた）

解説

❶ (3)関東平野の西に位置するのが関東山地，北に位置するのが越後平野である。
(4)Cの平野は関東平野である。関東平野にある台地は関東ロームにおおわれていることから，水に乏しいため，畑や林などに利用されてきた。人口の増加にともない，東京の中心部に近い台地は，住宅地や工場用地として利用されるようになった。

❷ (1)国土面積の0.6％の東京都に日本の総人口の約10％が住み，日本の人口の約３分の１にあたる人々が関東地方に住んでいることから，Aが人口，Bが面積と判断できる。外資系企業数は東京都が圧倒的に多いことからC，残ったDが年間商品販売額である。
(3)昼間人口が夜間人口より多い地域は，通勤・通学で通ってくる人が多い。

おがさわらしょとう　小笠原諸島　けいひんこうぎょうちたい　京浜工業地帯　きんこうのうぎょう　近郊農業

❸ (1)ニュータウンは，1970年代に，郊外の台地・丘陵地や臨海部の埋め立て地に多く建設された。

❹ (1)Aは３つのなかで全国に占める割合が最も高いことから京浜工業地帯，Bは2016年には1960年よりも全国に占める割合が高まっていることから，高速道路の整備で工場の移転が進む北関東工業地域，残ったCは京葉工業地域と判断できる。
(2)多くの情報が集まる首都の特性を生かしている。

p.120〜121 ステージ1

● **教科書の要点**

①奥羽山脈　②やませ
③三陸海岸　④東日本大震災
⑤伝統的工芸品　⑥伝統行事
⑦ねぶたまつり　⑧七夕まつり
⑨水田単作　⑩地域ブランド

● **教科書の資料**

(1)A津軽　B奥羽　C仙台　D最上
(2)やませ

● **教科書チェック　一問一答**

①冷害　②リアス海岸
③津波　④（大館）曲げわっぱ
⑤岩手県　⑥秋田竿燈まつり
⑦カントリーエレベーター
⑧高速道路　⑨りんご
⑩貿易の自由化

ミス注意

★民俗文化財…漢字に注意しよう。

○　民俗文化財	×　民族文化財
祭りなど，古くから地域に伝わるもの。	

p.122〜123 ステージ2

❶ (1)やませ
(2)奥羽山脈
(3)平野　庄内平野　　河川　最上川
(4)三陸海岸
(5)暖流　黒潮〔日本海流〕
寒流　親潮〔千島海流〕

❷ (1)①角餅　②はたはた
(2)秋田県
(3)A南部鉄器　B天童将棋駒
C会津塗
(4)ウ

❸ (1)カントリーエレベーター
(2)イ
(3)①イ　②仙台市

❹ (1)イ
(2)①ほうれん草　②ア
(3)①津軽　②アジア

解説

❶ (2)梅雨明けのころ，東北地方の日本海側では，奥羽山脈から乾燥した空気が吹き下ろすフェーン現象によって，高温となることがある。

❷ (2)秋田スギを利用して大館曲げわっぱなどがつくられる。

❸ (1)米の乾燥・保管・出荷を管理する建物。米の乾燥機と貯蔵タワーがエレベーターでつながる。
(2)イ農作業の効率化は，農家の収入の増加に結びついていない。そのことは，アの若い世代の流出にもつながっている。ウ内陸部の高速道路沿いに電気機械の工場ができたことによる。エ農薬が多く使われるようになったことで，ドジョウやホタルなどの生き物がみられなくなってきている。オ茅葺き屋根の家屋は，住民が協力して行う葺き替えが困難になったことや火災に弱いことなどから，近代的な住宅に変わってきている。
(3)①高速道路のインターチェンジ付近を中心に増えている。自動車工場も見られるが，IC関連工場の方が多い。

❹ (2)①②ほうれん草の生育の適温は15〜20℃。岩手県久慈地方ではやませの影響で，夏でも涼しい日が続く。
(3)りんごは，涼しい地域ほど質の良いものができるとされ，東北地方だけで全国の４分の３を生産している。青森県のりんごは地域ブランドとして宣伝活動に力が入れられている。

しょうないへいや　庄内平野
ひがしにほんだいしんさい　東日本大震災
かんとう　竿燈

p.124~125 ステージ1

●教科書の要点

①アイヌ民族　②開拓使
③冷帯　④オホーツク海
⑤親潮　⑥泥炭地
⑦酪農　⑧北洋漁業
⑨栽培漁業　⑩世界ジオパーク

●教科書の資料

(1)A洞爺湖　B石狩平野
C日高山脈　D十勝平野
(2)根釧台地

●教科書チェック　一問一答

①蝦夷地　②屯田兵
③流氷　④濃霧
⑤稲作　⑥十勝平野
⑦酪農　⑧母川国主義
⑨養殖　⑩6つ

ミス注意!

★開拓使と屯田兵…違いをおさえよう。

開拓使	屯田兵
北海道を支配するため,明治政府がおいた官庁。	北海道で農地を開拓し,防備も行った人々。

★栽培漁業と養殖…違いをおさえよう。

栽培漁業	養殖漁業
人工的にふ化させて育てた稚魚を川に放流し,大きくなってから漁獲。	いけすや人工池で稚魚を繁殖させ,大きくなるまで育ててから出荷。

p.126~127 ステージ2

❶ (1)A石狩川　B十勝川
(2)蝦夷地
(3)①アイヌ民族　②開拓使
(4)冷帯〔亜寒帯〕
(5)流氷
(6)親潮〔千島海流〕

❷ (1)Aてんさい　Bたまねぎ
Cあずき　D生乳
(2)品種改良

❸ (1)北洋漁業
(2)母川国主義
(3)①養殖　②2015年
③ほたて

❹ (1)さっぽろ雪まつり
(2)洞爺湖
(3)A大雪山　B知床
C阿寒摩周　D釧路湿原
(4)エコツアー

解説

❶ (1)石狩川は石狩平野,十勝川は十勝平野を流れている。
(3)②開拓使は札幌におかれ,屯田兵などによって開拓が進められた。
(4)本州は温帯に属するが,北海道は冷帯(亜寒帯)に属する。北海道の気候は,冬が長く寒いこと,夏が涼しいことが特徴である。
(5)Cはオホーツク海である。流氷観光も盛んである。
(6)寒流の親潮が流れる太平洋沿岸地域では,濃霧が発生しやすい。

❷ (1)Aは北海道が100%を占めていることからてんさい,Bは佐賀県や兵庫県でも生産されていることからたまねぎ,Cは北海道が約9割を占めていることからあずき,Dは北海道が約5割を占めていることから生乳である。
(2)品種改良とは,ある品質の遺伝子を利用して,さらにすぐれた品種をつくりだすことをいう。

❸ (2)国連海洋法条約の採択や母川国主義の主張などにより,漁場が制限されたことから,北洋漁業は衰退していった。
(3)①養殖に対し,魚や貝の卵を人工的にふ化させて,稚魚を海や川に放流し,大きくなってからとる漁業を栽培漁業という。
②かきの養殖は厚岸やサロマ湖で行われている。

❹ (3)大雪山と阿寒摩周は1934年に国立公園に指定された。
(4)北海道では,地元のボランティアやガイドによるエコツアーが盛んである。

なぞろう 重要語句

かいたくし 開拓使　とんでんへい 屯田兵　でいたんち 泥炭地　ぼせんこくしゅぎ 母川国主義

p.128~129 ステージ3 総合

1 (1)利根川(とね)
(2)茨城県(いばらき)・千葉県(ちば)（順不同）
(3)イ
(4)例黒潮の影響(えいきょう)で温暖(おんだん)
(5)ウ

2 (1)例高速道路の整備により，トラックの輸送条件が改善されたため。
(2)Aウ　Bイ
(3)近郊農業

3 (1)X奥羽(おうう)山脈　Y庄内(しょうない)平野
(2)エ
(3)イ・ウ（順不同）
(4)例宮古(みやこ)市は冷たい北東風であるやませの影響を受けるため。

4 (1)イ
(2)例いけすなどを利用して稚魚(ちぎょ)を育てて出荷すること。
(3)右図参照
(4)①A　②D

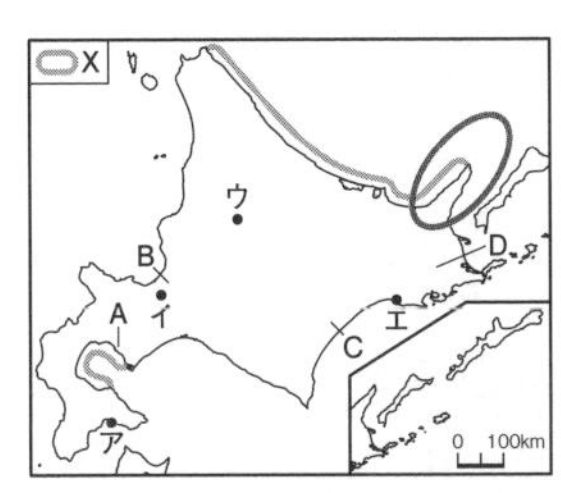

解説

1 (1)利根川は，日本で最も流域面積が広い川である。
(3)アは相模原市，ウは横浜市，エはさいたま市，オは千葉市である。
(4)沿岸部は冬でも比較的温暖である。一方で，内陸部は，冬は気温が低く，夏は非常に気温が高くなるという特徴がある。
(5)アの東北自動車道とイの常磐自動車道は関東地方と東北地方を，エの東名高速道路は関東地方と中部地方（東海地方）をつないでいる。

2 (1)北関東の内陸部への工場移転が進んだ結果，自動車や電気機械，食品などの工業が発展し，北関東工業地域が形成された。
(2)Aは群馬県が1位であることからキャベツ，Bは茨城県が1位であることからはくさい。アのだいこんは千葉県や神奈川県が上位を占めている。
(3)大消費地である東京周辺では，古くから近郊農業が盛んである。

3 (1)Xの奥羽山脈は，「東北の背骨」と呼ばれている。
(2)Aは青森県，Bは山形県，Cは岩手県，Dは宮城県。アの南部鉄器は岩手県，イの大館曲げわっぱは秋田県，ウの置賜紬は山形県の伝統的工芸品である。
(4)冷たい北東風であるやませが夏に吹くことで，東北地方の太平洋側は日本海側に比べて夏の気温が低くなりやすい。

4 (1)アは函館市，ウは旭川市，エは釧路市。
(2)人工的に繁殖させた後，大きくなるまで育てて出荷する漁業を，養殖漁業という。
(4)①は洞爺湖周辺，②は根釧台地について説明している。

p.130~131 ステージ3 資・思

1 (1)本州四国連絡橋(ほんしゅうしこくれんらくきょう)
(2)例フェリーよりも高速道路の方が移動に時間がかからないため。
(3)例本州に移動しやすくなり，近畿地方などの大都市への人口流出が進んだから。

2 (1)①8月
②例他の産地の出荷が少ない夏の時期に多く出荷している。
(2)①冷害〔稲の不作〕
②例夏でも涼しい

3 (1)例道路が碁盤(ごばん)の目状になっている。
(2)例歴史的景観(けいかん)を守るため。

4 (1)例夜間人口よりも昼間人口の方が多い。
(2)例東京都心部は地価が高いため，郊外から通勤・通学している人が多いから。

解説

1 (1)3つのルートにかかる橋を合わせて本州四国連絡橋という。
(2)四国と本州をつなぐ高速道路が増え，わざわざフェリーに車を載せて運んでもらうよりも，そのまま高速道路を使った方が楽に早く本州との行き来ができるようになった。

なぞろう重要語句
りんかいふくとしん 臨海副都心

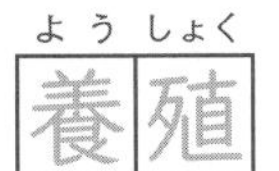
ようしょく 養殖

えぞち 蝦夷地

⑶本州に行きやすくなったことで，進学や就職などで本州の大都市に出て行く若い世代が増えた。中国・四国地方のすぐ隣には近畿地方の京阪神大都市圏があり，人口の主な流出先になっている。

2 ⑴②茨城県と静岡県では，春から夏にかけて出荷量がほぼなくなる。これは，レタスが涼しい気候で育ちやすい野菜であり，夏の気候の下での生育に適していないからである。長野県では，中央高地で夏でも涼しい気候であることから，夏にもレタスの栽培が可能となる。他の地域の出荷量が少なくなる時期に出荷すると，高い価格で取引することができることから，長野県では夏にレタスの栽培が盛んになっている。

⑵ある面では害をもたらす自然気象も，別の面では有益になることがある。

3 ⑴京都市には，平安時代に中国の都にならって区画された条坊制の街割りが残っている。札幌市は明治政府が開拓するときにアメリカの開拓を参考にし，土地を碁盤目状に分割して整理した。住宅地だけでなく，農地も直線で区画されている。

⑵資料のドラッグストアは，他の地域では赤色をメインとした看板であるが，京都の街並みに合わせた落ち着いた色になっている。京都市は1972年の市街地景観整備条例のほか，さまざまな法律や条例により，建物の高さ・デザイン・屋外広告などを制限している。

4 ⑵夜間人口が少なく，昼間人口が多いということは，実際に住んでいる人は少ないが，昼間に訪れる人が多い，ということである。資料２を見ると，東京23区外に住んで東京23区に通勤・通学している人が多いことがわかる。東京への人口集中が進んだ結果，資料３のように，東京都心部の地価が周辺地域に比べて高くなった。その結果，通勤・通学や買い物などでは東京都心部に向かうものの，住む場所には地価の安い郊外を選ぶ人が多くなっている。郊外では鉄道沿線を中心に宅地化が進み，ニュータウンなどもつくられた。

ポイント

■九州地方の特色をおさえる。
カルデラ，シラス台地，北九州工業地域

■中国・四国地方の特色をおさえる。
過疎化，地域おこし，本州四国連絡橋

■近畿地方の特色をおさえる。
阪神工業地帯，関西国際空港，琵琶湖

■中部地方の特色をおさえる。
東海地方，中央高地，北陸地方，中京工業地帯

■関東地方の特色をおさえる。
関東ローム，都心，京浜工業地帯

■東北地方の特色をおさえる。
奥羽山脈，やませ，冷害，東日本大震災

■北海道地方の特色をおさえる。
アイヌ民族，石狩平野，十勝平野，根釧台地

第4章 地域のあり方

p.132～133 ステージ1

教科書の要点

①地域格差（ちいきかくさ）　②一極集中（いっきょくしゅうちゅう）
③人口減少　④公共施設（こうきょうしせつ）
⑤老朽化（ろうきゅうか）　⑥過密
⑦地価　⑧阪神・淡路大震災（はんしん・あわじだいしんさい）
⑨多摩ニュータウン　⑩高齢化（こうれいか）

教科書の資料

⑴Aレポート　Bインタビュー
Cまちづくり
⑵公共施設

教科書チェック　一問一答

①第二次世界大戦　②東京
③インターネット　④民営化
⑤交通渋滞（こうつうじゅうたい）　⑥東京湾
⑦八王子市（はちおうじ）　⑧高齢化
⑨バリアフリー　⑩違い

ミス注意！

★過疎と過密…違いをおさえよう。

過疎	過密
人口が少なすぎる状態。	人口が多すぎる状態。

なぞろう重要語句
一極集中（いっきょくしゅうちゅう）　公共施設（こうきょうしせつ）　阪神・淡路大震災（はんしん・あわじだいしんさい）

p.134〜135 ステージ2

1 (1)X米軍　Y東日本大震災(ひがしにほんだいしんさい)
(2)A鹿児島(かごしま)　B京都(きょうと)　C北陸(ほくりく)
D浜松(はままつ)
(3)一極集中(いっきょくしゅうちゅう)
(4)①過密
②イ・オ（順不同）

2 (1)Aイ　Bウ
(2)①東京　②住宅　③高齢化(こうれい)

3 Aイラストマップ　B原稿
Cレポート　D比較

解説

1 (1)Y東日本大震災は2011年に起こった。
(4)②ア・ウ・エは人口が減少し，地域社会が成り立たなくなる過疎によって起こる問題である。

2 (1)A若い世代の両親と子供が住むことを考えてつくられたため，エレベーターの設備などが整っておらず，住民が高齢化するに従って問題が生じるようになってきた。B人口の減少で商店街がさびれ，高齢者は家の近くで買い物をすることが難しくなった。

ポイント

■地域の人口の課題をおさえる。
農村の課題▶地域格差，人口減少，高齢化
都市の課題▶公共施設の維持，過密化，防災
■課題解決策の提案のしかたをおさえる。
イラストマップ，グラフ，ポスター，レポート，ウェブサイト，発表会

なぞろう重要語句
過密(かみつ)　高齢化(こうれいか)　耐震化(たいしんか)　原稿(げんこう)

定期テスト対策 得点アップ! 予想問題

p.138 第1回

1 (1)南極大陸
(2)ユーラシア大陸
(3)下図参照

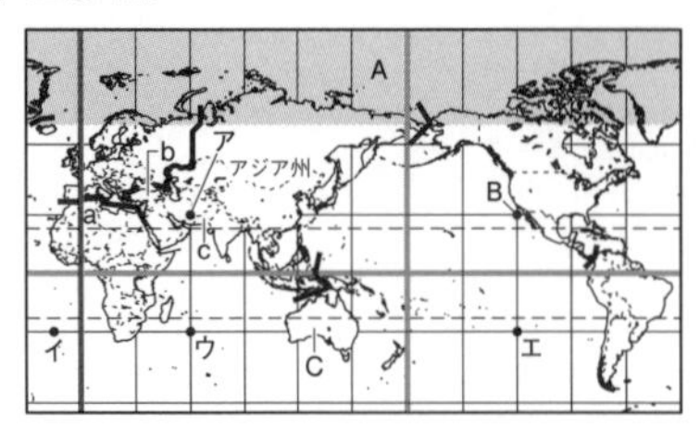

(4)ア　(5)ウ
(6)オセアニア州
(7)ウ
(8)イタリア
(9)ウ
(10)例イスラム教を象徴する三日月と星が用いられている。

解説

1 (2)三つの海洋は，太平洋，大西洋，インド洋。
(3)本初子午線は，ロンドンを通る経度0度の経線。
(4)白夜は，地球の軸が傾いていることからみられる現象である。
(5)赤道や本初子午線などとの位置関係から，Cの地点は北緯，西経で表される位置にあると判断でき，正反対の地点は，南緯，東経で表されるウの地点となる。
(8)世界で最も小さな国はバチカン市国で，イタリアのローマ市内にある。

p.139 第2回

1 (1)ウ
(2)①北方領土　②ア
(3)沖ノ鳥島
(4)イ
(5)竹島
(6)九州
(7)1月14日午前11時
(8)①排他的経済水域
②例海岸線から200海里以内の水産資源や鉱産資源を自国のものにできる領域。

解説

1 (2)②アの与那国島は日本の西端の島である。北方領土のもう一つの島は歯舞群島。
(6)4つの大きな島を面積の大きい順に並べると，本州，北海道，九州，四国の順となる。
(7)ロンドンと日本の経度差は135度で，時差は135÷15＝9時間となる。飛行機が到着したときのロンドンの現地時刻は1月14日午前11時である。

p.140 第3回

1 (1)例夏の強い日ざしを防ぐため。
(2)ウ
(3)ゲル　(4)ウ
(5)ア

2 (1)①教会　②メッカ
③ア　④仏教
(2)例生まれてから最初に覚えた言葉。
(3)イ

解説

1 (2)北極海沿岸はツンドラ気候で木が生えず，雪などでつくられた住居が伝統的にみられる。
(4)ウのオリーブは地中海沿岸で生産が盛んである。
(5)イは砂漠気候，ウは温暖湿潤気候，エは熱帯雨林気候の地域である。

2 (1)Aはキリスト教，Bはイスラム教，Cはヒンドゥー教である。
(3)イのブラジルの公用語はポルトガル語である。

p.141 第4回

1 (1)イ　(2)二期作
(3)ソウル
(4)インドシナ半島
(5)ア
(6)例主な品目が農産物や鉱産資源から機械類に変わった。

2 (1)茶　(2)ウ
(3)25.4%
(4)例豚肉を食べることや酒類を飲むことが禁止されている。

解説

1 (1)中国の北西部にはイスラム教を信仰するウイグル族の人々は多い。
(3)Cは大韓民国（韓国）である。
(5)Eはタイである。

2 (2)ウのダッカはバングラデシュの首都である。
(3)サウジアラビア，イラク，アラブ首長国連邦，クウェートの割合を合計すればよい。

p.142 第5回

1 (1)**フィヨルド**
(2)**ア**
(3)**Xプロテスタント　Yカトリック**
(4)**偏西風**
(5)**例夏の乾燥に強いオリーブなどを植え，雨が多い冬に小麦などを栽培する農業。**

2 (1)**フランス**　(2)**エ**
(3)**ダイヤモンド**
(4)**イ**
(5)**例特定の鉱産資源や農産物の生産・輸出に頼る経済。**

解説

1 (1)フィヨルドは，スカンディナビア半島のほか，チリ南部の海岸などにみられる。
(4)C国はフランスである。暖流である北大西洋海流の上空を吹く偏西風の影響で，ヨーロッパ西部は緯度のわりに温暖な気候となっている。

2 (1)アフリカの国々は，かつてヨーロッパ諸国に分割支配されていた。
(3)ボツワナやコンゴ民主共和国で産出されているので，ダイヤモンドである。
(4)コートジボワールやガーナで多く生産されているのはカカオである。

p.143 第6回

1 (1)**Aイ　Bオ**
(2)**アフリカ系**
(3)**穀物メジャー**　(4)**エ**
(5)**例東側は温帯，西側は乾燥帯と大きく分けられる。**

2 (1)**Aウ　Bア**
(2)**aイ　bア**
(3)**シェールガス**

解説

1 (1)アメリカ合衆国では，自然環境や社会的な条件に対応した適地適作の農業が行われている。
(4)ア少ない人手で大規模な農業を行っている。イ一戸当たりの規模は日本より大きな農家が多い。ウ農薬や化学肥料を使用する農業が中心である。
(5)Xは西経100度の経線である。

2 (1)メキシコ湾岸では石油が産出される。
(2)地図中のaはピッツバーグ，bはヒューストンである。
(3)シェールガスは，2000年代に入り採取技術が確立され，開発が進んでいる。

p.144 第7回

1 (1)**ウ**
(2)**スペイン語**
(3)**例ヨーロッパ系と先住民の混血の人々**
(4)**チリ**
(5)**バイオエタノール**
(6)**リオデジャネイロ**

2 (1)**イ**
(2)**羊毛**
(3)**C**
(4)**アボリジニ**
(5)**例白人以外の移民をしめ出す政策。**

解説

1 (1)南アメリカ大陸の南部は温帯に属し，ラプラタ川流域にはパンパという温帯草原が広がる。
(2)ブラジルはポルトガル語，それ以外の南アメリカ大陸の多くの国々はスペイン語を公用語としている。
(4)チリの銅鉱石は，世界でも有数の産出量になっている。
(5)バイオエタノールは，二酸化炭素の排出量が少なく，また再生可能なエネルギーとして注目されている。
(6)リオデジャネイロでは，世界的にも有名なカーニバルが例年開かれている。

2 (1)アは熱帯，ウ・エは温帯に属する都市である。
(2)オーストラリアの主な輸出品は，かつては羊毛や小麦，肉類などの農産物が中心であった。
(3)Yにあてはまるのは石炭である。地図中のAでは鉄鉱石が多く産出される。
(5)白豪主義の政策は1970年代に廃止された。

p.145 第8回

1 (1)①500m
②ア・エ（順不同）
(2)エ
(3)①下図参照

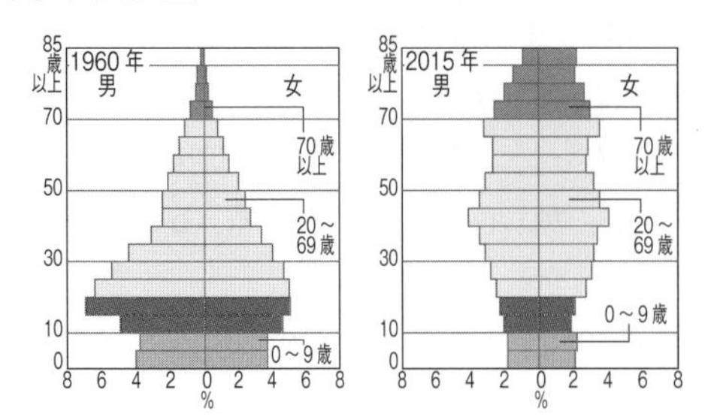

②例2015年は1960年に比べて人口全体に占める10代の人口割合が少なくなった。

解説

1 (1)①実際の距離は，（地図上の長さ）×（縮尺の分母）で計算される。2cm×25000＝50000cm＝500mとなる。
②イ南側だけではなく東側・西側にもある。ウ果樹園ではなく広葉樹林や針葉樹林である。
(2)エ聞き取り先には，聞き取りをどのようにまとめたのか，調査結果の報告をお礼の手紙とともに送る。問題解決の方法は，自分たちで考える。
(3)①人口ピラミッドは，真ん中の線を0％として，右に向かって女性の割合を，左に向かって男性の割合を示している。下から上へ年齢が上がっていくため，「10～14歳」のグラフを下側に書くことに気をつける。
②60代以上の人口割合は増加しており，日本では少子高齢化が進行していることが読み取れる。

p.146 第9回

1 (1)日本アルプス
(2)①フォッサマグナ
②例山地や山脈は南北に並んでいる。
(3)黒潮〔日本海流〕
(4)エ
2 (1)エ
(2)日本　エ　　フランス　ア
(3)ウ
(4)例海外への工場移転が増え，国内の工場数や工業で働く人の数が減少する現象。

解説

1 (2)フォッサマグナはプレートの境界と考えられており，これを境として東北日本は南北の方向に，西南日本は東西の方向に，山脈が大きく向きを変えている。
(3)黒潮は暖流，リマン海流は寒流である。
(4)グラフは，年間を通して降水量が少なく，年平均気温が16.3℃と比較的高いので，瀬戸内の気候に属することがわかる。地図中のアは日本海側の気候，イは内陸性の気候，ウは太平洋側の気候。
2 (1)富士山型なので，発展途上国の人口ピラミッドであることがわかる。
(2)アは原子力発電の割合が高いのでフランス，イは水力発電の割合が高いのでブラジル，ウは総発電量が最も多いのでアメリカ合衆国と判断できる。
(3)どの工業地帯でも最も割合が高いBは機械工業，阪神工業地帯で機械工業に次いで割合が高いAは金属工業である。

p.147 第10回

1 (1)シラス台地
(2)例温泉水や地熱を発電に利用している。
(3)エ
(4)福岡県
(5)ウ
2 (1)ウ　(2)イ
(3)地域おこし
(4)例雨が少ない気候で，夏に水不足になるため。

解説

1 (3)アの豚は鹿児島県，宮崎県の順，イの肉用牛は北海道，鹿児島県の順，ウの乳用牛は北海道，栃木県の順に多い。
(4)自動車工場は，自動車道のインターチェンジ付近などの交通の便がよいところに進出した。
2 (1)ア中国地方の瀬戸内海沿い。イ本州と四国をつないでいる。エ広島県から島根県に至る。
(2)イの広島市は政令指定都市に指定されており，中国・四国地方の地方中枢都市でもある。
(4)讃岐平野は瀬戸内の気候に属し，一年を通して降水量が少なく，夏に水不足に悩まされることがあるため，ため池をつくって農業用水などを確保している。

中学教科書ワーク

定期テスト対策

教科書の重要用語マスター

社会 地理

教育出版版

「スピードチェック」は取りはずして使用できます。

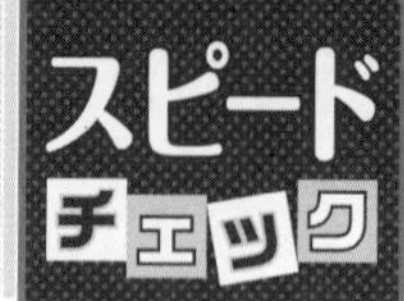

第１章　世界の地域構成

地図でチェック

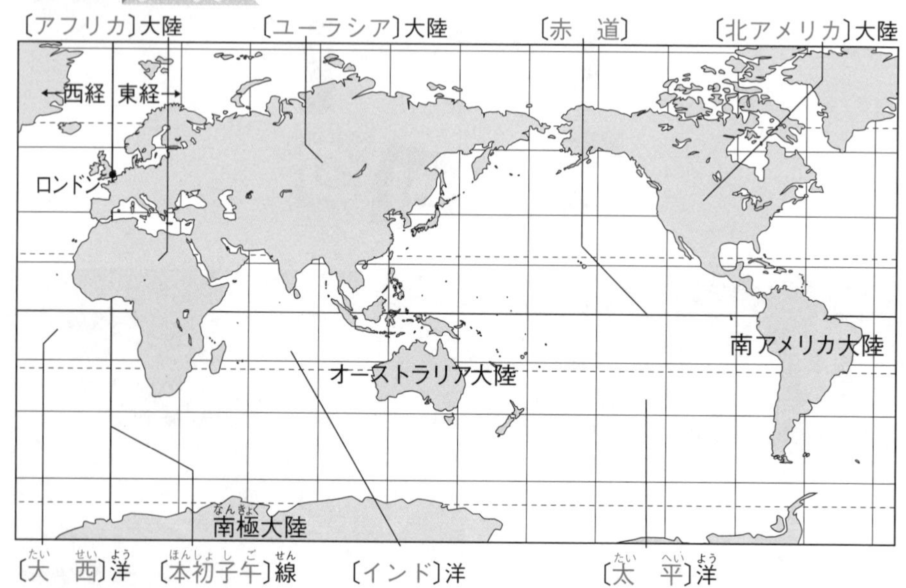

ファイナルチェック

☐❶六大陸のなかで，最も面積の大きい大陸は？	ユーラシア大陸
☐❷三大洋のなかで，最も面積の大きい海洋は？	太平洋
☐❸地球上の陸地と海の面積比はおよそ何対何？	３：７
☐❹赤道と平行に引かれている線を何という？	緯線
☐❺北極点と南極点を結んだ線を何という？	経線〔子午線〕
☐❻高緯度地域で見られる，一日中太陽が沈まない現象は？	白夜
☐❼地球の形をそのまま縮めた球体の模型を何という？	地球儀
☐❽世界を六つの州に分けたとき，日本が属する州は？	アジア州
☐❾世界を六つの州に分けたとき，ブラジルやアルゼンチンが属する州は？	南アメリカ州
☐❿世界で最も国土の面積が大きい国は？	ロシア連邦
☐⓫世界で最も国土の面積が小さい国は？	バチカン市国
☐⓬「ユニオンジャック」とよばれる国旗をもつ国は？	イギリス
☐⓭三日月と星が国旗にえがかれている国で主に信仰されている宗教は？	イスラム教

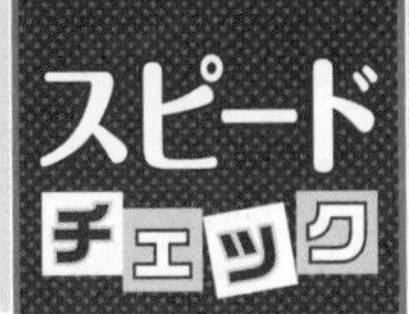

第２章　日本の地域構成

地図でチェック

日本の領域と排他的経済水域

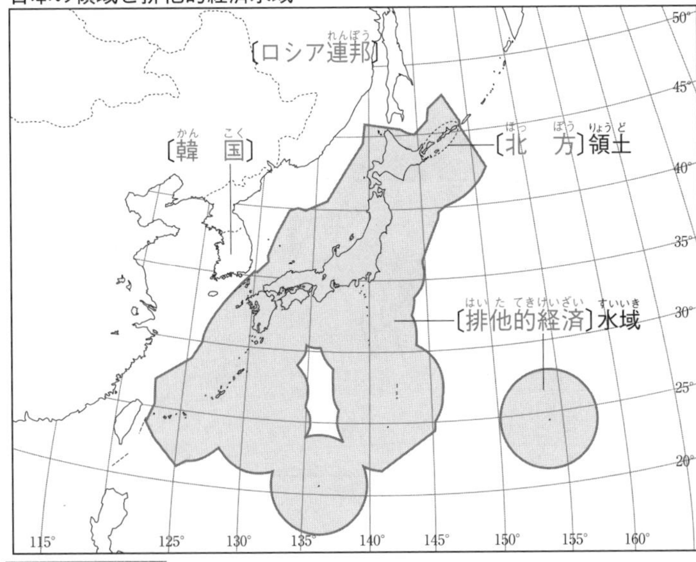

▶日本の範囲
- 北端
  〔択捉〕島
- 南端
  〔沖ノ鳥〕島
- 東端
  〔南鳥〕島
- 西端
  〔与那国〕島

▶北方領土
- 歯舞群島
- 色丹島
- 国後島
- 択捉島

ファイナルチェック

☐❶経度の差によって生まれる時刻のずれを何という？	時差
☐❷国の領域を構成するのは，領土・領海と何？	領空
☐❸領海は，原則として海岸線から何海里の範囲？	12海里
☐❹排他的経済水域は，海岸線から何海里以内？	200海里
☐❺現在，日本が北方領土の返還を求めている相手国は？	ロシア連邦
☐❻日本と韓国の間で領土問題となっている，島根県にある島は？	竹島
☐❼中国が領有を主張している日本固有の領土は？	尖閣諸島
☐❽現在，日本にある都道府県の数は？	47
☐❾日本を七つの地方に分けたとき，兵庫県が含まれる地方は？	近畿地方
☐❿日本を七つの地方に分けたとき，石川県が含まれる地方は？	中部地方
☐⓫宮城県の県庁所在地は？	仙台市
☐⓬寺社や神社を中心に発達してきた町を何という？	門前町

第１章　世界の人々の生活と環境

地図でチェック

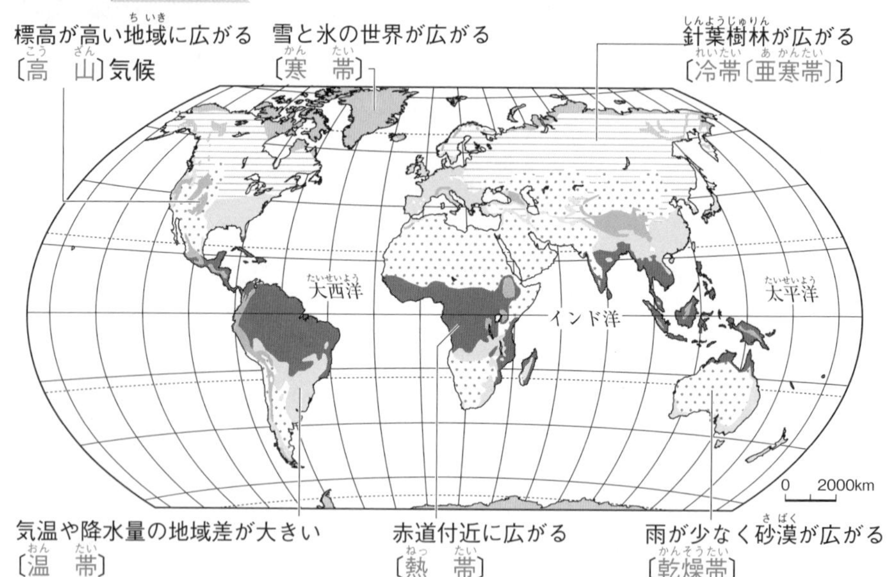

ファイナルチェック

☐❶熱帯の地域でみられる，背の高い樹木が密生する森林を何という？	熱帯雨林
☐❷雨季と乾季がある熱帯でみられる草原を何という？	サバナ
☐❸乾燥帯の地域にある短い草の生えた草原を何という？	ステップ
☐❹乾燥に強い家畜とともに移動する暮らしを何という？	遊牧
☐❺日本の多くの地域が属する気候帯は？	温帯
☐❻北半球の大陸西岸の暖流と偏西風の影響で，緯度が高くても冬の寒さが厳しくない気候は？	西岸海洋性気候
☐❼冷帯の地域に広がる針葉樹林を何という？	タイガ
☐❽短い夏の間だけ，こけ類や草が生える寒帯の気候は？	ツンドラ気候
☐❾アンデス山脈で放牧されている家畜は？（二つ）	アルパカ，リャマ
☐❿政府が国の公の言葉として定めた言語を何という？	公用語
☐⓫共通の言語や宗教・慣習などを共有し，同じ集団への帰属意識をもつ人々の集まりを何という？	民族
☐⓬世界宗教とよばれるのは，キリスト教・仏教と何？	イスラム教

スピードチェック

第2章　世界の諸地域

1　アジア州

地図でチェック

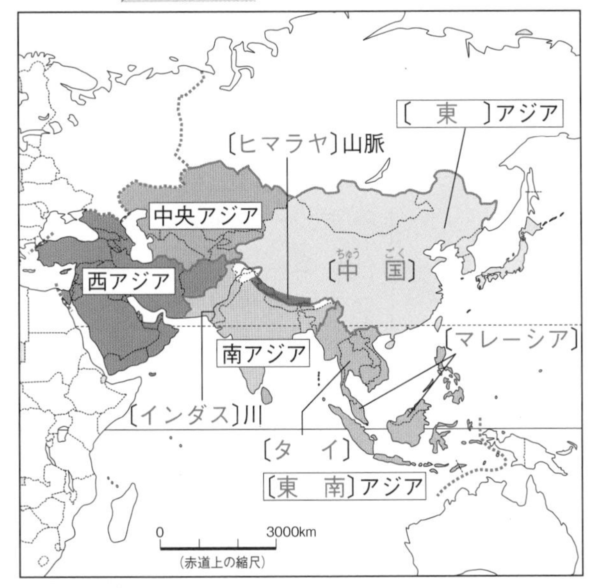

▶人口の集中

・世界の人口の約〔6〕割がアジアに集中。

・人口が10億人以上の国…中国・〔インド〕

▶日本とアジア

・韓流ブームなど，〔韓国〕との文化交流。

・〔東南アジア諸国連合〕(ASEAN) との経済の結びつき。

・西アジアから〔原油〕を輸入。

ファイナルチェック

☐❶アジア全域に影響を与える，季節によってふく方向が変わる風を何という？	季節風〔モンスーン〕
☐❷韓国・台湾・ホンコン・シンガポールなど，1980年代から，急速に工業化したアジアの国や地域を何という？	アジアNIES〔新興工業経済地域〕
☐❸人口集中が著しい，韓国の首都は？	ソウル
☐❹中国で人口増加をおさえるためにとられていた政策は？	一人っ子政策
☐❺中国の人口の約9割をしめる民族は？	漢族
☐❻中国が，外国企業の誘致や外国の高度な技術の導入を目的に，南部の沿海部に設けたのは？	経済特区
☐❼中国は，生産した製品が国内でも購入されるようになったことで何とよばれるようになった？	世界の市場
☐❽商品作物を単一栽培している大農園を何という？	プランテーション
☐❾東南アジア諸国連合のアルファベットの略称は？	ASEAN
☐❿インドの高い技術力によって発展した産業は？	情報通信技術〔ICT〕産業
☐⓫西アジアなどの産油国で結成された組織は？	石油輸出国機構〔OPEC〕

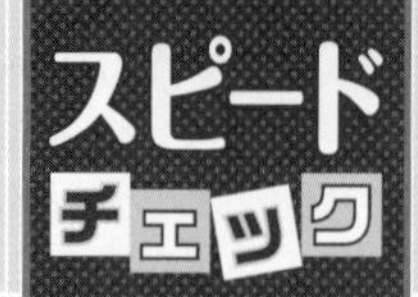

教科書 p.68～89

第２章　世界の諸地域
2　ヨーロッパ州
3　アフリカ州

地図でチェック

EU の拡大

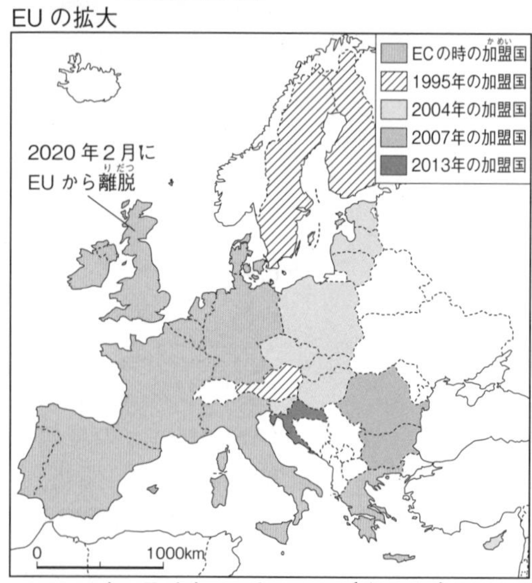

2020年2月時点での加盟国は〔　27　〕か国。

▶ヨーロッパの農業

- アルプス山脈より南側
…〔地中海式〕農業が盛ん。
- アルプス山脈より北側
…混合農業が盛ん。
- デンマークやスイスなど
…〔酪農〕が盛ん。
- 大都市の周り
…〔園芸〕農業が盛ん。

▶ヨーロッパの工業地域の変化

- 内陸部（ルール地方）の鉄鋼業
→沿岸部（ロッテルダムなど）
の〔石油化学〕工業
- 東ヨーロッパへの工場進出。

ファイナルチェック

☑❶スカンディナビア半島にみられる氷河地形は？	フィヨルド
☑❷英語やドイツ語は何系の言語？	ゲルマン系（言語）
☑❸ヨーロッパで広く信仰されている宗教は？	キリスト教
☑❹ＥＣを発展させ，経済や政治の統合を強化した組織は？	ヨーロッパ連合〔ＥＵ〕
☑❺❹の加盟国の多くで使われている単一通貨は？	ユーロ
☑❻畑作と家畜の飼育を組み合せた農業を何という？	混合農業
☑❼工場や自動車から排出される有害物質が原因で，森林や建造物などに被害を与えている雨を何という？	酸性雨
☑❽ロシア連邦から EU 諸国などに，原油や天然ガスを輸出するための輸送管を何という？	パイプライン
☑❾サハラ砂漠の南側の，砂漠化の進む地域を何という？	サヘル
☑❿コバルトなどの希少な金属を，カタカナで何という？	レアメタル
☑⓫特定の鉱産資源や農作物に頼る経済を何という？	モノカルチャー経済
☑⓬かつて南アフリカ共和国で行われていた，白人以外の人々を差別する政策をカタカナで何という？	アパルトヘイト

教科書 p.94 ~ 103

第２章　世界の諸地域

4　北アメリカ州

地図でチェック

北アメリカ州の農業

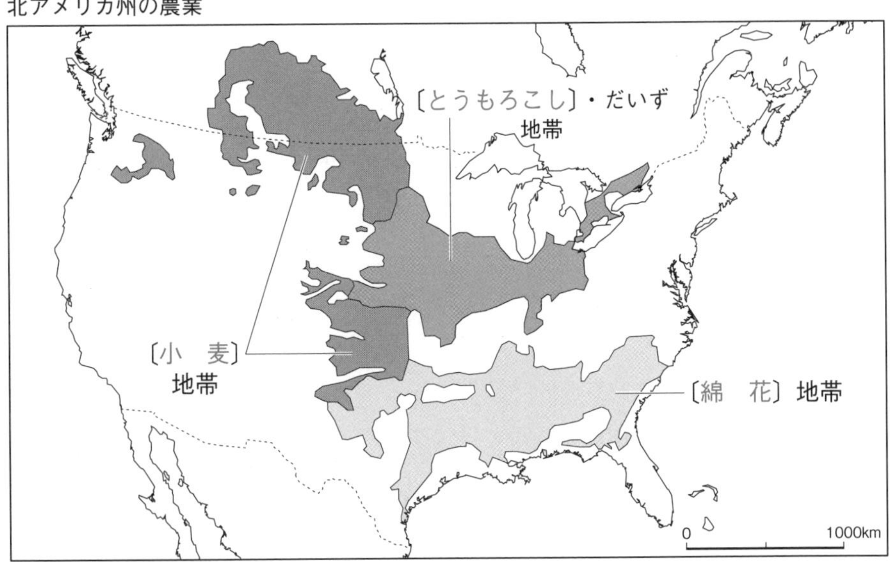

ファイナルチェック

❶ロッキー山脈（さんみゃく）とプレーリーの間にある平原を何という？	グレートプレーンズ
❷メキシコ湾岸（わんがん）などで発生する熱帯低気圧を何という？	ハリケーン
❸地域（ちいき）の条件に最適な農作物を栽培（さいばい）することを何という？	適地適作
❹アメリカ合衆国（がっしゅうこく）の自動車産業で開発され，工業製品の価格を下げることにつながった生産方式を何という？	大量生産方式
❺アメリカ合衆国の北緯（ほくい）37度以南の工業地域（ちいき）は？	サンベルト
❻サンフランシスコ郊外（こうがい）の先端（せんたん）技術産業地域を何という？	シリコンバレー
❼世界中に生産や販売（はんばい）の拠点（きょてん）をもつ企業（きぎょう）を何という？	多国籍（たこくせき）企業
❽ハンバーガーなど，短時間でつくって食べられる手軽な食品・食事のことを何という？	ファストフード
❾アメリカ合衆国で採掘（さいくつ）が進められている，地下深くから採取される天然ガスを何という？	シェールガス
❿スペイン語を話すラテンアメリカからの移民は？	ヒスパニック
⓫カナダの公用語は英語と何語？	フランス語
⓬言語や伝統・文化の共存を認（みと）める考え方を何という？	多文化主義

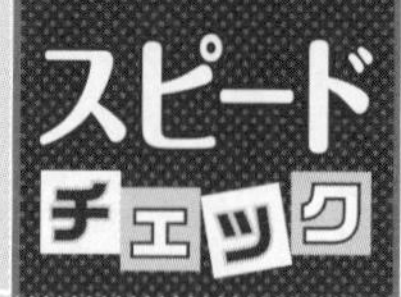

教科書 p.108 ～ 125

第２章　世界の諸地域
5　南アメリカ州
6　オセアニア州

地図でチェック

南アメリカ州

オセアニア州

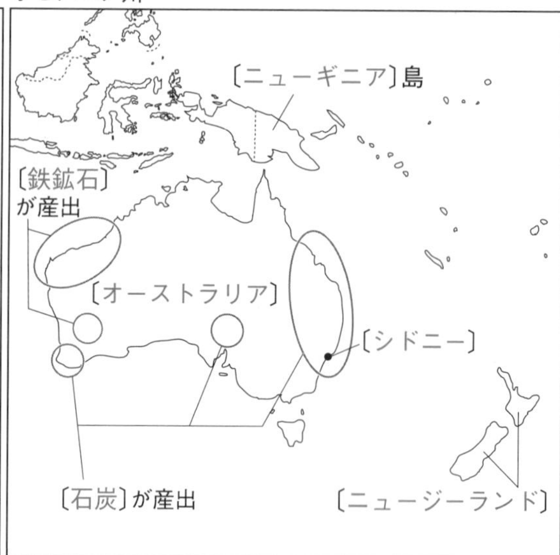

ファイナルチェック

❶日本などアジアから南アメリカに渡った人たちは？	移民
❷南アメリカの先住民とヨーロッパ系との混血の人々を何という？	メスチソ
❸キリスト教から生まれたリオデジャネイロの祭りは？	カーニバル
❹さとうきびなどを原料としたアルコール燃料は？	バイオエタノール
❺経済成長(けいざいせいちょう)をとげたブラジルは，ロシア・インド・中国(ちゅうごく)・南アフリカ共和国とともに，何とよばれている？	BRICS(ブリックス)
❻都市部で経済的(てき)に貧しい人々が暮(く)らしている地域は？	スラム
❼オセアニア州の太平洋の島々を３つの地域に分けたとき，メラネシア・ポリネシアと，もう１つは？	ミクロネシア
❽オーストラリアの先住民を何という？	アボリジニ
❾ニュージーランドの先住民を何という？	マオリ
❿オーストラリアで行われていた，白人以外の移民をしめ出す政策(せいさく)を何という？	白豪主義(はくごう)
⓫現在，オーストラリアの最大の貿易相手国は？	中国

教科書 p.134 ～ 146

第１章　地域調査の方法を学ぼう

地図でチェック

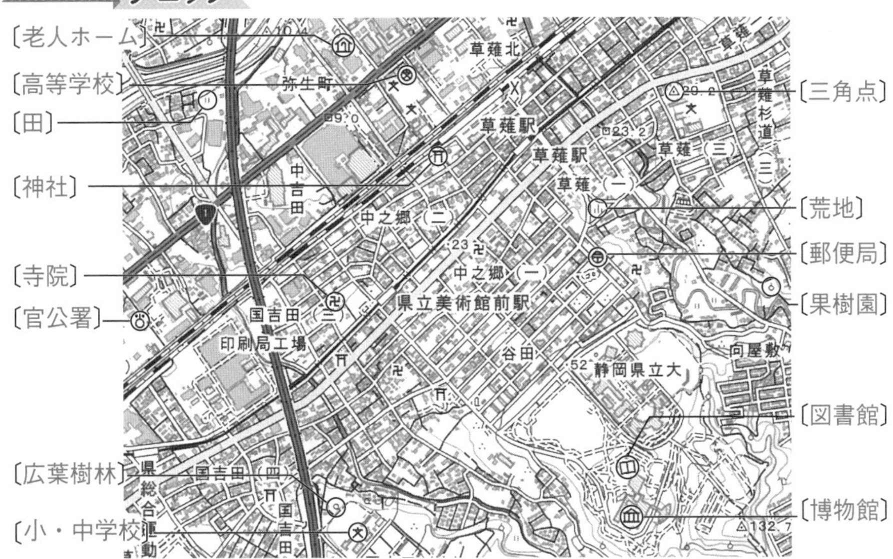

ファイナルチェック

- ☐❶実際の距離を地図上で縮めた割合を何という？　**縮尺**
- ☐❷国土地理院が発行している，❶が２万５千分の１や５万分の１の地図を何という？　**地形図**
- ☐❸同じ大きさの２万５千分の１と５万分の１の❷を比べると，どちらの方が表せる範囲が広い？　**５万分の１**
- ☐❹５万分の１の地図上での２cmは，実際には何m？　**1000m**
- ☐❺実際の距離が１kmのとき，２万５千分の１の地図上では何cm？　**４cm**
- ☐❻地図上で，建物や土地利用を表す記号を何という？　**地図記号**
- ☐❼土地の高さが等しい地点を結んだ線を何という？　**等高線**
- ☐❽❼の間隔が広い場所と狭い場所とでは，どちらの方が傾斜がゆるやか？　**広い場所**
- ☐❾方位が示されていない地図で，上の方位は？　**北**
- ☐❿地域ごとにつくられている，自然災害で予想される被害の範囲や避難所の位置を示した地図を何という？　**ハザードマップ**

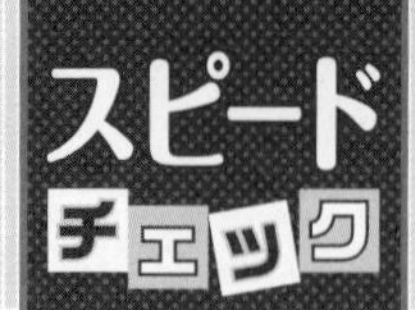

第2章　日本の特色と地域区分(1)

地図でチェック

日本の主な地形

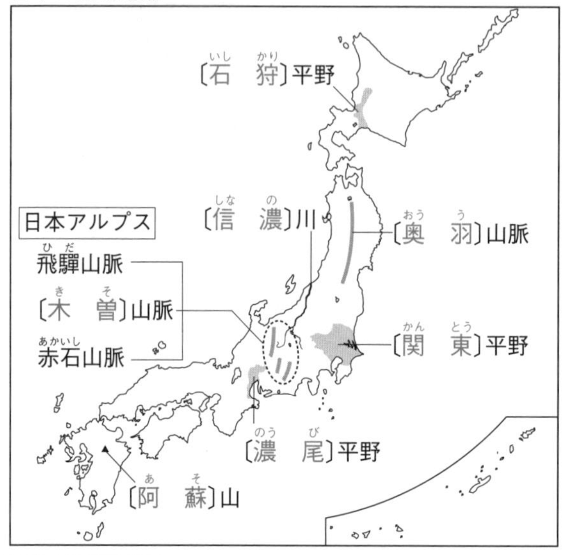

日本周辺の海流

日本と世界の主な川の比較

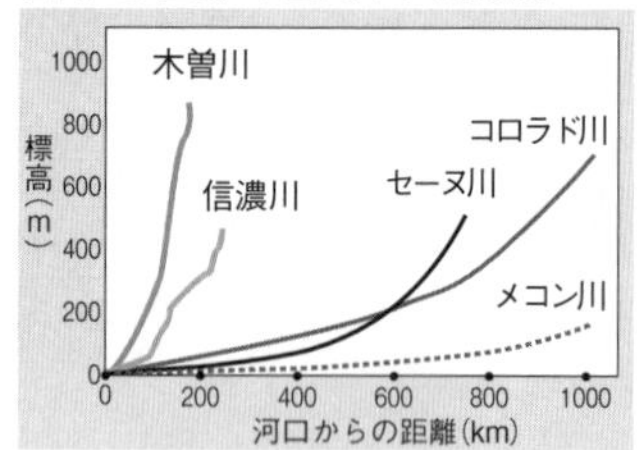

ファイナルチェック

☑❶日本列島がふくまれる造山帯を何という？	環太平洋造山帯
☑❷ヒマラヤ山脈がふくまれる造山帯を何という？	アルプス・ヒマラヤ造山帯
☑❸日本列島を東西に分ける大きな溝を何という？	フォッサマグナ
☑❹有明海などにみられる，泥でできた海岸地形を何という？	干潟
☑❺三陸海岸などの入り組んだ海岸を何という？	リアス海岸
☑❻日本列島の海岸沿いに広がる，水深200mほどの浅い海底を何という？	大陸棚
☑❼河口などに土砂が堆積してできた地形を何という？	三角州
☑❽初夏に日本で特に降水量が多くなる時期を何という？	梅雨
☑❾北海道地方が属している気候帯は？	冷帯〔亜寒帯〕
☑❿地震によって引き起こされる大きな波を何という？	津波
☑⓫自然災害を完全には防げなくても，その被害をなるべく減らそうとする考え方は？	減災
☑⓬20世紀後半の急速な世界人口の増加を何という？	人口爆発
☑⓭三大都市圏は，東京・大阪とどこ？	名古屋

教科書 p.166 ~ 171

第2章　日本の特色と地域区分(2)

地図でチェック

日本の工業地帯・工業地域

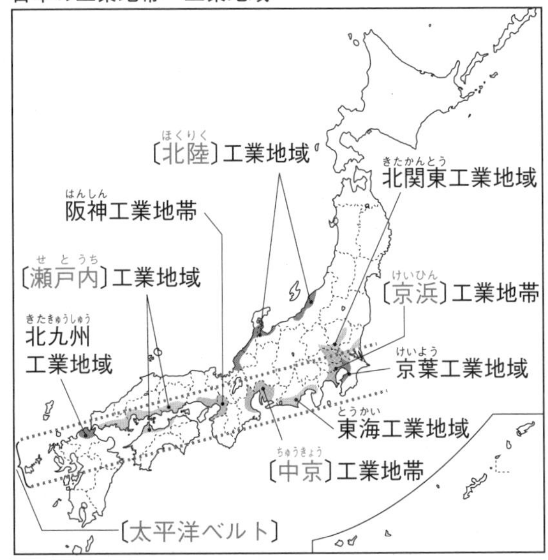

▶発電方式の特徴

	しくみ	発電所の立地場所
水力	〔ダム〕から落とした水でタービンを回す	ダムをつくり，大量の水を得られる河川上流の山間部
火力	石炭・〔石油〕・〔天然〕ガスを燃やした熱で蒸気を発生させ，タービンを回す	船で燃料を輸送しやすく，電力需要が高い大都市近くの〔臨海〕部
原子力	原料の〔ウラン〕を核分裂させた熱で蒸気を発生させ，タービンを回す	船で燃料を輸送しやすく，冷却に使う大量の水を得やすい海岸部（日本では法律で立地場所が定められる）

ファイナルチェック

- ☐❶環境保全と経済発展を両立させた社会を何という？　持続可能な社会
- ☐❷天然ガスや石炭を燃料とする発電は？　火力発電
- ☐❸❷で排出される，地球温暖化の原因となる気体は？　二酸化炭素
- ☐❹風力や太陽光などを利用したエネルギーを何という？　再生可能エネルギー
- ☐❺関税や，輸入の制限などをやめることを何という？　貿易の自由化
- ☐❻工場の海外移転などにより，国内の産業が衰退することを何という？　産業の空洞化
- ☐❼サービス業など直接生産を行わない産業を何という？　第三次産業
- ☐❽一つの都市に政治・経済・文化などの機能が極端に集まることを何という？　一極集中
- ☐❾鉱産資源など，重いものの輸送に適した交通は？　海上交通
- ☐❿新鮮な食品や軽くて高価なものの輸送に適した交通は？　航空交通
- ☐⓫航空機の乗り継ぎの拠点となる空港を何という？　ハブ空港
- ☐⓬国内での貨物輸送を主にになっている乗り物は？　トラック
- ☐⓭インターネットなどの情報通信技術の略称は？　ICT

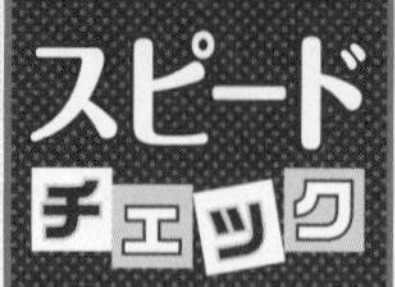

教科書 p.176～199

第３章　日本の諸地域
1　九州地方
2　中国・四国地方

地図でチェック

九州地方

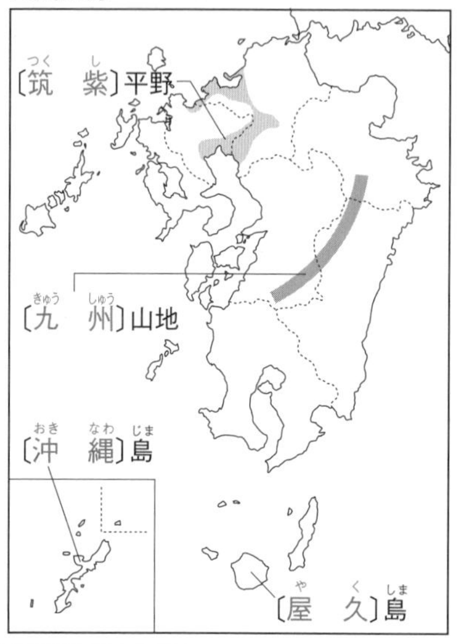

中国・四国地方

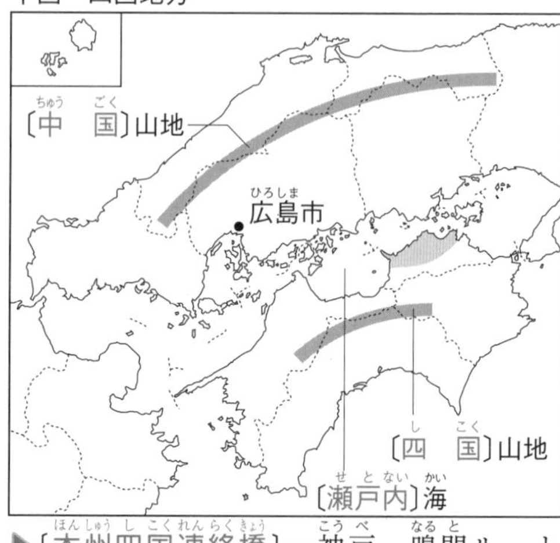

▶〔本州四国連絡橋〕…神戸－鳴門ルート（明石海峡大橋と大鳴門橋），児島－坂出ルート（〔瀬戸大橋〕），尾道－今治ルート。

ファイナルチェック

☑❶世界最大級のカルデラをもつ熊本県の火山は？	阿蘇山
☑❷九州南部の，火山灰が堆積した台地を何という？	シラス台地
☑❸火山を生かし，温泉水や地熱を利用した発電は？	地熱発電
☑❹肉用牛や肉用若鶏などを飼育する農業を何という？	畜産
☑❺熊本県で発生した，四大公害病の一つを何という？	水俣病
☑❻1960年代に進んだエネルギー革命で，エネルギー源は石炭から何に変わった？	石油
☑❼水温が高くきれいな海の浅瀬に発達している，生物が集まってつくられる地形は？	さんご礁
☑❽沖縄県でかつて独自の文化をもっていた王国は？	琉球王国
☑❾中国・四国地方を三つの地域に分けたとき，日本海側の地域は何地方？	山陰地方
☑❿1945年８月６日に広島市に投下された爆弾は？	原子爆弾
☑⓫地域の人口が極端に減ることを何という？	過疎化
☑⓬地域の生産物をその地域で消費するという考え方は？	地産地消

教科書 p.204 ~ 213

第3章　日本の諸地域

3　近畿地方

地図でチェック

近畿地方

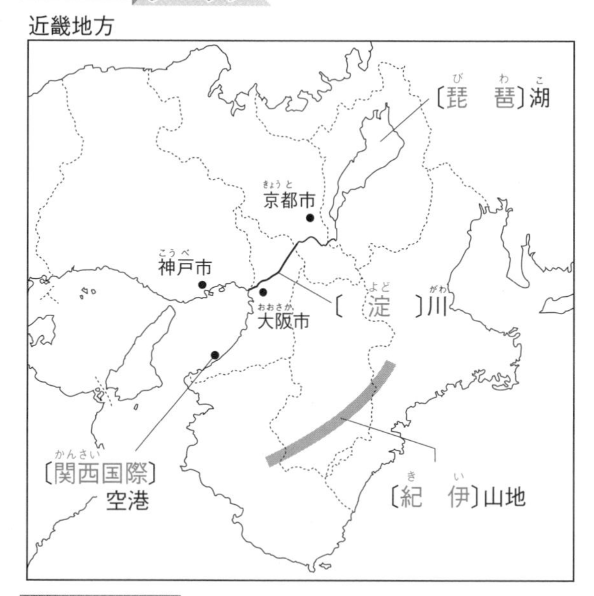

▶阪神工業地帯

・繊維など〔軽工業〕→内陸部で機械工業，臨海部で鉄鋼など〔重化学〕工業。

・近年，全国的な地位は低下。

日本の工業地帯・地域の生産割合

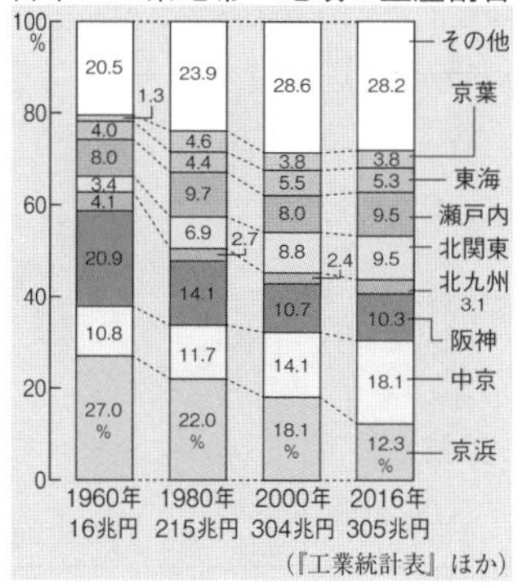

ファイナルチェック

☐❶西陣織など古くから受け継がれている産業を何という？　伝統産業

☐❷京都に都があった時代を何という？　平安時代

☐❸東西・南北の道路が直角に交わる京都の街割りを何という？　条坊制

☐❹今も京都市に残る，伝統的な低層住宅を何という？　京町家

☐❺「古都京都の文化財」は1994年に，何に登録された？　世界文化遺産

☐❻近畿地方に多く残る，国宝などのことを何という？　文化財

☐❼大阪湾岸・淀川流域に発達した工業地帯を何という？　阪神工業地帯

☐❽❼の中の，部品生産などで高い技術をもつ工場は？　中小工場

☐❾大阪の商業で割合が多い業種は？　卸売業

☐❿大阪市・京都市・神戸市を中心に広がる大都市圏を何という？　京阪神大都市圏

☐⓫日本で最も大きい湖である琵琶湖がある都道府県は？　滋賀県

☐⓬琵琶湖から京都まで水を引いている水路を何という？　琵琶湖疏水

☐⓭生活排水などの流入で起こっている琵琶湖の変化は？　富栄養化

スピードチェック

第3章　日本の諸地域

4　中部地方

地図でチェック

中部地方

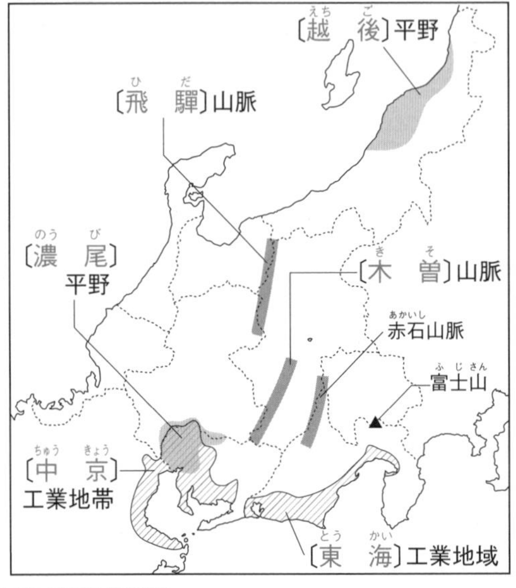

中部地方の地域区分

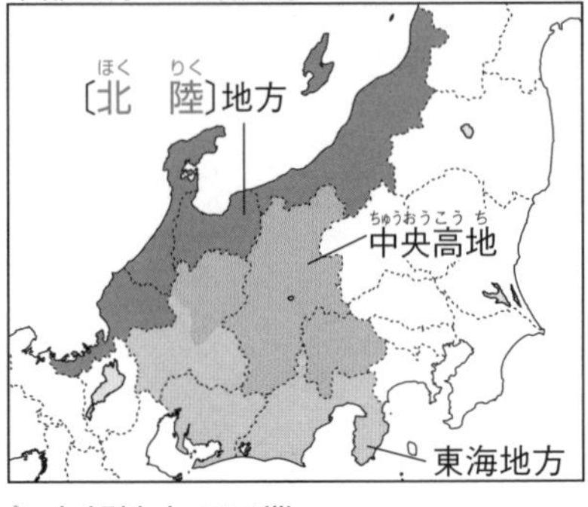

▶中部地方の工業

・中京工業地帯…愛知県中心。
　→〔自動車〕工業など。
・東海工業地域…静岡県中心。
　→オートバイ，〔楽器〕，製紙・パルプ工業

ファイナルチェック

☐❶飛驒・木曽・赤石の三つの山脈をまとめて何とよぶ？	日本アルプス
☐❷東海地方の気候に影響を与えている暖流は？	黒潮〔日本海流〕
☐❸中部地方最大の都市で，大都市圏の中心になっているのは？	名古屋市
☐❹オートバイやピアノの生産が盛んな静岡県の都市は？	浜松市
☐❺ビニールハウスなどを利用し，ふつうの出荷時期より早めに栽培することを何という？	促成栽培
☐❻静岡県の焼津港で盛んな漁業は？	遠洋漁業
☐❼中央高地の盆地で栽培が盛んなものは？	果樹
☐❽諏訪湖周辺で発達してきたカメラや時計などを生産する工業を何という？	精密機械工業
☐❾伝統産業をもとに発展し，地域経済を支える産業は？	地場産業
☐❿かつて加賀藩の城下町であり，現在石川県の県庁所在地になっている都市は？	金沢市
☐⓫九谷焼や加賀友禅などの，優れた工芸品を何という？	伝統的工芸品

教科書 p.232～241

第３章　日本の諸地域

5　関東地方

地図でチェック

関東地方

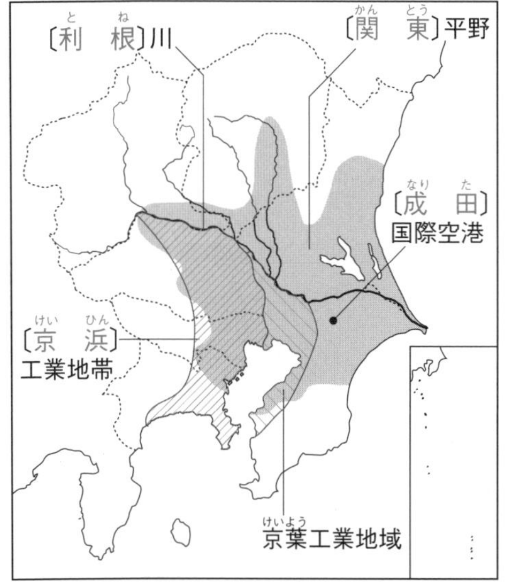

▶工業地帯・地域の特色

・京浜工業地帯…造船，〔電気〕機械

・京葉工業地域…鉄鋼，〔石油〕化学

・北関東工業地域…〔自動車〕，電気機械

・東京都区部…〔出版〕業，印刷業，ファッション関係

▶世界と日本の拠点

「海の玄関口」

・〔横浜〕港，東京港，千葉港，川崎港

「空の玄関口」

・〔成田〕国際空港…国内最大の貿易港。

・東京国際（〔羽田〕）空港…国際線の発着数増加。

ファイナルチェック

☐❶政治や経済の中心地である東京は日本の何？	首都
☐❷関東地方に広がる，火山灰が堆積した赤土の層は？	関東ローム
☐❸世界自然遺産に登録された，東京都に属する島々は？	小笠原諸島
☐❹新宿・池袋・渋谷など，鉄道のターミナルに発達し，都心の機能を補う役割をもつ地区を何という？	副都心
☐❺東京湾岸の埋め立て地にオフィスビルや高層マンションを建設するような動きを何という？	再開発
☐❻東京の都心から半径約70km の範囲を何という？	東京大都市圏
☐❼人口が集中し，交通渋滞などが問題になる状態は？	過密
☐❽北関東の高速道路のインターチェンジ付近につくられた，工場を計画的に集めた工業地域の名前は？	北関東工業地域
☐❾大消費地の近くで野菜などを栽培する農業は？	近郊農業
☐❿群馬県嬬恋村が有名な産地となっている野菜は？	キャベツ
☐⓫新宿区大久保や豊島区池袋に形成されている，アジア各国の食品を販売する店や飲食店が集中する区域は？	エスニックタウン

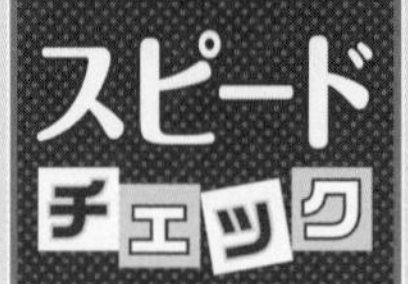

教科書 p.246 ~ 269

第３章　日本の諸地域

6　東北地方
7　北海道地方

地図でチェック

東北地方

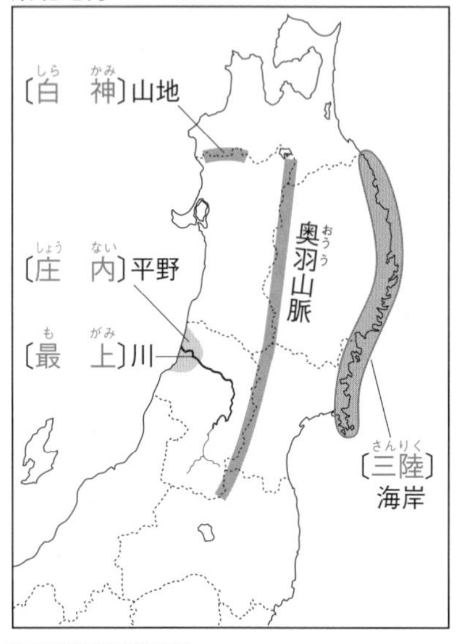

北海道地方

▶北海道の農業…自然環境に合わせた農業

・〔石狩〕平野…稲作　・根釧台地…〔酪農〕

・十勝平野…〔畑〕作

ファイナルチェック

☐❶夏に太平洋側に吹くやませが原因で起こる災害は？	冷害
☐❷三陸海岸南部の複雑な海岸線を何という？	リアス海岸
☐❸秋田市で行われる，東北三大夏まつりの一つは？	秋田竿燈まつり
☐❹東北地方の中心となっている宮城県の県庁所在地は？	仙台市
☐❺東北地方が日本の４分の１以上を生産する農作物は？	米
☐❻北海道の先住民族を何という？	アイヌ民族
☐❼1869年，明治政府が北海道においた官庁は？	開拓使
☐❽明治時代に北海道の開拓を行った兵士は？	屯田兵
☐❾オホーツク海沿岸に，冬になると押し寄せるものは？	流氷
☐❿酪農が盛んな，北海道の東部にある台地は？	根釧台地
☐⓫ふ化させた稚魚を川へもどし，成長してからとる漁業を何という？	栽培漁業
☐⓬「いけす」や人工池で稚魚などを育てて繁殖させることを何という？	養殖
☐⓭洞爺湖温泉は，ユネスコから何に認定されている？	世界ジオパーク

p.148 第11回

1 (1)①和歌山県　②三重県
③兵庫県
(2)イ・ウ（順不同）
(3)例東西・南北の道路が直角に交わる街割り。

2 (1)エ
(2)中小工場
(3)イ
(4)①富栄養化
②例琵琶湖の水は，京阪神大都市圏に生活する人々の飲料水や工業用水にもなるから。

解説

1 (1)①は和歌山県，②は三重県の説明である。
(2)アは佐賀県，エは茨城県・栃木県の伝統的工芸品である。

2 (3)大阪府の年間商品販売額は，1958年には東京都とほぼ同じであったが，年々低下傾向にある。年間商品販売額の変化があまりみられないのは愛知県である。
(4)淡水赤潮が発生した主な原因は，合成洗剤や農業肥料に含まれるリンである。

p.149 第12回

1 (1)右図参照
(2)東海工業地域
(3)瀬戸・多治見
（順不同）
(4)A静岡県
B山梨県
C長野県
(5)例豊川用水が整備されたため。

2 (1)①イ　②ウ
(2)ウ

解説

1 (1)北陸地方は，東から順に新潟県，富山県，石川県，福井県の４県からなる。
(3)伝統的な陶磁器の産地でもある。

2 (2)ア九谷焼は金沢市の伝統的工芸品である。輪島市では輪島塗がつくられている。イ野辺山など標高の高い高原地域では，夏でも冷涼な気候を利用してレタスやセロリ，キャベツなどの栽培が盛んである。エ富山市は冬に雨が多い。

p.150 第13回

1 (1)利根川
(2)①E　②A
(3)臨海副都心
(4)例周辺の地域から通勤・通学で来る人が多いから。
(5)ウ・オ（順不同）

2 (1)①Xエ　Yイ
②B
(2)例高速道路が整備されたことでトラックの輸送条件が大きく改善したため。

解説

1 (3)①は千葉県，②は群馬県の説明である。
(4)千代田区など東京都の都心部には通勤・通学で多くの人が来るため，昼間人口が夜間人口に比べて多くなる。
(5)ウの水戸市は茨城県の県庁所在地，オの八王子市は東京都西部に位置する都市である。

p.151 第14回

1 (1)奥羽山脈
(2)冷害
(3)ウ
(4)①B　②F

2 (1)オホーツク海
(2)濃霧
(3)①イ　②ア　③エ
(4)例明治時代に屯田兵によって組織的に開拓されたため。

解説

1 (2)夏に吹く冷たい北東風はやませである。やませが吹くと，気温が十分に上がらず，日照時間が少なくなることから，東北地方の太平洋側に冷害をもたらすことがある。
(3)青森県では，津軽平野などでりんごの栽培が盛んである。
(4)①は秋田県，②は福島県の説明である。

2 (1)オホーツク海は，北海道や千島列島，ロシア北東岸，カムチャツカ半島，樺太に囲まれた海である。冬に押し寄せる流氷は，海水が凍ったものである。
(3)①はイの十勝平野，②はアの石狩平野，③はエの根釧台地の説明である。

(4)明治時代，政府は屯田兵を送って開拓を進めた。開拓にあたってはアメリカの開拓が参考にされ，土地は碁盤目状に分割された。

p.152 第15回

1 (1)**アジア州**
(2)**サンパウロ**
(3)**例アメリカが夜であるときにインドは昼の時間になるから。**
(4)**キリスト教**
(5)**イ**

2 (1)**例燃料の運び込みに便利で，電力の需要が高い大都市に近い臨海部。**
(2)**太平洋ベルト**
(3)**①中部地方　②東北地方**
③九州地方

解説

1 (1)この地図は距離と方位が正しい地図であるため，この地図上で東京からの距離が最も近いものを選ぶ。
(2)アメリカ・インドのどちらにもコールセンターを置くことで，24時間対応が可能になる。

2 (1)火力発電の燃料は，石炭や石油，天然ガスなどの化石燃料である。
(3)①東海地方には世界でも有数の自動車生産地域があり，中京工業地帯が広がる愛知県は，輸送用機械の生産額が1位である。②東日本大震災は，2011年3月11日に東北地方の太平洋沖で起こった地震とその被害である。特に津波による被害が大きかった。③活火山の多い九州地方において，カルデラは観光資源になっており，特に熊本県の阿蘇山のカルデラは，世界最大級である。九州南部には火山灰が堆積したシラス台地が広がる。

6 5 4
D C B A